O diabo e o fetichismo da mercadoria na América do Sul

FUNDAÇÃO EDITORA DA UNESP

Presidente do Conselho Curador
Herman Jacobus Cornelis Voorwald

Diretor-Presidente
José Castilho Marques Neto

Editor Executivo
Jézio Hernani Bomfim Gutierre

Assessor Editorial
Antonio Celso Ferreira

Conselho Editorial Acadêmico
Alberto Tsuyoshi Ikeda
Célia Aparecida Ferreira Tolentino
Eda Maria Góes
Elisabeth Criscuolo Urbinati
Ildeberto Muniz de Almeida
Luiz Gonzaga Marchezan
Nilson Ghirardello
Paulo César Corrêa Borges
Sérgio Vicente Motta
Vicente Pleitez

Editores-Assistentes
Anderson Nobara
Henrique Zanardi
Jorge Pereira Filho

MICHAEL T. TAUSSIG

O DIABO E O FETICHISMO DA MERCADORIA NA AMÉRICA DO SUL

Tradução
Priscila Santos da Costa

© 2010 Editora Unesp
© 2010 da tradução brasileira

The Devil and Commodity Fetishism in South America, by Michael Taussig
© 1980 by the University of North Carolina Press

Direitos de publicação reservados à:
Fundação Editora da UNESP (FEU)
Praça da Sé, 108
01001-900 – São Paulo – SP
Tel.: (0xx11) 3242-7171
Fax: (0xx11) 3242-7172
www.editoraunesp.com.br
www.livrariaunesp.com.br
feu@editora.unesp.br

CIP – BRASIL. Catalogação na fonte
Sindicato Nacional dos Editores de Livros, RJ

T226d

Taussig, Michael T.
O diabo e o fetichismo da mercadoria na América do Sul / Michael T. Taussig; tradução Priscila Santos da Costa. – São Paulo: Ed. UNESP, 2010.

392p.

Tradução de: The devil and commodity fetishism in South America
Inclui bibliografia
ISBN 978-85-393-0070-9

1. Desenvolvimento econômico – Aspectos sociais – Estudos de casos. 2. Plantations – Colômbia. 3. Estanho – Minas e mineração – Bolívia. 4. Superstição – Estudos de casos. I. Título.

10-4232.
CDD: 338.98
CDU: 338.1(8)

Editora afiliada:

Asociación de Editoriales Universitarias
de América Latina y el Caribe

Associação Brasileira de
Editoras Universitárias

Aos trabalhadores das minas e canaviais sul-americanos.

O Senhor disse ao Satanás: "Donde vens?" – "Estive percorrendo a terra e girando por toda ela", respondeu.

Jó 2:2,
Bíblia sagrada

Articular historicamente o passado não significa conhecê-lo "como ele de fato foi". Significa apropriar-se de uma reminiscência, tal como ela relampeja no momento de um perigo. Cabe ao materialismo histórico fixar uma imagem do passado, como ela se apresenta, no momento do perigo, ao sujeito histórico, sem que ele tenha consciência disso. O perigo ameaça tanto a existência da tradição como os que a recebem. Para ambos, o perigo é o mesmo: entregar-se às classes dominantes, como seu instrumento. Em cada época, é preciso arrancar a tradição ao conformismo, que deseja apoderar-se dela. Pois o Messias não vem apenas como salvador; ele vem também como o vencedor do Anticristo. O dom de despertar no passado as centelhas da esperança é privilégio exclusivo do historiador convencido de que também os mortos não estarão em segurança se o inimigo vencer. E esse inimigo não tem cessado de vencer.

Walter Benjamin,
Sobre o conceito da História

Assim, a antiga concepção segundo a qual o homem sempre aparece (por mais estreitamente religiosa, nacional ou política que seja a apreciação) como o objetivo da produção parece muito mais elevada que a do mundo moderno, na qual a produção é o objetivo do homem, e a riqueza, o objetivo da produção.

Karl Marx,
Formações econômicas pré-capitalistas

Sumário

Prefácio à edição comemorativa de trinta anos 11
Prefácio 17

Parte I
Fetichismo: tropo por excelência 21

1 Fetichismo e desconstrução dialética 23
2 O diabo e o fetichismo da mercadoria 37

Parte II
Os canaviais do Vale do Cauca, Colômbia 71

3 Religião escrava e a ascensão do campesinato livre 73
4 Proprietários e cercas 111
5 O diabo e a cosmogênese do capitalismo 141
6 Poluição, contradição e salvação 165
7 O batismo do dinheiro e o segredo do capital 183

Parte III
As minas de estanho bolivianas 201

8 O diabo nas minas 203
9 Adoração da natureza 219
10 O problema do mal 237
11 Iconografia da natureza e da conquista 253
12 Mineração: transformação e mitologia 275
13 Ritos camponeses de produção 295
14 A magia nas minas: a mediação do fetichismo da mercadoria 307

Conclusão 315
Posfácio – O sol dá sem receber: uma reinterpretação das histórias sobre o diabo 321
Referências bibliográficas 357
Índice remissivo 373

Prefácio à edição comemorativa de trinta anos

Trinta anos após a primeira publicação, parece-me ser este um momento adequado tanto para acrescentar uma espécie de epílogo a este livro diabólico, quanto para refletir sobre a natureza da Antropologia como narrativa; e, ainda, para nos atualizarmos a respeito de algumas mudanças na situação descrita na primeira metade desta obra. Entretanto, meu primeiro foco de interesse é a "voz" e a arte da escrita – a força vital de nosso trabalho, ainda que raramente se fale sobre ela. Vejo nosso trabalho na Antropologia – e na Filosofia – como uma espécie de poética, uma questão de encontrar as palavras e o ritmo de linguagem certos, que entrem em consonância com o que escrevemos. Para ser direto: a Antropologia estuda a cultura, mas no processo também "cria" cultura. Estar consciente disso é descobrir meios de tradução entre o conhecido e o desconhecido sem subtrair a estranheza do desconhecido e, o que é ainda mais importante, sem ocultar a nós mesmos (ou aos leitores) a estranheza do conhecido, o que consideramos certo sobre nós e nossos modos de vida mais enraizados – tal como a ideia de economia de mercado colocada em relevo pelo pacto com o diabo aqui descrito.

Porém, parece-me que este livro diabólico, ainda que fundamentado nesse princípio básico, frustra sua forma narrativa. Ele é escrito com uma prosa clara, seca e analítica, que o distancia de seu tema, e com uma voz onisciente da autoridade – um dos truques que logo aprendemos a adotar ao escrever academicamente. Afastar-se disso significa, é óbvio, correr o risco considerável de perder leitores, pois estes também estão habituados ao truque como se ele fosse a língua da verdade.

Apesar disso, tendo me deparado com o conceito de fetichismo da mercadoria – que, se não me engano, ainda era desconhecido nos países de língua inglesa ou, ao menos, no domínio das Ciências Sociais desses países –, foi de grande valia esclarecê-lo de modo analítico, passo a passo. Naquela época, eu era provavelmente muito inseguro para agir de outra maneira, em especial ao lidar com um material tão diferente (a saber: o conceito de fetichismo da mercadoria e o pacto com o diabo).

Levar o fetiche para dentro do marxismo e da história econômica do chamado "Terceiro Mundo" significava, de um só golpe, desafiar o reducionismo econômico e reconhecer a cultura e a religião como forças legítimas. Era isso que a revolução no Terceiro Mundo representava para mim: a ideia de Che Guevara de que a revolução poderia ser feita sem que esperássemos as "condições objetivas" atingirem a maturidade. A subsequente mitologia de Che era, por si só, uma evidência da importância do mito e da narrativa popular, assim como o filme de crucial importância dirigido pelo brasileiro Glauber Rocha, *Antônio das Mortes*,[1] de 1969, ano em que cheguei pela primeira vez à Colômbia.

Portanto, quando eu estava naquele país, o que parecia tão ou mais importante que as chamadas "condições objetivas" era o que os marxistas chamavam "consciência", e que os estudantes de minha geração viam não como um reflexo da economia, mas como uma força definidora da realidade e das possibilidades de mudá-la. Vivenciamos essa experiência nos anos 1960. Na década seguinte, ela deu origem – por meio de pessoas como Stuart Hall – à ideia de "estudos cultu-

---

1 Antônio das Mortes é um personagem criado por Maurício do Valle para o filme *Deus e o diabo na terra do sol* (1964). Com o sucesso, o personagem retorna em *O dragão da maldade contra o santo guerreiro* (1969), conhecido internacionalmente como *Antônio das Mortes*. (N.T.)

rais". O conceito de fetichismo da mercadoria me ajudou a trilhar o caminho da "consciência", mas faltava dar o próximo passo: refletir sobre as formas e a percepção da "expressão", sobre como as ideias funcionam emocionalmente e de que modo pintam uma imagem do mundo a partir da maneira como são colocadas na linguagem. Hoje eu diria que apenas a literatura, a saber, a ficção e as formas de documentação que coincidem com ela – às quais chamei, em outras circunstâncias, *fictocriticism*[2] – podem fazê-lo.

Com o passar do tempo e à medida que a situação tornava-se cada vez mais sombria na Colômbia – para onde retornei todos os anos –, as ideias de Nietzsche e de George Bataille chamaram minha atenção porque pareciam extremamente adequadas à violência e às condições extremas que caracterizam a vida de povos rurais pobres. Em meu livro *Xamanismo, colonialismo e o homem selvagem: um estudo sobre o terror e a cura* (1993 [1987]), publicado sete anos após este livro diabólico, esforcei-me para compreender melhor a violência das atrocidades causadas pelo *boom* da borracha na região de Putumayo, na Alta Amazônia. Tal compreensão me levou a focar cada vez mais no falar e no escrever sobre o terror, bem como na crescente percepção de que as obras sobre o tema terminam por agravá-lo.

Minha teoria na época – assim como agora – era de que histórias de terror e sobre extremos têm um poder imenso de modelar a realidade (sobretudo através da incerteza), envolvendo uma cadeia de narradores. Portanto, o desafio do narrador que deseja interromper a cadeia – da forma como eu encarava – era entrar no jogo e criar uma nova história, sabendo muito bem que a cadeia nunca poderia ser interrompida e que, mais cedo ou mais tarde, outra história substi-

---

2 "Utilizo a expressão '*fictocriticism*', de Sydney, para explicitar uma noção híbrida [de ficção e documento], e designo claramente a qualidade ficcional através de uma variedade de dispositivos, principalmente humor e tom, campo e contracampo. O objetivo desse tipo de escrita é voltar a atenção do leitor para o próprio ato da escrita como um ato 'antropológico' ou cultural que coaduna com o desejo de sucumbir à autoridade em geral, e aos tropos coloniais e pós-coloniais em particular". Ver TAUSSIG, M. The Magic of the State: An Interview with Michael Taussig. *Issue 18 Fictional States* [online]. Disponível em <http://www.cabinetmagazine.org/issues/18/strauss.php>. Acesso em ago. 2010. (N.T.)

tuiria a sua. Esse é o mundo da violência e da memória ligado necessariamente à ficção. Entretanto, o reconhecimento de tal conjuntura não conduz apenas a um pessimismo sisudo, mas também à remota possibilidade de que talvez – apenas talvez – a tensão desse intervalo entre a história que será substituída e a que virá em seguida possa criar um campo de forças no qual a violência venha a ser transformada em cura. A isso chamo *penultimaticity*: escrever permanentemente como o narrador antes do fim.

Mais tarde tornou-se claro para mim que as histórias sobre os pactos com o diabo que eu escutara nos canaviais eram também histórias sobre extremos, cheias de medo e desejo – teorizadas por Bataille como "desperdício", gasto irrefletido ou, em francês, *dépense*, no qual o maior especialista era nosso velho amigo: o diabo.

Hoje, creio que o diabo tenha sido jogado na clandestinidade ou desaparecido dos canaviais pertencentes a um punhado de famílias brancas que vivem majoritariamente no exterior, em lugares como Panamá ou Miami. Elas controlam o destino do Vale do Cauca, pois o açúcar encontrou um mercado novo e em crescimento, o biocombustível – assegurando a existência de ainda mais automóveis. Os canaviais recobriram o Vale com um nevoeiro químico, sugaram as águas dos rios e substituíram as pessoas por máquinas e produtos químicos. O que antes era um belo vale, composto por uma imensa diversidade de plantas e animais, é agora um lugar entediante, estéril, racionalizado e sem vida, que cultiva açúcar para carros.

As cidades próximas aos canaviais tornaram-se panelas de pressão de jovens alienados agrupados em gangues violentas, que matam umas às outras, bem como os moradores e a polícia. Como resultado, paramilitares e assassinos são pagos por empresários locais – com o apoio dos moradores das cidades – para assassinar membros dessas gangues.

A resistência camponesa foi fortemente reprimida, assim como os sindicatos. No entanto, a alternativa ao cultivo camponês tradicional com base em uma magnífica agricultura silvícola – que remonta à época da escravidão ou ao momento logo após a emancipação, em 1851 – cresce a cada dia. Trata-se do cultivo de culturas consorciadas de banana, cacau, café, árvores frutíferas, grandes árvores de sombra, plantas medicinais e um pouco de milho, e não requer fertilizantes nem herbicidas.

Portanto, a moral econômica presente nas histórias sobre pactos com o diabo na década de 1970 deu frutos e foi validada pelo que agora se caracteriza como um próspero, ainda que rudimentar, "movimento verde". Na verdade, a memória dos valores incorporados aos antigos modos de trabalhar a terra e ao pacto com o diabo cresceu em vigor e imaginação.

Para nós, da América do Norte e da Europa, que vivemos as últimas três décadas sob o impacto do chamado livre mercado – estimulado por Ronald Reagan e Margaret Thatcher e ao qual alguns se referem como "neoliberalismo" – e que testemunhamos o impacto apocalíptico da desregulamentação econômica do governo de George W. Bush, o pacto com o diabo mostra-se mais que nunca relevante.

Na Colômbia, a mesma tendência em prol do livre mercado tem-se consolidado, obviamente, durante as duas últimas décadas, período ao longo do qual o pacto a curto prazo tornou-se regra, mostrando com detalhes abomináveis tudo o que, em 1970, fora transformado em mitologia nas histórias do contrato com o diabo nos canaviais. O que era história agora se torna realidade.

A antropologia do estranho e do exótico pode nos ensinar tanto sobre nós e nosso sistema econômico quanto sobre o exótico. Ao tentar explicar o estranho e o desconhecido, não devemos nunca perder de vista quão estranha é nossa realidade. Se o fetichismo da mercadoria pode ser interpretado como o que transforma pessoas em coisas e coisas em pessoas, então talvez seja possível – na medida em que nos olhamos como o estranho – livrar-nos da alienação em um novo mundo, no qual os poderes fantásticos do fetichismo tornam-se liberadores e até o diabo deve emendar-se.

Michael T. Taussig
High Falls
Nova York
Julho de 2009

PREFÁCIO

Meu objetivo neste livro é trazer à luz o significado social do diabo nas narrativas populares contemporâneas de mineradores e trabalhadores canavieiros da América do Sul. O diabo é um símbolo surpreendentemente apropriado para descrever a alienação vivenciada por camponeses quando estes engrossam as fileiras do proletariado, e é sobretudo dentro dos termos de tal vivência que moldo minha interpretação. Os contextos históricos e etnográficos levaram-me a questionar: Qual é a relação entre a imagem do diabo e o desenvolvimento do capitalismo? De quais contradições da experiência social o fetiche do espírito do mal é mediador? Existe uma estrutura de conexões entre o poder de redenção do anticristo e o poder analítico do marxismo?

Para responder a essas perguntas, procurei desenterrar a história social do diabo desde a conquista espanhola em duas áreas de intenso desenvolvimento capitalista: os canaviais da Colômbia ocidental e as minas de estanho da Bolívia. Um dos resultados da investigação (que se manifesta de forma mais clara nas minas, mas que também é pertinente aos canaviais) é que o diabo simboliza características importantes da história política e econômica desses dois países. É praticamente impossível separar a história social desse símbolo da codificação simbólica da história que o criou.

O diabo foi levado pelo imperialismo europeu para o Novo Mundo, mesclando-se com divindades pagãs e com os sistemas metafísicos por elas representados. Porém, esses sistemas eram tão diferentes do europeu quanto seus respectivos sistemas socioeconômicos. Sob tais circunstâncias, a imagem do diabo e a mitologia da redenção terminaram mediando as tensões dialéticas envolvidas na conquista e na história do imperialismo.

Tanto nos canaviais quanto nas minas, o papel do diabo nas narrativas populares e nos rituais associados à produção proletária é significativamente diferente do existente em áreas camponesas contíguas. Nas duas regiões, o proletariado foi afastado do campesinato que o circundava. A experiência relacionada à mercantilização e à interpretação do processo de proletarização de um foi bastante influenciada pela visão pré-capitalista da economia do outro. Ao longo do processo de proletarização, o diabo emerge como uma imagem complexa e poderosa, que passa a mediar modos opostos de perceber o significado humano da economia.

O Ocidente e a América do Sul têm um vasto acúmulo de mitologias sobre o homem que se coloca à margem da comunidade para vender a alma ao diabo em troca de riquezas que não só terminam sendo inúteis, como passam a representar o desespero, a destruição e a morte. O que esse contrato com o diabo simboliza? A era de uma antiga luta entre o bem e o mal? A inocência dos pobres e os malefícios da riqueza? Mais que isso: o lendário pacto com o diabo é uma acusação contra o sistema econômico que força os homens a trocar suas almas pelo poder destrutivo da mercadoria. Entre a pletora de significados interconectados, e por vezes contraditórios, um dos aspectos do pacto com o diabo destaca-se: a alma do homem não pode ser comprada ou vendida, ainda que, sob determinadas condições históricas, a humanidade seja ameaçada por esse tipo de troca como meio de subsistir. Ao narrar essa fábula sobre o diabo, o homem honrado confronta-se com a batalha entre o bem e o mal com termos que simbolizam as contradições mais gritantes das economias de mercado. O indivíduo é apartado da comunidade. A riqueza é simultânea à pobreza esmagadora. As leis econômicas triunfam sobre as éticas. A produção – não o homem – é o objetivo da economia, e as mercadorias governam seus criadores.

Há muito, o diabo foi banido da consciência ocidental, mas as questões que simbolizam um pacto com ele continuam pungentes – mesmo que tenham sido obscurecidas por um novo tipo de fetichismo, no qual as mercadorias são consideradas fonte do próprio valor. É contra esse ofuscamento – o fetichismo da mercadoria – que tanto o livro quanto a crença no diabo se voltam. O conceito de fetichismo da mercadoria, desenvolvido por Karl Marx em *O capital*, é fundamental para minha desconstrução do espírito maligno nas relações de produção capitalistas. A fetichização do mal na figura do diabo é uma imagem mediadora do conflito entre os modos pré-capitalistas e capitalistas de objetivar a condição humana.

A Parte I deste livro destaca a história social dos escravos africanos e de seus descendentes nos canaviais da Colômbia ocidental. Com minha *compañera* e colega de trabalho, Anna Rubbo, passei quase quatro anos percorrendo essa região. Trabalhamos, sobretudo, como antropólogos, e estávamos envolvidos na organização política de camponeses militantes que ali se desenvolveram no começo dos anos 1970. Tal experiência e a etnografia produzida durante o referido período formam a base da primeira metade desta obra. Sem a assistência de Anna e a colaboração de camponeses e boias-frias envolvidos naquela luta, este trabalho não teria sido escrito. A maior parte do capítulo 3 foi previamente publicada na revista *Marxist Perspectives* [Perspectivas marxistas] (1979), e o capítulo 6 foi em grande medida retirado de um artigo publicado em *Comparative Studies in Society and History* [Estudos comparativos sobre sociedade e história] (1977).

A Parte II diz respeito ao significado do diabo nas minas de estanho bolivianas, e nesse tema tive de confiar sobretudo em escritos alheios. Especialmente importantes foram as obras de June Nash, Juan Rojas, John Earls, José Maria Arguedas, Joseph Bastien e Weston LaBarre, todos citados na bibliografia. Sinto-me profundamente em dívida com esses autores e com muitos outros aos quais me refiro ao longo das próximas páginas.

Agradeço às seguintes instituições pelo financiamento de meu trabalho de campo na Colômbia ocidental a partir de 1970: à Universidade de Londres; ao Programa de Bolsas Foreign Area; à Fundação Wenner-Green; à Fundação Nacional da Ciência; e à Rackham School of Graduate Studies da Universidade de Michigan, na figura de Ann Arbor. Agradeço especialmente a David Perry, da University of North Carolina Press, pelo meticuloso trabalho de edição.

PARTE I

FETICHISMO: TROPO POR EXCELÊNCIA

> Porque assim como a metafísica, ao ser racionalizada, ensina que homo intelligendo fit omnia, a metafísica poetizada demonstra que homo non intelligendo fit omnia; e há, talvez, mais verdade nisto que naquilo, pois o homem, com o entendimento, prolonga sua mente, compreendendo as coisas; mas com o não entendimento, ele faz de si as coisas, e, transformando-se, vem a sê-las.
>
> Giambattista Vico, *A Nova Ciência*[1]

---

1 "Perché come la metafisica ragionata insegna che '*homo intelligendo fit omnia*', così questa metafisca fantasticata dimostra che '*homo non intelligendo fit omnia*'; e forse con più di verità detto questo che quello, perchè l'uomo con l'intendere spiega la sua mente e comprende esse cose, ma col non intendere egli di sé fa esse cose e, con transformandovisi, lo diventa." Ver VICO, Giambattista. *La scienza nuova*. Torino: Einaudi, s.d., p.174-5. (N.T.)

1
FETICHISMO E DESCONSTRUÇÃO DIALÉTICA

Este livro procura interpretar o que são para nós, do mundo industrializado, as exóticas ideias de alguns grupos rurais da Colômbia e da Bolívia acerca do significado das relações capitalistas de produção e troca às quais eles são coagidos. Esses camponeses representam como intensamente antinaturais, até mesmo diabólicas, práticas que a maioria de nós – que vivemos em sociedades baseadas na mercadoria – passa a aceitar como naturais no funcionamento da economia diária e, portanto, do mundo em geral. Tais representações surgem apenas quando esses grupos passam por um processo de proletarização, e referem-se somente ao modo de vida organizado pelas relações capitalistas de produção. Nunca nascem ou fazem referência aos modos de vida camponeses.

Qualquer trabalho de interpretação inclui elementos de incerteza e de modéstia intelectual. Qual é a verdade revelada em uma interpretação? Afinal, não é ela nada mais que a mediação entre o desconhecido e o familiar? Essa é, sem dúvida, a mais honesta – ainda que não tão grandiosa – prática do intérprete. Ainda sim, ao confrontarmos as implicações de tal exercício, percebemos que a interpretação do desconhecido sobre o que é familiar opõe-se ao próprio familiar. A verdade da interpretação reside em sua estrutura intelectual contrastante e sua realidade é inerentemente autocrítica.

Portanto, apesar de esta obra focar as reações camponesas ao capitalismo industrial e a tentativa de interpretá-las, ela é também – inevitavelmente – um esforço pouco difundido de iluminar de modo crítico as maneiras pelas quais nós, já familiarizados com a cultura capitalista, nos persuadimos de que esta não é uma forma histórica, social ou humana, mas natural, física, "como uma coisa". Em outras palavras, trata-se de uma tentativa de explicar, pelo confronto com culturas pré-capitalistas, a objetividade fantasmagórica com a qual a cultura capitalista reveste suas criações sociais.

Tempo, espaço, matéria, causalidade, relação, natureza humana e a própria sociedade são produtos criados pelo homem tanto quanto o são os diferentes tipos de ferramentas, sistemas de cultivo, roupas, casas, monumentos, linguagens e mitos que a humanidade produz desde a aurora da vida humana. Entretanto, para seus participantes, todas as culturas tendem a apresentar essas categorias como se não fossem produtos sociais, mas coisas elementares e imutáveis. E tão logo essas categorias são definidas como produtos naturais em vez de sociais, a própria epistemologia atua no sentido de ocultar a compreensão da ordem social. Tudo – nossa experiência, compreensão e explicações – passa apenas a ratificar as convenções que sustentam nosso senso de realidade, a menos que comecemos a nos dar conta de como os "blocos de construção" básicos de nossa experiência e de nossa realidade sentida são construtos não naturais, mas sociais.

Na cultura capitalista, a cegueira em relação à base social de categorias essenciais torna bastante confusa a leitura social de coisas supostamente naturais. Isso se deve ao caráter peculiar das abstrações associadas à organização mercadológica dos assuntos humanos: qualidades essenciais dos seres humanos e sua produção são convertidas em mercadoria, em coisas para serem compradas e vendidas no mercado. Tomemos como exemplo o trabalho e o tempo de trabalho. Para nosso sistema de produção industrial funcionar, as capacidades produtivas das pessoas e os recursos naturais devem ser organizados em mercados e racionalizados de acordo com uma contabilidade de custo: a unidade de produção e a vida humana são fragmentadas em subcomponentes quantificáveis cada vez menores. O trabalho, uma atividade própria à vida, torna-se algo separado dela e abstraído em mercadoria – o tempo de trabalho –, podendo ser comprado e vendido no mercado de trabalho. Essa mercadoria parece substancial e real. Em vez de uma abstração, ela passa a ser considerada algo natural e imutável, mesmo que não seja nada mais que uma convenção ou uma construção social que emergiu de um modo específico de organizar pessoas relacionadas entre si e com a natureza. Considero esse processo um paradigma do processo de produção de objetos da sociedade capitalista: em especial, conceitos como tempo de trabalho são abstraídos de seu contexto social e parecem ser coisas reais.

Uma sociedade baseada no sistema de mercadorias produz necessariamente tal objetividade fantasmagórica e, ao fazê-lo, obscurece suas raízes, isto é, as relações entre as pessoas. O resultado disso é um paradoxo instituído do ponto de vista social, que apresenta manifestações confusas; em especial, a recusa da construção social da realidade por parte dos membros de uma sociedade. Outra manifestação é a atitude esquizoide com a qual seus membros confrontam os objetos fantasmagóricos que foram abstraídos da vida social – uma atitude que também se mostra bastante mística. Por um lado, essas abstrações são adoradas como objetos reais similares a coisas inertes; por outro, são vistas como entidades animadas com força de vida própria, semelhantes aos espíritos ou aos deuses. Uma vez que tais "coisas" perdem sua conexão original com a vida social, elas parecem, paradoxalmente, entidades tão inertes quanto animadas. Se a excelência de uma inteligência fosse testada pela habilidade de sustentar ao mesmo tempo duas ideias opostas e ainda assim continuar funcionando, então a mente moderna teria provado sua eficácia. Entretanto, isso se aplica mais à cultura que à mente. E. E. Evans-Pritchard descreve a categoria de tempo em um grupo cuja sociedade não é organizada pela produção de mercadorias ou pela troca de mercado: os Nuer, provenientes do Nilo Superior.

Apesar de ter falado sobre tempo e unidades de tempo, os Nuer não possuem, como nós, expressão equivalente a "tempo", portanto, não podem, como nós, falar dele como se fosse algo que passa, que pode ser desperdiçado ou ganho, e assim por diante. Não creio que eles tenham alguma vez experimentado o sentimento de lutar contra o tempo ou de precisar coordenar atividades baseando-se em uma passagem de tempo abstrata. Isso porque, para os Nuer, as próprias atividades são, sobretudo, o ponto de referência e possuem, em geral, um caráter de lazer. Os eventos seguem uma ordem lógica, mas não são controlados por um sistema abstrato, uma vez que não possuem pontos de referência autônomos aos quais as atividades devem adequar-se com precisão. Os Nuer são afortunados. (Evans-Pritchard, 1940, p.103)

O tempo, para esses grupos, não foi abstraído do tecido das atividades diárias, mas integrado a elas. Não se trata do tempo do relógio, mas daquele que podemos chamar tempo humano: o tempo são as relações sociais. Ainda assim, como ilustra Evans-Pritchard, todos nós abstraímos e concretizamos o tempo. Para nós, como E. P. Thompson mostra claramente ao utilizar esse mesmo exemplo, o tempo é uma abstração e também uma substância: ele passa, pode ser desperdiçado, ganho etc. (Thompson, 1967). Além do mais, é animado: podemos lutar contra ele. O tempo torna-se tanto algo abstraído das relações sociais, por causa do caráter específico destas, quanto uma substância animada. Essa é apenas uma das ilustrações do fetichismo da mercadoria, por meio do qual os produtos das inter--relações pessoais não são mais vistos como tal, mas como coisas que se impõem, controlam e — em um senso vital — podem até produzir pessoas. A tarefa que nos cabe é a de nos libertar do fetichismo e da objetividade fantasmagórica que a sociedade cria para se obscurecer; também é a de nos opor ao éter de naturalidade que confunde e camufla as relações sociais. A aparência "natural" das coisas deve ser exposta como um produto social que determina por si só a realidade; logo, a sociedade torna-se senhora da própria vitimização.

Em outras palavras, em vez de nos colocar a questão antropológica padrão de "por que outras culturas reagem da maneira que reagem, como, por exemplo, no caso do desenvolvimento do capitalismo", devemos nos perguntar sobre a realidade de nossa sociedade. Ao darmos a devida atenção à expressão fantástica daquelas, é essa questão que se impõe à nossa realidade não fantástica. Ao colocarmos o problema desse modo, permitimos que os informantes do antropólogo tenham o privilégio de explicar e divulgar as próprias críticas às forças que afetam a sociedade da qual fazem parte – forças que emanam de nossa sociedade. Simultaneamente, livramo-nos da atitude que define a sabedoria popular exótica apenas como fabulação ou superstição, e tornamo-nos sensíveis em relação às nossas superstições e ao caráter ideológico dos mitos e das categorias centrais de nossa cultura, que garantem o sentido tanto de grande parte de nossos produtos intelectuais quando de nossa vida cotidiana. Do desconforto que tal sensibilidade semeia, somos forçados a tomar consciência tanto do senso comum quanto do que consideramos natural. Somos levados a rejeitar o véu de naturalidade com o qual cobrimos, como se fosse uma mortalha, o processo de desenvolvimento social. Obscurecemos assim a única característica que o distingue do processo natural de desenvolvimento: o envolvimento da consciência humana. Dessa forma, somos levados a desafiar o *status* de normalidade – como pertencente ao domínio da natureza – de nossos moldes sociais. Essa é nossa práxis.

Minhas motivações derivam tanto dos resultados de quatro anos de envolvimento e de trabalho de campo no sudoeste da Colômbia no início dos anos 1970, quanto da crença de que a tradução socialmente condicionada da história e da característica humana das relações sociais em fatos da natureza torna a sociedade insensível – e a priva de tudo o que é, em essência, crítico à sua forma. Ainda assim, essa prática é onipresente na sociedade moderna e ainda mais evidente nas "Ciências Sociais", cujo modelo das ciências naturais tornou-se um reflexo também natural, desenvolvido do ponto de vista institucional como a estratégia guia de compreensão da vida social, mas que termina apenas por petrificá-la. Portanto, minha tarefa é contestar tal desenvolvimento e transmitir algo do "sentimento" da experiência social que o paradigma das Ciências Sociais obscurece. Ao fazê-lo, pretendo construir uma crítica contra a petrificação da vida social pelas doutrinas positivistas, que julgo ser o reflexo acrítico da aparência de uma sociedade mascarada.

Diante desse modo de compreensão moderna, torna-se bastante fácil recair em outras formas de idealismo ou em uma nostalgia acrítica do passado, quando as relações humanas não eram vistas como relações entre objetos ligadas a estratégias mercadológicas. Uma vez que a etnografia com a qual estou lidando pertence majoritariamente ao que é por vezes denominado sociedade pré-capitalista, esses perigos tornam-se um problema urgente, pois é dessa maneira problemática que tais formações sociais seduzem uma mente treinada e aperfeiçoada pelas instituições capitalistas. Em face das imagens que a própria sociedade capitalista apresenta de si, a vida pré-capitalista pode ser atrativa (ou assustadora). Isso decorre de seu aparente idealismo e do encantamento de um universo habitado por espíritos e fantasmas que revelam a trajetória do mundo e sua salvação. Além do mais, as sociedades pré-capitalistas recebem o fardo de ter de satisfazer nossos alienados anseios por uma Era de Ouro perdida.

Em face dos paradigmas explicativos insatisfatórios e, até mesmo, politicamente motivados que têm sido introduzidos de modo sutil na trama mental da sociedade capitalista moderna – tanto seu materialismo mecânico como suas formas alienadas de religião e nostalgia –, dispomos de que tipos de contraestratégia para iluminar a realidade a fim de não replicar de modo sutil suas ideias predominantes, paixões dominantes e autoencantamento? Creio que essa questão é tão necessária quanto utópica. É essencial lançar o desafio, mas seria utópico acreditar que podemos imaginar uma solução fora de nossa cultura sem agir sobre ela através de práticas que alterem sua infraestrutura social. Por esse motivo, o que chamo crítica negativa é tudo o que me parece possível, idôneo e exigido do ponto de vista intelectual. Isso implica assumir uma posição interpretativa constantemente consciente de seus procedimentos e categorias; dessa maneira, o que pensamos nos é exposto em um processo paulatino de autocrítica. Por fim, a autoconsciência insere-se no domínio dos fenômenos concretos que iniciaram nossa investigação – e que nos conduziram às primeiras abstrações empíricas, com suas respectivas distorções. Entretanto, se o modo de compreensão que adotamos corresponde a uma rede cada vez mais ampliada de descrição autoconsciente do concreto, então se deve também ter em mente, como insistiu Fredric Jameson, que tal autopercepção precisa estar extremamente atenta às raízes sociais e à historicidade das abstrações que empregamos em qualquer estágio do processo (Jameson, 1971).

Essa autopercepção prefigura o conceito de cultura e a teoria da percepção que emprego, como a invocada por Sidney Hook em sua antiga interpretação da epistemologia marxista. "O que é apreendido pela percepção", ele afirma,

> depende tanto de quem percebe quanto das causas antecedentes da percepção. Uma vez que a mente encontra o mundo já imbuída de um longo desenvolvimento histórico anterior a ela, o que é visto – sua reação seletiva, o escopo e a forma de sua atenção – deve ser explicado não só como fatos apenas físicos ou biológicos, mas também como fatos sociais. (Hook, 1933, p.89)

Obviamente, o caráter específico e particular das relações sociais na sociedade mercantil facilitou a insensibilidade – quando não a cegueira – com relação a tal posicionamento: o escopo e a forma da atenção mental passam a ser, então, explicados apenas como fatos físicos e biológicos, não como fatos também sociais. Em outras palavras: os fatos sociais funcionam em nossa consciência como negação de si próprios, sendo absorvidos pelo físico e pelo biológico.

Na antropologia de Franz Boas, podemos encontrar mais corroborações para o conceito de cultura que pretendo utilizar. Quando aborda um dos antigos escritos de Boas, George W. Stocking Jr. escreve que este

> considera os fenômenos culturais em termos de imposição de significação convencional sobre o fluxo da experiência. Portanto, julga-os historicamente condicionados e transmitidos pelo processo de aprendizagem. Enxerga-os como determinantes de nossas percepções do mundo externo. (Stocking Jr., 1968, p.159)

Entretanto, a concepção de Boas está despida da tensão transmitida pelo significado da história moderna, fator condicionante do processo de aprendizagem. Não se trata apenas de dizer que nossa percepção é socialmente condicionada, que o olho torna-se um órgão histórico, ou que as sensações são uma forma de atividade em vez de cópias carbono passivas diante das circunstâncias externas. Trata-se também de levar em conta que a história que modela essa atividade faz o mesmo com nossa compreensão da própria história e do ato de ver; e o mais poderoso e repugnante legado possibilitado pela história moderna – que modela nossas experiências e, em consequência, nossas ferramentas conceituais – é, sem dúvida, a relação alienada das pessoas com a natureza, das subjetividades com seus objetos, e as relações constituídas por classes sociais, pela produção de mercadorias e pela troca mercantil. As abstrações que venhamos a criar a partir de qualquer fenômeno concreto refletem necessariamente essas relações alienadas. Entretanto, quando tornamo-nos cientes disso e de suas implicações – elevando-os à consciência –, podemos escolher se continuaremos ou não a camuflar sem refletir sobre as categorias como manifestações do natural, ou se as revelaremos em toda sua intensidade como um produto desenvolvido de relações humanas mútuas – ainda que encobertas por aparências reificadas em uma sociedade baseada na produção de mercadorias.

O reconhecimento de tal escolha é o primeiro princípio do pensador dialético historicamente sensível que deve, a partir disso, esforçar-se na busca de uma saída para a validação forjada, no nível social, dos fatos sociais como físicos ou como entidades autônomas semelhantes a coisas naturais e imutáveis. Marx volta-se contra esse paradoxo em suas análises sobre a mercadoria – ao mesmo tempo coisa e relação social –, a partir das quais deriva o conceito de fetichismo da mercadoria como uma crítica à cultura capitalista. A aparência animada das mercadorias evidencia a aparência coisificada das pessoas, e ambas dissolvem-se quando a inspiração mercantil das definições de homem e sociedade é ressaltada. De maneira semelhante, Karl Polanyi repreende – baseando-se em seu conceito de ficção da mercadoria – a mentalidade mercantil e seu modo de percepção. Ele afirma que é uma ficção que a terra e o trabalho sejam produzidos para a venda. "O trabalho é apenas outro nome para a atividade humana que acompanha a própria vida", e "a terra é apenas outro nome para a natureza, que, por sua vez, não é produzida pelo homem" (Polanyi, 1957, p.72). Entretanto, em uma sociedade organizada pelo mercado, essa ficção torna-se realidade e o sistema de nomes que Polanyi utiliza perde sua significação. Em sua forma mercantil, a sociedade engendra tal realidade ficcional; assim, somos obrigados a lidar e a compreender o mundo a partir desses símbolos e abstrações.

No entanto, para superar as reificações impostas ao pensamento pela organização mercantil da realidade, não é suficiente apenas perceber que a aparência reificada dos produtos sociais simboliza relações sociais, pois, em tal sociedade, os símbolos adquirem propriedades particulares, e as relações sociais por eles significadas estão longe de ser transparentes. A menos que percebamos que as relações sociais simbolizadas como coisas são construtos distorcidos e que se camuflam, tudo o que conseguiremos será a substituição de um inocente materialismo mecânico por um também ingênuo idealismo objetivo ("análise simbólica"), que reifica símbolos em vez de relações sociais. E estas, lidas pelo analista nos símbolos, nas representações coletivas e nos objetos que preenchem nosso cotidiano, não passam, em geral, de convenções sobre as próprias relações sociais e a natureza humana que a sociedade exibe para si. Penso que isso se mostra particularmente claro em casos como os de Émile Durkheim e dos neodurkheimianos, como Mary Douglas. Estes analisam os símbolos e as representações coletivas como emanações de algo chamado "estrutura social"; também reificam a estrutura e, ao fazê-lo, aceitam de maneira acrítica a autoprojeção distorcida da sociedade. O argumento é que podemos abandonar o materialismo mecânico e nos tornar conscientes de que fatos e coisas revelam-se, de alguma maneira, como signos de relações sociais. Considerando os signos dessa forma, o próximo passo será procurar seu significado. Mas a menos que percebamos que as relações sociais assim significadas são signos e construtos sociais definidos por categorias de pensamento – eles também produtos sociais e históricos –, permaneceremos vítimas e apologetas da semiótica que procuramos compreender. A fim de despojar-se da qualidade ficcional e camuflada de nossa realidade social, o analista deve incumbir-se de uma tarefa muito mais difícil:

a superação da aparência que os fenômenos adquirem não tanto como símbolos, mas como resultado da interação com as categorias de pensamento historicamente produzidas que lhe foram impostas. Karl Marx chama nossa atenção para esse fato quando escreve que os signos, ou os

> caracteres que identificam produtos como mercadorias, e cujo estabelecimento são um pressuposto necessário à circulação destas, já adquiriram a consistência de formas naturais da vida social antes mesmo que o homem começasse a decifrar não seu caráter histórico – pois aos seus olhos eles são imutáveis –, mas seu significado. (Marx, 1967, p.75)

Mediando com astúcia as categorias validantes de sua época, os economistas políticos deram força e voz a um sistema simbólico utilizando a análise econômica como pretexto. Para eles, o significado do valor – simbolizado pelo dinheiro – pressupunha a validade universal e natural dos símbolos e das abstrações engendradas pelo mecanismo do mercado. O mundo mercantilizado era um dado, e essa suposição persiste até hoje como forma natural de perceber a vida social. Condicionado pela história e pela sociedade, o olho humano pressupõe suas percepções como reais. Ele não pode, sem grande esforço, contemplá-la como um movimento de pensamento que ratifica os signos pelos quais a história se expressa. Entretanto, para o crítico que pode se manter fora desse sistema conformador mútuo, a forma monetária do mundo das mercadorias é o signo que obscurece as relações sociais escondidas nas abstrações que a sociedade considera fenômenos naturais.

Uma vez que as culturas com as quais este livro se preocupa não são organizadas pelo mercado mas dominadas por ele, estamos diante da possibilidade de adotar a mesma postura crítica delas. Certas realidades humanas tornam-se mais claras na periferia do sistema capitalista, facilitando um afastamento com relação à apreensão mercantilizada da realidade. Marx mostrou o potencial presente no empreendimento do antropólogo como fonte poderosa de desestímulo aos significados que a produção de mercadorias engendra na mente de seus participantes. "Todo o mistério da mercadoria", afirma Marx no famoso capítulo acerca do fetichismo da mercadoria e no qual assinala as principais categorias do pensamento burguês, "toda a mágica e a necromancia que rodeiam os produtos do trabalho no momento em que tomam forma de mercadoria desaparecem assim que nos voltamos para outros modos de produção".

Portanto, com a ajuda desses "outros modos de produção", este livro procura interpretar as formas capitalistas de compreensão da realidade social. Minha estratégia é observar, como parte de uma crítica ao modo de produção moderno, algumas reações mágicas e fantásticas que estão à frente de nossa realidade não fantástica. Seria um engano enfatizar o aspecto exótico da reação desses camponeses se, em virtude de tal ênfase, ignorássemos a similaridade de crenças e condenações éticas que caracterizam boa parte do pensamento econômico na história cultural do Ocidente desde o fim da Idade Média, ou mesmo antes disso. Desde Aristóteles, passando pelos ensinamentos dos primeiros padres cristãos até os escolásticos, nota-se uma constante hostilidade contra a usura, o lucro e a troca injusta. Entretanto, tal hostilidade intensifica-se e associa-se à crença no diabo apenas no final da Idade Média – no momento em que o capitalismo desponta.

As sociedades no limiar do desenvolvimento capitalista interpretam-no necessariamente com crenças e práticas não capitalistas. Em nenhum outro lugar esse aspecto mostra-se mais rico que entre as crenças populares de camponeses, mineradores, marinheiros e artesãos, que estão envolvidos no processo de transição. Tanto a cultura quanto o trabalho deles conectam a alma com as mãos de forma orgânica, e o mundo de seres encantados criado por eles parece tão humano quanto as relações que fazem parte de seus produtos materiais. A nova experiência de produção de mercadorias fragmenta e desafia essa interconexão orgânica. Porém, o significado daquele modo de produção e das contradições que ele engendra são inevitavelmente assimilados por hábitos preestabelecidos dentro da cultura do grupo. Não há dúvida de que tais hábitos mudarão, mas apenas depois que a economia de mercadorias tiver criado uma nova epistemologia, na qual o desencantamento entre em vigor e a própria alma se transforme em mercadoria ou em um espírito, no fundo, alienado. Antes que o novo espírito – o espírito do capitalismo – substitua as criações da imaginação que dão sentido à vida no mundo pré-capitalista, antes que as novas "regras do jogo" sejam assimiladas, as fabulações que a mercadoria engendra estarão sujeitas a tipos de formações imaginárias bem diferentes. Em resumo: o significado do capitalismo se subordinará às significações pré-capitalistas, e o conflito expresso em tal confronto será o do homem visto como objetivo da produção em vez da produção encarada como objetivo do homem.

Mesmo que as percepções inerentes a tais reações pareçam, inevitavelmente, desaparecer com o passar do tempo e com a progressiva institucionalização das estruturas capitalistas, e que o senso comum termine aceitando as novas condições como se estas fossem naturais, certas correntes de pensamento, assim como numerosos movimentos sociais, as mantiveram vivas e em funcionamento como uma força crítica mundial. O marxismo e os movimentos marxistas revolucionários da modernidade representam a "racionalização" da antiga afronta pré-capitalista diante da expansão do sistema capitalista. Nesse sentido, Tawney tinha razão quando se referia a Marx como "o último dos escolásticos". Ao enfatizarmos a comunhão entre o marxismo e a hostilidade pré-capitalista contra o aparecimento da economia de mercado, não devemos esquecer que ambos compartilham características epistemológicas: um moralismo anticapitalista e um elogio à ética do produtor. Tal base epistemológica comum é esquecida com facilidade, pois são precisamente esses planos de pensamento e cultura que são tidos como "dados", ainda que permeiem e guiem de modo tenaz a interpretação, inclusive a do próprio marxismo.

O marxismo, como em geral tem sido compreendido pelo Ocidente, foi profundamente influenciado pelo fluxo do pensamento moderno – qualificado, de maneira imprecisa, como positivismo, e de modo ainda mais impreciso, mesmo que mais distinto, de materialismo vulgar. Os conceitos mecânicos de ontologia e de epistemologia –

pelos quais a realidade é compreendida como átomos materiais que interagem de acordo com leis matemáticas – solaparam pouco a pouco o ímpeto do marxismo. Este se baseava, originalmente, na compreensão sintética e dialética da realidade de acordo com a tradição hegeliana, embora fique claro que se modifique com a ideia de que o conteúdo da lógica é histórico. Se desejamos avaliar de maneira completa o significado da hostilidade e da percepção que o capitalismo engendra em meio às suas novas forças de trabalho, devemos retornar à tradição metodológica dialética e histórica, que enfatiza o papel da consciência no desenvolvimento social, para fortalecer o desenvolvimento social da consciência crítica.

Se há na missão antropológica – no "estudo do homem" – um objetivo ao mesmo tempo intelectual e moralmente louvável, ele não reside apenas no fato de que o estudo de outras sociedades revela as maneiras pelas quais nós as influenciamos. Trata-se também de que tais investigações nos proporcionam a potência crítica pela qual podemos avaliar e compreender as pressuposições inconscientes e sacrossantas que se estabelecem e se originam de nossas formações sociais. E é com isso em mente que as páginas a seguir – sobre a percepção da natureza e do homem que nos é revelada por povos rurais da América do Sul que estão passando pelo processo de proletarização – foram escritas.

2
O DIABO E O FETICHISMO DA MERCADORIA

Em duas áreas rurais sul-americanas extremamente distantes entre si, agricultores camponeses – à medida que se tornam trabalhadores assalariados sem-terra – invocam o diabo como parte do processo de manutenção e aumento da produção. Entretanto, o mesmo não ocorre quando trabalham na própria terra e de acordo com seus costumes. Não importa quão pobre e carente ou quão necessário é que se aumente a produção: apenas quando os camponeses passam por um processo de proletarização é que o diabo adquire importância. Nessas duas regiões, enquanto imagens de Deus ou de espíritos naturais da fertilidade dominam o *ethos* do trabalho no modo de produção camponesa, o diabo e o mal caracterizam a metafísica do modo de produção capitalista. Assim, este livro é uma tentativa de interpretar o significado e as implicações desse espantoso contraste.

Entre os camponeses afro-americanos desalojados e empregados como trabalhadores assalariados nos canaviais em rápida expansão no extremo sul do tropical Vale do Cauca na Colômbia, existem os que supostamente travam pactos secretos com o diabo visando ao aumento da produção e, logo, do próprio salário. Diz-se que tal pacto gera consequências perniciosas para a vida humana e para o capital. Além disso, acredita-se ser inútil o gasto do salário ganho através do pacto com o diabo em bens de capital – como terra ou animais para engorda –, pois esse tipo de dinheiro é, em si, estéril: a terra não será fértil e os animais não se desenvolverão e acabarão morrendo. Do mesmo modo, a cana-de-açúcar, força vital que alimenta os canaviais, também se tornará estéril: nenhuma cana brotará de uma soca cortada por um cortador de cana envolvido com o diabo. Além disso, muitas pessoas afirmam que o indivíduo que engendra o pacto – quase sempre um homem – morrerá de maneira dolorosa e prematura. O ganho monetário a curto prazo sob as novas condições do trabalho assalariado é mais que contrabalançado pelos supostos efeitos, a longo prazo, de esterilidade e morte.

De modo semelhante, camponeses indígenas desalojados que agora trabalham como mineradores de estanho assalariados nas terras altas da Bolívia criaram rituais coletivos para o diabo, visto por eles como o verdadeiro proprietário das minas e dos minérios. Dizem que esses mineradores assim o fazem para manter a produção, encontrar veios abundantes em minério e reduzir acidentes (Nash, 1972; Costas Arguedas, 1961, v.2, p.303-4). Apesar da crença, entre esses indígenas, de que o diabo sustenta a produção, ele também é visto como um espírito glutão com inclinação à destruição e à morte. Assim como ocorre nos canaviais da Colômbia, o diabo também é o esteio da produção ou do aumento da produção; mas acredita-se que tal produção seja, em última análise, destruidora da vida.

Faz-se necessário notar que militância política e consciência de esquerda figuram maciçamente nessas duas áreas e em ambas as indústrias. Antes da recente opressão e reorganização da força de trabalho, grande parte dos trabalhadores nos canaviais do Vale do Cauca fazia parte de sindicatos hábeis e agressivos. Greves e ocupações de terras eram comuns. A militância dos mineradores bolivianos é lendária. Desde seu surgimento, em 1945, o sindicato dos mineradores controlou todo o movimento dos trabalhadores na Bolívia (Klein, 1969, p.19): por exemplo, June Nash afirma que, como resultado da contínua luta política, os trabalhadores da mina San José formam um dos segmentos mais politizados entre as classes trabalhadores da América Latina (Nash, 1972, p.223).

Interpretações

A crença no diabo, associada aos seus respectivos ritos, pode ser mais bem interpretada como uma resposta à ansiedade e à frustração do desejo? Tal interpretação sobre a magia e a religião é excessivamente popular e possui um *pedigree* de prestígio na Antropologia. Ampliando as ideias estabelecidas por E. B. Tylor e J. G. Frazer, Malinowski argumenta que a magia é uma pseudociência, invocada para aliviar a ansiedade e a frustração quando lacunas no conhecimento e limitações da razão assolam indivíduos de uma cultura específica. Em resumo: a magia é explicada em grande medida por sua pretendida função ou utilidade.

Entretanto, esse modo de interpretar é inaceitável, uma vez que pressupõe a maior parte do que deveria explicar: os motivos bem detalhados e a configuração precisa das minúcias e significados que constituem as crenças e os ritos em questão. Além disso, desvia a atenção do significado inerente aos fenômenos. Isso se torna óbvio quando formulamos a seguinte questão sobre a crença e os ritos acerca do diabo: Por que esse conjunto particular de ideias – composto de uma mitologia de significados e riquezas profundos – teria sido escolhido sob tais circunstâncias e nesse momento específico, em detrimento de outro conjunto de práticas e ritos? Uma vez levantada tal questão, um modo diferente de interpretação é sugerido. As crenças que nos interessam surgem de um conflito na esfera dos sentidos de uma cultura que batalha de forma criativa para organizar novas experiências dentro de uma visão coerente, que, por sua vez, é animada pelas implicações de sua ação no mundo. Crenças mágicas são reveladoras e fascinantes não por serem concebidas como instrumentos de utilidade contra a doença, mas porque são ecos poéticos das cadências que guiam o curso mais recôndito do mundo. A magia leva a linguagem, os símbolos e a inteligibilidade aos seus limites mais extremos, explorando a vida para, dessa forma, mudar sua trajetória.

Outra explicação plausível para as crenças no diabo é a de que elas fazem parte de uma ética social igualitária, que deslegitima os que possuem mais dinheiro e êxito que os demais membros do grupo social. Ao atribuir aos bem-sucedidos uma aliança com o diabo, impõe-se uma restrição aos pretensos empreendedores. Essa explicação encaixa-se não só na difundida opinião de que a inveja é o motivo da feitiçaria, mas também na imagem do "bem limitado" que George Foster atribui às comunidades camponesas da América Latina (Foster, 1960-1961; 1965). De acordo com esse autor, a visão de mundo delas considera que as coisas boas da vida são poucas e finitas; logo, se uma pessoa adquire mais benesses que o normal, ela está, na verdade, tomando-as de outras pessoas. Apesar de parecer plausível a sugestão de que uma ideologia igualitária esteja associada às crenças no diabo, isso não ajuda muito na explicação da natureza específica da fé em questão. Assim como as explicações que as reduzem a uma emoção – como a ansiedade – são deficientes, também as que se baseiam em funções ou em consequências nos dizem pouco sobre as metáforas e os motivos elaborados pelas culturas em resposta às novas condições sociais. Para citar alguns problemas a esse respeito, pode-se observar que, entre os trabalhadores assalariados do Vale do Cauca, diz-se que os homens podem fazer pactos com o diabo apenas em favor da produção. O que a imagem do "bem limitado" pode nos dizer sobre a diferença sexual? Ainda mais importante: Que compreensão crítica tal imagem pode oferecer sobre o fato de o pacto com o diabo ocorrer apenas sob condições de proletarização do trabalho, não no modo de produção camponês? Nas minas de estanho bolivianas, os ritos envolvendo o diabo também podem ter o papel de restringir a competição entre os mineradores, mas essa é uma questão por demais complexa e que não deveria obscurecer o fato de tais ritos referirem-se à relação político-econômica global de classes sociais em luta e ao caráter e significado do trabalho.

Tal argumento não resiste a uma aplicação mais generalizada, mas deve-se notar que os tipos de interpretação funcionalista que me parecem insatisfatórios possuem uma afinidade com o capitalismo e com sua epistemologia – que é precisamente a forma cultural contra a qual as crenças no diabo parecem competir em conhecimento. A característica crucial desses modos de interpretação é reduzir uma profusão de relações sociais e complexos intelectuais à unívoca abstração metafísica da utilidade. Do mesmo modo que argumentam Marx e Engels em *A ideologia alemã* (1970, p.109-14), e, depois deles, muitos autores – como Louis Dumont (1977) – têm afirmado, essa maneira de satisfazer a pesquisa acadêmica precede, em muito, os utilitaristas propriamente ditos, sendo posta em evidência com a vitória da burguesia durante as revoluções inglesas do século XVII.

Marx e Engels mostraram que tais interpretações são feitas tendo como único critério a utilidade, pois, na moderna sociedade burguesa, todas as relações estão, na prática, subordinadas a uma única relação monetário-comercial abstrata. Eles afirmam que relações concretas de intercâmbio entre pessoas, como no caso do discurso e do amor, não possuem significado particular, mas são expressões e manifestações de uma terceira relação que lhes é atribuída: a utilidade. Portanto, tais relações são vistas como disfarces da utilidade e interpretadas não em si, mas como o lucro vertido ao indivíduo que camuflou seus interesses. Isso pode ser visto como uma exploração de seu significado intrínseco e uma redução da relação ao individualismo. Tal operação é análoga à visão de mundo burguesa e ao comportamento social pragmático criticados por Marx à época e que Foster atribui aos camponeses latino-americanos. Como Chandra Jayawardena observa em sua crítica ao conceito de Foster, a afirmação de que, na mente do camponês, todas as coisas boas na vida existem como suprimento insuficiente e finito, não é nada mais que a asserção do princípio de recursos escassos incorporado como axioma na teoria econômica moderna, em um primeiro momento desenvolvida e aplicada à organização capitalista (Jayawardena, 1968).

Deve-se adicionar que, nas situações que nos interessam aqui – na Colômbia e na Bolívia –, os trabalhadores e os camponeses estão bastante conscientes de que o setor econômico não só pode ser ampliado como está em expansão. Para eles, não é o "bem" que é limitado. A objeção é feita à *maneira* como ele se expande, não à expansão *per se*. Dada a recente preocupação por parte do Ocidente desenvolvido com o "crescimento zero" e o "crescimento desordenado", tal afirmação merece elaboração, em especial quando se constata que é afirmado de maneira bastante corriqueira que as economias camponesas e "primitivas" baseiam-se em um modelo de crescimento constante do lucro. Verdade ou não, é tão importante prestar atenção ao caráter do crescimento quanto ao seu raro aumento ou à sua estagnação. Aristóteles, um de nossos primeiros informantes a tratar dessa questão, partilhava a opinião de que o modo, em vez da taxa de crescimento, era crucial para o bem-estar social. Como Eric Roll explica ao comentar a crítica aristotélica ao lucro e ao "capitalismo": "Perde-se de vista o propósito natural da troca, a mais abundante satisfação das necessidades; a acumulação de dinheiro torna-se um fim em si" (Roll, 1973, p.33). Em vez de servir como um apelo ao crescimento zero, isso mostra claramente uma preocupação com o caráter e as causas do crescimento econômico. Portanto, deparamos com uma oposição entre "a mais abundante satisfação das necessidades" e a acumulação monetária como um fim em si mesmo. Desse ponto de vista, o crescimento é tão legítimo em uma economia de *valores de uso* – ou satisfação de necessidades – quanto em uma economia baseada no lucro monetário e na acumulação de capitais. O motivo da preocupação não é o crescimento em si, mas o caráter e a imensa significação humana de uma sociedade equipada, em essência, para acumular.

No lugar de reduzir as crenças no diabo ao desejo de ganho material, à ansiedade, ao "bem limitado" etc., por que não considerar tais crenças por si, em toda sua vivacidade e minúcia, como uma resposta das pessoas ao que elas veem como um modo maligno e destrutivo de ordenar a vida econômica? Exploremos a noção de que tais crenças são representações coletivas de um modo de vida que está perdendo vitalidade – manifestações complexas permeadas de significado histórico – e inscrevem nos símbolos dessa história o que significa perder o controle sobre os meios de produção e ser controlado por eles. Seria um descuido imperdoável não perceber que essas crenças ocorrem dentro de um contexto histórico no qual um modo de produção e de vida está sendo suplantado por outro, e que o diabo representa, de forma dramática, esse processo de alienação.

Ao fazê-lo, o diabo expõe não só as mudanças internas nas condições materiais de vida, mas também a mudança de critérios e todas as perturbações dialéticas de verdade e de ser a que tais mudanças estão associadas – em especial os conceitos radicalmente diferentes de criação, vida e crescimento através dos quais as novas condições materiais e as relações sociais são definidas.

Assim, as crenças no diabo sugerem que a cultura dos novos proletários é, em um aspecto importante, antagônica ao processo de formação de mercadorias. Ao mediar as oposições intrínsecas a esse processo, tais crenças podem até estimular ações políticas necessárias para impedi-lo ou transcendê-lo.

Pretendo elaborar a interpretação de que as crenças no diabo formam uma mediação dinâmica de oposições que surgem em um momento histórico de desenvolvimento particularmente crucial e sensível. Tais crenças podem ser pensadas como mediadoras entre dois modos distintos de apreensão ou avaliação do mundo, das pessoas e das coisas. Seguindo Marx, denomino essas formas de avaliação *valor de uso* e *valor de troca*. Marx toma essa oposição de Aristóteles, unindo-a à lógica hegeliana para criar a base sobre a qual forjaria a descrição crítica do capitalismo e sua transcendência pelo padrão evolutivo da história mundial. Ao explorar as diferentes conotações metafísicas e ontológicas próprias a cada um desses domínios (valor de uso e valor de troca), seremos levados, sem dúvida, a contrastar o misticismo popular pré-capitalista com a forma de mistificação capitalista que Marx, sarcástico, rotulou de *fetichismo da mercadoria*.

Atitudes diante do trabalho assalariado e o desenvolvimento capitalista

Nos canaviais do Vale do Cauca e nas minas de estanho das terras altas bolivianas, fica claro que o diabo é intrínseco ao processo de proletarização do campesinato e à mercantilização do mundo camponês. Trata-se de uma resposta à mudança na significação essencial da sociedade e à maneira como esta se apresenta na consciência pré-capitalista. Os novos proletários e os parentes camponeses que vivem nas redondezas entendem o mundo das relações mercantis como algo intimamente associado ao espírito do mal. Apesar da possibilidade de aumentar a renda deles, eles ainda parecem ver esse novo modo de produção como também produtor de esterilidade e de morte. Para eles, portanto, esse novo sistema socioeconômico não é natural nem bom. Em vez disso, é ao mesmo tempo antinatural e mal, como o simbolismo do diabo tão bem demonstra. O sentido dado ao diabo nessa situação não se diferencia da definição dada por Christian Fathers: "aquele que resiste ao processo cósmico". Como nota Joseph Needham, isso se aproxima da noção de forçar as coisas em benefício do ganho privado sem se preocupar com o que é visto como suas qualidades intrínsecas (Needham, 1956). Tal percepção, de profundidade e clareza apaixonantes, não aparece do nada, por assim dizer, como resultado de uma sabedoria mística. Em seu lugar, surge de um contexto vivo de modos de vida coexistentes: de um lado, um modo de produção camponês, no qual os próprios produtores diretos controlam os meios de produção e organizam o trabalho; de outro, o modo capitalista de produção, no qual os trabalhadores não controlam o material de trabalho nem sua organização. Vivenciada dia a dia, tal comparação concreta – e não abstrata – cria a matéria--prima para uma avaliação crítica. Dessa situação concreta emergem as crenças no diabo, uma vez que a situação do trabalho assalariado nos canaviais e nas minas é contrastada com a situação drasticamente diversa que prevalece nas comunidades de origem desses proletários – comunidades onde nasceram e com as quais ainda mantêm contato.

A indiferença ou a indiscutível hostilidade de camponeses e povos tribais em relação à economia mercantil da qual participam como trabalhadores assalariados foi percebida por inúmeros observadores e empreendedores interessados na mão de obra nativa. Um tema de interesse cada vez maior entre historiadores da Revolução Industrial na Europa, assim como entre sociólogos do desenvolvimento econômico do Terceiro Mundo, é a atitude à primeira vista irracional de trabalhadores que hoje se confrontam com a moderna situação de trabalho assalariado. A reação imediata dessas pessoas acerca de seu envolvimento (em geral forçado) com modernas empresas de negócios como trabalhadores assalariados é, muitas vezes, senão universalmente, de indiferença em relação aos incentivos salariais e à racionalidade que motiva o *homo economicus*. Tal resposta frustrou, e ainda frustra, os empreendedores capitalistas. Max Weber referiu-se a essa reação como "tradicionalismo primitivo", e boa parte de sua pesquisa foi marcada pela tentativa de explicar sua transcendência pelo espírito capitalista do cálculo. Esse tradicionalismo primitivo ainda sobrevive em épocas modernas, como o autor demonstrou em 1920 (Weber, 1927, p.355). Na Silésia, quase uma geração antes, a duplicação do salário de um lavrador para motivá-lo a aumentar seus esforços mostrou-se inútil: afinal, ele reduzia pela metade o rendimento de seu trabalho porque mesmo assim podia ganhar tanto quanto antes. Malinowski notou que os comerciantes brancos em Trobriand enfrentavam dificuldades insuperáveis para criar uma força de trabalho nativa de pescadores de pérolas. O único artigo estrangeiro com poder de compra era o tabaco, mas os nativos não valoravam dez estojos de tabaco trocados como dez vezes um. Para conseguir pérolas de fato boas, o comerciante deveria dar objetos de riqueza local, e as tentativas, por parte dos estrangeiros, de manufaturar armas de conchas, lâminas (pá) cerimoniais e assim por diante, eram vistas com desdém. O trobriandês, pensava Malinowski, despreza a cobiça infantil europeia pelas pérolas, e

> até os mais atraentes subornos e itens econômicos, as pressões pessoais do comerciante branco e a competitiva vontade por riquezas [não podiam] levar os nativos a desistir de seus propósitos em benefício do que lhes era imposto. Quando os jardins estão repletos, "os malditos crioulos não mergulham nem se você enchê-los de *kaloma* e tabaco", como disse um de meus amigos comerciantes. (Malinowski, 1965, v.I, p.19-20)

Era difícil encontrar entre os "igualitários ciumentos" bakweri, de West Cameroon, força de trabalho para as grandes plantações de banana pertencentes à Alemanha e à Inglaterra. Sobre esse povo, dizia-se que eram apáticos, desperdiçavam terra e não se interessavam pelo lucro. Quando acumulavam bens, era apenas para desfazer-se deles em uma cerimônia como o *potlatch*. Os poucos que se associavam aos bananais e tornavam-se visivelmente mais prósperos no trabalho eram tidos como membros de uma nova sociedade de bruxos. Eles, supostamente, matavam parentes e até mesmo filhos, transformando-os em zumbis que iam trabalhar em uma montanha distante, dirigindo caminhões etc., onde se dizia que os mestres--bruxos possuíam uma cidade moderna. A palavra *sómbî* significa hipotecar ou penhorar; logo, sob as novas condições de uma economia monocultora, acreditava-se que os parentes tornavam-se marionetes[1] ou objetos de penhora para que um pequeno grupo pudesse acumular riquezas. Ao estimular a avareza desse novo tipo de bruxo, a incipiente economia capitalista estava – supõe-se – destruindo a juventude e a fertilidade do grupo. Mas, em meados da década de 1950, quando os povoados bakweri começaram a formar cooperativas para cultivar banana com sucesso, a bruxaria desapareceu. A nova fonte de riqueza era usada para comprar feitiços e desenvolver cultos de cura que envolviam custosos exorcistas provenientes do povo banyang. Entretanto, com a queda dos preços da banana após 1960, tudo indicava que os bruxos retornariam. Assim, nenhum dinheiro deveria ser pego do chão, advertiam os anciãos, pois ele estava sendo distribuído para atrair os homens para o lado da água, onde "os homens franceses" os empregariam como zumbis na construção de um novo porto (Ardener, 1970).

 Essas e muitas outras reações ao incipiente desenvolvimento capitalista evidenciam de maneira dramática a resistência criativa de tendências voltadas aos valores de uso. Ao resumir sua pesquisa sobre o compromisso com o trabalho sob o imperialismo moderno, um antropólogo escreveu recentemente:

> Recrutados como mão de obra nos canaviais, eles muitas vezes mostram-se relutantes em trabalhar de forma regular. Induzidos

---

1 Aqui o autor utiliza a palavra *pawns*, que significa tanto o que é dado como garantia quando se recebe uma determinada quantia como empréstimo, como também ser uma marionete, um joguete nas mãos de alguém que visa obter algum tipo de ganho. (N.T.)

a cultivar com fins comerciais, eles não reagem "de maneira apropriada" às mudanças do mercado: como se interessavam sobretudo em adquirir itens específicos de consumo, produziam menos quando os preços da colheita aumentavam, e mais quando os preços declinavam. E a introdução de novos instrumentos ou plantas que aumentam a produtividade do trabalho nativo provavelmente encurtou o período de trabalho necessário, tendo os ganhos sido absorvidos antes pela expansão da sobra que pela produção. Tudo isso e respostas similares expressam uma característica permanente da produção doméstica tradicional, que é a produção de valores de uso, definitiva em seus objetivos e tão descontínua em sua atividade. (Sahlins, 1972, p.86)

A característica permanente da produção doméstica tradicional, baseada na produção de valores de uso, leva ao que acreditamos ser uma resposta estranha e irracional a um sistema fundamentado na produção de valores de troca. É importante que tais respostas sejam colocadas dessa maneira e que não sejam enterradas no domínio obscuro definido por categorias como a tradição, o irracional e o primitivo.

O que nos é oferecido com essas respostas é o choque vigoroso ao extremo entre orientações voltadas ao valor de uso e ao valor de troca. As interpretações místicas e as figuras retóricas associadas a esses dois modos intensificam-se sensivelmente quando postas em oposição por conta da difusão da economia monetária e do capitalismo.

Manifestada na cultura popular, tal oposição inspirou alguns dos maiores literatos de nosso tempo. A fantasia hipnótica que irradia da obra de Miguel Asturias e Gabriel García Márquez, por exemplo, sobre os bananais da United Fruit Company na América Central e na Colômbia, oferece mais provas da combinação entre elementos políticos e poéticos, embora tanto espante os críticos literários e marxistas que não conseguem compreender a coexistência de fantasia e realismo social. Como Asturias e García Márquez ressaltavam de modo frequente, é essa coexistência que constitui a realidade do "vento forte" e da "tempestade de folhas" do desenvolvimento capitalista em larga escala no Terceiro Mundo. Sob tais circunstâncias, a magia da produção e a produção mágica são inseparáveis. E isso não é uma prova da força da tradição ou dos gloriosos mitos e ritos de um passado pré-capitalista inalterado. Pelo contrário, é a resposta criativa para um conflito intrínseco entre duas orientações: o valor de uso e o valor de troca. A magia da produção de valor de uso prolonga-se, intensifica-se e contrapõe-se à magia das práticas do valor de troca. Nesse desacordo dramático ricamente elaborado é que estão contidos alguns rústicos conceitos protomarxistas.

Como mostrou Cristopher Hill em sua discussão sobre as ideias radicais durante a Revolução Inglesa da metade do século XVII, esse tipo de protomarxismo também exercia grande força entre as classes populares britânicas. É óbvio que as ideias às quais me refiro eram muitas vezes elencadas em termos religiosos. No entanto, apesar da ausência de metáforas científicas, elas conseguiam confrontar problemas fundamentais do desenvolvimento capitalista de tal forma e com tal intensidade que anda em falta nos dias atuais. Escreve Hill: "Os escavadores têm algo a dizer aos socialistas do século XX", assim como outros radicais do século XVII que se recusaram a adorar a ética protestante (Hill, 1975, p.15).

Atualmente, a percepção crítica engendrada pelo incipiente desenvolvimento capitalista foi, em grande parte, suplantada pela posição que aceita de maneira condescendente as instituições capitalistas como naturais e louváveis do ponto de vista ético. Dada a amnésia e o entorpecimento cultural historicamente induzidos, é importante que estejamos atentos à crítica que hoje nos oferecem os novos proletários do Terceiro Mundo, cujo trabalho e produtos são absorvidos de forma implacável pelo mercado mundial, mas cuja cultura resiste a tal racionalização.

Realistas birrentos rejeitarão com desdém essa resistência cultural como se ela fosse menos importante, mas pelo menos dois influentes teóricos sociais consideraram a desconstrução da metafísica pré--capitalista da produção e da troca como mandatória para o estabelecimento bem-sucedido do capitalismo moderno. Weber julgava as superstições mágicas associadas à produção e à troca um dos maiores obstáculos à racionalização da vida econômica (Weber, 1927, p.355), e reiterou tal argumento em seu ensaio *A ética protestante e o espírito do capitalismo*.

> O trabalho deve [...] ser realizado como se fosse um absoluto fim em si mesmo, um chamado. Mas tal atitude não é de forma alguma um produto da natureza. Não pode ser evocado apenas por salários altos ou baixos, mas é resultado de um processo longo e árduo de educação. Hoje, o capitalismo dominante pode recrutar força de trabalho em todos os países industriais com relativa facilidade. No passado, esse era, na maioria dos casos, um problema extremamente difícil. (Weber, 1958, p.62)

Como observou Marx, a transição para o modo capitalista de produção apenas se realiza quando a força direta e coercitiva das condições econômicas externas é usada em casos excepcionais. Um conjunto completamente diferente de hábitos e tradições deve desenvolver-se entre a classe trabalhadora para que o senso comum passe a levar em conta as novas condições naturais.

> Não é suficiente que as condições de trabalho sejam concentradas em massa, na forma de capital, em um dos polos da sociedade, enquanto o outro polo são massas agrupadas de homens que não possuem nada para vender além da própria força de trabalho. Nem é suficiente que eles sejam compelidos a vender-se voluntariamente. O avanço da produção capitalista desenvolve uma classe trabalhadora que, através da educação, da tradição e do hábito, julga as condições desse modo de produção *leis autoevidentes da natureza*. (Marx, 1967, v.I, p.737; grifos meus)

O fetichismo da mercadoria

Se essas "leis autoevidentes da natureza" afetam os novos proletários – pelos quais esta obra se interessa – como antinaturais e más, então é razoável perguntar por que olhamos nossa forma social e nosso processo econômico como naturais. Ao sugerir o esboço que uma resposta a essa questão pode vir a tomar, mapearei o problema central aqui tratado. A princípio, é apropriado considerar uma perspectiva histórica. Esquece-se com extrema facilidade que em seu começo o capitalismo industrial era descrito por uma eloquente minoria da Europa ocidental como profundamente desumano e, nesse sentido, antinatural. Com a maturidade desse modo de produção, a noção de ultraje moral se dissipou. Por fim, as críticas ao sistema passaram a ser articuladas, em um primeiro momento, a partir de categorias objetivas de ordem e natureza, que eram impostas pela estrutura de compreensão capitalista. No melhor dos casos, tais críticas focavam-se na anatomia e na função do capitalismo, nos sistemas que ele elabora para assegurar a mais-valia, bem como na distribuição desigual de seus lucros e assim por diante. A compreensão crítica que compelia personalidades sensíveis expostas aos primórdios do capitalismo – críticos que, na maioria das vezes, comparavam de forma ressentida o capitalismo a eras já suplantadas – também se compunha pelo tipo de crítica que acabamos de descrever, mas fazia-o dentro de uma metafísica que não poderia, nem por um momento, considerar ou consentir as novas definições de trabalho e pessoa que o capitalismo engendrava. Em 1851, John Ruskin escreveu que a perfeição dos produtos industriais não era nem motivo de celebração nem sinal da grandeza da Inglaterra: "Ai de mim! Se lidas de maneira correta, essas perfeições são um sinal da escravidão na Inglaterra, mil vezes mais amarga e degradante que a dos flagelados africanos ou dos hilotas gregos" (Ruskin, 1925, v.2, p.160). O problema não era que o sistema necessariamente tornasse as pessoas mais pobres, mas "essa degradação do operário em máquina", que conduzia o homem a um desejo incoerente de liberdade. Acima de tudo, o problema era essa noção de autoalienação que envenenava a vida sob o capitalismo e incitava as classes a lutar, pois, "não é que os homens são feridos pelo desprezo das classes mais altas, mas eles não podem suportar a própria dor, por sentir que o tipo de trabalho ao qual são condenados é de fato degradante e os transforma em menos que homens". Era isso o que mais aterrorizava Ruskin. Segundo ele, o sistema transformou--se em uma crítica ambulante de si mesmo.

E o poderoso grito proveniente de todas as nossas cidades produtoras, mais alto que a explosão da fornalha, é na realidade isto: que nós produzimos tudo, exceto o homem; que alvejamos algodão, aumentamos a resistência do aço, refinamos açúcar e moldamos cerâmica; mas clarear, fortalecer e dar forma a um único espírito nunca fez parte de nossas estimativas de lucro. (Ruskin, 1925, v.2, p.163)

O romantismo implicado em críticas como as de Ruskin ao capitalismo industrial e ao *laissez-faire* representa o ponto focal ao redor do qual convergem as críticas conservadoras e socialistas utópicas. Estas elaboram mitos nostálgicos sobre o passado primitivo ou pré-capitalista como modo de combater a ideologia burguesa e incitar as pessoas à ação política. As teorias científicas da história e do socialismo científico desenvolveram-se em reação a tais noções românticas. Entretanto, seus desenvolvimentos eram, em geral, tendenciosos: davam às ideologias utópicas um ancoradouro tão amplo que, no fim, apenas validavam os ideais burgueses enquanto pareciam negá-los. A validação acrítica e mesmo a bajulação do que era um conceito essencialmente burguês de "progresso" e do modelo de sociedade proveniente das ciências naturais estão entre as manifestações mais eminentes disso.

A tensão dos primeiros esforços para persuadir seus contemporâneos de que o novo sistema econômico era pernicioso provinha de um elemento crítico: cada vez mais o sistema era visto como natural. O ultraje e o desespero nas obras de Ruskin provêm não apenas do que pode ser chamado características "objetivas" da vida sob o capitalismo, mas sobretudo do fato de tais características passarem a ser vistas pelas pessoas como a ordem natural das coisas. Para lidar com tal tensão, autores como Ruskin recorreram ao elogio da sociedade medieval, bem como ao seu idealismo e princípios religiosos, já que tal sociedade era fundamentada na cooperação – em vez de na competição – e na ausência de exploração industrial e do trabalho. Apesar de conscientes da coerção política medieval, tais autores ainda sustentavam o ponto de vista de que a lição crítica para o presente dizia respeito ao maior controle que o trabalhador possuía sobre os materiais, as ferramentas e o tempo. Em seu ensaio sobre a natureza do gótico, Ruskin recomenda a seus contemporâneos que não ridicularizem a ignorância fantástica dos antigos escultores, cujos trabalhos "são um sinal da vida e da liberdade de todo trabalhador que golpeou aquelas pedras; assim como da liberdade de pensamento, e em tal grau na escala dos seres que nenhuma lei, nenhum alvará, nem a caridade pode garantir, mas que, nos dias atuais, deve ser o primeiro aspecto que a Europa deve recuperar para seus filhos". De modo semelhante, o próprio Marx, ao desenvolver uma análise crítica científica – não sentimental – do capitalismo, descobriu que poderia enfatizar melhor a desfiguração cruel da humanidade que o capitalismo representava com o contraste entre o pré-capitalismo e o capitalismo.

O uso da contraposição entre as sociedades medieval e capitalista não era apenas um dispositivo retórico romantizado. Diferentemente das lições críticas inerentes a tal prática, é significativo o fato de camponeses e artesãos ao redor do mundo terem demonstrado reações similares ao significado próprio da organização capitalista. Para entender essa reação, torna-se útil analisar as diferenças que chamam a atenção entre os sistemas de valor de uso que fundamentam as economias camponesas e a base mercantil do capitalismo. Acima de tudo, é necessário compreender de que maneira o sistema mercantil do capitalismo moderno engendra uma mentalidade mercadológica segundo a qual as pessoas tendem a ser vistas como mercadorias e estas se inclinam a ser concebidas como entidades animadas que dominam as pessoas. Tal paradoxo socialmente instituído constitui-se porque, ao contrário das antigas maneiras de organização que unia as pessoas em relações diretas de produção e troca (em geral estabelecidas de acordo com o controle que possuíam sobre os meios de produção), o mercado coloca-se entre as pessoas, mediando a consciência direta das relações sociais através das leis abstratas que regem a relação entre as mercadorias.

O modo de produção camponês difere do modo capitalista em diversos aspectos. Sob o capitalismo, a força de trabalho proletária perde o controle sobre os meios de produção, um controle que os camponeses, por sua vez, possuem. O camponês utiliza dinheiro – e não capital – e vende para comprar, enquanto o capitalista usa dinheiro como capital para comprar e depois vender com a geração de lucro que ele adicionará ao capital, repetindo o circuito em uma escala sempre crescente, até que o empreendimento morra. O produtor camponês vive em um sistema cujo objetivo é a satisfação de uma variedade de necessidades definidas de maneira qualitativa; por sua vez, o capitalista e o sistema capitalista possuem como objetivo a acumulação ilimitada de capital.

E ao realizar esse objetivo, o capitalismo marca seus produtos e meios de produção com o selo de qualidade do mercado – o preço. Apenas ao "traduzir" todas as variadas qualidades que constituem seus produtos e os meios para criá-los em uma "linguagem" comum – a da moeda – é que o mercado, o gerador da vitalidade capitalista, pode funcionar. Conhecidos como "mercadorias", bens e serviços sob o capitalismo diferem, e muito, de suas contrapartes nos sistemas pré-capitalistas de subsistência. Apesar de serem, de fato, os mesmos artigos, eles são diferentes dos pontos de vista social e conceitual. Tomando o famoso exemplo de Aristóteles, um sapato é um sapato, fisicamente, tanto se for produzido para ser calçado quanto para ser vendido de forma lucrativa com o intuito de acumular capital. Mas como mercadoria, o sapato possui propriedades adicionais ao seu valor de uso de oferecer conforto, facilitar a caminhada ou agradar aos olhos. Como mercadoria, o sapato possui a função de valor de troca: pode gerar lucro para seu proprietário e para o vendedor, que estão além do valor de uso que ele apresenta para a pessoa que, por fim, vai comprá--lo ou utilizá-lo. Com relação ao seu valor de troca, o sapato é idêntico, em termos qualitativos, a qualquer outra mercadoria, não importando quanto elas podem diferir no tocante às suas propriedades de valor de uso – suas características físicas, atributos simbólicos etc. Em virtude de tal abstração, que se baseia na troca de mercado e na equivalência universal do dinheiro, um palácio é igual a um certo número de sapatos, assim como um par de sapatos é igual a uma certa quantidade de pele animal. Mesmo que pareça absurda quando colocada assim, essa ficção socialmente necessária é um lugar-comum que fundamenta o ar de naturalidade ficcional das identidades das quais a sociedade depende e que garante seus conceitos de objeto e de objetividade.

De acordo com a teoria, a fenomenologia e o comportamento do mercado, a regulação da atividade social é computada por homens que calculam – uns contra os outros – de maneira fria e egoísta suas vantagens dentro de um contexto organizado pela interação de produtos dependentes dos preços e das margens de lucro. A concepção orgânica da sociedade é dissolvida por dois processos sinérgicos: o comunitário e a mutualidade dão lugar ao interesse pessoal, e as mercadorias, e não as pessoas, passam a dominar o ser social. A racionalidade da troca de mercadorias é mediadora e determina as atividades do grupo. Portanto, relações sociais entre pessoas são camufladas como relações sociais entre coisas. Além disso, os preços das mercadorias variam com frequência, muito além da previsão e do controle das pessoas; em consequência disso, os indivíduos sujeitam-se cada vez mais aos caprichos do mercado. As pessoas não se relacionam de maneira direta, mas através da mediação do mercado, que guia a circulação e a relação entre as mercadorias. O sustento dessas pessoas depende das relações estabelecidas pelas mercadorias e o mercado torna-se, assim, a garantia de sua coerência espiritual. As bases de subsistência estabelecidas pelo mercado tornam-se, na verdade, um reiterado ritual cotidiano pela sobrevivência, que – como ocorre em todos os ritos – agrupa feixes de sentido, antes desconectados, em uma rede de associações à primeira vista coerente e natural. O paradigma da mercadoria passa a ser predominante no entendimento da humanidade, das relações sociais e do mundo em geral.

No caso do trabalho, a transformação do *status* e do sentido que se realiza com a mudança de paradigma é crucial. Como mercadoria, o trabalho transforma-se na fonte de lucro para o empregador, que é camuflada em uma transação que parece ser uma troca de valores igualitária na medida em que tais valores são julgados como mercadorias. Mas o trabalho não é apenas um valor de troca, uma quantidade numérica de força de trabalho. O que o capitalista adquire ao comprar a mercadoria força de trabalho como um valor de troca é o direito de dispor do valor de uso do trabalho, como, por exemplo, as capacidades cognitivas e criativas que os seres humanos possuem de produzir mais valores de uso que os que serão reconvertidos em mercadorias, tais como o salário. Essa é a formulação de Marx e é importante entender claramente os dois planos nos quais seu argumento opera.

O sistema capitalista garante as instituições sociais por meio das quais o trabalhador livre, despojado dos meios de produção, é compelido a trabalhar mais tempo que o necessário a fim de produzir bens indispensáveis à sua sobrevivência. Durante um dia de trabalho de doze horas, por exemplo, o trabalhador, em seis horas, cria bens equivalentes, como mercadorias, ao salário recebido. Mas o mecanismo recôndito que assegura a criação de mais-valia em uma situação que não parece nada mais que uma troca justa de equivalentes é o movimento pendular do trabalho como valor de uso e valor de troca. Mesmo tendo perdido esse aspecto de vista, ele ocorre com relação à importância crucial da natureza não mercantilizada do trabalho, caso foquemo-nos apenas na matemática simples do argumento, que, neste exemplo, torna visível a mais-valia de seis horas de tempo de trabalho. O processo de mercantilização oculta o seguinte fato: no interior da rede de instituições capitalistas, o trabalho como valor de uso constitui-se como fonte de lucro. Pela compra da mercadoria força de trabalho, o capitalista incorpora o trabalho como valor de uso aos elementos inanimados das mercadorias produzidas. "O trabalho vivo deve-se valer dessas coisas e despertá-las de seu sono mortal, transformando-as de valores de uso meramente possíveis em coisas reais e eficazes" (Marx, 1967, v.I, p.183).

A principal consequência e sentido de tais procedimentos são que as mercadorias aparecem, em si, como fontes de valor e de lucro. A definição do trabalho humano e de seus produtos como mercadoria camuflam tanto a base social e humanamente criativa do valor quanto a exploração dessa criatividade pelo sistema mercantil.

A quantidade de tal exploração pode ser medida como tempo de trabalho excedente acumulado pelo empregador; porém, sua qualidade não pode ser medida. O sentimento de atomização e servidão que constitui a fenomenologia do sistema mercantil é obscuro porque é visto como natural. Para os ideólogos do sistema capitalista florescente, este se apresenta como eficiente, natural e bom. Mas havia outro ponto de vista: a descrença escandalizada de que as pessoas pudessem aceitar a alienação como algo natural. "Atualmente, temos estudado e aperfeiçoado em demasia a grande invenção civilizada que é a divisão do trabalho", escreveu Ruskin em meados do século XIX. E continua:

O único problema é que damos a isso um falso nome. Na verdade, não é o trabalho que é dividido, mas o homem – dividido em meros segmentos de homem –, estilhaçado em pequenos fragmentos e migalhas de vida. Assim, o que resta nele de inteligência não é suficiente nem para a produção de um alfinete ou de um prego, exaurindo-se na produção da ponta de um alfinete ou na cabeça de um prego. (Ruskin, 1925, v.2, p.162-3)

Separados psicologicamente pela divisão do trabalho orquestrada pelo mercado, os produtores também são separados de seus produtos. Seu trabalho cria e se insere na forma de seus produtos, que, por sua vez, são distanciados de seu domínio. Nas economias pré-capitalistas, a incorporação do produtor ao produto é inconscientemente reconhecida, mas em um sistema capitalista é fundamental que tal incorporação seja "exorcizada". Pontos de vista diferentes são vistos como ultrajantes e, com certeza, revolucionários. No romance *Seven Red Sundays* [Sete domingos vermelhos], sobre o anarcossindicalismo durante a irrupção da Guerra Civil Espanhola, Ramón Sender descreve um trabalhador que, imediatamente após sair da prisão, apressa-se em direção ao antigo local de trabalho, um teatro, para regozijar-se pelo edifício construído. "Olá, paredes amigas, valentes contornos, curvas de ferro e vidro! Como canta a luz no olho redondo de um flanco!" O gerente, porém, não permite sua entrada. "Mas eu trabalhei aqui por mais de seis meses." "Se você de fato trabalhou, pagaram-lhe por isso. Se manda." O gerente mostra a saída. O trabalhador aponta para a escada no interior do prédio. "Vou subir. Quando tiver visto tudo, volto para me despedir. Ou ficarei aqui, se eu assim desejar. Tudo isto... é mais meu que seu" (Sender, 1961, p.20-1).

Ao discutir sobre as características da atividade de troca do povo maori, Marcel Mauss conclui que a base de sustentação dessa sociedade é a reciprocidade, que, por sua vez, está associada à crença de que um artigo produzido e trocado possui a força vital (*hau*) da pessoa e dos objetos da natureza que deram origem a ele. Na verdade, se isso não fosse reconhecido e a reciprocidade não fosse assegurada, a própria fertilidade seria posta em perigo (Mauss, 1967).

Entretanto, na sociedade capitalista, tal incorporação da pessoa ao produto é exorcizada de acordo com as normas da propriedade privada burguesa. A incorporação é "paga" pelo salário ou pelo preço de venda, assim como a "posse" de uma mercadoria é transferida no momento da venda. De acordo com o léxico capitalista, vender ou comprar significa requerer ou perder toda conexão com o artigo transferido. As relações do produtor com o produto, o meio social produtivo e a natureza estão cindidas para sempre. A mercadoria assume uma autonomia das atividades sociais humanas e, ao transcender essas atividades, as relações entre elas subjugam as pessoas, agora dominadas pelo mundo das coisas – coisas que elas mesmas criaram.

Mas tal dominação é mistificadora. O que acontece não está visível. Na verdade, ela parece tão natural que o problema da dominação raramente é colocado; e é nesse sentido que a forma da mercadoria, de fato, subjugou a consciência das pessoas que se formaram a partir de uma longa herança capitalista, ao contrário – ao que parece – da consciência dos camponeses sobre os quais tratamos, pessoas que apenas começam a lidar com o capitalismo. Em vez disso, eles antropomorfizam a própria subjugação na figura no diabo, que evoca o poder do mal.

Ao reagir dessa maneira à cultura capitalista, os camponeses deixam um testemunho para o legado ideológico que, ao longo das mais diversas épocas, combateu a troca mercantil como algo antinatural. Eles a entendem como uma forma social que solapa as bases da unidade social, ao permitir que a criatividade e a satisfação de necessidades sejam subvertidas por um sistema que coloca a procura pelo lucro antes das pessoas e que torna o homem um apêndice da economia e escravo do processo de trabalho, em vez de seu mestre.

Como notou Marx até mesmo em seus últimos – e menos sentimentais – escritos, a questão da sociedade antiga era sempre sobre que forma de sociedade e economia poderia servir melhor às necessidades do homem. E por mais restrita e limitada que essa sociedade possa agora parecer, era ainda assim mais satisfatória e nobre quando o homem era o objetivo da produção.

A distinção entre o valor de uso e o valor de troca corresponde às diferentes configurações do processo econômico: por um lado, temos o objetivo de satisfazer as necessidades naturais; por outro, o impulso em direção à acumulação de lucros. Essa distinção geralmente remonta à doutrina econômica proposta por Aristóteles, que via claras diferenças entre o que ele chamava uso correto de um item – por exemplo, um sapato feito para o pé – e seu uso incorreto – a produção e a troca visando ao lucro. Não se trata de um argumento contra a troca *per se*; nem de um argumento com base, simplesmente, na súplica por imperativos éticos. Pelo contrário, ele resulta do bem fundamentado argumento que pensava o lucro como algo prejudicial às fundações de uma economia de subsistência, e destrutivo de uma boa sociedade em geral. Tal distinção entre valor de uso e valor de troca, entre satisfação natural e satisfação da intenção de lucrar, é um tema persistente na história da economia teorizada no Ocidente, em especial nas obras dos escolásticos medievais. O próprio Marx devia muito às observações de Aristóteles sobre o assunto, como testemunham seus vários comentários lisonjeiros sobre o tema. Quando Lutero atribuía a usura e as primeiras manifestações do capitalismo a trabalhos do diabo, ele estava apenas expressando o ultraje e a dor que muitas pessoas sentiram com o desenvolvimento da busca por lucro e a subjugação das relações sociais às leis econômicas da mercadoria. Para essas pessoas, certamente não se tratava de um fenômeno natural.

Ainda assim, no sistema capitalista maduro, tal ficção adquire aparência de fato. Os elementos essenciais de sua empresa industrial – terra, trabalho e dinheiro – são organizados em mercados e tratados como mercadorias. Da perspectiva do valor de uso, entretanto, esses elementos não são mercadorias. "O postulado de que tudo que é comprado ou vendido deve ter sido produzido para a venda é enfaticamente falso", escreve Polanyi. "O trabalho é apenas outro nome para a atividade humana que acompanha a própria vida, que, por sua vez, não é produzida para venda, mas com propósitos inteiramente diferentes." E conclui: "a definição mercantilizada de trabalho, terra e dinheiro é completamente ficcional" (Polanyi, 1957, p.72).

De fato, ficcional! Mas então, como se explica a persistência e a força dessa ficção? O que a torna tão real? De que maneira o trabalho, "apenas outro nome para a atividade humana que acompanha a própria vida", passa a ser visto como uma coisa separada do resto da vida? Nas minas de estanho bolivianas e nos canaviais do Vale do Cauca, essa ficção é entendida como um estado de coisas inquietantemente perigoso e antinatural, atribuída a nada mais nada menos que à figura do diabo, enquanto para aqueles de nós que vivemos em uma cultura capitalista bem desenvolvida, tal convenção cultural tornou-se parte do estado de natureza.

A resposta repousa, obviamente, na maneira como a organização mercadológica das atividades vitais marca a realidade e define as experiências. A realidade e o modo de apreendê-la definem-se nos termos da mercadoria, que se baseiam nos cânones epistemológicos do materialismo atomístico. O homem é individualizado, assim como todas as coisas, e totalidades orgânicas são desmanteladas no que se supõe serem seus constituintes materiais. Átomos irredutíveis relacionando-se uns com os outros através de sua força intrínseca e leis causais expressas como relações matemáticas formam a base dessa cosmologia, e, ao fazê-lo, incorporam e sustentam a ficção mercantilizada da realidade social. Essa visão mecânica e atomística da realidade, cuja base foi delineada nos trabalhos de Descartes e Galileu, encontra sua perfeição expressiva na física e na metafísica de Isaac Newton, que pode, com toda justiça, ser visto como o pai da ciência moderna e como o homem que fez a apreensão capitalista ganhar aparência de aceitação – algo que, nos dias de hoje, apenas a ciência pode endossar.

Se, de acordo com essa percepção, olhássemos para nossa economia como algo natural, não estaríamos construindo uma imagem de nossa sociedade tão fantástica quanto as imagens dos novatos no sistema de mercadorias, que o compreendem como obra do diabo? Se eles percebem a manutenção ou o aumento da produção sob o capitalismo como, de alguma maneira, associados ao diabo, e criam, portanto, um fetiche do processo produtivo, nós também não teríamos nossa própria forma de fetiche, a partir da qual atribuiríamos às mercadorias uma realidade tão substancial que elas acabariam adquirindo a aparência de seres naturais, tão naturais que parecem adquirir uma força vital própria?

Leve-se em conta, por exemplo, o folclore capitalista, que preenche a sessão financeira de *The New York Times* (abril, 1974). Lemos sobre "clima econômico", "dólar enfraquecido", "explosão de rendimentos futuros", "fluxos de caixa", "auxílio" à dívida pública, "fuga" e inflação "galopante", "taxas de juros em escalada", "mercados urso" e "mercados touro", fábricas sendo chamadas de "plantas", "dinheiro crescendo" conforme o investimento, sobre como "os investimentos podem trabalhar por você" etc. A voz ativa predomina: "A libra fecha firme a 2,402 dólares, muito acima da abertura a $ 2,337", e "a fraqueza do mercado era geral e refletiu a performance das quinze principais ações". "A despeito da escassez e da oferta incerta de gasolina, dez dos quinze principais papéis negociados na segunda-feira estão relacionados à indústria de turismo." "Pode o investidor individual encontrar felicidade no mercado?", pergunta à musa que, depois de refletir, responde: "Atualmente existem diversas maneiras de colocar seu capital em movimento". Um bancário de Chicago é citado e lhe é atribuída a frase: "um sentimento generalizado parece persistir de que alguma coisa definitivamente deu errado com o que veio a ser visto como a ordem natural da vida econômica, financeira e comercial". Os preços do cobre não apresentam nenhuma proporção com o valor das moedas nas quais ele é cunhado; o porta-voz de um importante produtor diz: "Enquanto nossos preços de venda estão nos destruindo, ainda temos obrigações contratuais ou de outra natureza a cumprir, quer gostemos quer não". "Dividindo seu tempo entre Nova York e sua planta na Itália, Joe não pode se permitir perder tempo quando lida com seu banco." É aí que Bob entra em cena. "Pessoalmente", diz Joe, "creio que Bob é o Chemical Bank". Portanto, "Nosso Homem é o seu banco – Chemical Bank. Homem de negócios, quando as necessidades dele são financeiras, sua reação é química".

Essas metáforas são manifestações comuns de algo a que Marx se referia como fetichismo da mercadoria na cultura capitalista desenvolvida, na qual o capital e os produtos dos trabalhadores são tratados com termos usados para pessoas e animais. É o dinheiro como capital que suporta o interesse que se presta mais prontamente a esse tipo de fetichismo. O capital parece possuir a propriedade inata de autoexpandir, e tal característica difunde-se por toda a vida econômica, uma vez que o dinheiro no capitalismo é o equivalente universal e o mediador entre as pessoas e todos os objetos.

O conceito de fetichismo da mercadoria serve para nos mostrar que a sociedade capitalista apresenta-se à consciência como algo diferente do que é, mesmo que essa consciência ainda reflita a configuração superficial e hipostasiada da sociedade. O fetichismo denota atributos da vida, da autonomia, do poder e até da dominação de objetos que são inanimados, e pressupõe a drenagem de tais qualidades dos atores humanos que concedem essas atribuições. Logo, no caso do fetichismo da mercadoria, as relações sociais são desmembradas e parecem dissolver-se em relações entre meras coisas – produto do trabalho trocado no mercado –, que a sociologia das explorações consequentemente mascara como uma relação natural entre artefatos sistêmicos. Relações sociais definidas são reduzidas à matriz mágica das coisas. Um éter de naturalidade – factual e física – oculta e recobre a organização social humana, a significação humana do mercado e o desenvolvimento de uma classe assalariada desapropriada. Em vez do homem como objetivo da produção, a produção torna-se o objetivo do homem – e a riqueza, o objetivo da produção. No lugar de as ferramentas e os mecanismos de produção em geral liberarem o homem da escravidão do trabalho duro, o homem tornou-se escravo das ferramentas e dos processos instituídos de produção. Como observou Thorstein Veblen, a indústria torna-se sinônimo de negócio e as pessoas são ludibriadas, passando a perguntar: "O que é bom para os negócios?", em vez de "Para que servem os negócios?"

Ao pesquisar o ponto de vista de economistas e políticos britânicos dos séculos XVIII e XIX sobre a questão do capital e dos juros, Marx ressalta – sarcasticamente – que, aos olhos deles, tal questão passa a ser "uma propriedade de o dinheiro gerar valor e juros, assim como é atributo de uma árvore de pera a capacidade de gerar peras [...] Logo, compreendemos a forma-fetiche e a concepção de fetiche do capital [...] [como sendo] uma mistificação do capital em sua forma mais flagrante" (Marx, 1967, v.3, p.392). A certa altura no mesmo capítulo de *O capital*, Marx cita em detalhes economistas e periódicos econômicos de meados do século XIX. E ressalta as metáforas biológicas sugeridas pela visão do dinheiro que esses estudiosos possuíam. "O dinheiro agora está grávido." "Assim como o processo de crescimento das árvores, gerar dinheiro parece inato ao capital em sua forma capital-dinheiro."

Advice to a Young Tradesman [Conselhos a um jovem comerciante] (1978), de Benjamin Franklin, poderia ser alvo do mesmo tipo de ironia de Marx. Franklin afirma:

> Lembre-se de que o dinheiro é de natureza prolífica, geradora. Dinheiro pode criar dinheiro, e sua cria pode criar ainda mais, e assim por diante. Quatro xelins viram seis, que viram sete e três pence, e assim por diante, até que ele [o dinheiro] se torne cem libras. Quanto mais se tem, mais se produz a cada vez, de forma que o lucro aumenta cada vez mais rápido. Aquele que mata uma porca de criação destrói toda sua cria até a milésima geração. (apud Weber, 1958, p.49)

Ao mesmo tempo, essas fabulosas decorações eram entrelaçadas de forma sistemática à *weltanshauung* do *homo economicus*, a suposta personificação da racionalidade. Como poderiam tal racionalidade e fantasia, que se reforçam mutuamente, existir de maneira tão sistemática? O que proporcionou a força de convencimento dessas metáforas biológicas? A resposta reside no caráter peculiar e único das relações sociais incorporadas tanto ao capital quanto às mercadorias produzidas no modo de produção capitalista.

Marx argumentou detalhadamente, e a partir de uma grande variedade de pontos de vista, que essas relações sociais de produção marcavam a si mesmas na consciência cotidiana. Isso ocorria de tal maneira que o processo inteiro de produção e geração de mais-valia dos trabalhadores – o contexto no qual o capital funciona – é ignorado ou desprezado, uma vez que os processos sociais de reprodução e expansão do capital podem facilmente parecer uma propriedade inerente da mercadoria em si, não do processo do qual fazem parte. Essa aparência socialmente condicionada parece ser a mistificação com a qual todo o contexto social conspira, por assim dizer, para se mascarar. Nesse processo de descontextualização, o lucro não mais parece ser resultado de uma relação social, mas uma *coisa*: essa é a definição de *reificação*.

Marx mostrou claramente o que pensava sobre isso quando comparou a fórmula do rendimento do capital com o que chamou capital comercial.

As relações do capital assumem sua forma mais autônoma e fetichizada com seu rendimento. Nós temos, D-D', dinheiro criando mais dinheiro, valor autoexpansivo, sem o processo que efetue esses dois extremos. Com o capital comercial, D-M-D', há ao menos a fórmula geral do movimento capitalista, apesar de este se resumir somente à esfera da circulação – de maneira que o lucro pareça apenas derivado da alienação; mas ao menos ele é, por fim, considerado o produto de uma *relação* social, não o produto de uma *coisa*, simplesmente. (Marx, 1967, v.3, p.391)

Esse mesmo argumento permeia os escritos de Marx: por exemplo, em uma passagem dos *Grundrisse*, ele expressa sua antipatia em relação ao materialismo grosseiro, o qual julga fetichista.

O materialismo cru dos economistas que veem como *propriedades naturais* das coisas o que são relações sociais de produção entre pessoas – e qualidades adquiridas em decorrência de essas coisas estarem subordinadas a tais relações – é, ao mesmo tempo, tão grosseiro quanto um idealismo ou um fetichismo, uma vez que atribui relações sociais como características inerentes às coisas, mistificando, portanto, essas relações. (Marx, 1973, p.687)

Recorrer à natureza, ao extremo paradoxo a partir do qual certas coisas sem vida são vistas como animadas, é apenas uma manifestação historicamente específica do que provavelmente se configura como uma tendência universal: o fato de toda cultura externalizar suas categorias sociais como sendo sobre a natureza e, depois, voltar-se à natureza para validar suas normas sociais como sendo naturais. Durkheim via essa tentativa de invocar o princípio do determinismo biológico como parte da ideologia da sociedade primitiva, e Marx detectava o mesmo fenômeno na gênese, na aceitação e no uso do darwinismo.

Toda lição darwinista sobre a luta pela existência é simplesmente uma transferência da sociedade para a natureza da doutrina hobbesiana do *"bellum omnium contra omne"*, da doutrina da competição econômico-burguesa e da teoria populacional malthusiana. Quando esse truque mágico ocorre [...] as mesmas teorias são transferidas mais uma vez da natureza orgânica para a história, e afirma-se que foi provada a validade dessas [teorias] como leis eternas da sociedade humana. (apud Schmidt, 1971, p.41)

O mesmo pode ser dito sobre a física newtoniana e o papel dos seres humanos que estão subordinados ao controle impessoal do mercado autorregulador – a instituição, senão o próprio "sistema solar" do capitalismo. O esquema de Newton conquistou a eterna admiração de Adam Smith, o mais antigo teórico e entusiasta do capitalismo de mercado. Para Smith, o sistema newtoniano era "o que se pode imaginar de mais preciso e particular, determinando o tempo, o lugar, a quantidade e a duração de cada fenômeno individual". Esse modelo parecia combinar à perfeição com o mundo da experiência cotidiana. "Nenhum dos princípios de união que esse modelo emprega coloca-se de forma a oferecer dificuldades à concordância de nossa consideração." Os princípios newtonianos de união eram aplicáveis não só à gravidade e à inércia da matéria, como "estavam presentes em todas as outras existências que se propagam em raios a partir de um centro". Tudo isso resultou na "descoberta de uma imensa cadeia das mais importantes e sublimes verdades, todas intimamente conectadas por uma evidência capital, de cuja realidade temos experiência diária" (Smith, 1967, p.107-8). Para William Blake, Newton era o símbolo de uma sociedade de mercado e do uso opressivo da tecnologia e do império que a caracterizam, e atacava os mesmos "princípios de união" que Adam Smith via como tão favoráveis. Historiadores da ciência, como Margaret Jacob ressaltou recentemente, com frequência presumiam que a nova filosofia mecânica triunfara na Inglaterra porque oferecia a explicação mais plausível da natureza. Se é isso que ela oferece ou não, foi a correspondência do newtonianismo com a cosmologia capitalista que mais pesou para o fato de ela ter sido aceita. "O universo ordenado de Newton, guiado de forma providencial e matematicamente regulado, proporcionou um modelo para uma política estável e próspera, governada pelo egoísmo humano." (Jacob, 1976, p.17-8). Foi essa replicação recíproca da sociedade de mercado na natureza e da natureza na sociedade de mercado que permitiu ao newtonianismo triunfar e consumar os "princípios de união" mecânicos como uma verdade sagrada e impenetrável, do ponto de vista científico, a todos os seres. E. A. Burtt chama nossa atenção para as seguintes características fenomenológicas da metafísica newtoniana, que possuem implicações diretas em nossa discussão sobre o fetichismo da mercadoria e sua respectiva filosofia.

Eis aquelas residuais almas humanas, dispersas de maneira irregular entre os átomos de massa, nadando mecanicamente entre os vapores etéreos no tempo e no espaço, e ainda retendo vestígios do *res cogitans* cartesiano. Elas também devem ser reduzidas a produtos mecânicos, componentes do autorregulado relógio cósmico [...] Aonde quer que se ensinasse como verdade a fórmula universal da gravidade, também se insinuava – como uma áurea de crença envolvente – que o homem não era mais que o espectador débil e local – na realidade, um produto irrelevante de uma máquina que se move infinitamente [...] [essa máquina] consiste de massas brutas vagando sem propósito em um espaço e tempo desconhecidos e, em geral, é desprovida por completo de qualquer qualidade que possa sinalizar algum tipo de satisfação dos interesses mais essenciais da natureza humana. (Burtt, 1954, p.300-1)

O que importa é que no fetichismo da mercadoria encontramos uma fórmula geral para os princípios de união que se aplicam à cultura capitalista como um todo e que guiam a consciência social – e essa fórmula, de acordo com Marx, está enraizada nas relações de produção e troca, uma vez que se fixa na consciência no curso da vida diária. Em poucas palavras, tal fórmula afirma que a relação social é consumada no relacionamento de uma coisa consigo mesma, e que a ontologia está não em uma *gestalt* relacional, mas completamente dentro da coisa em si. Coisas autoencapsuladas, atomizadas – às quais Burtt se refere como "massas brutas" –, tornam-se os principais objetos de análise, pois suas propriedades e significado parecem estar apenas dentro de si mesmas. A explicação e o entendimento verdadeiros baseiam-se em princípios de união que reduzem fenômenos inteiros às suas partes mais simples, e a causalidade última deve ser depreendida do movimento inalterado de átomos físicos elementares. O domínio das coisas tende a obliterar a consciência das pessoas, eliminando a capacidade de avaliação moral da biológica e da sócio-lógica das relações e dos processos, em especial das atividades e relações socioeconômicas. Isso não significa que desse ponto de vista as coisas não possam se relacionar com outras, nem que elas não estejam em harmonia. O esquema planetário de Newton e a visão de Adam Smith do mercado autorregulador são exemplos extraordinários da inter-relação corpuscular que forma totalidades harmônicas, assim como as modernas teorias do sistema o fazem atualmente. Entretanto, as relações são vistas como externas às coisas individuadas, cuja identidade e poder estão contidas em si mesmas. Entretanto, levando-se em conta outro ponto de vista, isso se mostra falso, uma vez que essas coisas aparentemente potentes e ligadas a si mesmas são apenas a incorporação e a concretização de relações que as ligam a um todo maior. Suas identidades, existências e propriedades naturais advêm da *posição* que ocupam em um *padrão* orgânico de organização mais vasto, dentro do qual as coisas são compreendidas como nada além de expressões parciais de uma totalidade auto-organizada. Dessa forma, as propriedades e as atividades das coisas podem ser explicadas holística e "estruturalmente" como manifestações de sua inteligibilidade em rede, como partes de um todo orgânico, não como produtos de causação mecânica e colisões corpusculares. Se a atenção estiver focada em uma única coisa, como deve ser em algum momento de qualquer análise, então essa coisa será vista como contendo em si tanto sua rede relacional como o contexto que a circunda; a coisa é um sistema de relações.

Porém, se a visão atomística prevalece, como ocorre em nossa cultura, então a coisa isolada em si deve, inevitavelmente, aparecer como animada, uma vez que faz parte de um processo ativo. Se "coisificarmos" parte de um sistema vivo, ignorarmos o contexto do qual essa coisa é parte e depois observarmos que as coisas se movem – por assim dizer –, isso quer dizer que, logicamente, elas podem ser vistas ou descritas como se estivessem vivas e tivessem poderes autônomos. Se forem encaradas como meras coisas elas irão, portanto, aparecer como se fossem de fato coisas *animadas* – fetiches. O capital, por exemplo, é em geral comparado a uma árvore que gera frutos; a coisa em si é fonte do próprio crescimento. Logo, a reificação leva ao fetichismo.

Fetichismo: pré-capitalismo *versus* capitalismo

Em contraste com essa subordinação das pessoas pelas coisas, as pessoas em sociedades pré-capitalistas e os produtos criados e trocados por elas são tidos como interconectados – ainda que, também nessas sociedades, tais produtos possam adquirir qualidades atribuídas a seres animados. Logo, os produtos podem se transformar em fetiche, mas isso ocorre por razões completamente diferentes das delineadas até aqui, que tratam de uma sociedade baseada na troca de mercadorias. No modo pré-capitalista de produção, não há definição mercadológica ou comoditizada dos valores e das funções de um bem, e o consumo é inteligível. Produtos parecem animados ou dotados de vida porque são vistos como algo que incorporou o meio social de onde vêm.

Por exemplo, em sua análise sobre a troca dos maori, Mauss disse que tudo se passava como se existisse uma força vital (*hau*) pertencente aos bens e serviços trocados que compelia à reciprocidade. De acordo com esse autor, os maori acreditavam que os próprios bens eram pensados para ser pessoas ou relacionados a uma pessoa, e que ao trocar algo trocava-se, de fato, uma parte de si (Mauss, 1967). Em seu trabalho, *Primitive Man as a Philosopher* [O homem primitivo como filósofo], Paul Radin discute o conceito maori de personalidade, bem como exemplos tirados de outras culturas primitivas, e ressalta a insistência nas múltiplas dimensões do ego e em sua extensão no passado e no futuro. Os vários elementos podem vir a se dissociar temporariamente do corpo, entrando em relação com elementos dissociados de outros indivíduos ou com a natureza. Radin conclui sua análise afirmando que nesse tipo de filosofia, o ego só é inteligível quando está relacionado ao mundo externo e a outros egos. Uma conexão entre o ego e o mundo fenomenológico é sugerida, assumindo a forma de atração e compulsão.

A natureza não pode resistir ao homem, e o homem não pode resistir à natureza. Uma concepção puramente mecanicista da vida seria impensável. As partes do corpo, as funções fisiológicas dos órgãos, assim como a forma material adquirida por objetos na natureza, tudo são meros símbolos – *simulacro* – da entidade físico-espiritual essencial que está por trás deles. (Radin, 1957, p.273-4)

Em outras palavras, o fetichismo encontrado na economia das sociedades pré-capitalistas resulta do sentido orgânico de unidade entre as pessoas e seus produtos, e isso substitui de forma gritante o fetichismo da mercadoria nas sociedades capitalistas, que provém de uma separação entre as pessoas e as coisas que elas produzem e trocam. O resultado de tal cisão é a subordinação dos homens às coisas, que parecem independentes e autônomas.

Logo, as crenças no diabo que nos interessam neste livro podem ser interpretadas como a reação nativa à suplantação desse fetichismo tradicional pelo outro, moderno. Como compreendido pelo velho sistema de valor de uso, o diabo é o mediador do choque entre esses dois sistemas completamente diferentes de produção e troca. Isso ocorre não apenas porque o diabo é um símbolo apropriado da dor e da destruição que os canaviais e as minas vêm causando, mas também porque as vítimas da expansão da economia de mercado a percebem em termos pessoais, não mercantis – e veem nela a mais horrenda distorção do princípio da reciprocidade, que em todas as sociedades capitalistas baseia-se em sanções místicas e é imposto por punições sobrenaturais. O diabo das minas e das plantações de cana reflete a adesão cultural dos trabalhadores aos princípios que fundamentam o modo camponês de produção, ainda que tais princípios estejam sendo progressivamente solapados pela experiência cotidiana do trabalho assalariado sob condições capitalistas. Mas até que as instituições capitalistas tenham-se difundido por todos os aspectos da vida econômica e que a revolução nos modos de produção se complete, as classes sociais mais baixas continuarão vendo as ligações entre pessoas nas modernas atividades econômicas como elas realmente são – assimétricas, sem reciprocidade, baseadas na exploração e destruidoras das relações entre as pessoas –, e não como relações naturais entre forças supostamente inerentes a coisas poderosas.

PARTE II

OS CANAVIAIS DO VALE DO CAUCA, COLÔMBIA

*Camponeses! A cana-de-açúcar degenera;
embrutece a pessoa e mata!
Se não tivermos terra,
não poderemos contar com o futuro bem-estar
de nossas crianças e famílias.
Sem terra não existe saúde, cultura, educação
ou segurança para nós, camponeses marginalizados.
Em todos os distritos vemos as roças do povo
ameaçadas pelo terrível Monstro Verde,
que é a Poderosa Cana,
o Deus dos latifundiários.*

Panfleto camponês, sul do Vale do Cauca, 1972

3
Religião escrava e a ascensão do campesinato livre

Duas generalizações são obrigatórias em qualquer discussão sobre a religião escrava dos negros na América Latina. Primeiro, os brancos tinham receio dos poderes sobrenaturais dos dominados e vice-versa. Segundo, a religião era inseparável da magia, e ambas permeavam o cotidiano – agricultura, mineração, economia, cura, questões matrimoniais e relações sociais em geral. A Inquisição, por exemplo, não considerava as artes ocultas, provenientes dos três continentes, vãs fantasias, mas o exercício de poderes sobrenaturais que incluíam um pacto explícito ou implícito com o diabo. Os escravos africanos trazem consigo os mistérios e a feitiçaria; os indígenas, poderes ocultos que curam ou matam; e os colonos, a crença na magia (Lea, 1908, p.462).

As tradições mágicas europeias mesclaram-se às dos desprezados africanos e indígenas, resultando em uma simbiose, em uma transformação e adaptação de formas desconhecidas para cada um dos grupos. Esse processo era mais óbvio quando se tratava de crenças relacionadas à doença e à cura. Os europeus possuíam poucos recursos médicos eficazes, assim, a cura dependia profundamente da fé religiosa ou mágica; missas, preces aos santos, terços, água benta e milagres realizados por padres e curandeiros populares. A catequese de escravos africanos por padres católicos focava-se na cura. Nela se explorava ao máximo o poder de produção de milagres do panteão cristão (Sandoval, 1956). De maneira inversa, os europeus aproveitavam-se da magia dos colonizados – que, por sua vez, não se distinguia da religião. Na verdade, os europeus definiam as religiões africanas e indígenas não apenas como magia, mas como magia maligna. "É nesse estupor", escreve Gustavo Otero, sobre os primeiros dias da conquista, "que os conquistadores tornam-se os conquistados" (Otero, 1951, p.128). Essa dialética incansável de contra-atribuições mágicas persiste até hoje na cultura popular.

A colonização e a escravidão possibilitaram, de forma inadvertida, um poder místico especial para as camadas inferiores da sociedade colonial – o poder do mal místico incorporado ao medo cristão do diabo. A cosmologia dualista, em parte maniqueísta, dos conquistadores coexistia com o monismo politeísta ou animista dos escravos africanos e dos indígenas, de modo que os conquistadores estavam para os conquistados como Deus está para o diabo. Portanto, a religião popular da América espanhola foi marcada por essa ordem importantíssima de dualismos étnicos e classistas – sempre suscetível a inversões mutáveis conforme fluxos variáveis de casta e de poder de classe.

Em Cartagena, a Inquisição estabeleceu-se no início do século XVII por razões que incluíam o parecer de padres católicos que viam a colônia como "a mais cheia de vícios e pecados dos domínios hispânicos, [estando] a fé em vias de destruição" (Lea, 1908, p.456). Escravas faziam as vezes de curandeiras para essas figuras exaltadas, como o bispo de Cartagena e os próprios inquisidores, enquanto outros eram chicoteados caso seus poderes ocultos fossem vistos como malignos, em especial quando epidemias de bruxaria eram violentas. Feiticeiros (*brujos*) tornavam-se líderes importantes de palanques, fato que preocupava sensivelmente as autoridades (Borrego Pla, 1973, p.27, 83; Tejado Fernandez, 1954, p.117-32). Como intermediários de Satanás, supunha-se que esses líderes iniciavam os recém-convertidos com um ritual que zombava do batismo cristão e negava Deus, os santos e a Virgem Maria. O objetivo seria alcançar a salvação na posteridade, assim como riquezas e poderes nessa vida. Tal sistema de crenças expressa o espectro da inversão social. Teologicamente ordenada pelo Deus Supremo, a hierarquia social definida pela classe, cor e sexo engendrava seu reflexo por meio dos medos e das esperanças de um submundo aliado ao diabo. Os negros eram notórios por suas rebeliões de militância anticristãs – as quais eram ritualizadas de maneira macabra em condições *sine qua non* de escravidão e açoitamento; naquela época não era incomum que a vítima gritasse: "Eu acuso Deus!" (Medina, 1889, p.106; Palmer, 1975). Eles também destruíam símbolos da Igreja – o que não é surpreendente em uma sociedade na qual, por exemplo, o proprietário de uma escrava podia calcular a duração de seu açoitamento pelo tempo que ela levava para rezar o terço (Meiklejohn, 1968, p.216).

Em um texto de 1662, o chefe da Inquisição atribuiu muito da feitiçaria e da idolatria nas regiões mineradoras ao materialismo negligente dos proprietários das minas, que "vivem apenas para o lucro [...] e cuidam apenas de saber se os escravos cumprem seu trabalho diário, não se importando com mais nada" (Medina, 1889, p.120). À primeira vista, essa feitiçaria poderia não só matar e mutilar pessoas como também destruir os frutos da terra – constatação que ainda persiste com relação a pretensos pactos com o diabo feitos por canavieiros no Vale do Cauca. A aliança aumentará a produtividade e o salário, mas tornará infértil o solo no qual a cana é cultivada. Porém, os mesmos trabalhadores – que vivem como camponeses por conta própria, em roças de vizinhos próximos aos canaviais ou como habitantes das florestas da costa do Pacífico subsistindo de maneira independente – supostamente se recusam a fazer tais pactos. Zaragoza, área de mineração à qual nos referimos, foi palco de uma das maiores revoltas escravas da Colômbia, cujo objetivo, segundo observadores, era exterminar os brancos e destruir as minas (Vázquez de Espinosa, 1948, p.341).

O momento espasmódico que vincula o chicote e o grito de renúncia ao Deus do senhor sintetiza o diabo dos escravos. Ele se torna uma forma de consolo e poder naquela guerra de atrito contra a cultura africana e a própria humanidade. Ao adorar o diabo, os escravos se apropriaram do inimigo de seus inimigos. De forma irônica, ao tentar exterminar o diabo, a Igreja acabou validando de maneira indireta sua adoração, investindo-o de poderes. Reconhecendo o temor diante dos poderes espirituais de seus escravos, os crédulos espanhóis entregaram inadvertidamente a eles um poderoso instrumento. Os espanhóis acreditavam que o diabo gerara os africanos pagãos e que os escravos eram parte de seu ministério. Os séculos XVI e XVII foram, afinal, os anos mais intensos de culto à bruxaria na Europa ocidental, durante a Contrarreforma e a Inquisição – época em que a cristandade tremia perante a ameaça da manipulação diabólica e mágica da natureza.

De maneira ambígua mas determinada, os europeus relacionavam folclore e religião escrava – identidade africana – ao diabo (Genovese, 1974, p.159-284). Mas, para os escravos africanos, o diabo não era necessariamente um espírito maligno vingativo. Ele era também uma representação do riso e um poderoso *trickster*. Como ressalta Melville J. Herskovits, os africanos ocidentais viam o diabo europeu como sua divindade *trickster*, e sua filosofia moral resistia à dicotomia fixa entre o bem e o mal adotada pelos missionários (Herskovits, 1958, p.253). Hoje, ao longo dos rios relativamente isolados da costa colombiana do Pacífico – onde os negros eram largados à própria sorte para lutar pela emancipação –, encontra-se não um, mas diversos diabos, que seduzem em vez de ameaçar. A ideia do inferno entre os negros do Rio Raposo corresponde de modo apenas vago à acepção cristã; alguns o localizam no céu (Pavy, 1967, p.234). Ao definir seus espíritos como diabos ou um deles em particular como *o* diabo, os negros não conferiam de imediato o mal ao "diabo" – pelo menos de início. E mesmo se o fizessem, tal atribuição podia ter significado hostilidade à nova ordem.

Ao descrever a cerimônia apo entre os Ashanti, William Bosman, no final do século XVII, escreve:

> Conjuradores e vendedores de milagres não são incomuns entre os Negros: eles acreditam piamente nessas pessoas, mas de maneira diferente dos nossos Ridículos Europeus Opiniosos, que estão convencidos de que nenhum Conjurador pode realizar proezas sem a

ajuda do diabo. Pelo contrário, os Negros não duvidam que esta seja uma dádiva de Deus, e, apesar de esta ser na verdade uma trapaça patente, ainda sim eles – ignorantes quanto à Fraude – tomam-na como Milagre, e para além do poder Humano; e enquanto ao Diabo não concedem nem a menor participação na Honra, eles a reservam inteira a Deus. (Bosman, 1967, p.157-8)

Ao passo que os espanhóis a atribuíam ao diabo! Perturbado pelo caráter apenas formal do batismo e da conversão que impedia mais que ajudava na catequese, o excepcional padre jesuíta Alonso de Sandoval escreve, no início do século XVII, de seu posto em Cartagena: "Eles adoravam o diabo [...] e quando doentes, invocavam os nomes de Jesus e Maria" (Sandoval, 1956, p.71, 82). Com relação à "Guiné", ele escreve: "lá o diabo possui tanta influência e tantos assessores que as poucas pessoas inclinadas à fé cristã morriam irremediavelmente por feitiçaria e envenenamento". Mesmo assim, de acordo com seu testemunho, era impossível fazer a conversão sem reforçar premissas pagãs dos potenciais neófitos.

A imposição do cristianismo requereu contradições quase insuperáveis que tornaram difícil o controle social por parte dos colonos de diferentes localidades. As autoridades compeliam ou suprimiam algumas das expressões mais públicas da religião popular – por exemplo, os banquetes e funerais organizados pelas *cofradías* dos negros (irmandades religiosas) e os *cabildos* (conselhos) –, e isso apenas aumentava a solidariedade entre escravos e negros libertos, encorajava a liberação e mantinha a tradição afro-americana no Novo Mundo (Acosta Saignes, 1967, p. 202-5; Bastide, 1971, p.99). Mas, paradoxalmente, uma das razões para que se permitisse a formação de tais *cofradías* e *cabildos* era, em primeiro lugar, a possibilidade de exercer ainda mais controle sobre a população negra (Bastide, 1971; Ortiz, 1921).

Os escassos relatos sobre a cristianização sugerem que a conversão e a consolidação da crença não foram nada mais que uma formalidade durante o período da escravidão. De fato, Sandoval (1956, p.198) repete a já conhecida observação de que os senhores pensavam que escravos convertidos eram mais rebeldes e trabalhadores menos produtivos que os que não haviam sido catequizados – pagando, assim, menos por eles (Sandoval, 1956, p.198; Bowser, 1974, p.79; King, 1939, p.16-7). Os brancos não só eram menos inclinados a comprar escravos cristianizados como tentavam prevenir sua conversão, dizendo por vezes aos negros que o batismo era ruim. De acordo com José Toribio Medina (1889), os proprietários de escravos, relutantes quanto ao pagamento dos custos de investigações prolongadas e penalidades, encorajavam seus escravos a desaparecer caso estivessem na lista negra da Inquisição. Como resultado parece ter surgido – ao menos durante os primeiros anos – uma religião africana ou quase africana, unida de forma sincrética a uma fé intensa nos poderes milagrosos de Cristo e dos santos – espíritos poderosos aos quais se podia recorrer caso se necessitasse de ajuda terrena.

Em 1771, o bispo de Popayán – capital da região do Cauca, localizada no sudoeste da Colômbia – reclamava com amargura que suas tentativas de catequizar os negros e de impedir que eles trabalhassem aos domingos ou em dias festivos encontravam firme oposição por parte de seus senhores. Ele acreditava que clérigos especuladores do setor de minérios estavam se identificando estreitamente com os exploradores de suas congregações escravas (King, 1939, p.217). O direito dos escravos ao descanso em dias festivos – um dia por semana, sem contar os domingos – era discutido com fervor pelos proprietários de minas do Cauca durante o século XVIII. No entanto, em um estudo sobre a saúde dos escravos de Nova Granada, David Lee Chandler concluiu que, para muitos escravos, a insistência da Igreja com relação aos dias de descanso "deve ter [...] prolongado suas vidas" (Chandler, 1972, p.238). Durante esses dias eles também podiam receber os recursos necessários para comprar a própria liberdade, mas muitos latifundiários do Cauca respondiam a isso reduzindo as quantidades de comida e de roupa dos escravos. Em tais circunstâncias, os dias festivos podem ter influenciado os escravos de maneira favorável em relação à Igreja e fornecido um argumento religioso contra seus senhores.

Os padres eram em pequeno número e poucos davam atenção suficiente à catequese dos escravos. "Como resultado", escreve

Norman Meiklejohn, "muitos negros da Colômbia eram ignorantes em relação ao verdadeiro significado do cristianismo e seus preceitos morais" (Meiklejohn, 1968, p.287; Pons, 1806, v.I, p.160). No entanto, essa "ignorância" com certeza não pode ser explicada apenas pela pequena quantidade de padres. A religião popular negra dificilmente poderia apoiar a escravidão e tudo o que ela implicava, nem os escravos se contentariam com a igualdade aos olhos de Deus – e não aos seus próprios olhos. Entretanto, foi apenas com o esgotamento da hegemonia colonial e do poder da Igreja que uma interpretação radical do cristianismo pôde vir à tona por completo, como ocorreu com a doutrina quiliástica[1] adotada pelos liberais radicais após 1840.

Segundo Ramón Mercado, nativo de Cali e governador da região do Cauca pelo Partido Liberal entre 1850 e 1852, foi precisamente o cristianismo, na acepção verdadeira da palavra, que despertou as classes oprimidas em decorrência de sua condição de vida e do abuso doutrinário das autoridades. Os senhores de escravos e seus padres haviam ensinado uma perversão do cristianismo que acabou facilitando sua derrocada. Tal acusação dirige-se não contra o cristianismo – visto como essencialmente libertador –, mas contra os senhores de escravos e a Igreja, cuja pregação

> reduzia-se à ideia de um Deus aterrorizante que tinha como objetivo exaltar os grandes proprietários de terra, inculcar o respeito cego pelas classes privilegiadas [...] combater o libertarianismo que colocava em risco sua hegemonia com ameaças de punição eterna no inferno [...] e erigir como pecado a menor das ações dos pobres e das classes desfavorecidas. (Mercado, 1853, p.XI-XII, LXXIX)

Como Mercado observa de forma astuta, tornou-se um argumento questionável a polêmica sobre quem estava praticando idolatria: os governantes ou os governados. O poder ilimitado dos senhores de escravo, em lugar algum maior que no Cauca, engendrou um fanatismo religioso propenso à violência.

---

1 Também conhecida como doutrina "milenarista". (N.T.)

Com o impulso propiciado pelas condições perturbadoras a partir da Revolução Francesa e das Guerras de Independência na Espanha, o Deus diabólico dos senhores de escravo engendrou uma visão antitética da causa sagrada entre as classes sujeitadas – uma utopia católica radical, anarquista e igualitária que possuía como base os meios sagrados da natureza. Confiante no apoio das massas, Mercado declara: "devemos considerar à luz do cristianismo as iniquidades que eles cometeram contra o povo. O povo sabe que seus direitos não devem estar à mercê dos governantes, mas que eles são imanentes por natureza, inalienáveis e sagrados" (Mercado, 1853, p.LXXXIX).

Manumissão, *laissez-faire* e desarticulação regional

A relevância dessas afirmações proféticas vem à tona nos registros do século XIX sobre a maior propriedade escrava do Vale do Cauca, a da família Arboleda. Tais documentos estão no Arquivo Central do Cauca, em Popayán, Colômbia, e ainda esperam ser classificados e indexados por completo. A menos que se especifique o contrário, todas as citações seguintes baseiam-se nessa fonte. Em 1695, o fundador do clã, Jacinto Arboleda, deixara de herança apenas 47 escravos (Jaramillo Uribe, 1968, p.22). Em 1830, seus descendentes, Sergio e Julio Arboleda, estavam entre os homens mais ricos da Colômbia: possuíam quatrocentos escravos revezando-se entre suas minas na costa do Pacífico, garimpos de ouro e *haciendas* na margem sul do Vale do Cauca.

A área rural era vasta, os moradores eram poucos, e o controle efetivo dos escravos fugidos era difícil. Durante o fim do século XVIII, fugas e insurreições tornaram-se uma força social de relevância simultânea à crescente inquietude dos negros libertos e a uma onda geral de descontentamento em toda a colônia – que culminou na guerra dos *comuneros* em 1781. No Vale do Cauca, roças eram devastadas por grandes revoltas e algumas delas incluíam alianças com os indígenas. Sociedades secretas de *cabildos* escravos também foram descobertas (Jaramillo Uribe, 1968, p.68-71).

No extremo sul do vale, próximo aos domínios dos Arboleda, um proprietário de mina e seu filho foram mortos por seus escravos em 1761 (Arboleda, 1956, v.2, p.306-7). Acomodados e seguros em um *palenque* no meio da selva ao longo do Rio Palo – e que fazia fronteira com a vasta propriedade dos Arboleda –, escravos fugidos começaram a cultivar tabaco de alta qualidade durante o último quarto do século XVIII, e assim o fizeram até a abolição da escravatura. Vivendo como foras da lei, produziam de forma clandestina quase doze avos de toda a colheita do vale. A polícia não ousava entrar na área. E os fugitivos possuíam relações amigáveis com os dissolutos freis do monastério mais próximo – dos quais se falava que viviam com mulheres mulatas e trabalhavam com gangues de traficantes de tabaco em conflito constante com o governo e seu monopólio de tabaco (Harrison, 1951, p.33-40, 132-40, 200-2).

O coronel J. P. Hamilton, que viajava pelo Vale do Cauca em meados de 1820 como observador a mando do governo britânico, instalou-se em Japio, a maior das *haciendas* dos Arboleda. Ele pensava que os escravos que lá trabalhavam fossem fisicamente superiores e mais saudáveis que os de outras *haciendas* e minas no vale, e nota com tom de aprovação que os padres faziam confissão. "Se alguma conspiração estiver sendo tramada entre os Negros, o padre com certeza descobrirá no confessionário" (Hamilton, 1827, v.2, p.130). Sua dedução mostrou-se incorreta. No começo dos anos 1840, os escravos das *haciendas* dos Arboleda uniram-se ao exército rebelde de Obando, que estava arrebatando o sudoeste da Colômbia prometendo abolição imediata e saqueando as grandes propriedades. As designações dadas a Obando incluíam "Protetor de Cristo Crucificado", e ele ergueu o estandarte da revolta com o grito "Federalismo e Religião". Em 1841, Obando decretou que todos os escravos que se juntassem às suas forças seriam libertados, e seus senhores seriam recompensados pelo fundo de manumissão do governo ou com seus próprios recursos, se aqueles se mostrassem insuficientes. Mas a revolta não vingou.

Em 1843, o governo da província estimou em 400 mil pesos a perda ocasionada pela fuga ou morte de escravos e pelo confisco do gado. Os senhores de escravos temiam a repetição de uma guerra racial e tentaram, naquele mesmo ano, aprovar um violento código penal para os negros (Helguera, 1971, p.192-3). Uma reação mais eficiente à rebelião e à baixa de preços dos escravos era sua venda internacional. Julio Arboleda escoltou 99 adultos e 113 crianças ao longo dos Andes até a costa do Pacífico, vendendo-os a traficantes de escravos peruanos por 31 mil pesos (Helguera; Lee López, 1967) – uma diáspora que os negros nunca esqueceram. Qualquer que tenha sido o tipo de paz que os Arboleda gozaram, ela deixou memórias amargas que sobrevivem até hoje. Os negros com frequência dizem que as paredes internas das *haciendas* estão permanentemente manchadas com o sangue de escravos que foram açoitados e torturados, e que nenhuma quantidade de tinta poderá esconder tais manchas. À meia-noite, durante a Sexta-Feira Santa, as pessoas dizem escutar o barulho de uma mula carregando Julio Arboleda, que busca – em vão – perdão pelos seus pecados.

Em 1851, contando com o ávido apoio dos proprietários de escravos do vale, os Arboleda encabeçaram uma malsucedida guerra civil contra a abolição. Em oposição à corrente radical-liberal em ascensão e ao ódio de classes, eles argumentavam que não haveria mais trabalho. E estavam corretos. A mineração aurífera ao sul do Vale do Cauca cessou logo depois, exceto no caso de extração camponesa marginal. Ainda sim, apesar da derrota e da perda de escravos, os Arboleda mantiveram o estilo das operações nas antigas *haciendas* – reajuste facilitado pela riqueza e *status* que possuíam, além de sua localização entre duas importantes cidades que mantinham relações: Cali e Popayán. Ainda mais importante: Sergio Arboleda, irmão de Julio, preparara planos de contingência caso a escravidão fosse abolida – uma política que foi estimulada em decorrência da indecisão do governo nacional. Na época da abolição, em janeiro de 1852, a *hacienda* Japio e sua subdivisão, Quintero, já estavam preparadas para a transição, institucionalizando uma nova categoria de trabalhadores, os *concertados*: negros que, em troca de uma roça de alguns hectares, trabalhariam um certo número de dias na *hacienda*. Um pouco antes da abolição, cerca de 40% dos escravos adultos já haviam-se tornado *concertados*.

Joaquin Mosquera, um vizinho também senhor de escravos, que fora presidente da Colômbia em 1830, escreveu em 1852: "Até agora, a abolição geral não produziu nenhum distúrbio sério, mas vejo, de fato, dificuldades alarmantes, uma vez que os agitadores têm aconselhado os negros a não fechar contratos de trabalho com seus antigos senhores, nem a deixar as terras, mas sim tomá-las" (Posada; Restrepo Canal, 1933, p.83-5).

Tais incidentes eram comuns. Gilmore afirma que na província mineradora do Chocó, no extremo norte do Vale do Cauca, "latifundiários temiam a expropriação comunista de suas propriedades". Com relação à mina de Barbacoas, a noroeste, o famoso geógrafo Augustin Codazzi informava que "agitadores pervertidos ou mal-intencionados haviam infundido na cabeça de pessoas ignorantes e rudes (negros e mulatos) a ideia de que eles não deveriam trabalhar para os brancos, e de que as terras deveriam ser divididas entre eles" (Gilmore, 1967, p.205).

Três meses depois, Mosquera informa que suas minas na área de Caloto pareciam uma cidade destruída por um terremoto. Ele passou duas semanas barganhando com os ex-escravos a reorganização das minas, cuja maior parte ele alugou a "preços vis" para comerciantes brancos locais e para negros. Choupanas e bananais foram distribuídos de maneira gratuita e entre famílias de ex-escravos; as pastagens foram alugadas. Os negros, ele escreve: "são agora os donos de minhas propriedades, deixando-me apenas com o controle, permitindo-me apenas um quinto dos rendimentos anteriores". E o mesmo tipo de dilema também foi enfrentado pelos senhores de terra de todo o vale (Posada; Restrepo Canal, 1933; Holton, 1857, p.381-2, 420, 511).

Ao retornar às suas propriedades em 1853 – que haviam sido temporariamente confiscadas pelo vitorioso Partido Liberal –, os Arboleda lapidaram o sistema de *concertage*. Eles dividiram 330 hectares de mata virgem entre os negros do Quintero e forneceram "pão, roupas e teto". Os negros tinham de derrubar árvores, cultivar bosques para a *hacienda* e pagar *terrajes* de cinco ou dez dias de trabalho por mês. Outra empreitada de Sergio Arboleda para superar o declínio da oferta de trabalho foi começar uma produção de capital intensivo: a destilação de conhaque, que se tornou a maior fonte de renda da *hacienda* e explica muito de seu sucesso econômico em comparação a outras *haciendas* do vale, que na época estavam em franco declínio.

Os Arboleda tentaram controlar de forma rígida seus arrendatários, restringindo encontros públicos e o trabalho em roças arrendadas. E foram consideravelmente bem-sucedidos em tal empreitada, mas nunca chegaram a dispor do suprimento de trabalho de que tanto necessitavam. Alguns anos mais tarde, em 1878, Sergio Arboleda descreveu seus problemas. Enquanto durou a escravidão, ele encarava como suas as florestas ao longo da fronteira da *hacienda* La Bolsa e do Rio Palo – região que durante muito tempo foi refúgio de escravos fugidos. Mas quando as propriedades foram confiscadas pelos liberais e escravos libertos em 1851, ele e seu irmão foram forçados a fugir para o Peru: "a anarquia predominou, e quando retornei, em 1853, a convulsão política se prolongou até 1854, e tão grande era o terror que infestava aquelas florestas que ninguém ousava chegar a um acordo com os *terrajeros*. Eu mesmo tinha muito medo de entrar lá". Com a revolução de 1860, os negros livres recusavam o trabalho assalariado mesmo quando lhes eram oferecidas condições generosas. Ao resistir, os negros aproveitavam-se da agitação da política nacional que dominou o Vale do Cauca mais que qualquer outra parte da Colômbia. Sob a bandeira do Partido Liberal ou do Partido Conservador, elites inimigas lutavam como selvagens pelo poder do Estado em uma região na qual a hostilidade de uma classe temperamental recém-formada de pequenos proprietários fazia variar a balança do poder.

Marcada pelo antagonismo de séculos de escravidão, essa nova classe de camponeses encontrou uma precária liberdade na predominante desunião entre seus ex-senhores em uma economia subsidiária. Enquanto camponeses subsistiam em um solo generoso, os latifundiários esforçavam-se inutilmente para comercializar suas propriedades e assim recuperar suas riquezas durante uma contração econômica que isolou o Vale do Cauca dos novos mercados. Com o envolvimento cada vez maior da República com o livre comércio da economia mundial, o mercado nacional se fragmentou, e cada segmento interno efetuou as próprias transações internacionais com a Europa. Era mais barato trazer bens de Liverpool para as províncias ocidentais que de Bogotá (Safford, 1965, p.507-8). Enquanto algumas áreas, como a região produtora de tabaco do Vale Magdalena, eram levadas pela correnteza do comércio livre, o Vale do Cauca tornava-se uma economia em remanso.

Em 1857, Sergio Arboleda observava que a economia do Cauca estava em condições muito piores que no começo do século. Minas, prédios públicos, aquedutos, pontos, igrejas e casas particulares estavam em ruínas. Era impossível encontrar artesãos que se ocupassem da reconstrução. Escombros de *haciendas* abandonadas caracterizavam a zona rural. A mineração aurífera ruíra. Os preços de produtos agrícolas tinham duplicado desde o fim definitivo da escravidão, em 1852, de modo que, mesmo tendo os salários também aumentado, o trabalhador diarista possuía menos dinheiro que antes. Porém, "se perdemos nosso comércio interno", Sergio prossegue, "ganhamos o externo". A indústria local não podia competir com a estrangeira e o capital local fora desviado para a compra de bens importados. Ele exortava seus companheiros latifundiários a investir na agricultura e nos bens tropicais de exportação, como "tabaco, baunilha, borracha, salsaparrilha, açúcar e milhares de outros produtos". Entretanto, ainda havia dois problemas: a escassez de trabalho e a insegurança da propriedade. As classes mais baixas desdenhavam o trabalho assalariado e não se podia contar com a garantia do "direito sagrado da propriedade privada", pois este sofrera um primeiro ataque com a abolição (Arboleda, 1972, p.328-31).

Estava faltando confiança empresarial. Sergio Arboleda observou que a escravidão produzira um clima moral oposto à ética do trabalho. Apesar de tal herança e as distorções no investimento de capital provocadas pelo novo imperialismo, ele enfatizava que a culpa pelo mal--estar social era do enfraquecimento da religião cristã – a única capaz de conter a população preguiçosa e ignorante. "Devemos recuperar ao Catolicismo seu império, organizar mais uma vez a família cristã [...] restabelecer o direito à propriedade [...] e criar um novo exército permanente" (Arboleda, 1972, p.207). Anos antes, os senhores de escravos haviam-se furtado a cristianizar seus escravos, segundo eles, muito ignorantes. Agora, um de seus principais ideólogos fazia uso de um argumento análogo contra a democracia burguesa ao afirmar que as massas ignorantes só poderiam viver em harmonia caso se tornassem cristãs.

A unidade entre a *hacienda* e a capela fora rompida. Os ex-escravos retiraram-se para o interior da floresta adjacente formando uma população autossuficiente de agricultores independentes, livres para construir uma compreensão própria do cristianismo. E este, do qual dependiam grandes proprietários na contenção das massas, não estava enfraquecendo; pelo contrário, seu componente popular estava se liberando. A função latente da Igreja sempre foi coordenar castas e classes distintas em torno de uma base ideológica comum, na qual misticismo e doutrina oficial se cristalizavam. A religião dos Mistérios, os milagres, os espíritos dos ancestrais e dos santos, bem como o medo do *maleficium*, sempre influenciaram a alma dos negros. Agora, justo quando o posicionamento dos grandes proprietários de terra sobre a função da Igreja começava a mudar, o mesmo ocorria entre os negros, que não tinham mais por que se submeter ao Deus de seus senhores, dentro de suas capelas, como integrantes de sua sagrada família.

Desde sua origem e não apenas quando os jesuítas a administravam, Japio era tanto um centro cerimonial quanto de produção. Aliás, sua capela era o centro da vice-paróquia de Nossa Senhora de Loreto. Tão vasta quanto a "casa-grande" do proprietário, ela foi construída com adobe e azulejo, diferentemente de todas as outras construções de adobe e sapê da *hacienda*. Com santos maravilhosamente ornados e brocados, coroas de prata e colares de ouro e coral, o valor da capela e dos ornamentos religioso equivalia a 15% do capital total da *hacienda*, incluindo os escravos.

Em 1753, o administrador fora instruído a cuidar de maneira especial das observâncias religiosas – a obrigar a instrução, a oração e o canto todas as tardes. Em 1830, um padre visitante foi contratado para dar missas uma vez por mês, realizar batizados, serviços funerários e casamentos para os escravos, e também com a função de se incumbir uma vez por mês da confissão e da primeira comunhão. Ele recebia um estipêndio anual de setenta pesos – que equivalia a dois terços do que ganhava o administrador –, além de uma taxa *per capita* por entrega de sacramentos. Após a rebelião no começo de 1840, esse padre nunca mais apareceu.

Após a abolição, Sergio Arboleda contestou o direito da Igreja de continuar cobrando-lhe as *primicias*, ou taxa do Primeiro Fruto – em geral um entre sete alqueires ou animais –, alegou que a capela era sua e denunciou implacavelmente as mudanças nas funções religiosas. Enquanto havia escravos, ele afirmou, os custos da religião haviam dado frutos, mas agora a Igreja não mais mantinha os negros sob controle.

O padre da paróquia replicou com um tom que seria impensável na época anterior à abolição. Ele alegou de forma reveladora que, após 1833, os senhores de escravos haviam parado de contribuir com os custos dos sacramentos, e que até pouco antes da abolição, os padres eram forçados a ministrar missas mensais. Ele continuara fazendo o melhor que podia, mas a situação tornara-se impossível em decorrência da falta de crentes. Os escravos tinham tão pouco tempo livre para sustentar suas famílias que terminavam passando o domingo todo trabalhando no cultivo de suas roças. Ele repreendeu o proprietário por haver acomodado os ornamentos da capela dentro de casa, de forma que o padre ficasse para sempre à sua mercê. Era completamente falso, ele diz, pensar que a capela pertencia aos Arboleda, que eles a haviam construído e pago pelos ornamentos. Pelo contrário, tudo viera dos jesuítas, de quando eles eram os donos de Japio. O próprio cemitério fora saqueado para que Sergio Arboleda pudesse aumentar o pátio de sua *hacienda*. Por fim, ao contrário do que dissera Arboleda, as datas comemorativas não podiam ser culpadas pela luta e imoralidade generalizada dos negros. Culpado era o proprietário, com sua destilação de conhaque – o principal produto da *hacienda* –, que ele vendia sem escrúpulos, contanto que ganhasse dinheiro.

A Igreja e a religião adquiriram um novo significado quando o laço senhor-escravo foi rompido. Os grandes proprietários de terra não mais podiam pretender à divindade, e dada a supremacia da Teologia como força que sanciona as leis senhoriais, todas as doutrinas e ações revolucionárias tornaram-se, necessariamente, heréticas. Pela mesma razão, a subclasse da sociedade moldou os latifundiários à imagem do anticristo, ligando-os às piores calúnias. A cultura preservou sua disposição intensamente religiosa; mas naquele momento – intensificado pela luta social por terra, trabalho e liberdade –, uma consciência maniqueísta vinha à superfície para apoiar a divisão fanática entre os partidos Liberal e Conservador, divisão que destroçou a sociedade colombiana a partir do século XIX. Os liberais haviam dado o último golpe na escravidão. Os negros apoiaram seus princípios mais radicais de maneira fervorosa, assim como os Arboleda permaneceram devotos à causa conservadora. Apesar de a liderança partidária ser notoriamente inconstante, as condições sociais asseguraram que a tempestuosa clivagem ideológica se enraizasse de maneira profunda no antigo centro da escravidão.

Arrendatários refratários: preguiçosos e rebeldes

Apesar de Sergio Arboleda ter insistido repetidas vezes que era possível conseguir aluguéis substanciais e trabalho dos arrendatários, ele foi forçado a desenvolver outros meios para assegurar trabalho e manter o controle. Assim sendo, alugou vastas pastagens para abastados fazendeiros de gado, muitos dos quais eram clérigos. Estes poderiam alojar os próprios arrendatários desde que o proprietário da *hacienda* assim o permitisse. Tal medida aumentou os rendimentos e, ainda mais importante, facilitou o controle social nas grandes propriedades. Arboleda também estabeleceu uma elite trabalhadora de brancos. Ao instruir o gerente da propriedade, em 1857, ele observou que os negros trabalhavam muito devagar no engenho e que arruinavam os animais; portanto, apenas os brancos deveriam ser empregados nesse tipo de tarefa. Uma vez aprovados, Arboleda orientou, esses brancos seriam contratados por três anos em regime de salário regular e receberiam um lote de terra onde plantariam e construiriam uma cabana. Não lhes seria cobrado aluguel, mas eles deveriam trabalhar na *hacienda* quando chamados. Se não o fizessem, seriam expulsos, e não lhes seria pago melhoria alguma que tivessem feito nas terras da *hacienda*. Além disso, não poderiam trabalhar para mais ninguém sem a permissão dos Arboleda.

Sergio Arboleda enfatizava que o dia de trabalho dos negros deveria ser organizado por volume de produção, nunca pelo tempo, e que era melhor deixar o trabalho incompleto que dever dinheiro. No plantio e na colheita de cultivos comestíveis de fácil crescimento, como o arroz, apenas peões vindos de lugares distantes da *hacienda* poderiam ser contratados, "mas fazê-lo sem que as pessoas compreendam que você o faz de forma intencional". E acrescentava: faça que o salário das mulheres seja menor.

Havia dois tipos de arrendatários negros: os que pagavam o aluguel trabalhando um dia por semana para a *hacienda*, e um grupo mais privilegiado, de 180 arrendatários, que pagava uma ninharia em dinheiro anualmente – uma soma que se poderia conseguir com meros cinco ou oito dias de trabalho. Teria sido muito mais vantajoso para a *hacienda* se esses arrendatários também pagassem em forma de trabalho, mas os Arboleda não possuíam poder suficiente para exigir isso. Esse grupo que pagava em dinheiro também fornecia os informantes que controlavam os roubos constantes que assolavam a *hacienda*.

Ao cercar as pradarias e plantar produtos perenes, como o cacau, onde antes havia uma densa floresta, Sergio Arboleda tentava mais uma vez encurralar os incansáveis camponeses. Logo, a *hacienda* monolítica e altamente centralizada possibilitou uma série de esferas concêntricas de autoridade, com uma grande variedade de relações distintas – e coincidentes – com o poder central. Importantes donos de gado que alugavam a terra, peões brancos, trabalhadores livres contratados, arrendatários que pagavam em dinheiro e arrendatários que pagavam com trabalho, todos estavam em uma grade laboral de oposições ao outro.

Antes, os escravos constituíam pouco mais da metade do inventário total da *hacienda*. Agora, o trabalho assalariado representava metade das despesas da propriedade. As vendas anuais de conhaque e cacau davam um lucro considerável, que, no entanto, mostrou-se instável. No início da década de 1860 e de novo em 1870, a *hacienda* foi confiscada durante as guerras civis, nas quais Sergio Arboleda teve um papel de proeminência e fracasso.

As lutas periódicas pelo controle da terra são bem ilustradas com as instruções que Arboleda fornece ao seu administrador em 1867 e em 1871, quando, mais uma vez, a balança de poder inclinou a seu favor. Sua maior preocupação em 1867 eram os arrendatários negros, que deveriam ser divididos em duas vizinhanças e repetidas vezes forçados a pagar suas cotas. A um grande locatário deveria ser dado o poder de supervisionar o grupo de inquilinos de cada vizinhança. E a cada setembro seria necessária uma vigilância especial, que, de acordo com as instruções, deveria impedir que os arrendatários limpassem a floresta para plantar milho sem permissão e para verificar quem de fato pagara o aluguel. O não pagamento acarretaria expulsão imediata, e a nenhum arrendatário seria permitido subalugar ou alojar estranhos. Aos artesãos seria fornecida comida. "Digo isso porque assim me ensinou a experiência: primeiro, eles cobram o mesmo, alimente-os você ou não; segundo, quase todos eles, quando os asseguramos da comida, não fazem em um mês a metade do que vale a comida, e ao final do ano de trabalho, as tarefas mal haverão começado a se realizar."

Alguns camponeses responderam de forma raivosa. Em 1867, Arboleda recebeu uma carta sobre os direitos de destilar conhaque:

> Señor Arboleda:
> Quem o senhor pensa que é? Por acaso o senhor pensa que ainda está em Quinamayo com seu irmão – o Calígula Granadino – e com seu exército de bandidos sacrificando os pobres? O senhor pensa que vamos continuar tolerando suas trapaças? Fique atento, Doutor da Vingança; é uma vergonha que um homem como o senhor, que possui tantos meios para ganhar dinheiro, roube das mulheres po-

bres o direito de fazer conhaque – o único meio de subsistência que lhes resta, depois de você e seu irmão terem nos roubado durante a revolução. O senhor é um ladrão público, um assassino, infame e sem-vergonha! Não precisamos de suas calças e buchas de selagem. O que o senhor veio fazer aqui? Roubar-nos. Não pense que esquecemos todo o mal que o senhor causou. A hora da vingança chegará. Nunca esqueceremos os pelotões de fuzilamento de San Camilo e de Palmira, nem as forcas em Piendomo ou suas ordens e as de seu irmão para que deixassem os prisioneiros morrer de fome. O senhor pensa que vai nos fazer morrer de fome também, retirando a renda das mulheres? Se é isso que o senhor pensa, então está enganado, porque ninguém está com medo. Cuidado, o conhaque não pagará suas dívidas. Cuidado para que sua vida criminosa e perversa não termine da mesma maneira que a de seu irmão [assassinado em 1862]; todo César tem seu Brutus. É melhor roubar 300 mil pesos ou mais do governo que entrar em guerra com as mulheres pelo conhaque, pois isso é muito ridículo. Cuidado ou o povo irá cumprir seu dever, pois somos livres e soberanos; você não é mais Chefe de Estado dos Godos [Conservadores], que pode roubar e matar como em 1861.

Alguns Mascarados

Mas em 1871, as instruções de Arboleda com relação aos arrendatários eram mais detalhadas e belicosas. Posseiros continuavam ocupando a terra e muitos arrendatários recusavam-se a se adaptar. Assim, Arboleda instruiu seu administrador a fazer um censo e expulsar os que não tivessem documento caso não pagassem a *terraje*. Ele aconselhava cautela. Não seria prudente, dizia, expulsar ao mesmo tempo todos os arrendatários indisciplinados. Os mais rebeldes deveriam ser desalojados primeiro, para servir de lição aos outros. Todos os posseiros deveriam ser expulsos destruindo-se primeiro suas casas, e deveria cessar toda aragem da terra em Japio por arrendatários menores que plantavam milho. Os camponeses retaliaram queimando as plantações de cana e sabotando as tentativas de Arboleda de estender o cultivo de cana-de-açúcar e combater a exaustão do solo.

No fim do século XIX, os lucros caíram por terra. E assim foi até o falecimento da família e o começo da agricultura comercial em larga escala no início do século XX, quando uma linha ferroviária passou a ligar o Vale do Cauca à costa do Pacífico e, portanto, ao mercado internacional. A intransigência do campesinato negro tornou praticamente impossível a sobrevivência à crise econômica. Assim, em 1882, Arboleda tentou vender sua propriedade. Seu filho, Alfonso, que assumiu a gerência em meados de 1870, escreveu em desespero ao pai, falando sobre roubos, escassez de trabalho, rebeliões armadas, recusa de pagamento das *terrajes* e o persistente ódio dos camponeses pelo seu senhorio. "Estas *haciendas* já não produzem nada [...] A única esperança são os *terrajeros*, mas eles se recusam a pagar. E os bananais! Você precisa colocar um guarda debaixo de cada árvore para que as bananas não sejam roubadas." A produção de cacau era constantemente ameaçada por roubos. Os negros abriam caminhos ao longo das plantações, derrubavam cercas e até bloqueavam o transporte dentro e fora da *hacienda*. A situação política era desesperadora: a facção de Hurtado no Partido Liberal "atacou nosso domínio, roubou nossas armas, e agora se opõe à oligarquia". Os negros das terras dos Arboleda ao longo do Rio Palo estavam armados e lutavam ao lado do hurtadistas, mas raramente como marionetes. "Os negros próximos ao Rio Palo", escreveu Alfonso em 1879, "estão sempre armados. Se eles continuarem fazendo apenas o que querem, e como aqui não há forças para proteger os proprietários de terra e nenhuma outra maneira de fazê-los compreender, então teremos de recorrer ao governo liberal para saber se eles utilizarão a força, pois esses negros que estão atacando as oligarquias também ameaçam o governo atual".

Os negros tinham uma razão pessoal para se armar e lutar: os Arboleda estavam tentando expulsá-los de seu refúgio ao longo do Rio Palo. Desde o século XVI, os campos de escravos fugidos naquela área tinham sido motivo de irritação para os Arboleda. Com a produção da *hacienda* diminuindo até quase parar, os Arboleda voltavam-se agora para essas terras férteis, a fim de desesperadamente tentar acabar com a independência dos pequenos proprietários e também vender as terras destes.

Os negros sempre temeram a reescravização. Quando Alfonso decidiu estocar arroz e bananas, espalhou-se o rumor de que ele e o governo iriam a qualquer momento tirar dos negros suas crianças e vendê-las em outro país, como fizera Julio Arboleda em 1847. "Tendo isso em vista", ele escreveu para o pai na época, "o senhor pode imaginar o ódio que existe contra nós, e também pode deduzir que quem roubou o cacau dos depósitos foram os próprios compradores de cacau que espalharam essas calúnias. O pior é que os negros acreditaram nessas fábulas e estão alarmados".

Alfonso queria reequipar o engenho com maquinaria moderna trazida dos Estados Unidos, mas a constante ameaça de revolução paralisava o negócio. Em 1882, com o colapso do *boom* de quinina, a região apenas exportava – desse modo, o dinheiro parou de circular. Os poucos trabalhadores que ele podia arranjar para tal trabalho o enfureciam por causa da preguiça e das *fiestas* constantes. "É impossível arranjar trabalhadores apesar de se tropeçar em preguiçosos todos os dias."

Contradições do período de transição

Depois de o mercado dividir o domínio nacional em satélites distintos de modo seletivo, o Vale do Cauca passou a se encontrar às margens do mundo comercial. Apesar do sucesso comercial da *hacienda* em relação às demais propriedades também localizadas no vale, ela também acabou sucumbindo. O mercantilismo e a escravidão deram lugar às tentativas de criar uma economia de mercado. Porém, os ex-escravos não podiam ser compelidos ao trabalho assalariado. Arrendatários refratários, a convulsão incessante de uma guerra civil e a natureza restrita do mercado de exportação tornaram insustentável a agricultura comercializável em larga escala. Presos entre dois modos de produção, os latifundiários tentaram recorrer a um "neofeudalismo" diluído pela contratação de mão de obra livre. Mas a terra era abundante, a cultura da servidão fora transcendida e esse tipo de contrato mostrou-se muito caro, com os mercados nacional e de exportação bloqueados.

Testemunhas repetiam sem cansar promessas tentadoras e sobre a ruína generalizada do vale; o problema residia em assegurar escoadouros para o mercado pelo Pacífico e na superação da pretensa preguiça e ignorância das classes mais baixas. Em 1853, o general T. C. Mosquera, três vezes presidente da Colômbia e um dos rebentos mais proeminentes do vale, notava que a maioria do estado do Cauca era negra ou mulata. Mas, enquanto os brancos eram "inteligentes, ativos, trabalhadores e morais", os negros eram "fracos como mão de obra, resistentes e desconfiados" (Mosquera, 1853, p.77, 97). Felipe Pérez, um geógrafo colombiano, assinalou que não se tratava apenas de preguiça, mas de igualdade. A fertilidade assombrosa do solo significava que "para comer não é necessário trabalhar"; portanto, "as pessoas não se sentem obrigadas a servir aos outros, e esse espírito de igualdade social que predomina entre os pobres afoga e tortura as pretensões aristocráticas da velha feudocracia mineradora" (Pérez, 1862, p.212-3). Esse autor insistia, ainda, que "tudo o que é necessário é que as mãos preguiçosas existentes hoje parem de ser preguiçosas e que prevaleça a harmonia social – a melhor garantia para o trabalho e para os negócios" (Pérez, 1862, p.139).

Mas "tudo o que é necessário" estava longe de ser possível. As características observadas por Mosquera – de que os negros eram "fracos como mão de obra, resistentes e desconfiados" – e o espírito de igualdade social que levava as pessoas a se dispensar de servir a terceiros – como descrito por Pérez – tinham sua base material no recém-formado modo de produção do campesinato negro. Eles procuravam refúgio ao longo das margens férteis do rio e dentro das florestas frias e úmidas, e plantavam alimentos de primeira necessidade, como banana, um pouco de milho, e pequenas colheitas comercializáveis, como cacau e tabaco. A pesca e a peneiragem de ouro eram atividades suplementares. Pérez refere-se de maneira sugestiva à decadência de todas as formas de agricultura e de criação de gado no vale e afirma de modo incansável que a banana e o cacau eram os dois cultivos mais importantes por volta de 1862. A princípio eram cultivos camponeses, encontrados ao longo de margens arborizadas, pântanos, e nas áreas densamente arborizadas habitadas por camponeses negros "refratários aos ataques de malária" (García, 1898, p.28--9). Esse tipo de área possuía vida selvagem em abundância, e os que nela residiam a usavam para a caça, utilizando-a como fonte de carne (Pérez, 1862, p.140). E. Palau pensava que a *"region privilegiada"* para o cacau localizava-se ao redor do Rio Palo, ponto de disputa do campesinato negro. As bananas eram consorciadas com as árvores de cacau mais jovens, que serviam de sombra. De acordo com García, no fim do século XIX, as melhores plantações de banana de todo o vale também se situavam naquela região (García, 1898, p.23). Palau descreveu as bananeiras como "as árvores mais úteis dos Independentes" (Palau, 1889, p.32). Elas são semiperenes, produzem frutos a cada oito ou doze meses, independentemente da época do ano, e, como todas as colheitas camponesas, requerem pouco trabalho. Hoje, com uma ecologia semelhante, uma roça camponesa suficiente para a subsistência não requer mais que cem dias de trabalho relativamente leve. Evaristo García estimava que um hectare de bananeiras poderia abastecer 24 adultos, levando em consideração o que é necessário para uma alimentação básica. Ele descreveu como, em suas viagens pelo vale, entrava nas regiões mais arborizadas para achar habitantes de "raça etiopiana" que se abrigavam em cabanas de sapé contornadas por bananeiras e muitas outras plantas de utilidade. Algumas famílias possuíam pequenos rebanhos de gado, cavalo e porcos. Uma vez que podiam subsistir de maneira tão fácil, os camponeses, na sua opinião, seriam pouco inclinados ao trabalho com o gado e nas *haciendas* de açúcar. Por essa razão, segundo García, não havia muitos latifúndios em funcionamento até o final do século XIX (García, 1898, p.29).

Em muitos sentidos, esses camponeses negros eram foras da lei – camponeses livres e forasteiros cuja existência dependia de sagacidade e armas, em vez de garantias legais à terra e à cidadania. O espectro amedrontador de um Estado negro não era apreciado por alguns observadores. "Nas florestas que cercam o Vale do Cauca", escreveu o viajante alemão Freidrich von Schenk em 1880, "vegetam muitos negros que poderiam ser equiparados aos Maroon das Índias Ocidentais". Eles procuravam solidão nas florestas, onde retornavam mais uma vez, pouco a pouco, aos costumes de sua terra natal africana, como é costume observar no interior do Haiti [...] Essas pessoas [são] extraordinariamente perigosas, em especial em épocas de revolução, quando se juntam em gangues e começam a lutar como corajosos guerreiros a serviço de qualquer herói da liberdade que lhes prometa espólios.

Com a revolução de 1860, as forças do Partido Liberal haviam destruído as últimas amarras que seguravam os negros. A maior parte das *haciendas* do vale estava falida e sofria investidas constantes de negros "fanáticos". "O negro livre do Vale do Cauca", Von Schenk escreveu, "só trabalhará sob a ameaça de uma pobreza martirizante, e mesmo assim, é provável que persista com seus saques destrutivos" (Von Schenk, 1953, p.53-4). E os piores negros eram os que moravam ao sul do vale.

Os camponeses valorizavam em especial o *indiviso* e as terras comuns – utilizadas, em geral, para a criação de gado. Apesar de os *hacendados* as reivindicar como propriedade privada ao final do século XIX, e de forma ainda mais vigorosa quando o vale foi aberto ao mercado internacional em 1914, os camponeses, por sua vez, as julgavam comuns e inalienáveis. Na verdade, elas eram mais como terras sem dono. Enquanto indígenas das terras altas possuíam terras comuns sob sanção governamental, os negros do Vale do Cauca possuíam terras comuns informalmente, e, quando muito, provocavam a reprovação por parte do governo. Perseguidos por uma pequena nobreza hostil, que lhes negou seus direitos à representação política ou à possibilidade de qualquer estrutura de moradia representativa dentro do quadro administrativo oficial, e destituídos da segurança da posse de terra, os camponeses negros formaram uma nova classe social que estava fora da sociedade. Internamente, sua organização social parecia muito mais flexível e capaz de operar uma infinidade de permutas e combinações, como ainda atesta a estrutura de parentesco. Como classe, eles não haviam deixado para trás anos de benevolência patrimonialista enraizados no sistema feudal e que asseguravam garantias e proteção mínimas. Logo, o novo campesinato continha aspectos de duas tradições diferentes: a dos escravos e a dos escravos foras da lei (*palenquero*). Excluídos de maneira violenta, os camponeses eram forçados a desafiar as instituições e as opiniões da sociedade. Ao atacar as *haciendas*, atacavam o que percebiam ser a causa de seu sofrimento: eles sabiam muito bem que enquanto as *haciendas* existissem, seus proprietários iriam persegui-los em busca de mão de obra. Pouco tempo após a abolição, a polícia e "cidadãos de bem e patrióticos" receberam amplos poderes para prender os assim chamados errantes e forçá-los a trabalhar nas *haciendas*. Como resultado, as planícies do Cauca tornaram-se terras de banditismo e medo (Harrison, 1952, p.173). Em 1858, Miguel Pombo, um oficial de destaque do governo, descrevia a necessidade de leis mais severas para combater o aumento da preguiça e o alto preço da comida. Os camponeses não mais levavam gêneros alimentícios ao mercado da cidade e negligenciavam suas colheitas. Pombo sugeriu forçá-los a trabalhar, colocando-os sob o controle da polícia e dos *hacendados*. Tais medidas, que incluiriam fome e açoitamento, também deveriam ser aplicadas aos supostos preguiçosos e trabalhadores diaristas bêbados (*El Tiempo* [Bogotá], set. 1858, v.I; Lombardi, 1971; Estado del Cauca, 1859).

O Estado, sempre perturbado, não podia alcançar os fins desejados pelos empreendedores. Muito tempo depois, em 1874, por exemplo, os que encabeçavam a indústria do tabaco reclamavam para os oficiais municipais de Palmira – a mais importante cidade rural do vale – que a produção estava diminuindo por causa do temperamento da mão de obra e da escassez desta. "O que é necessário", encorajavam, "são meios que sejam coercitivos, rápidos, eficazes e seguros" (Estados Unidos de Colombia, 1875, p.139).

Comerciantes que, a partir de 1860, formavam uma classe comercial em ascensão, começaram a agir como intermediadores na exportação das safras cultivadas por pequenos proprietários e de produtos colhidos por contratantes. Muitos comerciantes colombianos também participaram, incluindo Rafael Reyes, que viria a ser presidente da República. O tipo de intermediário que possuía mais chance de êxito tanto como comerciante quanto como proprietário de terra no Vale do Cauca era o que possuísse fontes de crédito estrangeiras e informações precisas sobre o mercado. Assim ocorreu com um amigo íntimo de Reyes, Santiago Eder, cidadão e cônsul dos Estados Unidos com parentes próximos pertencentes a estabelecimentos comerciais em Londres, Nova York, Panamá e Guayaquil, e que se estabeleceu ao sul do vale em 1860 (Eder, 1959). Tecendo uma rede de comércio internacional e doméstica exportadora de tabaco, anil, quinina, cola, café e importando bens industrializados, Eder estabeleceu o maior e mais eficiente canavial do vale. O sucesso devia-se muito à mecanização. Ao mesmo tempo que o gerente de Japio recomendava desesperadamente um engenho moderno vindo dos Estados Unidos para aliviar o problema da mão de obra, Eder instalava o maquinário "Louisiana n.° 1", muito superior ao projetado em Japio. Afastados de conflitos mutuamente destrutivos entre liberais e conservadores e protegidos do confisco em decorrência de seu *status* de estrangeiro e cônsul dos Estados Unidos, ele e outros em situação semelhante controlavam a economia regional quando o vale foi aberto para o Pacífico em 1914. Logo após a abolição, Sergio Arboleda advogara precisamente esse tipo de desenvolvimento. Mas a incapacidade dos ex-senhores de escravos de se dedicar ao comércio internacional, o fervor ideológico e a permanente tentativa de manter uma agricultura monocultora com arrendatários incontroláveis terminaram por arruiná-los.

Religião e luta de classe

A partir do final da década de 1840, violentas guerras civis nacionais e regionais entre conservadores e liberais dividiram a sociedade colombiana. A última delas foi a *"violencia"* de 1948-1958. Na verdade, os partidos pareciam menos organizações políticas que "inimigos hereditários", e a cultura política era do tipo que promovia uma visão de mundo absolutista dentro da qual toda controvérsia era conduzida com base em expressões semelhantes aos termos religiosos ou moralizantes (Dix, 1967, p.211-2). Quase todas as explicações para a *violencia* focam-se nas elites que competiam entre si e na relação tipo patrono-cliente. O patrono, como uma espécie de senhor guerreiro feudal ou *caudillo*, agindo através de seu corretor ou *gamonal*, mobiliza seus clientes, os camponeses, para guerrear contra outra facção de patrono-cliente. O sentimento de intenso pertencimento a um partido atribuído ao campesinato é explicado como resultante da dependência ao patrono, levada adiante através de gerações e reforçada pela socialização primária da vida familiar.

Essa visão hobbesiana da sociedade e da natureza humana, a quintessência da experiência de alienação e reificação burguesas, interpreta a ideologia política como a expressão mecânica do interesse particular de *caudillos* oportunistas. Isso, porém, não encontra nenhum apoio na história social de Japio. Ao sul do Vale do Cauca, os camponeses não seguiam seus antigos suseranos. Em vez de seguirem cegamente uma ideologia mistificadora imposta por uma elite ou de ser compelidos à luta sem convicção moral, eles forçavam as elites a responder a um anarquismo camponês estimulado pelo ódio aos senhores e atiçado por sonhos milenaristas. Heroicamente estimulada, mas para sempre aleijada por doutrina incerta, essa é a base social que explica em boa parte o tumulto desnorteador da *realpolitik caudilla*. O anarquismo é mais visível na época da escravidão, e o fervor milenarista, na guerra de 1876-1877. A ausência do vigor burguês fez a luta tender para o populismo – "povo" *versus* aristocracia. O fato de o campesinato não poder constituir-se como classe autônoma – mesmo que se aproximasse disso – não justifica teorizações que excluam o conflito de classes e seus alinhamentos.

Frank Safford comentara com perspicácia que, sem estudos regionais detalhados, as explicações clássicas sobre a classe econômica e ocupacional – que versam sobre a filiação partidária e a guerra civil na Colômbia durante o século XIX – permanecerão inadequadas. Mas até ele reconhece que, na região do Cauca, "o liberalismo veio a ser um instrumento de conflitos de classe, representando os sem-terra ou os despossuídos em luta contra grandes proprietários de terra e, em geral, tendo como líder uma camada mais inferior da classe alta" (Safford, 1972, p.361; Bergquist, 1976).

Essas lutas de classe tomavam um caráter religioso. Orlando Fals Borda, resumindo um corpo extenso de opiniões eruditas, escreveu: "Os conflitos internos após 1853, travados de maneira ostensiva pelo controle do orçamento ou pela mudança constitucional, eram lutados em solo religioso" (Fals Borda, 1969, p.108). Os dois partidos vieram a definir-se em termos maniqueístas. "Um era a favor ou contra a Igreja, do lado de Deus ou do diabo" (Fals Borda, 1969, p.105). Ao contrário do que em geral se presume, os conservadores não possuíam o monopólio da paixão religiosa. Os extremistas liberais advogavam um tipo de socialismo romântico cristão, segundo os conservadores. Um notório conservador escreveu sobre a revolta na época da abolição:

> Percebi que o socialismo demagógico apareceu em alguns lugares, como no belo Vale do Cauca, com o mesmo furor fatal com o qual os anabatistas queriam estabelecê-lo no século XVI. Percebo a inquietação que os ganhos do comunismo causam nos mesmos homens que o fomentaram apenas para satisfazer seus desejos de vingança, esquecendo que não é possível a nenhum agitador conter o movimento revolucionário uma vez que ele tenha convencido uma multidão iludida. (Gilmore, 1967, p.206)

Em 1850, o jornal oficial da arquidiocese, *El Catolicismo*, alertava no editorial "O comunismo do evangelho e o comunismo de Proudhon" que os anarquistas haviam feito um mau uso do evangelho para persuadir as pessoas de que o "*comunismo* é o princípio fundamental de Jesus Cristo". O periódico denunciava um político radical como inimigo da propriedade, "que proclama o comunismo como a lei de Deus", e afirmava: "Os liberais reverenciam profundamente os direitos sagrados do comunismo, as doutrinas sagradas de Proudhon" (Gilmore, 1967, p.207-8). Os liberais radicais, que em meados do século propunham uma forma confusa de socialismo libertário, adquiriram o nome de "Gólgotas", por conta do hábito que seus oradores tinham de se referir a Jesus como o mártir de Gólgota. "O socialismo não é nada mais que a lágrima caída do Salvador nas colinas de Gólgota", declarava um de seus porta-vozes, José Maria

Samper (Gilmore, 1967, p.201). O populismo liberal tinha raízes em um anticlericalismo fervoroso, herdeiro ideológico da Revolução Francesa e das Guerras de Independência (Giménez Fernandez, 1947). Diplomatas dos Estados Unidos sediados na Colômbia não tinham dúvida de que as guerras civis eram basicamente religiosas. O Partido Conservador era o partido da Igreja, e esta controlava os negócios civis fornecendo "a única solução essencial, quanto à política interna, para o povo colombiano" (Shaw Jr., 1941, p.598). A revolução de 1860 culminou em uma separação completa entre Igreja e governo e na retirada de privilégios clericais. Muitos padres foram banidos do país. Mais de três quartos das propriedades da Igreja foram confiscados. A educação passou para as mãos do governo, apesar de os bispos do Cauca, cientes das crescentes divisões entre os liberais, organizarem – correndo riscos – as próprias escolas. A Igreja dava assistência às escolas públicas, e a não aderência aos seus princípios tinha como punição a excomunhão. Então o governo fechou à força a Sociedade Católica de Popayán, e sociedades similares no Vale do Cauca foram fechadas por grupos independentes ao governo. Liderados por Sergio Arboleda, figura mais popular do partido, os conservadores de Cauca, "em defesa de nossas crenças religiosas", declararam guerra em 1876. Tendo como grito de guerra *"Viva la religión. Viva el padre Holguín y el Partido Conservador"*, e com *vivas* à *Santísima Trinidad*, ao bispo de Popayán e ao papa Pio XI – que condenara o liberalismo em 1864 –, eles atacaram a cidade de Palmira. Padres armados com apenas cruzes e terços lideraram batalhões insurgentes chamados "bispos de Popayán" e "bispos de Pasto". Na mais famosa das batalhas em Los Chancos, ao norte do vale – que deixou cerca de quatrocentos mortos entre 7.500 combatentes –, os conservadores foram comandados por Sergio Arboleda (Briceño, 1878, p.241). Seus soldados levavam pôsteres com fotografias do papa Pio XI e de Cristo (Eder, 1959, p.267-86; Shaw Jr., 1941, p.597; Briceño, 1878, p.228).

Relatos sobre o saque à principal cidade do Vale do Cauca – Cali –, levado a cabo pelas tropas liberais em dezembro de 1876, proporcionam um relance revelador sobre classe, partido e religião (Eder, 1959, p.283-99). Cerca de dois terços dos 20 mil habitantes foram descritos como uma população vagabunda de negros e mestiços, imbuídos de doutrinas extremamente comunistas. Diferentemente dessa ralé, o terço que sobrou – cuja propriedade fora devastada – era principalmente de origem espanhola e pertencia ao Partido Conservador. O líder das tropas liberais, David Peña, era visto como um visionário comunista, um lunático místico e um assassino cegamente devotado às máximas da Revolução Francesa e dos Clubes Democráticos Colombianos fundados em meados do século XIX. Supõe-se que Peña teria iniciado o movimento de exílio dos bispos. Porém, era católico devoto. Diz-se que ele afirmara ter lutado pela glória e para exterminar todos os godos (conservadores), que deveriam ser varridos de sua cidade natal em uma enchente de vingança. Suas tropas e a multidão excitada destruíram tanto propriedades liberais quanto conservadoras – falta de distinção que voltou o governo liberal contra Peña. Mas havia pouco a ser feito, pois ele comandava uma força enorme e possuía a lealdade das classes mais baixas. Oito meses depois, bandos de negros armados ainda perambulavam pelas ruas. Ele liderou uma insurgência populista das classes mais baixas com tons quiliásticos, os quais eram dirigidos contra as classes detentoras de propriedade e à maquinaria do governo que as apoiava.

Um professor suíço, que lecionou alguns anos em Bogotá, visitou o Vale do Cauca em 1884, mesmo ano em que Santiago Eder informava ao embaixador dos Estados Unidos que o "vale estava afundando em sectarismo político e religioso" (Eder, 1959, p.304). Para o professor, o típico caucano era "um fanático pela sua religião e sacrificará tudo, família, vida e possessões, apenas pelo triunfo. Por isso eles são cruéis em todos os conflitos e não conhecem a compaixão. Aqui está o berço de todas as revoluções, e, em geral, seu fim" (Rothlisberger apud Eder, 1959, p.265).

Em 1875, Sergio Arboleda recebeu uma carta de seu filho, então administrador de Japio.

> Na última sessão do Clube Democrático local – frequentado majoritariamente por negros –, eles estavam dizendo que o objetivo dos conservadores é fazer uma nova revolução para reescravizar todos

os negros. Acreditam que os conservadores estejam dizendo: "Escravidão ou forca para todos os negros". Além disso, eles afirmam que os Conservadores não são verdadeiros crentes e fingem ser católicos para enganar; os únicos Católicos verdadeiros são os Liberais. Ao passar por uma das pequenas lojas [...] Eu ouvi um negro dizendo: "Lá em Mondomo nós colocaremos uma forca em seus pescoços, utilizaremos o açoite (fazendo um gesto em direção ao céu) e então os enforcaremos". [...] Eu temo por você. Não volte.

Os liberais estavam para o verdadeiro sentido de Deus como os conservadores estavam para o diabo. Ideias religiosas e sentimento místico formavam o núcleo duro de outros ideais políticos. Mal podia ser diferente nessa sociedade saturada de religião e magia e com as feridas da escravidão ainda latejando nas almas dos agora relativamente independentes, mas sempre perseguidos, pequenos proprietários.

A carta proveniente de Japio foi, afinal, mandada para o mais popular líder conservador do Cauca, comandante das tropas conservadoras e um dos devotos mais fervorosos, inteligentes e escrupulosos da Igreja: o *"caudillo* da Causa Divina", como proferido no discurso fúnebre em 1888. A carta refletia a crise moral da sociedade gerada pelo anticatolicismo, pelos ideais da Revolução Francesa, e impulsionada pela estagnação econômica e pela agitação política. Antes, Sergio Arboleda argumentara contra a teoria econômica liberal da "mão invisível". Ela não lhe dizia nada, exceto, como ele coloca, um laço egoísta incapaz de coagir a violência da paixão. A única esperança residia no exercício em poder da Igreja sobre uma sociedade organizada de forma hierárquica. Origem divina ou sabedoria infinita preveniriam que a Igreja se tornasse tirânica. É verdade, concordava Arboleda, que a constituição da Igreja era monárquica e despótica, mas sua lei era moral; portanto, protegia e regulava a democracia. "Para ser breve", ele concluiu em um de seus discursos, talvez o mais famoso, proferido em Popayán em 1857, em resposta à crise econômica, a Igreja "é a fundadora da liberdade no mundo. Para ela não existem raças nem classes, vassalos ou reis, livres ou escravos. Ela reconhece a todos e os deixa em seus lugares. Todos são considerados iguais perante Deus. Assim é o clero Católico. Ele pode nos salvar e ninguém pode nos salvar se não for o clero" (Arboleda, 1972, p.364).

Os proprietários de escravos do Cauca haviam utilizado esse tipo de doutrina cristã como argumento contra a abolição. "A escravidão é apoiada pelas Sagradas Escrituras", começa uma passagem particularmente reveladora de um panfleto distribuído em Cali em 1847, que citava a famosa epístola de Paulo aos Efésios (Jaramillo Uribe, 1968, p.264).

Os negros temiam a reescravização e o catolicismo da Igreja era a religião da reescravização. Porém, eles também possuíam tradição religiosa própria: a das crenças populares, ritos rurais e magia. Assim como acontecia nos palanques no começo do período colonial, sua liderança incluía feiticeiros, como José Cenecio Mina, comandante da guerrilha durante a Guerra dos Mil Dias (1899-1902), que depois liderou com habilidade a resistência negra à usurpação de terras promovida pelos Arboleda. Os camponeses pensavam que ele podia se transformar em um animal ou planta quando perseguido e que era impermeável a balas. Ao idolatrar sua memória, eles se regozijam do poder de seus heróis populares, assim como de sua autonomia cultural perante o restante da sociedade, as classes mais altas e o Estado.

Os negros da Colômbia não desenvolveram cultos sincréticos claramente definidos, como vodu, *santería* ou candomblé. No entanto, Thomas Price Jr., estudioso da religião popular negra na Colômbia no começo da década de 1950, escreveu:

> Ali se desenvolveu um complexo integrado de costumes hispano--católicos e africanos que as pessoas acreditavam ser completamente católicos, mostrando-se, portanto, particularmente imunes aos esforços dos padres, que desejavam banir os "elementos" pagãos. Essa complexidade é um aspecto fundamental e funcional da totalidade de seu modo de vida e o ajuste que eles fizeram às suas necessidades espirituais e práticas é um ajuste inabalável diante dos missionários, sejam eles católicos ou protestantes. (Price Jr., 1955, p.7)

Essa "tradição menor" do campesinato negro relacionava-se, a princípio, à "grande tradição" da cidade e dos literatos através da doutrina do catolicismo radical, exposta de maneira assídua por liberais radicais como Ramón Mercado, uma vez eleito governador da província.

Para Mercado, as correntes ideológicas do iluminismo europeu e as mudanças sociais resultantes das Guerras de Independência da América Latina formaram uma ameaça explosiva às velhas instituições, que em nenhum outro lugar se mantiveram mais tenazmente que em Cauca. Como Sergio Arboleda, ele via as raízes da agitação social em uma crise moral. Mas para ele essa crise resultava da percepção das classes mais baixas acerca da essência em desenvolvimento do homem que estava sendo negada. Com as novas condições sociais, os trabalhadores não mais sofreriam exploração por causa da aristocracia, do Exército ou do clero. Basicamente, ele argumentava que o cristianismo possuía um potencial tanto revolucionário quanto reacionário. O cristianismo revolucionário – e verdadeiro – havia se originado antes da Idade Média, como a religião da igualdade e da fraternidade. A forma reacionária da doutrina derivava da Idade Média e do feudalismo, durante os quais a Igreja aliara-se à aristocracia contra as pessoas comuns, definidas – segundo dizem – como brutas ou coisificadas; portanto, destituídas de razão. Mesmo que as implicações revolucionárias do cristianismo pudessem assim ser desviadas, elas continuariam prontas para explodir quando chegasse a hora certa, a fim de clarificar a luta social e estimular a ação.

O instinto do qual falamos deriva da antiga revolução Cristã. Essa é a luz trazida do alto para iluminar e desemaranhar o caos sombrio das desigualdades e abominações assustadoras do que eles chamavam de mundo Romano. A revolução Cristã é a explosão celestial, a revolução da igualdade; essa é a verdade providencial no coração de uma sociedade que se apoia no privilégio e na escravidão. (Mercado, 1853, p.III)

Mercado prossegue dizendo que uma nova era se iniciava, implacavelmente predeterminada pela marcha da razão e da essência do homem, ambas incorporadas em Cristo – que personificava o credo liberal. Essa visão messiânica pressagiava a igualdade social na divina inexorabilidade da conquista de Deus sob o Mal. O Deus do *status quo*, o falso Deus das classes dominantes e de um clero corrupto, negava a humanidade de forma sistemática. Era chegado o tempo em que as duas forças que compõem a ordem social resolveriam a contradição cosmológica que a engolfa. Igualdade *versus* privilégio. Investigação livre *versus* autoritarismo. Natureza *versus* cultura artificial. Razão *versus* dogma. As classes mais baixas, lideradas pelos liberais radicais, lutavam contra os proprietários de escravos ou ex-proprietários de escravos e contra o clero – ou seja, contra os conservadores que estavam retendo a história e a verdade. Ser conservador significava conservar a antiga civilização. Ser liberal significava seguir os verdadeiros ensinamentos de Cristo – democracia e liberdade –, como resumido por Mercado:

> Vi naqueles dias solenes, idosos de 80 anos pegando espontaneamente em armas e marchando em direção à batalha para defender a legitimidade e a regeneração da Democracia; idosos que mal estavam vestidos, tremendo em seus muitos anos, mas fortes em sua fé e vibrantes em seu entusiasmo pela República. Vi centenas de jovens e adolescentes deixar suas casas, suas esposas, seus filhos e suas possessões para oferecer suas vidas em holocausto à Santa Causa – para contribuir com o triunfo da Democracia e com a redenção do povo [...] Nós extinguimos todas as distinções de categorias porque todos os homens são irmãos, e todos temos o mesmo direito de aproveitar os benefícios de uma sociedade organizada para o bem-estar sob a proteção e orientação da Providência. (Mercado, 1853, p.LXXVIII-IX)

As escaramuças, as surras, os motins e as guerras abertas que pulsavam em todo o vale durante a segunda metade do século XIX, tudo parecia ter sido animado por tais ideias e visões do mundo. Esses conflitos entre dois partidos multiclasse – permeado de facciosismo de *caudillos* em competição e seus clientes – também eram conflitos de classe genuínos, canalizados de modo persistente por alianças interclasses instáveis. Tanto as condições socioeconômicas quanto as ideológicas mantinham o vigor do antagonismo de classe subjacente.

Os camponeses negros eram sempre forçados a defender o que viam como seu direito à terra contra a elite branca que lutava em desespero a fim de desenvolver um latifúndio monocultor para o comércio fundamentado no trabalho assalariado e no arrendamento. A elite proprietária de terras não podia forçar mais que uma pequena parte dos camponeses à peonagem. A batalha seguia de maneira violenta. A religião popular e os ódios de classe – talvez consciência de classe – uniram-se de forma simbiótica. O ódio aos privilégios de raça e de classe era alimentado por uma interpretação radical do catolicismo, segundo a qual a luta camponesa por terra era santificada por uma tradição cultural complexa e desenvolvida a partir da escravidão, dos palanques e dos esconderijos das classes camponesas foras da lei nas florestas ao lado das *haciendas* em falência. A relação de Deus com o submundo permaneceria eternamente repleta da violência dos laços entre senhor e escravo. Quando os negros romperam com esse laço, recrutaram Deus para seu lado; e quanto aos senhores, que o diabo os carregasse.

Pós-escrito etnográfico: 1970

Ainda hoje, camponeses ao sul do Vale do Cauca – descendentes dos escravos dos Arboleda – falam sobre os partidos políticos e a Igreja com uma estrutura de sentimentos aniquilada pelo peso das formações sociais em luta, quando a história proporcionou um lampejo de transformações e possibilidades alternativas. "Os padres? Alguns são menos repulsivos que outros." Cristo ofereceu generosidade e fundou a doutrina liberal. Os conservadores desejavam conservar o mal e reescravizar os negros. Um velho camponês, Felipe Carbonero, quando indagado em 1972 sobre a diferença entre os dois partidos, respondeu com ênfase semelhante à dos intelectuais liberais radicais de meados do século XIX.

Os conservadores desejavam conservar a Leis dos Espanhóis [...] matar e escravizar [...] pegar os negros e vendê-los [...] vendê-los de uma *hacienda* para outra [...] pegar os escravos negros e fazê-los trabalhar noite e dia sem pagar nada além da comida – nada mais. É isso que é chamado de *conservar*, conservar a lei maligna dos espanhóis. Daí vem a palavra "conservador". Os conservadores queriam nos transformar em escravos de novo. Por isso havia tantas lutas. A palavra "liberal" é a palavra "livre" [*libre*], que Jesus Cristo proferiu quando veio à Terra; liberdade para todos, Jesus Cristo trouxe isso quando veio; liberdade em todo o mundo. Isso é o que é chamado de "liberal" – um mundo de liberdade e pensamento [...] O negro nunca pode ser um conservador; nem pode se humilhar. O negro só pode ser um patriota; nunca um conservador. Mas não são os ricos que nos lideram. Aqui é a pobreza. Aqui, nesta região, é a pobreza que move as pessoas, quer elas sejam liberais, quer sejam conservadoras, é a pobreza.

O medo da reescravização – ou algo pior – ainda era um fator predominante na *violencia* de 1948-1958. Quando lhe foi lida a carta de Alfonso Arboleda para seu pai, um idoso comentou:

> Até hoje isso existe. Em uma carta, dr. Laureano Gómez [líder conservador considerado o instigador da *violencia*] disse que iria liquidar os negros porque a maioria era liberal. Ele iria matá-los ou transformá-los em conservadores. Foi por isso que aconteceu a *violência*, e por isso ela afetou os negros de maneira tão profunda. Então, ainda hoje, essa carta de Arboleda é significativa.

A relação entre religião e política, com ênfase na investigação livre e na inalienabilidade da terra, surgiu em uma conversa em 1971 com outro velho camponês, Eusebio Cambindo, agora produtor de cigarro:

> Aqui a Bíblia era "aristocratizada" ou enfraquecida ou excomungada, como dizem aquelas pessoas. A Bíblia era boa, mas apenas para eles; apenas para os padres. Ninguém que tinha uma Bíblia foi excomungado; eles foram para o inferno. Presta atenção! De onde veio a ignorância do povo e a falta de entendimento entre os *pueblos*, o ódio entre negros e brancos, o grande contra o pequeno? De onde vem o egoísmo? Ele vem da exploração, um lado não quer

que o outro saiba a verdade sobre as coisas – a verdade na Bíblia, a verdade sobre a vida [...] Bom, Deus deu a terra para todo mundo, para todos [...] lá diz que Deus disse: "Minha terra não pode ser comprada nem barganhada".

Um homem de 84 anos, Tómas Zepata – poeta agora cego –, que trabalhou a vida toda em uma pequena roça, comenta sobre as diferenças entre dois partidos políticos cujas lutas torturaram a sociedade colombiana durante um século. Primeiro ele ressalta que as pressões físicas da guerra o forçariam à rixa como se você fosse um partidário zeloso, e continua:

> Tudo é um
> E um está em tudo
> No um vai tudo
> pois tudo divide em dois;
> Uma única coisa é sempre dividida.

Ao que ele adicionou após refletir: "Quando Jesus Cristo veio, ele disse: 'Alguns de vocês estão comigo e outros, contra mim'. Mas é a mesma coisa, na verdade, porque todos nós viemos de Deus".

Uma dimensão maniqueísta apresenta-se aqui. O mundo é dividido em duas partes opostas e hostis – bem contra mal, liberal contra conservador, igualdade contra desigualdade. É uma lei natural que as coisas dividam-se em duas. Porém: "Tudo é um, e um está em tudo". A divisão será transcendida por uma unidade mais larga. As totalidades estão fadadas a tornar-se subdivisões autoalienadas. Relações dividem-se em partes antagônicas. Mas esse é apenas um momento de um processo mais vasto e inclusivo, momento durante o qual a unidade é esquecida. O sentido da vida e a força que anima o cosmo podem ser vistos como um duelo entre Deus e o diabo, entre liberais e conservadores, mas estas são apenas facetas e representações oblíquas da verdade subjacente: a unicidade e um destino comum da humanidade. "Mas não são os ricos que nos lideram. Aqui é a pobreza. Aqui, nesta região, é a pobreza que move as pessoas, quer elas sejam liberais, quer sejam conservadoras, é a pobreza."

4
PROPRIETÁRIOS E CERCAS

Nós somos os proprietários e as cercas são nossa escritura.

Ricardo Holguin, proprietário da hacienda Perico Negro

O século XX proporcionou uma grande transformação que solapou as classes trabalhadoras. Com o fim da devastadora guerra civil e da Guerra dos Mil Dias em 1902, o Partido Conservador triunfante foi capaz de reforçar um clima de "estabilidade e progresso", ao proporcionar segurança para o investimento estrangeiro que entrava na Colômbia em uma escala que não se comparava a nenhum outro país da América Latina (Rippy, 1931, p.152). Muito desse capital foi investido no Vale do Cauca. O presidente Reyes, amigo íntimo de Santiago Eder, necessitava muito de fundos para desenvolver o vale no qual ele mesmo possuía grandes posses (Rippy, 1931, p.104; Eder, 1959, p.221, 405). Em 1914, o vale foi aberto ao mercado mundial através da linha ferroviária que cortava os Andes em direção ao Pacífico, pelo canal do Panamá. Conselheiros dos Estados Unidos instituíram novas estruturas bancárias e de taxação. Ao sul do Vale do Cauca havia um aumento natural extremamente marcado da população rural, e um aumento ainda maior da população urbana, que elevava a demanda por comida.

Como resultado, o valor das terras disparou e, ao mesmo tempo, os grandes proprietários de terra passaram a ter o poder de desalojar o campesinato e iniciar uma agricultura comercial em larga escala. Os camponeses tiveram suas roças expropriadas primeiro para a criação de gado, depois para o cultivo de monoculturas; e eles mesmos eram cada vez mais compelidos ao trabalho assalariado e ao cultivo de safras para fins comerciais em suas reduzidas posses.

Os grandes proprietários de terra tinham agora a oportunidade de fazer dinheiro com a terra, uma vez que podiam obter a mão de obra e a submissão dos até então incontroláveis camponeses. Os subsequentes cercos da terra não foram apenas uma aposta para aumentar a quantidade de terra; também eram uma tentativa de lidar com o problema da disciplina da mão de obra, que já afligia o gerente de Japio em 1882: "É impossível arranjar trabalhadores apesar de se tropeçar em preguiçosos todos os dias". Nas palavras do velho *mayordomo* do Holguins, o maior latifúndio do sul do Vale do Cauca, ao descrever o retorno dos proprietários em 1913: "Eles vieram para dominar os negros e expandir sua *hacienda*". A proletarização rural começa com determinação. Censos nacionais indicavam que os trabalhadores assalariados constituíam, em 1912, apenas um quinto do número de pequenos proprietários. Mas, até 1938, as proporções haviam se invertido: os trabalhadores assalariados representavam um terço a mais que o número de pequenos proprietários, e estes haviam quintuplicado.

Por que a economia capitalista não foi desenvolvida com base em fazendas comerciais de camponeses? Por que ela se desenvolveu por meio de grandes propriedades e do trabalho assalariado? A organização social dos camponeses colocava um obstáculo às instituições capitalistas. O trabalho na terra era coberto por um labirinto de relações intensamente pessoais baseadas em diversas obrigações e direitos entrelaçados a um sistema de parentesco de uniões matrimoniais múltiplas. De certa forma, os camponeses produziam para o mercado nacional, mas consumiam poucas das mercadorias disponíveis nesse mercado. Eles não eram capazes nem zelosos quando se tratava de expandir excedentes. Sem as linhas claramente delineadas pela propriedade privada no sentido burguês moderno, os camponeses eram refratários às instituições e aos estímulos financeiros que satisfaziam e atraíam as classes dominantes. Os laços camponeses de parentesco e de povo significavam que a acumulação capitalista era uma impossibilidade virtual. Riqueza, e não capital, pode ser acumulada, mas apenas para ser dividida com as próximas gerações.

É óbvio que o capital comercial podia coexistir com essa forma de organização social, mas desde que a acumulação de capital nacional começou a demandar um mercado doméstico cada vez maior, os camponeses que continuaram a praticar a autossubsistência eram um obstáculo ao progresso. Qualquer que tenha sido o intricado cálculo do sistema emergente, seu primeiro impulso foi destruir uma forma de organização social baseada em um modo não mercantil de uso e divisão da terra.

Ao descrever o início dos cercamentos, um velho camponês conta sobre a chegada de Jaime Gomez: "Ele começou a usurpar, a roubar, a estragar e a inquietar os residentes de Barragán, Quintero, Obando e por aí vai. Depois você tinha de sair ou vender. Em Barragán, ele quebrava a casa e apagava o comunismo, os *comuneros*, porque ali eles eram *comuneros*". Sistema de trabalho em equipe, mutirões comunitários e troca recíproca de mão de obra eram praticados, como

> a *minga* [mutirão]. Nessa semana você despela um porco, uma galinha, um bezerro, ou o que quer que seja, e convida seus vizinhos para trabalhar. Uns estão trabalhando e outros estão preparando a refeição com esses animais. Um ou dois dias, tanto faz. Um mês depois, eu faço o mesmo. Isso nós chamamos *minga*. É como [...] um sindicato proletário. Era comum. Mas hoje não tem mais nada, porque nesse setor, os proprietários camponeses não têm onde trabalhar, sem nada para trabalhar [...] para uma *minga*.

Um homem de idade, nascido em 1890, narra:

> Mais ou menos em 1900 existiam centenas de *terrazgueros* [arrendatários]. Existia ódio entre pobres e ricos. Os pobres não tinham escritura e os ricos com os juízes mandavam as pessoas embora de suas *fincas* [sítios]. Isso se tornou muito violento durante a Guerra

dos Mil Dias. Eram principalmente os Holguin e os Arboleda que faziam isso. Quando Jaime Gomez chegou como um *hacendado*, já não havia muitos *terrazgueros* sobrando. Meu pai tinha 150 *plazas* do outro lado do Rio Palo [uma *plaza* corresponde a 0,64 hectares]. Mas os *terrazgueros* eram jogados em pequenas roças de mais ou menos meia *plaza* nos pastos de Los Llanos e tornavam-se trabalhadores diaristas das *haciendas*. Eles vieram com cavalos e laços, depositando--os sem nem mesmo avisar. Eu consegui um emprego alimentando os cavalos e pegando água. Depois, cortei cana para os animais. Aí fui trabalhar para Jaime Gomez como ordenhador e depois como muleiro, carregando cacau e café para Cali e Jamundi. Eu podia pegar doze mulas ao mesmo tempo a cada dois ou três meses e trazer de volta arame farpado e sal. Quando eles construíram a ferrovia, eu só tinha que ir no máximo até Jamundi. Outro senhor de terra era Benjamin Mera, e ele também comprou terras dos Arboleda. Ele era negro e liberal, enquanto Jaime Gomez era branco e conservador. Mas era a mesma coisa. Muitos liberais faziam o mesmo que os conservadores. Não tinha muita resistência aqui em Quintero. Os ricos introduziram as leis, as autoridades, para se livrar dos negros, e eles não pagaram nem cinco centavos pela terra.

"O homem é uma coisa, a lei é outra; duas coisas bem diferentes. Uma coisa é a lei, e outra coisa é o homem", diz Tomás, um velho poeta e camponês cego e analfabeto.

Na Guerra de Independência todos lutavam juntos, ricos e pobres, negros e brancos, conservadores e liberais. Mas depois que triunfamos, deixaram os pobres esperando na porta e a terra foi dividida entre os pesos-pesados, os ricos. Os pobres foram deixados na rua. Nada. E então os pobres começaram a se revoltar. Mas quando os ricos escutaram que os pobres iriam tomar a terra de volta, eles impuseram a *política*, de forma que não houvesse nenhuma união entre os pobres.

A revigorada classe empresarial tomara também as chamadas terras comuns – os vastos pastos que as pessoas utilizavam como se fosse um tipo de propriedade comunal, sendo seu *status* legal muito complexo. Em geral, essas terras comuns eram chamadas *indivisos* porque não podiam ser divididas: os direitos de uso eram herdados geração após geração, sem divisões, de forma que, em 1900, centenas de famílias podiam reivindicar seu uso. A partir do início do século XX, jornais locais publicam reportagens e notas oficiais sobre a divisão dessas terras. Um caso típico de *indiviso* era "Bolo de Escobares", que possuía em torno de 440 "donos". Ele se localizava ao norte da região de Puerto Tejada e era avaliado em 40 mil pesos. Em 16 de junho de 1904, o jornal *El Comercio* anunciou aos "parceiros" desse *indiviso* que roças entre 25 e cem hectares estavam à venda. A terra inalienável tornou-se alienável. A terra se transformou, como nunca antes ocorrera, em mercadoria. E que camponês poderia pagar por ela, uma vez que os camponeses, por tradição, trocavam terra pela compra e venda de melhorias – as *mejoras* –, não a terra em si? Mas, agora, a posse da propriedade requeria a compra da terra, e poucos podiam pagar por isso. Ao mesmo tempo, era raro os grandes proprietários de terra terem condições de pagar pelas melhorias. Logo, os dois lados entraram em conflito. Cada vez mais era possível encontrar anúncios de arames farpados. Ao final da década de 1870, um novo tipo de gramado foi introduzido no vale. Não surpreende que seja possível ler em um dos anúncios mais frequentes que aparecem nos jornais mais ou menos durante a virada do século: "O livro mais útil já publicado na Colômbia é *The Household Lawyer* [O advogado da família]". E como Phanor Eder observou em 1913: "Os preços do gado estão sempre aumentando. Os lucros são altíssimos".

Tomás Zapata fala sobre os *indivisos*.

A terra *indiviso* consiste nisso. Quando os descobridores acharam a América, a terra era então defendida pelos indígenas que existiam naquela época. Logo os descobridores começaram a tomar suas terras, pois todas as pessoas pobres eram detidas como escravos. Toda a classe pobre era escravizada pelas pessoas que tomaram a terra. Tal proprietário teria aquela terra ali, e outro proprietário aquele pedaço de terra, e outro proprietário aquele pedaço de terra lá, e ainda existia muita terra sem nenhum proprietário. Então, eles extirparam os que estavam aqui primeiro, os indígenas, mas nunca circularam para vender toda a terra que sobrou. Eles apenas se sentaram contentes, de braços cruzados, e muitas das terras que possuíam nunca foi vendida, e [mais tarde] tornou-se impossível vendê-la. Era isso que eles chamavam *indiviso*, e essas terras nunca podiam ser alienadas. Eles também chamavam essas terras *comuneros*; era essa a terra onde eu e você, e ele e fulano e sicrano – e por aí vai – tínhamos o direito de ter nossos animais.

Os animais eram divididos por tipos; nenhum pedaço de terra era dividido por cercas. Havia alguns *comuneros* com oitenta famílias. Eram terras onde você podia se colocar de igual para igual com os outros. Aqui, quase toda a terra costumava ser assim. Mas depois da Guerra dos Mil Dias, os ricos vieram e isolaram a terra com arame farpado. A partir daquele momento, eles começaram a ter a propriedade das terras, mesmo que ela não fosse deles. Se você tinha seu quinhão ou parte de terra e ela não fosse cercada, eles vinham de longe, e como tinham arame, isolavam a terra, e você simplesmente tinha que sair de lá porque a lei não o protegia. Foi assim que começou; os ricos continuaram vindo, expulsando as pessoas da terra, tomando todas as possessões dos pobres. Eles destruíram os pobres. Até as *mejoras* não tinham valor; quando eles o cercavam, você tinha que sair. E então as *mejoras* que você tinha – eles as arrebatavam sem pagar.

A memória do ataque é vívida e permanece nas lendas populares como um holocausto. A memória de uma Era de Ouro também é tenaz, relembrando um tempo de abundância, autossuficiência e ajuda mútua. Uma senhora, ao descrever os anos 1920, retoma esse senso de perda irrecuperável.

Antes de os ricos invadirem, só havia nós, camponeses. Cada família tinha seu gado, dois ou cinco. Tinha muito leite e carne, e plantações de arroz, milho, banana, e um pouco de cacau e café. Não existiam máquinas para moer o café. Nós usávamos uma pedra.

Fazíamos pouquíssimo chocolate porque dá cólica. Plantávamos tomates perto da casa, cebolas e mandioca também. Mas hoje! Não! Onde poderíamos plantar?

Eusébio Cambindo fala sobre o passado enquanto nos sentamos em seu barracão de um quarto, de frente para o limbo do encanamento aberto, no município de Puerto Tejada. Seus netos o ajudam a enrolar cigarros, seu único meio de ganhar a vida agora que não têm mais terra. Enquanto a luz da vela tremula nas paredes enlameadas em desintegração, ele insiste que o relato de Dom Tomás Zapata precisa ser complementado com o seu, pois Zapata é um filósofo, enquanto ele vive para a literatura.

Antes que os ricos entrassem utilizando a força, os camponeses possuíam grandes *fincas*. Havia grandes plantações de cacau. Agora tudo se foi, tudo. Havia leite em abundância. A carne era abundante, sem preparação. Você não precisava cozinhá-la, apenas fatiá-la. As bananas, grandes e em maior quantidade do que precisávamos. As frutas, quando você quisesse. Se você não quisesse, então outra pessoa podia pegá-las. A vida era mais que fácil. Você podia chegar em qualquer lugar e as pessoas serviriam comida e lhe receberiam com hospitalidade; pediriam para você ficar. A única coisa que comprávamos aqui era sal, e às vezes roupas, algo para a gente se cobrir. Depois disso, não precisava de mais nada, porque os camponeses produziam tudo. Você nunca comprava comida. O sabonete era feito com cinzas e sebo. As velas eram feitas em casa. Animais, como cavalos? Se você precisasse de um, emprestavam. Havia pouca exploração naquela época; as pessoas emprestavam tudo. Eu precisava de seu touro para reproduzir e ter o leite da vaca; você emprestaria. Você precisava de meu cavalo; eu emprestaria, e assim por diante.

E completa: "Deus deu a terra para todos igualmente. Por que foi necessário que um, dois ou três ladrões se tornassem donos de enormes quantidades enquanto outras pessoas também precisavam de terra?".

A família Holguin, cujos filhos assumiram três vezes o cargo de presidência da República, voltou a assumir seus domínios em 1913 – "para dominar os negros e expandir sua *hacienda*" herdada dos Arboleda. Maria Cruz Zappe, filha de Juan Zappe, general famoso por suas façanhas como chefe de guerrilha na Guerra dos Mil Dias, já tinha visto tudo.

Eles começaram a se livrar das plantações camponesas. Até as margens do Cauca, estava tudo coberto pelo cacau. Eles derrubaram tudo; saiam, saiam; e, então, nada mais de donos. Eles vieram com seus peões e plantaram grama ao redor da casa e derrubaram as plantações, e como o governo conservador veio protegê-los, não havia leis para nós. Eles queriam crescer, fazer pastos. Existiam negros com pastos e eles foram expulsos. Eles [os negros] tinham pasto para o gado, plantações, e foram expulsos. Aquele lugar eles chamam Palito. Era um pequeno povoado ao lado do rio. Eles demoliram tudo sem respeito por nada, sem pagar um centavo. Colocaram o pasto bem em nossas camas, porque Popayán não iria ajudar na corrida. Nem Caloto. Eles estavam contra nós.

Independentemente de não querer ou não poder desalojar os camponeses, os Holguin cobravam aluguéis, primeiro sobre a terra, depois sobre cada árvore de cacau. O bandido Cenecio Mina assumiu a liderança dos grupos que formavam a resistência. Prossegue Zappe:

Por exemplo, existia uma luta contra os Cambindo em Barragán. Eles se opunham a pagar as *terrajes* enquanto, ao mesmo tempo, outros grupos chegavam aqui em Puerto Tejada: das bandas de Serafina – um *señor* Balanta; das bandas de Guachene – um tal de *señor* Santiago; de Sabanetas – um outro *señor*; e assim sucessivamente. Eram grupos de autodefesa com o objetivo de libertar os arrendatários para que não fossem expulsos e para que o gado não fosse colocado em suas plantações – e para que as pessoas pudessem manter o que tinham antes.

Foi principalmente por meio dessa organização que os camponeses foram capazes de revogar os impostos sobre os cacaueiros. Ver seus valores de uso tradicionais e suas *mejoras* transformados em bens rentáveis era, para eles, a gota-d'água.

Mina era um feiticeiro poderoso. Ele podia se transformar em animal ou planta para escapar da polícia e dos guardas da *hacienda*, e era também à prova de balas. Isso lhe era possível em decorrência de seus conhecimentos sobre a *ciência cabalística* – a doutrina mística judaica da Cabala, que se tornou parte do pensamento e da magia renascentista via tradição hermética. Escondido nas profundezas da floresta, vivia em suas plantações vastas com muitas concubinas. Um velho camponês idolatra as lendas de Cenecio Mina.

Quando eles começaram a devastar as árvores dos camponeses ao redor da *vereda* de Palito, as pessoas recorreram a Cenecio Mina para defendê-las, porque todos os advogados da região estavam com os Holguin e nenhum as ajudava. Então, como ele era um negro, elas o chamaram. Os Holguin tentaram aumentar os impostos cobrando por cada cacaueiro: quatro pesos por árvore. As pessoas não aceitariam aquilo porque foram elas que plantaram aquelas árvores. Elas pagariam pelo direito de usar a terra, mas pelas árvores, não! E então as pessoas se uniram e disseram que não fariam nada.

Cenecio não foi educado em universidade, mas era um homem de talentos naturais, com o dom da ciência; ciência natural. Ele não passou uma semana na escola. Foi coronel na Guerra dos Mil Dias. As pessoas daqui o amavam muito, e ele tinha um bando de mais de cem homens. Então ele veio nos defender contra a *hacienda* de Periconegro, a *hacienda* dos Holguins, e os que foram defendidos foram com ele defender outros negros com muito mais problemas em Ortigal.

Eles o capturaram e o levaram prisioneiro para a capital, Popayán, mas como Mina era um homem com muitos meios, acho que ele subornou a polícia, porque escapou pouco tempo depois. Aquele homem podia mover montanhas e ir aonde bem entendesse e ninguém sabia como ele fazia ou onde estava. O dia em que ele se libertou da prisão foi celebrado por aqui como o aniversário de um recém-nascido.

Mina conhecia a lei. Ele sabia como se defender, e defendia o resto de nós. Eles o perseguiram, perseguiram [...] Outra vez eles o pegaram, mas ele não deixava que ficassem com ele: simplesmente escapulia o tempo todo. Foram os ricos que o pegaram, por fim. Eles pagaram um amigo para envenená-lo em uma *fiesta*.

Uma neta dos Holguin supervisionava a propriedade na época relata que, em retaliação ao cercamento das terras e à semeadura dos pastos, Mina e seus seguidores mataram o gado e deixaram em suas carcaças os dizeres: "Feito por Mina". Esses homens haviam ganhado fama e mostrado sua coragem durante a Guerra dos Mil Dias, na maior parte das vezes lutando do lado do Partido Liberal.

Em 1915, quase dois anos após o retorno dos Holguin à região para recuperar seu patrimônio, a inquietação com relação às atividades de Mina era tão grande que o governo enviou para Puerto Tejada, em regime permanente, um corpo que fazia parte da Polícia Nacional e cuja missão era tentar capturá-lo (Gobernador del Cauca, 1915, p.2).

Em seu relatório anual de 1919, o governador do departamento de Cauca reclamava com amargura do nível de instabilidade social na região de Puerto Tejada, que ele atribuía à "anormalidade econômica" daqueles tempos, às dificuldades que as pessoas encontravam para se alimentar e à falta de uma colônia penal. Ele encorajava a formação de um corpo especial de polícia que "daria garantias aos *hacendados* e ao negócio agropecuário" (Gobernador del Cauca, 1919, p.4).

Durante as eleições da província de 1922 (de acordo com relatórios governamentais), a polícia mal conseguiu evitar o massacre de conservadores brancos por camponeses negros no distrito de Guachene, localizado a quase oito quilômetros a sudeste do município de Puerto Tejada. No mesmo ano, foi ordenado à polícia que contivesse ataques contra os senhores de terra no distrito de Tierradura, quase dez quilômetros a leste. Os camponeses estavam decididos a invadir e ocupar terras que haviam sido cercadas (Gobernador del Cauca, 1922, p.4, 6). A terra em questão fora tomada pela empresa de Eders, La Compañía Agricola del Cauca, e hoje essa terra abriga uma das maiores plantações de açúcar de toda a Colômbia, El Ingenio Cauca, que também pertence à família Eder. Os camponeses alegavam (e ainda o fazem) que a terra pertencia aos pequenos proprietários locais porque era um *indiviso*, e desde 1922 a região tem sido palco de repetidas invasões de terra por parte de camponeses e de seus descendentes: em meados da década de 1940, por exemplo, e também em 1961 (Instituto de Parcelaciónes, 1950).

A comercialização da agricultura camponesa

A batalha liderada por bandidos foi transformada em um movimento político modernizado durante a década de 1920, quando camponeses criaram sindicatos militantes que se espalharam pela Colômbia entre os anos 1920 e 1930, mas perderam força logo depois, com a eleição de um governo nacional reformista (Gilhodes, 1970, p.411-22). Ao mesmo tempo, a plantação camponesa era cada vez mais orientada para fins comerciais. Em 1833, de acordo com o censo da província de Popayán, a produção anual de cacau na região de Puerto Tejada totalizava meras 11,4 toneladas. Em 1950, foram plantados cacau e café em todas as roças camponesas, bem como – é claro – bananas. Foram produzidos anualmente por volta de 6 mil toneladas de cacau, todas provenientes de posses camponesas. O censo de Monsalve (muito criticado) de 1925 fez o levantamento de 59 mil árvores de café no município de Puerto Tejada. A National Federation of Coffee Growers [Federação Nacional de Agricultores de Café] anunciou 576 mil pés de cacau em 1932: um aumento de quase 1.000% em sete anos. À medida que os camponeses voltavam-se cada vez mais para cultivos com fins comerciais, eles também se tornavam mais dependentes do dinheiro, em detrimento da antiga autarquia; eles entravam em um círculo vicioso no qual vendiam a maior parte do que produziam e compravam a maior parte do que consumiam. O crescimento da produção de colheitas para fins comerciais era causado pela diminuição do tamanho das roças pelas novas demandas monetárias feitas pelos senhores de terra – determinados a extorquir com as *terrajes* o que ainda não tinham conseguido através da despossessão – e pela segurança legal e factual que os produtos perenes ofereciam. As colheitas com fins comerciais também eram uma resposta aos incentivos e pressões de comerciantes recém-chegados e de representantes de grandes empresas, os tentáculos do que se difundia a partir da capital nacional e do hemisfério norte.

Um residente temporário do vale e descendente da família Eder, Phanor Eder, deixou-nos a seguinte descrição do comércio rural por volta de 1910. Ele disse que o grosso dos negócios do país era feito porque lojas em geral funcionavam como exportadoras e importadoras, atacadistas e varejistas. O comércio internacional funcionava por meio de casas de comissão dos Estados Unidos e da Europa. Mesmo a maior parte do ouro e da prata passava por essas firmas. No comércio de café, os grandes agricultores enviavam sacas diretamente para os comerciantes dessas casas de comissão – com os quais estavam sempre em dívida por terem comprado deles a crédito. Os agricultores menores vendiam para os grandes armazéns, que financiavam as compras com letras de vencimento entre trinta e sessenta dias em favor das cassas de comissão. Comerciantes locais possuíam agentes que esquadrinhavam o interior. Em alguns casos, esses comerciantes locais eram independentes, mas, em geral, mantinham relações próximas com os agentes de compra das casas internacionais, muitos dos quais possuíam um certo número de terras cultivadas adquiridas como pagamento de dívidas (Eder, 1913, p.124-5).

Durante a segunda década do século XX, o centro comercial e populacional do sul do vale tornara-se território negro nas profundezas da "selva negra" (*monte oscuro*), como fora chamada por forasteiros (Sendoya, s.d., p.83). Nesse ponto, na junção de dois tributários do Cauca, os negros desenvolveram um próspero mercado, ligado à cidade de Cali pelo sistema fluvial. O *status* municipal era garantido pelo governo em 1918. Ao final da década de 1920, esse centro, chamado Puerto Tejada, tornou-se parte da rede de estradas, o que permitiu uma movimentação de bens diferente e mais livre, e desbancando boa parte do papel dos negros no transporte desde que eles haviam controlado o transporte fluvial, e indicando, de forma geral, o amadurecimento comercial da região. Os relatórios anuais do governador do Cauca durante os anos 1920 tratavam, em especial, da construção de pontes e estradas conectando a região de Puerto Tejada aos principais centros comerciais. Construída sobretudo com dinheiro pago pelos Estados Unidos como indenização pela "secessão" do Panamá, a linha ferroviária aproximou, em muito, as distâncias entre Cali, Popayán e Puerto Tejada em meados do século XX (Ortega, 1932, p.198-206). A construção de estradas e ferrovias tornou-se uma obsessão dos empresários, que com frequência irritavam-se com os altos custos do frete (Eder, 1913, p.151).

A banana era a base da subsistência camponesa. Os excedentes de produção eram levados por jangadas de bambu até Cali, e durante as últimas décadas do século XIX, a região foi famosa pela abundância de bananeiras. Hoje, a maior parte da banana consumida no país é importada de áreas distantes. O cacau tornou-se o principal produto camponês, pois crescia, como poucos, sob clima e solo locais, e os camponeses haviam-se acostumado a cultivá-lo desde os tempos da escravidão. Além disso, tinha um bom preço de venda e representava um impedimento natural e legal à voracidade predatória dos senhores de terra por pastos e áreas para a instalação de plantações de cana-de-açúcar. Aos poucos o cacau surgiu como colheita para fins comerciais na mesma proporção que as colheitas de subsistência diminuíam, das quais os camponeses viviam enquanto esperavam os cinco anos necessários à maturação do cacau. Mas a partir das décadas de 1920 e 1930, o cultivo de cacau sem capital tornou-se cada vez mais difícil, pois as roças eram, em geral, muito pequenas para alcançar tal equilíbrio.

Também deve-se observar que quando a terra era abundante e barata, o cacau era uma escolha mais lucrativa que o café. Mas quando a terra tornou-se escassa e cara, o café passou a ser uma alternativa mais lucrativa. O início do cultivo de café pelos camponeses nos anos 1920 foi uma resposta a esse fato.

Os comerciantes que afluíram para Puerto Tejada nas décadas de 1920 e 1930 para comprar as safras dos camponeses, também adquiriram grande poder político na região. Eles eram brancos, em geral de Antioquia, e membros do Partido Conservador. As lojas que pertenciam aos negros, localizadas ao redor da *plaza*, foram substituídas por estabelecimentos de propriedade desses homens brancos, que, como intermediários, possuíam agências ou casas de comissão que representavam as grandes firmas compradoras de cacau e café. Convenientemente envolvidos com essas grandes firmas, eles também estavam apropriadamente afastados dos produtores camponeses, os quais podiam explorar sem medo. Apesar de forasteiros poderem atuar como homens de negócio, havia uma razão para que isso não fosse tão fácil para os nativos. Como um velho camponês ressalta:

> O negro tem mais medo de grandes acordos comerciais. Ele teme investir, ainda que vinte centavos, em um negócio porque pensa que irá perdê-lo. O negro é menos financista que o branco. Ele simplesmente não é igual ao "Paisa" [antioquenho]. O "Paisa", se tiver vinte centavos, ele irá investir, e ganhar quarenta centavos ou nada. Os negros aqui são gente agricultora. Não estão habituados com o negócio, com a ideia de trazer um pacote de roupas ou estabelecer uma agência de compra de cacau. E além do mais, se eu abro uma agência aqui, não vai demorar muito para que comecem as fofocas e a malícia; a inveja do homem pelo homem. E então começarei a quebrar porque tenho que viver da confiança. "Aqui, toma, me pague amanhã! Vai lá, pode pegar, amanhã a gente acerta!"
> Então, você, por causa da raça, ou porque é um *compadre*, ou por amizade, nunca vai me pagar. Assim eu iria quebrar. Eu iria perder todo meu capital. Mas os homens brancos, não!; porque eles me dão crédito dentro dos limites do negócio – eles me dão um crédito de quarenta porque já me roubaram oitenta centavos do mesmo acordo. Ele já lucrou oitenta centavos. Então ele me dá quarenta. Se eles perderem, na verdade não perderam nada!

Ao final da década de 1930, a pressão por terra parece ter-se tornado intensa. A indústria açucareira e a agricultura para comércio em larga escala estavam se institucionalizando cada vez mais na estrutura social através de financiamentos mais estáveis e de poderosas associações entre senhores de terra, unidos pelo medo comum do campesinato e pela necessidade de controle do desenvolvimento do mercado e da infraestrutura (Gilhodes, 1970, p.417; Fals Borda, 1969, p.141; Dix, 1967, p.323-6). A virada tecnológica que melhorou as variedades de cana-de-açúcar e de outros plantios, além das novas criações animais e novos métodos de procriação, foram reestimuladas pela missão Chardon e pela abertura da Escola de Agricultura de Palmira no Vale do Cauca no início dos anos 1930 (Chardon, 1930).

A Fundação Rockfeller ofereceu estímulo adicional à agricultura baseada no uso intensivo de capital e energia, estabelecendo o Instituto de Agronomia do governo nacional em 1941.

Um professor negro nativo escreveu um apelo fervoroso ao governo em 1945:

Há muito tempo muito as pessoas daqui estão sendo expulsas da terra. A maioria delas possui apenas de dois a dez acres, e quase tudo é semeado apenas com cacau. A maioria dos camponeses é analfabeta e poucos sabem como trabalhar em suas roças. Durante as primeiras décadas, as coisas estavam indo bem, porque todo o solo era muito rico e não havia pragas. Mas agora existem muitas pessoas. Minifúndios e produções monoculturas surgiram com suas terríveis consequências. Os ocupantes de cada roça duplicaram ou triplicaram em pouco tempo, e as roças tornaram-se pequenas. Nos últimos quinze anos, a situação tem mudado de forma preocupante. Hoje, cada área para plantio torna-se menor e menor, e a colheita é precedida por uma longa espera; [assim,] milhares de pessoas ativas em termos físicos são forçadas à indolência [...] A usura aumenta, o roubo aumenta; agora a vida é um pêndulo oscilando entre a miséria e esperanças desesperadas. Os camponeses de Puerto Tejada estão-se sujeitando a uma situação sem precedentes. É óbvio que não é possível impor limites a tal situação quando mais e mais pessoas estão sendo privadas de seus patrimônios.

A *violencia*

A horrenda guerra civil colombiana entre 1948 e 1958, conhecida de maneira adequada como *violencia*, acelerou ainda mais o cercamento das terras camponesas pelos canaviais em desenvolvimento, uma vez que seus proprietários se aproveitavam da assustadora insegurança daqueles tempos. Os camponeses alegam que os grandes proprietários de terra utilizavam aplicação aérea de pesticidas para destruir seus cacaueiros, uma tática utilizada também em outras partes da Colômbia nos anos 1960 (Patiño, 1975, p.181-3). As roças camponesas eram inundadas pela manipulação da irrigação e dos canais de drenagem promovidos pelos proprietários de terras, e o acesso às roças era bloqueado pela cana-de-açúcar. Como resultado, a produção de cacau, principal fonte de renda camponesa, diminuiu 80% entre 1950 e 1958 (Wood, 1962).

A faísca que explodiu na *violencia* por toda a Colômbia foi o assassinato, em 1948, do *caudillo* do Partido Liberal, Gaitán, em Bogotá, no famoso Nove de Abril. Cidades como Bogotá e Cali entraram em erupção, mas Puerto Tejada foi o único assentamento rural a reagir da mesma maneira. Uma multidão incontrolável saqueou as lojas durante a tarde e a noite, mas poucas pessoas ficaram feridas. Ainda assim, as notícias que chegaram aos ouvidos de quem estava de fora foram grotescas. Supostamente, freiras foram estupradas, conservadores (em geral brancos) foram decapitados e os negros jogaram futebol na *plaza* com suas cabeças. Tais fantasias sobre Puerto Tejada complementam seu retrato como um inferno de ladrões e vagabundos violentos – um reservatório cada vez maior de negros descontentes em uma geografia política dominada por governantes brancos. As fantasias perpetuadas sobre a *violencia* de Puerto Tejada decorrem do medo gerado pela exploração e pelo racismo.

Uma testemunha ocular relata:

> Eu estava preparando o adobe quando ouvi no rádio que o líder do povo, Dr. Jorge Eliécer Gaitán, fora assassinado. Naquela época, Nataniel Díaz (um líder negro de Puerto Tejada) estava em Bogotá, e com um grupo de estudantes, tomou a estação de rádio nacional: "Atenção *macheteros* [quem utiliza a machete] do Cauca! Vinguem o sangue do *caudillo* Jorge Eliécer Gaitán". Quase todas as lojas pertenciam aos brancos conservadores, que fugiram ou construíram bar-

ricadas. Em alguns instantes, foguetes foram acesos para chamar os camponeses nos arredores da cidade. E eles saíram, não importa onde estivessem. Vieram de toda a vizinhança rural. Beberam *aguardiente*, rum, e tudo isso. Todo mundo ficou bêbado. Todos pegaram uma garrafa e tinham mais duas nos bolsos, e então começaram a saquear as lojas. Foi incrível. A maior parte foi para as lojas dos chefes políticos que dirigiam a cidade. Eles pegaram açúcar, arroz, velas e sabão.

Mas aqui as pessoas não queriam sangue como em outros lugares, onde eles mataram os conservadores. Não! Aqui eles queriam roubar, nada mais. E também roubaram os liberais ricos.

Essa não foi uma rebelião organizada, mas uma explosão popular espontânea, liderada por anos de humilhações e atrocidades. Era anarquia, mas fundamentada em gerações de opressão e que focava claramente a moralidade. O *pueblo* sempre foi governado a partir de fora e de cima para baixo. Não existiam organizações formais que o povo pudesse chamar de sua. Assim, não surpreende que quando as barragens do controle estatal cederam, o fluxo que há anos se acumulava tenha vertido com violência, e levado consigo os bens que até pouco tempo antes as pessoas produziam nas próprias roças: "Eles pegaram açúcar, arroz, velas e sabão".

Dentro de alguns dias, o Exército reprimiu o motim e a lei militar ofereceu a cobertura com a qual os canaviais se apropriaram dos sítios camponeses. Com a ajuda do Banco Mundial e da U.S. Financing, os canaviais prosseguiram com sua expansão sem remorsos pelas planícies (Fedesarrollo, 1976, p.344). Enquanto apenas 2 mil toneladas de açúcar eram produzidas na região em 1938, quase 91 mil toneladas foram produzidas até 1969.

Vendas de terras locais e relatos sobre impostos (mantidos pela história oral camponesa) mostram que a forma de posse camponesa diminuiu de 4,8 hectares em 1933 para 0,32 em 1967. Tal decréscimo em quase cinco vezes foi acompanhado por não mais que a duplicação da população local. A escassez de terra não pode ser atribuída à "explosão populacional", como tentam alegar especialistas da Fundação Rockfeller (Wray; Aguirre, 1969).

Os censos governamentais mostram que, em 1970, enquanto cerca de 80% das terras cultiváveis pertenciam a quatro plantações de cana-de-açúcar e a algumas grandes fazendas, 85% das posses representavam menos que seis hectares, e a propriedade concentrava--se cada vez mais. A maior parte das posses é tão pequena que os camponeses que as possuem são forçados a trabalhar em grandes propriedades. De acordo com meu censo de 1971, 8% dos habitantes rurais são principalmente sem-terra, e outros 63% possuem menos dos dois hectares necessários à subsistência.

Um agrônomo local falou sobre a função econômica desse padrão de distribuição de terras, no qual o modo de produção camponês coexiste com o modo capitalista em larga escala: "Os camponeses pobres fornecem mão de obra próxima ao canavial. Como eles possuem casas próprias, poupam ao canavial o custo de construir casas e de transportar um grande número de pessoas. Além disso, suas necessidades econômicas os vinculam indefinidamente ao canavial, fora do qual seria difícil obter trabalho" (Mancini, 1954, p.30).

A natureza dual do proletariado

Diferentemente da maioria das áreas produtoras espalhadas pelo mundo, o clima e o solo do Vale do Cauca permitem a produção contínua de açúcar. A notória instabilidade da situação laboral não pode ser atribuída à ecologia, mas à ação política dos latifundiários, que se aproveitam do fado de muitos trabalhadores também possuírem pequenas roças.

No início da década de 1960, a estrutura do sindicato militante foi desarticulada por agricultores que estabeleceram um sistema dual de recrutamento e emprego de mão de obra. A isso acompanhou-se, em 1974, a mudança de um cultivo próprio de cana pela compra de mais da metade da cana produzida em grandes fazendas independentes. Em face da falta de tranquilidade da mão de obra e da necessidade de expandir a produção de maneira nunca antes observada – a fim de preencher o vazio na cota de importação de açúcar dos Estados

Unidos subsequente ao embargo do açúcar cubano –, os cultivadores de açúcar estimularam o desenvolvimento de um sistema de contratação de mão de obra através do qual intermediários formalmente independentes são pagos para recrutar pequenos grupos de trabalhadores temporários para realizar tarefas preestabelecidas.

Cerca de um terço dos trabalhadores dos canaviais e quase todos que trabalham em grandes fazendas são recrutados e supervisionados por contratantes de mão de obra. Esses contratantes evitam em grande medida os custosos benefícios da seguridade social e pagam taxas ainda mais baixas que as em geral praticadas no agronegócio para seus trabalhadores permanentes. A mão de obra temporária não pode formar ou filiar-se a sindicatos; logo, eles são contratados, na maioria das vezes, para acabar com as greves. O sistema contratual atomiza a força de trabalho, facilita o controle dos trabalhadores, diminui o gasto total com mão de obra, solapa a força política de todos os trabalhadores, temporários ou permanentes, e ajuda a assegurar uma reserva elástica de força de trabalho para arcar com as flutuações da demanda – uma flutuação marcante mesmo na indústria do açúcar.

A facilidade no recrutamento e na organização da mão de obra contratada conta muito com a cooptação de redes sociais já existentes entre os pobres. A força secreta do sistema de contratação é a capacidade dos pobres de se organizarem em grupos de trabalho assalariado. O aproveitamento eficiente da mão de obra no mercado deve muito aos modos de relação social não mercantis. Além disso, o sistema de contratação facilita e é sustentado pela predominância do sistema por volume de produção na agricultura capitalista. Comparado ao regime de pagamento por tempo de trabalho, o sistema por volume de produção permite ao empregador mais oportunidades de aviltar o salário diário, intensificar o trabalho, assim como aumentar o individualismo e a competição entre trabalhadores. Isso cria um círculo vicioso no qual a diminuição da taxa diária torna o modo de pagamento por volume de produção e o sistema de contratação mais atraente para os trabalhadores. E estes, não podendo agir de forma coletiva sobre a estrutura salarial, possuem no sistema por volume de produção do contratante a chance de exceder as taxas diárias por meio da intensificação do trabalho. E como muitos trabalhadores contratados preferem oscilar entre a esfera camponesa e os canaviais, o sistema do contratante torna-se mais atraente. Um cavador de canavial, que era pago por metro cúbico cavado, relata:

> Com os preços da comida tão altos e os salários tão baixos, os trabalhadores são forçados a trabalhar o máximo para pagar as contas. Alguns nem param para o almoço. Quando, em um sábado, um homem caiu com dor no estômago, os outros quase não lhe deram atenção. O capataz mandou que ele continuasse a trabalhar. O homem pediu água, mas o chefe disse que ele deveria levantar e trabalhar. Ele ainda estava deitado na plantação de cana quando o caminhão chegou para levar os trabalhadores de volta para a cidade, e esqueceram dele. Ele ficou lá o fim de semana todo. Quando voltaram na segunda, o homem estava quase morto. Eles o levaram para o hospital e lhe deram soro. Mas ele morreu uma semana depois. Os trabalhadores ficam tão preocupados em receber dinheiro suficiente para se alimentar que se concentram apenas no que estão fazendo. Eles não têm tempo para pensar em nada nem em ninguém além do que estão fazendo.

Pouco tempo depois, o homem que me fez esse relato deixou o canavial e devotou todo seu tempo à roça da mãe. Ele explicou que, apesar de ganhar menos dinheiro, valia a pena porque a intensidade do trabalho era bem menor.

Durante os últimos quinze anos, o cultivo em larga escala de outras culturas que não a da cana aumentou de cinco a dez vezes no vale, e este funciona apenas de acordo com o sistema de contratação – a diferença com relação à cana é que nessas plantações, a maior parte dos trabalhadores é composta de mulheres e crianças, como preferem os empregadores de mão de obra. Eles dizem que mulheres e crianças são "mais dóceis", trabalham por menos e fazem o que lhes mandam. E elas devem fazê-lo, porque o fardo de cuidar das crianças e de alimentá-las cabe cada vez mais à mulher, dolorosamente consciente de suas crianças famintas esperando pelo arroz ao anoitecer. As histórias de vida e as genealogias indicam que a dupla geração de mulheres solteiras que chefiam uma unidade doméstica e as ligações curtas entre mulheres e homens têm-se tornado cada vez mais comuns nos últimos trinta anos. A taxa de casamentos caiu pela metade desde 1938. Em geral, essas mulheres e crianças trabalhadoras são conhecidas como *iguazas*, em referência aos patos migratórios que apanham sementes deixadas nas plantações. Algumas pessoas obtêm a maior parte de sua renda com esse tipo de coleta, comendo ou vendendo as sementes que acham jogadas no chão. Mas apesar do que dizem os contratantes, essas mulheres lutam de forma ocasional e espontânea, sem lideranças organizadas, deixando as plantações quando as taxas oferecidas são ofensivamente baixas.

A maioria dos trabalhadores temporários é composta de nativos de descendência camponesa nascidos na região. Eles dependem de suas roças, em diferentes graus, para subsistir. Muitos oscilam entre o cultivo camponês e o trabalho para empregadores, enquanto outros contam com familiares próximos para suprir parte de sua subsistência a partir de roças próprias. Por volta de três quartos da chamada fração permanente da força de trabalho assalariada provêm de imigrantes negros vindos de selvas relativamente isoladas da costa do Pacífico. A maior parte deles alterna entre a costa e os canaviais; e permanecem nos últimos entre um e três anos, depois voltam para suas unidades domésticas, retornando aos canaviais depois de mais ou menos um ano, em geral deixando esposas e filhos em casa.

Os trabalhadores assalariados dos canaviais e de grandes fazendas não são proletários "puros", sem nada do que subsistir além da venda de seu tempo de trabalho. Temporários ou permanentes, locais ou imigrantes, eles são, em geral, proletários de meio expediente cuja subsistência – e a das pessoas que dependem deles – apoia-se no trabalho proletário complementar, assim como nos frutos do cultivo camponês ou de tipos similares de renda.

A arte do cultivo camponês

Os arejados pomares das terras camponeses proporcionam um forte contraste com as enormes e quentes plantações desprovidas de árvores do agronegócio. Pequenas ilhas de bosques espalhados de maneira desordenada, as roças estão comprimidas pelas plantações de cana-de-açúcar. Cacau, café, cítricos e bananas integram-se a uma profusão de arbustos, plantas e árvores de sombra de flores vermelhas. As diferenças entre as formas estéticas camponesas e dos canaviais resumem-se a isto: os camponeses possuem algum controle sobre os materiais, as ferramentas, o tempo e a terra; já os trabalhadores assalariados não possuem controle sobre nenhuma dessas coisas. Tomás Zapata colocou bem:

Meus filhos e filhas são desinteressados. Eles se preocupam apenas em se virar durante o dia e pegar o dinheiro à tarde; em ir trabalhar ao amanhecer e retornar ao anoitecer. Eles vivem dia após dia. Mas a agricultura é uma arte, e eles não entendem isso. A primeira coisa importante nessa arte é a constância e a terra.

E o que é pior, julgando-se estritamente a partir de critérios econômicos, a forma camponesa de cultivo é, em vários sentidos, mais eficiente que os cultivos capitalistas em grande escala. A pobreza que assola de forma cruel os camponeses não decorre nem de seu modo nem de sua taxa de produção. Em vez disso, é consequência da ineficiência do agronegócio capitalista em larga escala. Em virtude do maior controle político e do monopólio sobre a terra, o agronegócio compensa sua ineficiência, aproveitando-se da eficiência do cultivo camponês.

As principais tarefas na agricultura camponesa são a colheita – que ocorre a cada duas semanas – e a capinação, feita uma ou duas vezes por ano. Cerca de dois hectares cultivados dessa maneira fornecem os meios de subsistência para a unidade doméstica camponesa e não exigem mais que cem dias de trabalho por ano. São usadas apenas uma machete e uma pá leve. Lenha, materiais de construção, cordas, folhas secas para embrulho, embalagens, cabaças, um pouco de milho e mandioca, além de muitas plantas medicinais, também são obtidas das roças, onde também se criam aves domésticas e porcos.

Comercial ou não, esse tipo de agricultura preserva a maior parte do ecossistema existente em sua grande diversidade de culturas, e o solo é constantemente alimentado com o adubo formado pelas folhas caídas das árvores, de modo semelhante ao encontrado em florestas tropicais úmidas. Dizem que as sombras das árvores floridas são essenciais para a saúde das plantações perenes, pois, ao bloquear o sol, elas inibem o crescimento de ervas daninhas que proliferam em plantações tropicais a céu aberto e resultam em trabalho extra. A abundância de árvores barra os vendavais e absorve as chuvas torrenciais; além disso, as árvores retêm umidade e liberam-na aos poucos na época das estações secas.

As bananeiras dão frutos de oito a dez meses depois de plantadas, independentemente da época do ano, e com base em seus brotos elas continuam produzindo durante cinco anos ou mais. O cacau e o café são colhidos a cada duas semanas. Ambos possuem um ciclo complementar de seis meses: quando o café mirra, o cacau brota, e vice-versa. Portanto, um fluxo constante e repartido de renda e investimento de mão de obra é mantido durante todo o ano. A manutenção de capital, quando existe, é mínima.

As mulheres possuem e administram um terço do cultivo camponês e não há divisão de trabalho bem definida por idade ou sexo, como ocorre no agronegócio. As áreas tendem a ser divididas em linhagens centradas em um camponês rico do sexo masculino com dez ou mais hectares de terra. Ele pede a seus irmãos, primos, concubinas e filhos na vizinhança para ajudá-lo no trabalho que sua unidade doméstica não consegue realizar sozinha, paga-os por dia de trabalho e sempre está suscetível às suas demandas de empréstimo ou presentes. Por ocasião de sua morte, o grande sítio é, em geral, dividido entre essas pessoas e a quase pirâmide de classe entra em colapso, sendo lentamente modificada pela emergência de outra linhagem hierárquica. Laços de reciprocidade com base na família moldam as relações de trabalho. A redistribuição de riquezas entre o parentesco molda a estrutura de classe. O mercado nacional afeta o trabalho e a distribuição de riquezas na esfera camponesa, mas não é constitutivo de sua estrutura e função internas. Comercial ou não, esse modo de subsistência camponês não é um microcosmo da economia de mercado, pois não é racionalizada de forma capitalista, na qual o domínio e o peso da formação da mercadoria permeiam o metabolismo da vida social no processo produtivo e também colonizam a vida fora do local de trabalho.

Desde 1971, quando muitos camponeses e trabalhadores sem terra organizavam invasões de canaviais para tomar as terras à força, esse estilo tradicional de cultivo camponês sujeita-se a uma "revolução verde", forjada pelo governo da Colômbia e pela Agência Norte-Americana para o Desenvolvimento Internacional. Essa nova e conveniente sabedoria das agências de desenvolvimento foi uma tentativa de aumentar a produtividade camponesa, não de promover a reforma agrária como solução da pobreza rural. Efetivamente, isso significou arrancar os produtos perenes e substituí-los por um sistema monocultor de campos abertos custoso, de baixo risco e mecanizado de soja, feijão e milho. Cerca de um terço dos agricultores camponeses aceitaram os empréstimos para desenvolver esse novo sistema. Quase sempre eram homens; isso porque os serviços de extensão financeira e rural gravitavam em direção a eles e porque as mulheres eram, em geral, hostis à ideia. O resultado da inovação foi o aumento astronômico da dívida camponesa, a eliminação virtual da base de subsistência local – as bananeiras – e o aumento das taxas de aquisição de terra pelos canaviais. Sob o novo sistema, a renda é posta em perigo porque o cultivo monocultor é suscetível a pragas, ventos e inundações. Além disso, a renda é, quando muito, obtida apenas uma vez a cada quatro ou seis meses. Os investimentos de capital aumentam dramaticamente em decorrência da necessidade de novas variedades de semente, tratores, fertilizantes, pesticidas e do aumento de investimento em mão de obra, que é necessária mesmo com o uso de máquinas. Ao cultivar dessa nova maneira, os camponeses tornaram-se empregadores de força de trabalho como nunca haviam sido antes, e o caráter da estrutura de classe camponesa passou de uma formação baseada na linhagem para uma estrutura laboral e de capital estereotípica. Camponeses ricos incorporam a terra de seus vizinhos, e o nivelamento econômico que costumava ocorrer com a morte de um camponês rico agora é raro, pois eles vendem ou alugam suas terras para os canaviais. As mulheres perderam a provisão de comidas tradicionais que costumavam acumular nas roças antigas para vender nas cidades, e se tornaram mais que nunca dependentes dos homens. Elas tornam-se reserva de mão de obra para os contratantes ou para os abastados da cidade, que as utilizam como empregadas domésticas.

A articulação dos modos de produção

Com certeza não se pode afirmar que o desenvolvimento do agronegócio nessa área rica em alimentos melhorou os padrões de vida. Tal desenvolvimento significou uma ruptura cada vez maior entre agricultura e nutrição. Enquanto as plantações de subsistência e o cultivo camponês perderam o vigor, os lucros das plantações de cana em expansão são muito altos, perfazendo cerca de 40% entre 1970 e 1974, representados como renda líquida sob os custos (Fedesarrollo, 1976, p.340-6). Porém, por volta de 5% das crianças são consideradas subnutridas (Community Systems Foundation, 1975). Além disso, percebe-se que o balanço nutricional que deve ser atingido por adultos em idade ativa é mantido à custa de mulheres grávidas e crianças, e que as pessoas agora comem muito menos que antes do desenvolvimento do agronegócio. A saúde ambiental, que em geral é atribuída a esse desenvolvimento, agrava o problema nutricional, pois, de acordo com os repetidos levantamentos de bacteriologistas, o engenho despeja seus efluentes nos rios – o principal fornecedor de água – e todas as fontes de água são terrivelmente contaminadas com coliformes fecais. Infestações – por ancilóstomo (em 50% da população), *Entamoeba histolytica* (25%), *Strongyloides* (20%) e *Ascaris* (70%) – são abundantes. O saneamento básico é péssimo, e as pessoas, na maioria das vezes, andam descalças. A riqueza do agronegócio não é investida nos serviços públicos necessários para a superação dos danos causados por ele. Tensão política e crime são preocupações constantes. O decreto de "Estado de exceção" é regra. Nessas situações – que são comuns em boa parte da Colômbia, apesar de o país ser formalmente uma democracia –, a lei militar prevalece na maior parte do tempo, impedindo, por exemplo, assembleias populares e reuniões. Latifundiários como os donos de dois canaviais próximos à cidade têm de viajar acompanhados por escoltas armadas de policiais e os soldados temem ser sequestrados. Pela mesma razão, seus administradores de alto nível possuem jipes equipados com rádios bidirecionais conectados ao Exército de Cali. Em nenhum outro lugar os sindicatos de trabalhadores de canaviais são mais fracos que nessa área, e vendedores da John Deere afirmam que a quantidade de sabotagens em máquinas de engenho e ferramentas agrícolas é surpreendente – maior que no resto do vale, onde existem muito menos camponeses.

Contrariando toda publicidade feita por grandes proprietários de terra, é falso que o cultivo em larga escala forneça um uso mais eficiente da terra, da energia e do capital que o cultivo camponês, mesmo que a produtividade seja, em geral, maior por conta do caráter intensivo do uso de capital e de energia em seus investimentos. A eficiência pode ser computada de diversas formas, mas com toda certeza é significativo que os canaviais forneçam menos trabalho e menos retorno monetário por hectare para o trabalhador (e para o dono), demandando, portanto, um volume de produção muito maior de energia humana por dia que os cultivos camponeses, tradicionais ou modernos (ver Tabela I). O cultivo camponês tradicional nessa área é mais ou menos seis vezes mais eficiente que o dos canaviais em termos de energia produzida com comida em relação ao gasto de energia requerido para produzi-la. Além disso, apesar de a produtividade por hectare de camponeses que cultivam culturas modernas (como a soja) corresponder a cerca de metade das plantações em larga escala que produzem as mesmas culturas, os custos de produção dos camponeses são tão mais baixos que o retorno por capital investido por eles.

Tabela I. Comparações entre camponeses e trabalhadores rurais no Vale do Cauca, Colômbia, 1970-1976

	Proprietário camponês com dois hectares de roça		Trabalhador rural
	Tradicional	Moderno	
Rendimentos anuais, 1971 (pesos colombianos)	$ 10.000	$ 8.000	$ 10.000
Número de hectares por trabalhador	1,0-2,0	1,0-2,0	3,2
Dias de trabalho por ano	105	243	275
Energia individual gasta por dia de trabalho (kcal)	1.700	1.700	3.500
Energia individual gasta por ano de trabalho (kcal)	173.000	415.000	804.000

Nota: Os dados sobre o cultivo camponês tradicional resultam da observação pessoal que realizei em quatro roças a cada duas semanas durante nove meses em 1971. Os dados sobre o cultivo camponês moderno resultam do mesmo tipo de trabalho de campo realizado em seis roças em 1972 e 1976. Os dados sobre os canaviais foram obtidos a partir do trabalho de Fedesarrollo (1976) e de entrevistas pessoais com trabalhadores dos canaviais. O gasto de energia de trabalho (7,4 kcal por minuto) entre os trabalhadores do canavial foi calculado por Spurr et al. (1975, p.992), através da utilização de técnicas de respirometria em cortadores e carregadores locais de cana. Já em relação aos trabalhadores camponeses, o gasto foi calculado indiretamente, a partir das tabelas de Durnin e Passmore (1967). Uma avaliação secundária entre os trabalhadores nos canaviais realizada por Spurr et al. (1975, p.992) foi ignorada por ter sido feita a partir de métodos que conflitam e são incomparáveis aos utilizados por Durnin e Passmore. A eficiência energética das plantações de açúcar é calculada tendo por base apenas os três principais investimentos energéticos (portanto, foi superestimada): a) trabalho humano, 197.000 kcal por tonelada de açúcar; b) eletricidade, 112.000 kcal por tonelada de açúcar; c) óleo combustível, 452.000 kcal por tonelada de açúcar. A eficiência energética do cultivo camponês tradicional é calculada apenas a partir da proporção investimento-gasto envolvida diretamente na produção de coca, presumindo-se uma medida baixa de rendimento de 290 kg por hectare interplantado, assim como mostra o trabalho de campo. As tarefas domésticas, como a drenagem de água, não estão inclusas nos investimentos de energia. As proporções são de 5:1 nos canaviais e de 30:1 no cultivo camponês de cacau.

Aliás, seu "rendimento de capital" é o mesmo – ou maior – que o das monoculturas (dependendo de incluir ou não no orçamento o próprio trabalho do proprietário camponês como custo). O mesmo ocorre quando comparamos as taxas de lucro dos camponeses nas novas colheitas com as dos canaviais. Se fôssemos comparar com o modo de produção camponês tradicional, fundamentado em culturas perenes, o rendimento de capital do campesinato seria muitíssimo maior que o do agronegócio, uma vez que os investimentos de capital são insignificantes. O cultivo em larga escala nesse sentido não é, em si, mais rentável que o cultivo camponês – mesmo que o rendimento seja definido como quociente da produção de quantidades de entrada por verba ou em calorias.

Apenas à medida que uma proporção substancial da força de trabalho do agronegócio é composta por trabalhadores que possuem ou compartilham pequenas roças, é que se pode dizer que os custos para manter e reproduzir o trabalho assalariado no setor do agronegócio são menores do que seriam caso este arcasse com os mesmos custos por conta própria, pois não só o autoabastecimento dos trabalhadores cobre parte desses custos: de acordo com o que foi exposto anteriormente, os trabalhadores também colocam seu capital para circular nas próprias colheitas de forma mais eficiente que no agronegócio.

Devemos, portanto, deixar de lado o senso comum que exalta a eficiência da escala de maneira ingênua e postula um motor apenas econômico das relações materiais de "eficiência", substituindo um modo de produção por outro, que, supõe-se, seja mais eficaz. Em vez disso, devemos ressaltar o papel das relações sociais e da força política na fabricação de um encaixe funcional entre dois modos de produção coexistentes – o agronegócio e o camponês –, e, ao fazê-lo, é indicado que estejamos atentos às múltiplas contradições sociais que tal articulação engendra.

Na evolução do relacionamento entre o plantio do agronegócio e o plantio camponês ao sul do Vale do Cauca, o agronegócio é menos eficiente que a produção camponesa de acordo com diversos critérios cruciais. Mas por causa de seu monopólio sobre a terra, o agronegócio compensa a própria ineficiência ao aproveitar-se da eficácia camponesa. Ao reduzir o tamanho da propriedade agrícola abaixo de um mínimo seguro, a classe capitalista pode acumular excedentes. O tamanho e a tecnologia moderna não são, em si, mais eficientes. De certa forma, fornecem a força necessária para coagir a força de trabalho a existir, assim como provêm a disciplina e a autoridade para obter a mais-valia desse trabalho.

Até que a classe capitalista fosse capaz de obter o poder político necessário para reduzir as posses camponesas a um tamanho reduzido seguro, porém menor que o necessário à subsistência, os salários no setor agricultor capitalista eram altos, pois os camponeses podiam subsistir da produção de valor de uso de suas roças. Naquele momento, o alto custo da mão de obra decorria do baixo valor-trabalho – sendo este definido como o valor das mercadorias necessário à manutenção e à reprodução do trabalho. À medida que os agricultores capitalistas passaram a usar o poder político canalizado com a entrada de capital estadunidense e pela abertura ao mercado internacional iniciado por volta de 1900, eles foram capazes de expandir e de se apropriar à força das terras camponesas. E o fizeram motivados pelo desejo de uma maior quantidade de acres para suas plantações, bem como pela necessidade de reduzir as posses dos camponeses, de forma que estes fossem obrigados a tornar-se trabalhadores assalariados – semiproletários – e assim fornecer parte de sua subsistência a partir das próprias safras e, em alguns casos, usar seus salários como remessas para manter suas terras.

O tipo de articulação entre os dois modos de produção faz parte de um contexto determinante mais vasto: o do subdesenvolvimento neocolonial; especificamente, o pequeno porte do mercado doméstico e a subdesenvolvida divisão do trabalho. Tal característica estrutural das economias periféricas – cujo mercado está no centro do sistema capitalista mundial – mostra que a preocupação com o aumento do poder de compra do trabalhador é secundária na promoção da expansão ilimitada da produção. Portanto, reduzir o valor-trabalho e o poder de compra, ou mantê-lo abaixo do nível, oferece menos problemas caso o mesmo ocorresse em economias capitalistas desenvolvidas. A semiproletarização do campesinato, em oposição à sua completa proletarização, está de acordo com tal estrutura. No mais, essa mesma característica estrutural exclui as condições necessárias de sustentação de um proletariado "puro" (em especial no campo) – ou seja, uma classe de pessoas que não possui nada além da força de trabalho e que se vê obrigada a trocá-la no mercado por um salário. O complemento camponês ao trabalho assalariado é, portanto, necessário tanto aos capitalistas quanto aos trabalhadores assalariados, uma vez que o salário capitalista raramente é suficiente para um indivíduo sobreviver.

Tanto esse momento da história social quanto esse fato da estrutura social devem ser bem compreendidos se quisermos entender a natureza moral e o significado social dos sentimentos subjacentes à existência do camponês trabalhador: uma história de cercamentos, arames farpados, cana-de-açúcar e fome. O componente importante de tal estrutura social é o trabalhador, que se situa entre duas épocas e em dois mundos: o proletário e o camponês. É fácil idealizar as margens da precária independência que embota o jogo completo das forças de mercado. Porém, como nos lembra Raymond Williams, devemos estar atentos às implicações do afastamento que tomamos da economia salarial dominante a fim de alcançar um distanciamento crítico (Williams, 1973, p.107). A experiência transmitida por gerações de lutas contra a apropriação da terra está ligada à experiência cotidiana nas plantações e nas florestas, ambas envolvendo duas formas de vida completamente diferentes. Tal configuração da história e o contraste perpetuado nesses dois modos de produção antitéticos impedem o desenvolvimento de uma classe trabalhadora capitalista, que, "através da educação, da tradição, do hábito, encara as condições desse modo de produção como leis autoevidentes da natureza" (Marx, 1967, v.I. p.737).

5
O DIABO E A COSMOGÊNESE DO CAPITALISMO

De todos os tipos de trabalho disponíveis na região aqui estudada, o trabalho assalariado na área do agronegócio é visto como o mais árduo e o menos desejável – mesmo que o retorno financeiro diário seja alto. Acima de tudo, é a *humillación*, o autoritarismo humilhante, que inquieta os trabalhadores, enquanto os grandes proprietários de terra e seus capatazes reclamam da intransigência dos trabalhadores e temem a violência esporádica deles. As classes mais baixas sentem que de alguma maneira o trabalho tornou-se oposto à vida. "Na costa temos comida mas nenhum trabalho", lamentam os imigrantes trabalhadores da costa do Pacífico. "Aqui temos dinheiro mas nenhuma comida." Nativos fazem comparações entre o trabalho na esfera camponesa, acometida pela pobreza, e o dos canaviais, dizendo: "Eu preferiria ser gordo sem dinheiro que velho e magro com dinheiro". Eles dizem também que podem ver como o trabalho nos canaviais torna as pessoas magras e prematuramente velhas, mesmo em comparação com a ocupação camponesa menos remunerada. E fetichizam a cana-de-açúcar, descrevendo-a como uma planta que suga e devora pessoas.

Em 1972, por iniciativa própria, o povo organizou invasões aos canaviais e grandes fazendas. A seguir, um panfleto preparado para distribuição pública por um grupo de pessoas que ligava o trabalho nos canaviais ao trabalho camponês nas roças:

Nós, camponeses, rejeitamos a cana-de-açúcar porque ela é matéria-prima da escravidão do povo camponês. Nós, camponeses, somos a favor de substituir a cana-de-açúcar por colheitas que possamos consumir, como banana, cacau, café, arroz, batata e milho. A cana-de-açúcar ajuda apenas os ricos e o governo, para que possam comprar mais e mais tratores para eles mesmos e suas famílias.

Camponeses! A cana-de-açúcar degenera; transforma a pessoa em besta, e mata! Se não tivermos terra, não poderemos esperar pelo futuro bem-estar de nossas crianças e famílias. Sem terra não há saúde, cultura, educação ou segurança para nós, camponeses marginalizados. Em todos esses distritos pode-se encontrar traços da maioria ameaçada pelo terrível Monstro Verde, que é a Poderosa Cana, o Deus dos latifundiários.

Nós rejeitamos de maneira enfática o cultivo de cana-de-açúcar pelas seguintes razões:

– a má-fé que esses capitães demonstram ter ao inundar nossas parcelas de terra com a água utilizada para sua cana.
– e o pior! A fumigação, que causa danos às plantações camponesas, colocando-nos em situação de miséria extrema, preparando terreno para que eles mandem seus agentes comprar nossas terras.
– é para isso que os grandes proprietários tomam nossas terras.

Ainda existem pessoas idosas que nasceram no começo do século que podem narrar a história imperialista desses *señores*. As posses de nossos antepassados agora estão concentradas em grandes *latifundia*, reduzindo os recém-nascidos à miséria total.

O diabo e o trabalho proletário

De acordo com uma crença muito difundida entre os camponeses da referida região, trabalhadores (homens) dos canaviais podem, às vezes, firmar pactos secretos com o diabo a fim de aumentar sua produtividade, e, logo, o salário. Além disso, acredita-se que o indivíduo que firma tal pacto provavelmente morrerá cedo e de forma dolorosa. E enquanto estiver vivo, não será mais que uma marionete nas mãos do diabo; além disso, o dinheiro assim obtido é estéril: não serve como capital produtivo e deve ser gasto com itens para consumo de luxo, como roupas finas, licor, manteiga etc. Investir esse dinheiro para produzir mais dinheiro – ou seja, utilizá-lo como capital – é atrair a ruína. Se alguém comprar ou alugar terras, elas não produzirão. Se alguém comprar um leitão para engorda e futura venda, o animal adoecerá e morrerá. Além disso, dizem que a cana-de-açúcar, uma vez cortada, não mais crescerá. A raiz morrerá e na terra do canavial nada mais crescerá até que ela seja exorcizada, arada e replantada. Alguns dizem que, apesar de o dinheiro obtido pelo pacto com o diabo não poder comprar os bens já mencionados, ele deve ser compartilhado com um amigo, que, no entanto, poderá utilizá-lo como dinheiro comum.

Supõe-se que o pacto deve ser feito em total segredo, individualmente, e com a ajuda de um feiticeiro. Um pequeno boneco antropomórfico, ao qual se referem como *muñeco*, é preparado, em geral com farinha, e feitiços são lançados. O trabalhador (homem) então esconde o boneco em um ponto estratégico em seu local de trabalho. Se for um cortador de cana, por exemplo, ele o posicionará no final das fileiras de cana que deve cortar e trabalhar indo à direção dele, com frequência entoando cânticos enquanto abre caminho. Às vezes, uma oração especial é proferida logo antes do começo do trabalho. Outro aspecto dessa crença é que o homem que trabalha com o *muñeco* não necessita trabalhar mais que os outros.

Muitos capatazes e até administradores acreditam no uso de *muñecos*; eles têm medo e, caso descubram, demitem o suspeito de imediato. Nas vezes que isso já ocorreu, alguns dizem, o trabalhador aceitou a demissão sem resistência. Todos os capatazes observam com atenção e suspeitam de qualquer um que produza muito além do normal. Algumas pessoas apontam que o agronegócio não aprecia trabalhadores que produzem mais que uma pequena quantidade preestabelecida. A sensibilidade de todos os envolvidos é aguçada, e a crença permeia as atividades diárias de várias formas. Os trabalhadores dos canaviais podem repreender um dos membros do grupo que ultrapassa o restante dizendo: "Nossa! Quanta coisa você fez com seu boneco!" De passagem, deve-se notar que a crença é sustentada não apenas pelos analfabetos e crentes. Trabalhadores camponeses militantes e líderes de grupos políticos modernos também acreditam que esses pactos com o diabo existem.

Uma vez que as histórias e os relatos sobre pactos com o diabo são contados de forma muito circunspecta e em estilo narrativo no qual aparecem como uma ação praticada por terceiros, uma pessoa de fora, de outra cultura, como um etnógrafo, por exemplo, pode ficar em dúvida se tais pactos de fato ocorrem ou se só se pensa que ocorrem. Com relação aos meus objetivos, isso não importa, porque estou preocupado com a crença coletiva. Entretanto, pode-se afirmar que pactos com o diabo de fato são feitos, apesar de eu particularmente suspeitar que aconteçam com menos frequência do que as pessoas presumem. Conheço bem dois curandeiros que podem arranjar esses pactos, e um de meus amigos mais próximos narrou a seguinte história sobre seu primo de 22 anos que pouco tempo antes firmou um pacto com o diabo. Não tenho dúvidas sobre a autenticidade dessa história. O tal primo nasceu na costa do Pacífico e veio para Puerto Tejada, cidade próxima aos canaviais, quando ainda era garoto. Durante a adolescência, trabalhou sem descanso nos canaviais e também visitou o pai algumas vezes na costa do Pacífico, onde adquiriu conhecimentos mágicos. Ele se ressentia cada vez mais do trabalho com a cana e decidiu fazer um pacto com o diabo. Para aumentar seu conhecimento mágico já consideravelmente grande, comprou vários livros sobre magia no mercado da cidade próxima ao canavial e os estudou. Um dia ele entrou em uma plantação de cana-de-açúcar e eviscerou o coração palpitante de um gato negro com o qual lançou seu feitiço (*oración*, ou reza). Tão logo o fez, uma ventania percorreu a plantação. Aterrorizado, ele fugiu. "Ele fez isso para vender a alma ao diabo, para poder ganhar dinheiro sem trabalhar", disse-me meu informante.

Modos de interpretação

Qual é, então, o significado disso tudo? Essa ocorrência altamente secreta, individualizada e rara é pura suposição por parte das pessoas. Ninguém afirma ter alguma vez testemunhado tal ocorrência, mas quase todos possuem alguma evidência, nem que seja contada por terceiros, e acreditam firmemente que isso acontece, mesmo que poucas vezes. Como a arte no começo da história, mágica e ritual, trata-se de uma experiência separada do resto da vida – e que ocorre para exercer poder sobre ela. Como em ocasiões de nascimento ou morte, a situação de trabalho como retratada no pacto proletário com o diabo é uma daquelas situações de que uma sociedade pode se utilizar para exprimir seu próprio caráter.

Portanto, devemos ver a crença no diabo não como uma obsessão ou como uma norma que guia de maneira inelutável e direta as atividades diárias, mas como uma imagem que ilumina a autoconsciência cultural da ameaça feita à sua integridade. Uma imagem desse tipo não se adequa como um dente de engrenagem a um "lugar" estrutural-funcionalista na sociedade. Pelo contrário, a crença no pacto proletário com o diabo é uma espécie de "texto" no qual está inscrita a tentativa cultural de redenção de sua história através da reconstituição do significado do passado no quadro das tensões do presente. Segundo Walter Benjamin:

> Articular o passado do ponto de vista histórico significa apropriar-se de uma reminiscência tal como ela relampeja no momento de um perigo. O perigo ameaça tanto a existência da tradição como os que a recebem. Para ambos, o perigo é o mesmo: entregar-se às classes dominantes como seu instrumento. Em cada época, é preciso arrancar a tradição ao conformismo, que deseja se apoderar dela, pois o Messias não vem apenas como salvador; ele vem também como o vencedor do Anticristo. (Benjamin, 1996, p.224)

No caso do pacto com o diabo nas plantações de cana-de-açúcar, essa tradição, posta em perigo, explora o anticristo para redimir o modo de produção de valores de uso e arrancá-lo da alienação dos meios com relação aos fins sob o capitalismo.

Nossa leitura do texto oferecido pela cultura na forma de um suposto pacto com o diabo feito por proletários do sexo masculino se focará no conceito cultural de cosmogonia e no significado criado por tal conceito quando confrontado com as transformações radicais nos meios de produção da sociedade.

Vamos levar em consideração, primeiro, as situações em que, supõe-se, esse pacto *não* ocorre: camponeses trabalhando em suas roças ou em roças de outros camponeses em troca de salário; trabalhadoras do sexo feminino, mesmo quando compondo mão de obra proletária; feirantes; e imigrantes da costa do Pacífico que voltam para onde nasceram, trabalhando em uma economia não mercantilizada relativamente subsistente.

A costa

Muñecos são itens mágicos tradicionais na costa colombiana do Pacífico, de onde vêm muitos imigrantes. Mas eles não são utilizados lá da mesma maneira que supostamente o são nos canaviais do Vale. Pelo contrário, as pessoas os utilizam em rituais de cura e como proteção contra roubo ou contra feitiçaria. Eles não são usados para o ganho, mas para combater a má sorte ou para proteção. Na verdade, o ganho é o que leva à doença e à má sorte. Como pondera um antropólogo ao descrever a cultura negra da costa: "A ética resultante é uma antítese do sucesso" (Pavy, 1967, p.279) – e o termo "sucesso" deve ser julgado aqui como uma conquista no mercado.

Na costa do Pacífico os negros às vezes se valem de xamãs indígenas, e parece que os indígenas absorveram parte da mágica africana. S. Henry Wassén afirma ter reconhecido características africanas em alguns dos equipamentos utilizados pelos xamãs xocó, em especial seus bonecos de cura (Wassén, 1940, p.75-6). Os bonecos oferecem forte testemunho da plasticidade da tradição e do poder mágico de influência estrangeira, pois além de bonecos com características africanas, existem bonecos entalhados na forma de europeus do período colonial e outros influenciados por santos católicos. É provável que os bonecos envolvidos no pacto proletário com o diabo no Vale do Cauca sejam descendentes ou transformações desses mesmos bonecos, que incorporam os espíritos tutelares do xamã. É digno de nota mencionar que a área cultural ao redor do Vale do Cauca à época em que foi introduzida a escravidão africana era uma área onde o uso de tais bonecos era comum. Além disso, Holmer e Wassén observam sua difundida distribuição em culturas indígenas, que se estende através do norte da América do Sul, da costa do Pacífico ao Atlântico (Holmer; Wassén, 1953, p.84-90); e Gerardo Reichel-Dolmatoff afirma que os indígenas da tribo xocó, que habitam metade do norte da costa do Pacífico colombiana, outrora habitavam várias regiões do interior, e que até mesmo hoje sobrevivem alguns pequenos grupos a leste do Rio Cauca (Reichel-Dolmatoff, 1961, p.230).

Baseando-se no trabalho pioneiro de Holmer e Wassén, Reichel-Dolmatoff descreve o uso de bonecos pelos xamãs cuna e xocó. Feitos de madeira ou argila em formato de humanos ou – com menos frequência – de animais (em geral distorcidos), os bonecos possuem um papel central na cura através do exorcismo de espíritos animais ou de xamãs vingativos que tenham sequestrado a alma do paciente. Entre os Xocó mais aculturados, a maior parte dos espíritos que causam doenças é pensada como sendo espíritos dos mortos, e indígenas sob influência de missionários referem-se a tais espíritos como diabos (Reichel-Dolmatoff, 1961, p.229-41, 494).

Reichel-Dolmatoff argumenta contra antropólogos que atribuem função fértil a tais bonecos. Segundo ele, seu uso na gravidez não se dá para aumentar a fertilidade ou induzir magicamente a reprodução. Pelo contrário, eles são decisivos em relação à regulamentação ritual do processo, e preocupam-se em prevenir problemas que apareçam durante a reprodução. As canções e os ritos de cura dos Cuna, utilizados para aliviar um parto difícil – publicados por Holmer e Wassén (1953) e tornados famosos por Claude Lévi-Strauss em seu ensaio "A eficácia simbólica" –, sustentam essa afirmação. Logo, à medida que existe uma semelhança, devemos estar atentos à implicação de que o uso dos bonecos nos canaviais do Vale do Cauca não deve ser explicado, a princípio, como um desejo de aumentar a produção; é a regulamentação de um processo perigoso que está em questão.

Isso aumenta a importância da analogia entre produção e reprodução. Nas economias de valor de uso, a produção é, muitas vezes, metaforizada como reprodução, e ambas as esferas são entendidas ou exprimidas a partir dos mesmos conceitos ontogênicos. Aristóteles e os escolásticos estendem constantemente os conceitos de reprodução biológica a esferas da produção material, da troca e da troca monetária. Assim como esses filósofos, as classes mais baixas ao sul do Vale do Cauca também acham que as metáforas e os símbolos de uma esfera referem-se diretamente a outra: por exemplo, o aumento da produção sob incipientes relações capitalistas dá lugar à esterilidade da natureza e à falta de poder reprodutivo dos salários ganhos. É interessante notar que a linguagem cotidiana da economia capitalista madura também utiliza metáforas biológicas (o "crescimento" do capital, fábricas às quais se refere como "plantas" etc.), mas tais metáforas exaltam o capital, dotando-o de capacidades férteis.

Os camponeses locais

É crucial perceber que aos camponeses locais não se atribui a ação de fazer pactos com o diabo para aumentar a produtividade das próprias roças. A lógica da crença predetermina isso. Como ressaltam os camponeses, tal prática seria autodestrutiva, porque o dinheiro ganho dessa maneira não pode ser reinvestido em equipamento ou terra; além disso, o pacto torna a terra estéril. Apesar da pobreza que os aflige de forma cruel e do desejo de aumentar a renda, diz-se – por esses motivos – que proprietários camponeses não entram em contato com o diabo. Apenas quando envolvidos com o moderno trabalho proletário em grandes fazendas capitalistas considera-se que o façam. Mesmo os que trabalham em troca de salário para outros camponeses não são tidos como possíveis pactuantes.

Supostamente, a única magia que possui alguma relação com roças camponesas é a boa magia ligada à alma dos mortos virtuosos e aos santos católicos, e tal magia é utilizada com o objetivo de proteger uma roça contra roubo ou influências místicas malignas. Ela não é utilizada para aumentar a produtividade. Por exemplo, um tipo de rito assegura que, antes de entrar em uma roça, o ladrão adormecerá, e assim permanecerá até ser descoberto pelo proprietário. Em outro rito, o proprietário deixa uma pedra afiada, uma machete e uma cuia de água: dessa maneira o ladrão é forçado a afiar a ferramenta e começa a trabalhar até ser descoberto. Ainda em outro rito, o proprietário deve possuir uma cobra – uma cobra fantástica aterrorizante, que apenas o ladrão consegue ver – que previna a entrada na roça e o roubo.

Mulheres

Considera-se que mulheres que trabalham em troca de salário nos canaviais geralmente *não* fazem pactos com o diabo. De novo, isso está de acordo com a lógica da crença, pois as mulheres são tidas como as principais, quando não as únicas, provedoras da família em geral, e particularmente com relação às crianças. Como os envolvidos na categoria aristotélica de uma "economia doméstica" (*oeconomia*), elas são compreendidas como pessoas envolvidas em um empreendimento produtivo cujo fim não é apenas o aumento. "Na gestão doméstica, as pessoas possuem mais importância que a propriedade material, e sua qualidade é mais relevante que os bens que constituem sua riqueza" (Aristóteles, 1962, p.50-1). Uma vez que o dinheiro proveniente dos canaviais através do pacto com o diabo leva à esterilidade e destrói o crescimento, não é possível, obviamente, utilizá-lo para criar crianças.

Diz-se que as mulheres estão intensamente envolvidas com a magia, no uso de feitiçaria contra as amantes de seus cônjuges, ou, mais raramente, contra os próprios cônjuges infiéis. Na maior parte desses casos, a feitiçaria é levada a cabo quando uma das mulheres envolvidas está grávida ou em trabalho de parto. Essa feitiçaria de redenção direciona-se ao processo de reprodução, não à produção material, como no pacto proletário com o diabo feito pelos homens. Quando um homem é diretamente afligido por essa magia do amor, ele se transforma em um louco doente de amor, para sempre ligado à mulher que lhe jogou o feitiço. Um exemplo desse tipo de rito secreto para "enlaçar" um amante infiel que, como acontece com frequência, recusava-se a sustentar os filhos, ocorreu da seguinte maneira.

A mulher que fazia a feitiçaria pegou um charuto, uma vela nova, quatro fósforos e a ponta de uma vela. O ritual é mais eficaz se o charuto e a vela inteira forem comprados com dinheiro do esposo infiel e se os itens restantes forem emprestados de alguém notoriamente maldoso. Três dos fósforos foram reunidos como se fossem um só e utilizados para acender o charuto. Quando a mulher começou a fumar o charuto, a vela inteira foi cortada em duas. Quando o charuto foi fumado até a metade, a ponta de vela foi acesa, assim como uma das metades da vela inteira. Então o charuto começou a ser fumado em ritmo furioso, resultando em grandes nuvens de fumaça sobre as velas, e a mulher se concentrou profundamente no homem em questão, que se chamava Catalino. Quando as cinzas do charuto começaram a cair no chão, a mulher pisou nelas, cantando: *"Catalino, hijeputa; Catalino, hijeputa; Catalino, hijeputa"* (Catalino, filho da puta...).

Variações nesse procedimento incluem inverter o charuto, de modo que a parte acesa fique na boca da pessoa enquanto as velas são baforadas; utilizar quatro charutos, dos quais apenas dois são acesos, e jogá-los para cima para que deem cambalhotas no ar enquanto se canta: *"Venite, hijeputa; Venite, hijeputa. Parete, hijeputa; parete, hijeputa"* (Venha, filho da puta... Fique, filho da puta...).

Apesar de parte do simbolismo ser obscuro, boa parte é óbvia. A magia contagiosa está presente na compra de itens com o dinheiro do homem que será vítima do feitiço e também com o uso de material emprestado de alguém que seja sabidamente ruim. Por trás do princípio da mágica contagiosa pode-se perceber que, em certas situações, uma troca de bens e dinheiro envolve a noção de que essas coisas incorporam e transmitem a essência espiritual de uma pessoa. As reversões e os cortes dos objetos rituais pela metade também seguem as leis da magia simpática, objetivando reverter a situação social na qual estão implicados mulher e homem. Presume-se que a vela e o charuto, ambos acesos, simbolizam a potência sexual do homem. A vela é cortada pela metade e a cinza, ou o sêmen, que cai do charuto aceso é pisada e destruída; logo, também são simbolicamente destruídos a potência e o sêmen dentro de outra mulher. Ao mesmo tempo, o feitiço ofende claramente o homem e exige sua volta. A magia não tem a finalidade de aumentar a produção. O rito pretende destruir a potência masculina quando esta ultrapassa os laços com sua parceira de reprodução e passa a assemelhar-se ao investimento de capital apenas para aumentá-lo. Esse homem pode e deve ser mantido dentro dos limites da *oeconomia*, como provedor de sua esposa e filhos, e impedido de multiplicar-se de forma irresponsável. Um sistema de troca entre um homem, uma mulher e suas crias é ameaçado quando ele embarca em um sistema de troca completamente diferente, fundamentado no ganho ou na produção infinita. A fé no rito mágico é uma manifestação da virtude do antigo sistema e a deslegitimação do atual.

Cosmogonia

Se o sucesso econômico é visto como perigoso na costa do Pacífico e a inveja canalizada através da feitiçaria é desenfreada não apenas lá, mas também nas zonas de canavial, como um meio de impedir tal sucesso, então o lembrete de Tawney sobre a revolução moral subjacente ao nascimento do capitalismo é extremamente apropriado. "A vida dos negócios, uma vez vista como perigosa para a alma", ele escreve, "adquire uma nova santidade". O que é significativo, ele nota, "é a mudança nos padrões morais, que converteram uma fraqueza natural em um ornamento do espírito, e que canalizaram como virtudes econômicas hábitos que em outras épocas haviam sido denunciados como vícios" (Tawney, 1958, p.2-3).

A questão é colocada de maneira clara. Existe um holocausto moral em funcionamento na alma de uma sociedade que passa pela transição de uma ordem pré-capitalista para outra, capitalista. E nessa transição, tanto o código moral quanto o modo de ver o mundo devem ser rearranjados. À medida que uma nova forma de sociedade luta para emergir a partir da velha, que as classes dominantes tentam fazer funcionar seus princípios dominantes em uma nova tradição, a cosmogonia preexistente dos trabalhadores torna-se uma frente crítica de resistência, de mediação, ou ambas.

A cosmogonia lida com a base fundamental da criação: a mudança, o começo e o fim da existência. Deve ser vista, como nos lembra

Mircea Eliade, como uma memória viva nos mitos de origem e de salvação. E tais mitos podem tomar uma miríade de formas, grandes ou pequenas, como na celebração do Ano Novo, quando o mundo é simbolicamente criado mais uma vez, ou na coroação de um novo rei ou rainha, em um matrimônio, ou nas formalidades da guerra e da paz. Os mitos também surtem efeito no que concerne ao cotidiano – salvando uma colheita ameaçada ou curando doentes. O significado profundo desses ritos, ressalta Eliade, é que "para *fazer* algo bem, ou para *retomar* a integridade de uma vida ameaçada pela doença, primeiro se faz necessário voltar *ad originem*, e depois repetir a cosmogonia" (Eliade, 1971, p.157).

Ao relacionar tal proposição à cultura do sul do Vale do Cauca, é bom lembrar Evans-Pritchard e sua ressalva contra a assimilação do chamado *pensamento* primitivo pelo domínio do misticismo ocidental moderno. Em grande parte do dia a dia primitivo ou camponês, os poderes sobrenaturais não são atribuídos nem a pessoas nem a coisas, e as suposições místicas e as supostas conexões não são um produto da *mente*, mas do rito e das representações coletivas herdadas de geração em geração como *cultura*. Acima de tudo: "Não devemos cometer o erro de Lévy-Bruhl ao supor que, ao introduzir causas místicas, o homem primitivo está com isso explicando efeitos físicos; em vez disso, ele está explicando seu significado humano, seu significado para ele" (Evans-Pritchard, 1965, p.115; 1933; 1934).

Apenas com essas importantes ressalvas é que podemos concordar com o ponto de vista de Eliade, de que na concepção ontológica primitiva um objeto ou um ato só se torna real quando imita ou repete um arquétipo da criação original, e que o que não apresenta esse modelo exemplar carecerá de sentido e, portanto, de realidade.

Ainda sim, o que tende a ser exagerado na formulação de Eliade é o fato de a imitação em questão ser simplesmente a imitação passiva de um arquétipo. Para retificar esse ponto, precisamos ressaltar que ritos cosmogônicos criam realidade, e que seu poder persuasivo encontra-se, precisamente, no tipo especial de conhecimento que surge de tal criação.

A Nova Ciência de Giambattista Vico pode nos servir aqui, afinal, foi uma ciência da história formada no despertar da magia renascentista e contra o poder crescente das doutrinas positivistas. Contra o atomismo e o utilitarismo positivistas, segundo os quais a sociedade é apreendida através de uma racionalidade instrumental baseando-se na epistemologia das ciências físicas e dispondo da lógica da escassez e da maximização de dados, Vico via o homem como um ser coletivo, como um conjunto de relações sociais. As pessoas agem como agem porque pertencem à sociedade, e a percepção que possuem quanto a essa relação é tão essencial quanto suas necessidades materiais. A experiência da vida cotidiana dessas pessoas, seus modos de expressão, seu senso de propósito, medos e esperanças – todos esses importantes aspectos da experiência humana ficam de fora da rede lançada pelas ciências naturais. Como o *magi* renascentista, Vico via o homem como criador de si mesmo e do mundo social. Como os escolásticos, Vico pensava que só se pode conhecer verdadeiramente o que se cria, e que conhecer algo é de alguma maneira tornar-se esse algo, unir-se a ele. Isso se assemelha à aquisição de poder do mágico sobre um objeto através de sua inserção nesse objeto, alcançando uma unidade de experiência idêntica à criação (Berlin, 1977, p.14). Foi Deus quem criou a natureza; portanto, nosso conhecimento dela seria sempre "externo", um jogo na superfície das coisas. Mas o que poderíamos conhecer do "interior" é a história e a sociedade, pois fomos nós quem criamos ambas. Nas palavras de Vico:

> Entretanto, nesta densa noite de trevas que cobre uma primeva antiguidade de nós muito distante, aparece a luz eterna – que não se extingue – dessa verdade, a qual não se pode, de nenhuma forma, colocar em dúvida: a de que este mundo civil foi certamente feito pelos homens, no qual se pode, porque se deve, reencontrar os princípios ao interior da modificação dessa mesma mente humana; o que, a quem quer que sobre isso reflita, pode causar espanto, como todos os filósofos que buscaram seriamente um sistema para alcançar o conhecimento deste mundo natural – o qual, uma vez criado por Deus, só a este pertence – ignoraram o mundo das nações, ou seja, o mundo civil, acerca do qual, porque o havia construído o homem, podia estes conhecer.

Agora, depois de mais de dois séculos, não é a negligência do mundo civil pelos filósofos naturalistas que deveria nos espantar; em vez disso, deveríamos nos espantar com o engolfar da compreensão do mundo civil pelos cânones do conhecimento aplicado às ciências físicas, de forma que, por exemplo, a relação de exploração entre capitalistas e trabalhadores seja reificada em categorias como capital e tempo de trabalho, ou, simplesmente, capital. Como enfatizou Weber, essa maneira de ver a sociedade pelos olhos da "racionalidade formal" coincide com o aparecimento do capitalismo e com sua forma, segundo a qual a causa localiza-se, com efeito, dentro de uma interação de sentido fechada em si mesma – o mercado capitalista, a separação entre negócio e economia doméstica, a contabilidade racional, e, sobretudo, a organização e exploração capitalista da "mão de obra livre". A proletarização inaugura uma nova ordem natural: "Um imenso cosmos no qual o indivíduo nasce, e que se apresenta a ele, pelo menos como indivíduo, como uma ordem inalterável das coisas na qual deve viver" (Weber, 1958, p.54).

Criação, vida e morte, crescimento, produção e reprodução – todas essas questões interessam à cosmogonia. Elas são também processos proeminentes nos ritos de cura, na feitiçaria, no suposto pacto proletário com o diabo no sul do Vale do Cauca, onde camponeses estão sendo proletarizados. Porém, esse novo cosmos ainda está em processo de formação. E nesse processo, as classes mais baixas são seres liminares: nem camponeses nem verdadeiramente proletários. Como a *persona* liminar nos ritos de passagem tornados conhecidos por Victor Turner (1967, p.93-112), sua condição é contraditória e ambígua, na qual é notória a simbolização estranha da morte e do nascimento, símbolos isomórficos ao *status* histórico dos camponeses proletarizados. Como seres liminares – não são nem o que eram, nem ainda o que se tornarão –, a posição desses semicamponeses semiproletários é tanto de negação quanto de afirmação de todas as posições estruturais. Portanto, deveríamos esperar que eles façam saltar aos olhos os salientes contrastes das estruturas que os envolvem, isto é, os modos de vida camponês e proletário, e que seu campo, como coloca Turner, é o da "pura possibilidade a partir da qual surgem configurações originais" (Turner, 1967, p.97). A criação do pacto proletário com o diabo é uma dessas configurações originais. Para melhor compreendê-la, devemos primeiramente esboçar alguns traços da cosmologia local e seus ritos cosmogônicos.

Cosmologia em ação

A cosmologia popular do Vale do Cauca deriva da cosmologia da Igreja Católica. Não importa quão odiosa seja a maneira como a Igreja é vista, sua força religiosa sempre foi e continua firme. Notório é o mito cristão de criação e salvação, sempre recriado nos ritos da Páscoa e do batismo, assim como nos ritos mortuários e de cura populares e na feitiçaria. Na verdade, tal aspecto fundamental da cosmogonia católica é repetido por mais pessoas e de forma mais intensa nos ritos populares que nos ritos da própria Igreja. A queda e a transcendência do mal como figuram na ressurreição podem ser vistos como a base dos ritos e da magia popular.

A visão oficial da Igreja sobre o cosmos como tripartido em Inferno, Terra e Paraíso é fortemente modificada pela crença nos espíritos de ancestrais e pela crença literal em forças espirituais. Esses espíritos ancestrais são conhecidos como *ánimas* ou "almas", ou simplesmente como "espíritos". Sem dúvida alguma malignos, eles existem no inferno ou vagam no ar, apesar de a maioria habitar em um quarto ou parte especial do céu. Cada pessoa tem um espírito que pode deixar o corpo e vagar, especialmente à noite. Um jovem amigo meu bebe água antes de dormir para que seu espírito não fique com sede e comece a vagar. À noite, o espírito de uma pessoa tende a permanecer nas proximidades ou a retornar ao domínio terreno. Os elaborados ritos funerários e de aniversário para os mortos visam purificar o espírito, assegurando assim que ele alcance e mantenha seu destino no Paraíso. Se a pessoa morta tiver sido sempre má, então seu espírito errará para sempre, como o espírito de Julio Arboleda, o infame proprietário de *hacienda* e de escravos no início do século XIX, que retorna especialmente durante a semana da Páscoa, quando é possível escutá-lo animando suas mulas perto de Villa Rica.

As *ánimas* da árvore genealógica de uma pessoa, em especial a mãe e a avó, servem de intermediários com Deus, a fonte da natureza, como dizem. Quando se está em perigo, pede-se ajuda às *ánimas*. O pedido é feito mais para impedir o perigo que para obter sorte. Quando se deseja sorte, o pedido deve ser direcionado aos santos, como quando alguém compra um bilhete de loteria. Dizem que os santos possuem mais "respeito". Mas se, por exemplo, alguém é roubado, volta-se para as *ánimas*, cujo papel é redimir. Elas fazem parte do povo. Diz-se: "Os santos vivem na Igreja; as *ánimas* vivem conosco".

A maneira como as *ánimas* funcionam na magia e na feitiçaria não é clara, mas especialistas se arriscam a pensar que algum tipo de relação é estabelecido entre o espírito do mágico ou do feiticeiro – espíritos como as *ánimas* ou espíritos malignos, incluindo, possivelmente, o diabo – e o espírito da vítima.

Os ritos mortuários articulam essas ideias relacionadas às *ánimas* com o arquétipo da morte de Cristo. Trata-se de ritos nos quais ocorre grande comunhão pública e que atrai uma grande quantidade de pessoas para a casa do finado, em especial na primeira e na última noite – a nona. O corpo é exibido na primeira noite em um caixão aberto, com o qual mesmo a mais pobre das famílias gastará grande quantia, talvez até vendendo a propriedade familiar. O canto levado a cabo por parentes mulheres começa na primeira noite e segue pelas oito noites consecutivas. As canções derivam de cantos da Igreja, focando na morte e ascensão de Cristo, reiterando constantemente o drama da salvação e a analogia entre o falecimento do defunto e a travessia triunfante de Cristo pela morte e pela vida, pelo sofrimento e pelo mal.

Os ritos da Páscoa atraem mais público que qualquer outro ritual da Igreja. A Sexta-Feira Santa é momento de muitos tabus. Os que desafiam as proibições de trabalho arriscam-se a sofrer danos, e pode correr sangue das plantas que cortam. O rio deve ser evitado. O misterioso e completamente estranho silêncio que se abate sobre a cidade é cortado à meia-noite do Sábado de Páscoa, quando bares e salões de dança abrem mais uma vez, ecoando a exuberante balbúrdia de sons e alegria.

Nos ritos populares de cura da casa, pode-se perceber com clareza a recriação da cosmogonia. Esses ritos são o tipo de magia mais comum. Mesmo quando apenas uma pessoa na casa tiver recebido a picada do feiticeiro, todo o imóvel, como entidade viva ou como uma pequena comunidade, é afetado. O âmbito doméstico não é apenas a célula social da forma econômica, *oeconomia*, mas também a entidade moral apropriada à inveja do feiticeiro. Pessoas em uma casa vítima de feitiço em geral reclamam de uma ou mais entre três coisas: trabalham duro mas não ganham nada; sofrem roubo constante; estão sempre doentes.

Existem muitos especialistas em cura doméstica, e a maioria das pessoas pode efetuar sozinha pequenas curas. Curas profiláticas também são comuns. Até pessoas de classes média e alta, moradoras das cidades, já curaram suas casas. E no Ano Novo, as mulheres do sul do Vale do Cauca vendem grandes quantidades de plantas aromáticas que são utilizadas em rituais. De acordo com as mulheres do Vale, fábricas e grandes lojas da cidade também recorrem a esses tipos de curas.

Apenas quando tive a oportunidade de testemunhar o arcebispo da Colômbia, com vários de seus bispos e muitos padres, consagrando uma catedral nova nas terras altas da Colômbia ocidental, é que pude perceber como o rito popular de cura da casa é simplesmente uma versão em escala reduzida da consagração da Igreja. (Ou será que o rito da Igreja é que possui origens populares?) A forma escalonada dos eventos, os elementos rituais do sal, da água-benta, do incenso, dos cantos, e, sobretudo, o exorcismo do espírito do mal são todos mais ou menos idênticos. Não surpreende que os indígenas da região vissem Cristo como um dos xamãs originais. A temática do exorcismo exercido de maneira agressiva contra o diabo, demônios e "o inimigo", tendo em vista atingir a saúde do corpo e da alma, a proteção e a salvação, é particularmente recorrente. Por exemplo, na entrada da catedral, o arcebispo abençoa o sal: "Eu o exorcizo, sal, em nome de nosso Pai Jesus Cristo, que disse a Seus apóstolos: 'Vocês são o sal da terra', ao que o apóstolo repetiu: 'Nossa conversa é sempre temperada pela graça do sal'. O sal é santificado para a consagração deste templo e deste altar, com o objetivo de repelir todas as tentações do demônio e para defender o corpo e a alma, almejando a saúde, a proteção e a certeza da salvação [...] Abençoe este sal para afugentar o inimigo, transmita remédio sólido em benefício do corpo e da alma para quem bebê-lo. Em nome de Cristo Nosso Pai, Amém". A água-benta é preparada com cinzas e vinho, e então borrifada nas paredes interiores pelo arcebispo enquanto sua assembleia entoa: "Vamos para a casa do Senhor [...] Que este templo seja santificado e consagrado em nome do Pai". Enquanto abençoa o incenso em brasa, o arcebispo canta: "Senhor, abençoe este incenso para que sua fragrância acabe com toda dor, toda doença, e para que todos os ataques insidiosos do inimigo sejam distanciados de seus filhos, redimidos com seu sacro sangue. Livrai-O das mordidas da serpente infernal".

Considerando apenas dois elementos decisivos envolvidos no sul do Vale do Cauca – o sal e a água-benta –, é possível começar a ver o que ocorre na conversão da religião oficial em ritos populares. O ingrediente essencial no encantamento de uma casa é o *sal*. Ele consiste em uma mistura de terra, ossos completos e crânios do cemitério, que são então "plantados" nas proximidades da casa que está sendo objeto de encantamento. A água-benta é essencial nos feitiços de cura. Ela é obtida com o padre durante a Páscoa, após o batismo, sob pedido ou de forma ilícita. Os padres podem abençoar a água trazida por qualquer pessoa a qualquer momento, mas hesitam fazê-lo, pois, em suas palavras, tal uso pode ser fetichizante. Ainda sim, eles são forçados a ceder a fim de reforçar o poder que possuem, e ao fazê-lo, estimulam as raízes pagãs da própria religião. Um adolescente, filho de um cortador de cana, lista os seguintes usos da água-benta:

> Você borrifa em uma casa quando um espírito maligno, como o diabo, está presente. Você utiliza com incenso quando faz um borrifo (*riego*) em uma casa para ter sorte. É usada no batismo. Você utiliza para abençoar uma pessoa que foi enfeitiçada. Para curar uma casa que foi atacada com bruxaria. Também é utilizada para preparar remédios, especialmente quando alguém é vítima de feitiçaria. Você pode usar em qualquer situação contra feitiçaria.

As casas podem ser protegidas da feitiçaria ao se "plantar" três cruzes na sua fachada e outras três na parte de trás: "Nunca se sabe de onde virá a inveja, pela frente ou por trás". Essas cruzes vêm de uma árvore chamada "a árvore das cruzes", por causa de sua semente em forma de cruz. Elas são plantadas com "essências", caros perfumes comprados no mercado. O rito de cura em grande escala é sincronizado com épocas decisivas associadas à morte de Cristo. Devem ser feitas nove purificações, assim como são nove as noites que totalizam os ritos mortuários, e supõe-se que esse dígito esteja associado à morte de Jesus: "foi punido durante nove dias: de quinta a domingo mais cindo dias de grande sofrimento". Além disso, as purificações devem ocorrer apenas às sextas e terças-feiras, dias que as pessoas associam à crucificação e à ressurreição. Esses são os dias mais propícios para a magia e a feitiçaria em toda a América Latina (Stein, 1961, p.324; Madsen, 1960, p.146; LaBarre, 1948, p.178; Métraux, 1934, p.90), e é durante esses dias que feiticeiros e bruxos não só praticam intentos malignos, como conseguem perceber com mais clareza as ações realizadas contra eles. Os mais velhos dizem que esses também são os melhores dias para o cultivo. E também são encarados como os "dias preferidos" porque neles "os santos e os planetas são muito caridosos com as casas que acreditam nisso". No mais, os horários mais propícios para a cura – meio-dia e quinze horas – são os horários que correspondem aos mais importantes no drama de Cristo crucificado.

Após haver previsto que a casa ou a pessoa é vítima de bruxaria, o curandeiro prepara remédios e incenso. Os remédios, conhecidos como "irrigação" (*riego*), contêm muitos ingredientes e variam de acordo com o praticante. Plantas aromáticas geralmente são utilizadas, como as sete variedades de *albaca*,[1] a verbena, e algumas vezes o alucinógeno *datura*. A verbena é amassada na Sexta-Feira Santa e é chamada "cinza da Sexta-Feira Santa"; possui a propriedade de exorcizar o mal. Eliade chama a atenção para a ideia de que a potência de alguns remédios pode ser encontrada em protótipos descobertos em

---

1 Conhecida como manjericão. (N.T.)

um momento cósmico decisivo no monte do Calvário; eles são consagrados por terem curado as feridas do Redentor. Eliade cita um feitiço dirigido à verbena utilizado na Inglaterra no início do século XVII: "Bendita sejas, Verbena, tu que cresces no solo,/ Pois no monte do Calvário foste pela primeira vez descoberta./ Curaste Nosso Salvador, Jesus Cristo, e estancaste Suas feridas abertas;/ Em Nome do [Pai, do Filho e do Espírito Santo], Eu Te retiro do solo" (Eliade, 1959, p.30). É adicionada água-benta e nove gotas de um poderoso desinfetante, e nove gotas de *quereme*, um perfume raro e – de certa forma – místico, conhecido por sua propriedade de atrair o sexo oposto. Também se pode misturar açúcar, suco de limão e aspirina (conhecido como *melhoral* [que faz ficar melhor]). Um feitiço ("conjuração"), em geral retirado de velhos livros de magia, é lançado sobre a mistura com uma estrofe que se refere às plantas: "Você, por Deus deixada e pela Virgem abençoada, para todo o sempre, Amém". Um praticante comenta: "As plantas possuem grandes virtudes. Elas têm espírito. Reproduzem sementes e a si mesmas. É por isso que têm virtude. Elas produzem aroma. Essa é uma parte importante de seu poder". Conjurações típicas são as que aparecem na obra *The Most Rare Secrets of Magic and the Celebrated Exorcism of Solomon* [Os mais raros segredos mágicos e o famoso exorcismo de Salomão]. Um curandeiro me conta: "Salomão é um grande mago que nasceu no começo do mundo".

Seguido por um séquito de membros da casa, o curandeiro a exorciza, borrifando – geralmente em forma de cruz – os remédios pelas paredes e pisos, dando atenção especial às saídas, janelas e camas. Primeiro, a casa é purificada de dentro para fora; depois, de fora para dentro. Isto feito, a casa não deve ser varrida durante três dias – "até que os remédios penetrem". Um incenso comprado na farmácia é queimado e rociado da mesma maneira. Ao mesmo tempo, o curandeiro canta canções sobre a criação, a morte e a ressurreição de Cristo. Um refrão é repetido constantemente: "Que o mal vá embora, que entre a bondade, assim como Jesus Cristo entrou na casa de Jerusalém". Outro canto: "Casa de Jerusalém na qual entrou Jesus, eu peço ao Senhor que o mal vá embora e que entre a bondade, porque assim entrou Jesus, triunfante, na santa casa de Jerusalém, com estas plantas que o mesmo Deus nos deu, e que a Virgem abençoou. Que Deus ajude minha intervenção, porque Deus está ao lado de todos Seus filhos, para sempre".

Com frequência o curandeiro possui uma garrafa com outros remédios, que é bebida com os membros da casa. O chefe da casa fornece conhaque, que é adicionado a uma mistura que contém muitos dos ingredientes utilizados na irrigação, além de outras plantas – inclusive *chondur*, uma raiz aromática obtida dos indígenas nômades da tribo Putumayo (herboristas e magos), entre os quais essa planta possui papel central em ritos de cura. A maior barraca de ervas do mercado local nessa região predominantemente negra é administrada por um nativo Putumayo – e, dada a existência de uma hierarquia de curandeiros, esses indígenas vêm em primeiro lugar.

Os curandeiros negros nativos não só obtêm plantas e encantamentos com esses indígenas, como muitos já foram curados e, logo, educados e consagrados por eles – terminando por imitar, em parte, seus ritos. Tanto negros quanto brancos atribuem vasto poder mágico a esses nativos forasteiros, uma vez que os veem como primitivos, ligados ao mundo natural e à criação das primeiras coisas. A tradição local também associa os indígenas ao renascimento mágico e ao misticismo da antiguidade mediterrânea na Cabala.

Em decorrência disso e de outras múltiplas conexões, a cosmologia local posta em vigor nos ritos cosmogônicos recria a história da conquista europeia durante a qual brancos, negros e indígenas forjaram uma religião popular a partir do cristianismo e do paganismo. Desde seu nascimento, essa religião sustenta crenças que atribuem poderes mágicos a diferentes grupos étnicos e classes sociais, de acordo com o papel que estes tiveram na conquista e na sociedade depois formada. Vista como um todo, essa religião é um complexo dinâmico de representações coletivas – dinâmico porque reflete a interação dialética de atribuição e contra-atribuição que os distintos grupos impõem-se mutuamente. Portanto, em uma incessante dialética do conquistado transcendendo seus conquistadores, o significado social da desigualdade e do mal é mediada pela imersão no pagão do mito de salvação dos conquistadores.

Incredulidade e a sociologia do mal

As cidades baseadas no agronegócio da cana são notórias pela quantidade de feitiçaria que dizem existir em seu meio. Por essa razão, curandeiros de todos os lugares referem-se a esses centros como "chiqueiros" – a feitiçaria é, em geral, chamada *porquería*, imundície. A feitiçaria (e sua cura) suspende as desigualdades nessa sociedade de assalariados em condições precárias, na qual a competição coloca em confronto individualismo e comunitarismo.

O motivo também mencionado para a feitiçaria é a inveja. As pessoas temem o veneno da feitiçaria quando sentem que possuem mais coisas boas na vida que os outros. A feitiçaria é má, mas não é o pior quando direcionada contra o maior mal: a exploração, a não reciprocidade e o acúmulo de ganhos obtidos de forma escusa. Os que estão se dando bem temem constantemente a feitiçaria e tomam medidas mágicas contra sua penetração. E o fazem com razão. Um amigo contou sobre como sua pobre mãe, desesperada, e seus três filhos foram despojados pelo senhorio por não terem pago o aluguel. Furiosa, ela retaliou enfeitiçando a casa. Ninguém mais ousou morar lá depois. Em outro caso, um amigo meu e seu companheiro de trabalho nos canaviais tentaram subornar um escrivão para que ele registrasse que ambos haviam trabalhado mais do que de fato ocorrera. O escrivão recusou-se a fazê-lo e eles pediram que um mago indígena o aliciasse através da feitiçaria.

Apesar de poder entrever turvas premonições de luta de classes nessa feitiçaria carregada de inveja, nem toda feitiçaria é feita por pobres contra os que estão em melhor situação; nem necessariamente contra a verdadeira classe dominante: os proprietários dos canaviais e os líderes do governo, por exemplo. As pessoas apresentam duas razões para a ausência de feitiçaria contra a temida e odiada classe dominante – primeira razão: os governantes não acreditam em feitiçaria; segunda razão: mesmo se acreditassem, eles poderiam contratar magos mais poderosos, uma vez que são muito mais ricos. Trata-se de razões interessantes, uma vez que em áreas ao sul da Colômbia, onde o capitalismo é menos desenvolvido – como as regiões montanhosas onde se localizam as *haciendas* –, os grandes proprietários de fato acreditam que muitos de seus infortúnios devem-se à feitiçaria feita por seus peões. Esses proprietários combatem tal feitiçaria fazendo custosas peregrinações até xamãs indígenas, cujas taxas e manutenção os coloca completamente fora do alcance dos peões (que, mesmo assim, persistem com sua versão mística dos conflitos de classe). O mesmo não ocorre em áreas nas quais o agronegócio predomina; portanto, chego à conclusão de que a razão enfatizada pelas pessoas é a que se mostra mais decisiva entre as duas que me foram apresentadas: empresários do agronegócio não acreditam nesse tipo de feitiçaria.

Isso indica que as pessoas que acreditam em feitiçaria reconhecem que os poderes do feiticeiro dependem da existência de uma cultura compartilhada, a partir da qual a feitiçaria atinge seu fim. Ao reconhecer a incredulidade, e, portanto, a imunidade de seus governantes, a classe trabalhadora dos canaviais reconhece e distingue as mudanças na cultura das classes como mudanças culturais que estão de acordo com a transformação dos modos de produção – a produção nas *haciendas* pertencentes a agronegócios.

No pacto proletário com o diabo, os latifundiários não são alvo nem são atingidos, ao menos não diretamente. Alega-se que através do pacto o trabalhador, inserido no modo de produção capitalista – e só nele –, torna-se mais produtivo – produz mais lucro e esterilidade. Como veremos no capítulo 7, tal crença é resultado lógico do confronto de uma filosofia baseada no valor de uso com o modo capitalista de produção. A magia no pacto com o diabo dirige-se não aos latifundiários, mas ao sistema sócio-histórico do qual fazem parte. Os novos proletários perderam um inimigo de classe suscetível à influência mágica, mas se preparam para conquistar um novo mundo ao manter sua descrença nesse inimigo.

6
POLUIÇÃO, CONTRADIÇÃO E SALVAÇÃO

Duas imagens seculares da linguagem da feitiçaria materializam sua aura mágica: a feitiçaria é feita pelas pessoas e é "suja". Apesar da presença de poderes invisíveis, formadores de uma hierarquia indistinta, liderada pelo fato de o diabo ser proeminente, a ênfase no tocante à feitiçaria é colocada na vontade criadora das pessoas. A feitiçaria é o *malefício*, o que é feito pelo mal; ou, dramática e simplesmente, é a "coisa feita", a *cosa hecha*. Não é vista como produto do destino ou como um "acidente de Deus". A alma da feitiçaria está no seio venenoso da inveja, e sua forma dominante é a sujeira.

De acordo com a interpretação de Douglas (1966), as ideias de sujeira e de poluição são uma reação que protege contra a contradição, os princípios e as categorias estimados. O que está sendo purificado nos ritos de cura do Vale do Cauca que evocam a criação, a morte e a salvação é o que é visto como confuso, contraditório ou ambos. Ver a "sujeira" como contradição permite aprofundar nossa compreensão e ir além da superfície hipnótica de palavras-chave sensacionalistas, como sujeira, inveja e mal.

Antes disso, entretanto, será essencial compreender o significado do conceito de "contradição" neste contexto, pois sem isso a iconografia do diabo e de outros símbolos da cultura popular permanecerão indefiníveis. Aqui parece útil nos referir ao método analítico de Marx.

Como ressalta Karl Korsch ao leitor de *O capital*, de Marx: "não é dado um único momento de tranquila contemplação de realidades e conexões imediatamente dadas; a todo momento o modo marxista de apresentação aponta para a imanente inquietação de todas as coisas existentes". O conceito de contradição é aqui incorporado a um método que inclui, em seu reconhecimento positivo do estado de coisas existente, o simultâneo reconhecimento da negação desse estado, de seu inevitável desmanchar (Korsch, 1971, p.55-6). A sensibilidade à contradição nos torna conscientes da interação instável e tensa entre opostos que, de outra maneira, assumiriam a aura de coisas fixas e significativas em si mesmas. Esse é o caso das dicotomias da Igreja ocidental, que reifica o bem separado do mal como essências simbolizadas por Deus e por Satã em uma visão de mundo quase maniqueísta. O conceito de contradição nos incita a considerar como princípio cardeal que Deus e Satã não são essências em oposição. Em vez disso, representam duas operações do Divino, "a sombra e a luz do drama mundial" (Watts, 1968, p.80-1). Na noção de Blake do casamento entre paraíso e inferno, "bem" e "mal" são reunidos nas profundezas inferiores como o anjo e o diabo. O divórcio entre paraíso e inferno é equivalente à supressão das energias vitais por regulamentos sem vida e reflete exatamente a diferença entre a Igreja e a religião popular. Nas palavras de Blake: "Sem contrários não há progressão. Atração e Repulsão, Razão e Energia, Amor e Ódio são necessários à existência humana" (Blake, 1968, p.34).

Baseada na mitologia da queda e da salvação, a religião popular e a cura mágica no sul do Vale do Cauca são apenas a afirmação dessa unidade dialética entre bem e mal. O diabo simboliza, por um lado, o processo antitético de dissolução e decomposição; por outro, o crescimento, a transformação e a reformulação de velhos elementos de acordo com novos padrões. Portanto, encontramos no diabo o processo mais paradoxal e contraditório, e é essa dialética de destruição e de produção que constitui a base da associação do diabo à produção do agronegócio – morte em vida e esterilidade florescente. No pacto proletário com o diabo, os salários aumentam; porém, são estéreis e cheiram à morte. Sob tais condições, produção e destruição tornam-se termos intercambiáveis e em intercâmbio.

O suposto pacto proletário com o diabo é mais que uma atribuição do mal ao agronegócio. Apesar e para além disso, é uma reação à maneira pela qual o sistema de organização mercadológica reestrutura a vida cotidiana e a base de compreensão do mundo. Essa reação indica não apenas a alienação, mas também sua mediação da contradição entre modos antitéticos de produção e de troca. E como essa mediação pode ser exprimida de diversas maneiras, escolho analisá-las como antíteses entre valor de uso e valor de troca, e como uma resposta aos modos contrastantes de fetichismo pré-capitalista e da mercadoria.

As antinomias da produção

A sociedade dos canaviais e da agricultura camponesa no sul do Vale do Cauca é composta por dois sistemas de troca antitéticos que operam ao mesmo tempo: por um lado, o sistema de reciprocidade e de autorrenovação; por outro, o da troca desigual e da autoextinção.

Apesar de ter passado de diversas maneiras por um processo de comercialização, a agricultura perene camponesa ainda replica a ecologia natural da floresta tropical, assim como fornece comida para a família agricultora e produz hortifrutigranjeiros ao longo do ano. O trabalho agrícola é levado a cabo sem divisão restrita das tarefas entre sexos e idades, e é, no mais verdadeiro sentido da palavra, uma "economia doméstica". Comparado ao trabalho nos canaviais do agronegócio, o trabalho em roças camponesas é visto como bem menos intenso e bem mais prazeroso, por razões tanto físicas quanto sociais. E mais ainda: essa percepção aplica-se até entre trabalhadores assalariados – chamados peões – que trabalham para camponeses. Por exemplo, quando empregado para realizar a sachadura, um peão cobre em média um décimo de acre por dia e, em 1970, recebia por volta de vinte pesos por dia. Porém, ao trabalhar para o agronegócio, o mesmo trabalhador cobre um terço de acre e recebe por volta de trinta pesos. Em outras palavras, como foi mostrado de forma mais elaborada no capítulo 4, o trabalhador ganha um salário diário maior no agronegócio, mas deve trabalhar muito mais para cada peso ganho. A escolha que deve ser feita por um trabalhador pressionado do ponto de vista econômico entre trabalhar para um camponês ou para o agronegócio revela-se excruciante. Mais cedo ou mais tarde, o trabalhador descobre que não há muita escolha: ou abandona o trabalho no agronegócio porque o sistema que remunera por volume de produção força as capacidades de uma pessoa para além de seus limites, ou suporta tal trabalho como um tipo de morte lenta trazida pela fadiga crônica e pela doença. O trabalhador do agronegócio envelhece rápido. Os altos espíritos da juventude desvanecem com rapidez diante do desânimo de um presente que não promete futuro algum. Os adolescentes podem, a princípio, querer trabalhar nos canaviais por causa da oportunidade de fazer mais dinheiro, mas depois de alguns meses, eles voltam a trabalhar em roças de camponeses por menos dinheiro, pois, como eles mesmos dizem: "Prefiro ser um gordo pobre que um velho rico mas magrelo". Trabalhadores que possuem famílias para sustentar chegam à mesma conclusão quando se veem arrasados pelo cansaço, pela doença e pela luta constante com capatazes acerca das taxas de volume de produção nos canaviais. O estado de seus corpos, como indicado pela preocupação que possuem com relação à gordura, à magreza e à doença causada pela exploração, já diz tudo sobre os dois modos de produção. Para eles, a autorrenovação e a autoextinção são mais que simples metáforas para contrastar os dois sistemas. Tais princípios estão gravados na carne e no contorno de seus corpos, e as próprias pessoas percebem isso. O contraste é evidente e autocrítico precisamente porque esses trabalhadores vivenciam diretamente a inescapável contradição entre o trabalho camponês e no agronegócio. Ambos são necessários, porém, insuficientes no que diz respeito à vida.

As diferenças sociais, assim como as diferenças físicas, distinguem os dois sistemas. Dentro da esfera camponesa de produção, as pessoas estão unidas de forma direta através de seus laços pessoais, que englobam parentesco, vizinhança e culturas comuns. As relações de trabalho são a dimensão desses laços de pessoas que canalizam o trabalho, o pagamento e o controle empregatício. Como escreve Marx no capítulo sobre o fetichismo da mercadoria: "Aqui, a dependência pessoal caracteriza as relações sociais de produção [...] justamente porque as formas de dependência pessoal produzem a base da sociedade; não existe razão para que o trabalho e seus produtos assumam uma forma fantástica diferente de sua realidade". Em contraste com a forma reificada que o trabalho adquire como mercadoria em condições desenvolvidas de mercado, "as relações sociais entre indivíduos enquanto realizam seu trabalho mostram-se a todo momento como suas relações pessoais mútuas, e não são disfarçadas sob a forma de relações sociais entre os produtos do trabalho" (Marx, 1967, v.I, p.77). Os contratos de trabalho entre peões e empregadores camponeses expressam relações sociais, não relações de mercado, e estão sujeitos a mudanças que podem ser combinadas de acordo com histórias de vida codeterminadas, laços domésticos, problemas pessoais e flutuações de condições físicas da situação de trabalho. Empregadores camponeses não ousam pressionar em excesso a mão de obra que contratam. Em geral, os peões são pagos por dia ou ao finalizar o trabalho – raramente de acordo com o volume de produção –, e a pontualidade e a disciplina não são fatores de preocupação como ocorre nos canaviais. Lá, pelo contrário, as relações são percebidas como impessoais e opressivas. Os trabalhadores são vítimas dos capatazes, multados ou demitidos em caso de atraso, e submetidos a repentinas quedas nas escalas salariais, sobre as quais não possuem controle algum. Na maioria das vezes, os trabalhadores não possuem nomes ou existem apenas como números em envelopes de pagamento, e não é incomum que deem nomes falsos para se proteger contra retaliações. Mesmo que possam fazer mais dinheiro, os trabalhadores dizem com frequência que estão sendo enganados; porém, nunca afirmam o mesmo quando se trata do trabalho camponês. Acima de tudo, o trabalho no agronegócio é encarado como humilhante e *muy obligatorio* (compulsório), percepção que deriva de experiências contrastantes entre duas situações: a camponesa e a proletária.

É óbvio que o conflito e a desigualdade existem entre camponeses e não se restringem apenas à relação agronegócio-camponês. Porém, na esfera camponesa, eles se revestem de um caráter completamente distinto. As diferenças de riqueza entre camponeses são atenuadas por mecanismos de reciprocidade e de redistribuição, cujos conflitos servem para regular, e assim a distinção ideológica entre camponês rico e pobre é diluída, uma vez que todos os camponeses se definem como pobres, em contraste com os ricos que administram a esfera do agronegócio. A percepção de um opressor comum existe porque ninguém espera que os ricos se preocupem com a reciprocidade e a redistribuição, e porque pouco pode ser feito para que as contas com eles sejam ajustadas. A difundida percepção histórica de injustiça assegura tais contrastes. O desenvolvimento dos canaviais roubou e continua roubando as terras dos camponeses. "É para isso que os latifundiários tomam nossas terras. Ainda existem pessoas idosas que nasceram no começo do século que podem narrar a história imperialista desses *señores*. As posses de nossos antepassados agora estão concentradas em grandes *latifundia*, reduzindo os recém-nascidos à miséria total." Essa percepção da injustiça estende-se para além do problema imediato da terra *per se*. A terra é uma maneira de falar sobre um modo de vida. Sua apropriação pelo agronegócio é uma pilhagem tanto moral quanto material. Inúmeros exemplos podem ser dados, mas o seguinte texto, retirado de uma carta escrita por um grupo de camponeses para uma agência governamental em 1972, deve ser suficiente.

> Já há muito tempo aguentamos os enormes danos que nos são infligidos pelos senhores da indústria, dedicados às vantagens da cana-de-açúcar [...] em seu benefício, esses [senhores] retiram água do Rio Paolo sem controle algum [...] sem praticar ou respeitar as normas sagradas escritas nos livros de direito. Enquanto a justiça baseada na igualdade, a justiça como voz de Deus existir, nós pedimos sua atenção.

Claro que se trata de pura retórica. O apelo às "normas sagradas", à "justiça baseada na igualdade" e à "justiça como voz de Deus" são formas de tornar o argumento mais persuasivo. Mas dispensar esses tropos, levando-se em conta manipulações cínicas, é esquecer que esse tipo de expressão foi escolhido porque se acreditou que seria eficaz. O problema é o tipo de uso da terra e da água, que violam as normas sagradas, a justiça, a igualdade e Deus. Em outras palavras: o problema é a revolução moral que, de acordo com Tawney, é necessária ao nascimento do sistema capitalista moderno: "É a mudança nos padrões morais que [...] canonizou como virtudes econômicas hábitos que em outras épocas haviam sido denunciados como vícios" (Tawney, 1958, p.2). Semelhante a essa carta de protesto camponês é o princípio explicitado por Mercado durante os inebriantes dias de insurreição anarcorreligiosa em 1849: "O povo sabe que seus direitos não deveriam estar à mercê dos governantes, mas que eles são imanentes por natureza, inalienáveis e sagrados". Os canaviais, de propriedade dos "senhores industriais", não respeitam esses direitos. Além disso, os senhores industriais são vistos como dedicados à cana-de-açúcar – uma coisa –, não às pessoas. Tal refrão é escutado repetidas vezes entre camponeses que recontam sua história: "Deus deu a terra para todo mundo, para todos. Deus disse: 'Minha terra não pode ser comprada nem barganhada'".

Tanto esses ideais como os que se referem à partilha da riqueza e do trabalho divergem cada vez mais das práticas cotidianas. A Era de Ouro, com terra e comida em abundância, ajuda mútua, trocas de mão de obra e *fiesta* – mutirão –, é evocada de forma cada vez mais dolorosa, na mesma medida em que os ideais de igualdade e de reciprocidade são subvertidos. Mas são esses ideais que fortalecem o ultraje moral e a censura da comunidade. A feitiçaria é apenas uma das manifestações desse código moral em ação. A riqueza deveria ser compartilhada, assim como os meios de produção. O medo da feitiçaria equivale ao medo de possuir mais que os outros, o que indica que não houve partilha. A feitiçaria é o mal. Mas suas raízes residem em preocupações legítimas com relação a esferas em que a competição coloca individualismo e comunitarismo em confronto. Os donos de lojas que fazem constante uso da magia para exorcizar seus negócios por medo de seus rivais e dos pobres são um claro exemplo disso. O suposto pacto proletário com o diabo é outra manifestação do mesmo repertório de preocupações. Uma vez que as desigualdades são inevitáveis, em especial com as novas condições econômicas, a contradição entre sobrevivência e igualdade torna-se inescapável. Essa é a natureza básica da sujeira exorcizada por ritos de cura – a sujeira é a contradição que acomete os princípios *idealizados* de igualdade. Mas o que se pretende dizer com igualdade? Em seu ensaio "Ideology and Conflict in Lower Class Communities" [Ideologia e conflito em comunidades pobres], Jayawardena distingue entre duas concepções radicalmente diferentes de igualdade. Por um lado, o autor introduz a igualdade que deriva do valor pessoal ou humano intrínseco às pessoas, enraizada na condição humana e na capacidade que todos os seres humanos possuem de sentir, sofrer e ter prazer. Ele argumenta que, em geral, essa noção de igualdade humana é dominante em um grupo à medida que a este é negada, pela sociedade mais vasta ou pela classe dominante, igualdade social. Por outro lado, Jayawardena nos mostra a igualdade derivada do conceito de igualdade de direitos e oportunidades, como a analisada por Alexis de Tocqueville em sua discussão sobre o igualitarismo nos Estados Unidos. Essa ideia de igualdade ignora o ser humano total e concentra-se, pelo contrário, em apenas uma das faces da existência de uma pessoa; portanto, a igualdade pode ser medida de maneira quantitativa. Como nota Jayawardena, Marx fez o mesmo tipo de observação em seu ensaio "Crítica do programa de Gotha", no qual atacou o princípio dos "salários semelhantes para trabalhos semelhantes", adotado pelos socialistas alemães, porque tal princípio avalia o trabalhador a partir de apenas um aspecto de sua existência. Por diferenciar capacidades e condições individuais, Marx considerava-o uma fórmula burguesa para perpetuar a desigualdade, que só poderia ser superada se a igualdade fosse baseada apenas em necessidades humanas (Jayawardena, 1968). A diferença entre esses dois modos de avaliação da igualdade provém da diferença entre valor de uso e valor de troca. Somente no paradigma do valor de troca é que os critérios para avaliar a igualdade podem ser reduzidos a preços e dinheiro, o que resulta em reificação.

Em um contexto no qual uma economia de valor de uso, como a economia doméstica camponesa, coexiste com o – e é vista como estando ameaçada pelo – sistema de valor de troca; os dois modos de avaliar a igualdade estão em conflito. Assim sendo, a contradição que ganha sentido com a palavra "sujeira" não se trata apenas da desigualdade: a sujeira também coloca em questão o paradigma mercantil da equivalência.

O primeiro princípio da *oeconomia* – o modo de produção doméstico – é prover a subsistência da casa. A venda de excedentes não necessariamente destrói a autossuficiência ou põe em perigo a integridade do princípio de produção para o uso. Ao denunciar a produção para o ganho como antinatural, Aristóteles fez esta observação crucial: a produção orientada pelo capitalismo (crematística) ameaça a própria base social. Os fundamentos da associação humana não deveriam estar sujeitos à motivação econômica bruta do ganho em si e por si.

Filosofia econômica idêntica é encontrada na atual disposição dos motivos apresentados ao sul do Vale do Cauca. As plantações camponesas produzem pouco, porém o fazem de forma constante e regular, dentro de um nexo social e ecológico que sempre renova as próprias raízes. Entretanto, para os trabalhadores dos canaviais, o arquétipo da estrutura de troca como simbolizada pelo pacto proletário com o diabo é muito diferente. O trabalhador ganha muito dinheiro vendendo sua alma ao diabo, mas a isso se seguem eventos não repetitivos e definitivos: uma morte prematura e agonizante e a esterilidade do solo e dos salários. Em vez de uma troca que reforça e perpetua um conjunto de trocas recíprocas perenes, como as relações camponesas com as plantações de árvore, o pacto com o diabo é a troca que acaba com todas as trocas – o contrato com o dinheiro que desobriga as pessoas do contrato social e da alma humana.

Essa não é mais que uma expressão da contradição fundamental que estrutura a sociedade local desde o ponto de vista das classes desfavorecidas. Dois sistemas opostos de produção e de troca operam simultaneamente: um sistema de reciprocidade e de autorrenovação, ao mesmo tempo que um sistema de troca desigual e de autoextinção.

Tal estrutura de oposição também pode ser encontrada *dentro* da esfera de produção camponesa. Ela se mostra claramente na oposição entre mulheres e homens na procriação das crianças e na rejeição ou aceitação da tecnologia da "revolução verde" que está substituindo práticas tradicionais. A obrigação de criar as crianças recai sobre as mulheres, mas as crianças retribuem mais tarde esse cuidado; já os pais são considerados moscas, "que picam e vão embora, deixando seus ovos na carne podre". Os poucos defensores das técnicas da revolução verde e da posterior comercialização da agricultura camponesa são homens. As mulheres opõem-se de forma implacável ao fim da produção perene que tal inovação acarreta. "Ela produz pouco, mas produz!", dizem as mulheres, que são alienadas das novas tecnologias. Apenas os homens dirigem e possuem tratores, e apenas eles são favorecidos em empréstimos e transações com o governo. As mulheres temem os novos laços financeiros, o endividamento, e o modo de cultivo com fins comerciais que só produz renda uma ou duas vezes por ano – e isso quando acontece. Elas têm medo de que suas crias morram de fome enquanto esperam a colheita, e também da eventual perda de suas terras. O ciclo de desenvolvimento da casa camponesa foca-se na reprodução da matrilinearidade. À medida que uma casa jovem envelhece, a proporção de mulheres que vivem nela cresce, concentrando-as com a terra como uma unidade de produção. Os homens mudam-se para outras ocupações familiares e para outras residências, enquanto as mulheres prendem-se à produção de produtos perenes. Elas são responsáveis pela permuta entre as unidades domésticas e administram a distribuição de alimentos. Através das mulheres, as unidades domésticas são entrelaçadas por laços entre crianças de pais diferentes. Tanto o padrão de produção material ao qual as mulheres desejam aderir quanto o padrão social de reprodução da descendência nas quais elas estão implicadas são cíclicos, o padrão de troca do homem camponês – tanto na procriação quanto no novo modo de produção material que adota – é muito menos cíclico e recíproco, e tende ao extremo pelo pacto proletário masculino com o diabo – a troca que acaba com todas as trocas.

Mas apenas quando a região é considerada um todo é que essa antítese se estabelece de maneira clara, cruamente vivenciada e projetada no contraste entre unidade familiar camponesa e produção do agronegócio. Um padrão preexistente de noções imanentes à cultura, mesmo que mal e confusamente delimitados de forma consciente, é fixado de modo mais intenso pela nova experiência que ameaça suas raízes. A experiência, como sugere Lévi-Strauss, permaneceria difusa do ponto de vista intelectual e intolerável do ponto de vista emocional caso não incorporasse um ou outro padrão presente na cultura do grupo. "A assimilação de tais padrões", ele propõe, "é o único meio de objetivar estados subjetivos, de formular sentimentos inexprimíveis, e de integrar experiências inarticuladas dentro de um sistema" (Lévi-Strauss, 1967a, p.166).

Neste caso, o sistema é uma contradição organizada, e seus polos opostos são mutuamente animados pela reflexão contrastante de um sobre o outro. Do lado camponês, há o ideal de reciprocidade e troca cíclica garantindo a produção, a reprodução e a fertilidade. Do lado do canavial, em contraste, a exploração, a esterilidade das relações humanas e a morte coexistem com a produção de riqueza. Este modo é visto como autoperpetuante; aquele, como autodestrutivo. Ele é a transação que acaba com a interação social, renunciando à sociabilidade em troca da submissão ao império das coisas. À medida que são descascadas camadas e mais camadas de suas variações, a natureza subjacente à contradição é revelada: o sentido de pessoa e coisa é colocado em questão conforme o desenvolvimento capitalista remodela as bases da interação social, subjugando-a à forma fantasmagórica de relação entre coisas.

O que Polanyi quis dizer com "ficção da mercadoria" é precisamente essa confusão entre coisas e pessoas organizada em nível social e estabelecida pelo ataque do domínio da mercadoria às classes desfavorecidas no sul do Vale do Cauca. Porém, ainda que ficcional, a ficção da mercadoria é real e eficaz em uma forma específica de organização social: ela fornece o princípio de organização vital da sociedade de mercado. Ela é o princípio social que ao mesmo tempo organiza e mina a sociedade humana, e, como Marx nos lembra, suga o poder criativo de homens socialmente ativos em um mundo visto como repleto de coisas magicamente ativas, o fetichismo da mercadoria. Tal crítica ao mercado e ao fetichismo da mercadoria corresponde a uma crítica anterior, a Deus. O homem cria Deus com um ato autoalienante e como consequência Deus passa a ser visto como criador do homem. O produto da imaginação criativa do homem fascina seu criador. O homem torna-se descendente passivo de um poder que ele mesmo criou, um poder que é antropomorfizado e animado ao ponto que o homem nega a autoria de sua própria criação. Assim como com Deus, o mesmo acontece com o mercado e com as mercadorias – entidades sociais criadas pelo homem mas que funcionam na imaginação coletiva como seres animados dotados com a vida que o homem nega a si. Os homens criaram em conjunto produtos que ocultam sua vida com uma objetividade fantasmagórica.

Mas na cultura popular no sul do Vale do Cauca, a objetividade fantasmagórica das estruturas mercantis que ocultam o mundo das relações sociais não distorce dessa maneira a consciência coletiva. Quando os industriais são descritos como dedicados à cana-de--açúcar em vez de às pessoas, quando "nós, camponeses, rejeitamos a cana-de-açúcar porque ela é matéria-prima da escravidão do povo camponês", e quando a cana é fetichizada como "terrível Monstro Verde, [...] a Poderosa Cana, o Deus dos latifundiários", o sistema no qual a produção tornou-se o objetivo do homem é execrado e contrastado com os ideais da economia do valor de uso na qual o homem é o objetivo da produção.

No lugar de um cosmos centrado na pessoa, encontramos um sistema centrado na Grande Cana, o Deus dos grandes proprietários de terra, que transforma o homem em escravo. Assim como na descrição de Burtt acera da metafísica da revolução científica que acompanhou o nascimento do capitalismo, "o homem não é mais que o espectador débil e local; na realidade, um produto irrelevante de uma máquina que se move infinitamente, que existia eternamente antes dele e que existirá eternamente depois dele, preservando o rigor das relações matemáticas enquanto relega à impotência todas as imaginações ideais" (Burtt, 1954, p.301). O problema é maior que a formulação de Tawney com relação à canonização de hábitos econômicos que uma época anterior denunciara como vício. O que também está em jogo é a transformação moral da própria cognição.

O avanço da organização de mercado não apenas rompe laços feudais e despe o campesinato de seus meios de produção, mas também acaba com um modo de ver as coisas. Uma mudança no modo de produção é também uma mudança no modo de percepção. A organização da percepção sensorial humana é determinada por circunstâncias não só naturais, como também históricas. A mudança para a sociedade capitalista glorifica o rigor das relações matemáticas e reduz à impotência todas as imaginações ideais, de forma que a humanidade torna-se um reflexo do reino das coisas. Nessa transformação social e metafísica, a percepção do eu socialmente constituído cede passagem à percepção atomizada do indivíduo isolado maximizador como a unidade de massa – um produto mecânico que maximiza a utilidade através de uma máquina que se move infinitamente: o mercado – de uma sociedade mecanomórfica.

Como revela tal transformação, a intenção humana, a imaginação e o entendimento – capacidades que dependem da interação social e excedem o alcance das leis pertencentes às coisas não humanas – são irrelevantes e inferiores; porém, profundamente suspeitas. Como os vícios econômicos de que fala Tawney, o novo modo de percepção sensorial também foi canonizado e glorificado; o antigo fetichismo da religião foi substituído pelo fetichismo das mercadorias. O novo modo de percepção não é nem mais nem menos natural que o modo que ele desloca. Esse novo modo de percepção também não é mais que uma das diversas maneiras de ver o mundo, a partir da qual um acordo convencional sobre as relações é mascarado como fato da natureza. Enfim, mesmo essa construção revela-se um mundo mágico-religioso, no qual o arbitrário mas convencional caráter de um signo é dia a dia consagrado em rituais que afirmam sua naturalidade. É assim que a participação diária das pessoas no mercado torna-se a guardiã espiritual de sua coerência.

Mas essa coerência nunca é atingida. A busca pelo significado das coisas é tenaz e estende-se para além dos canais por demais estreitos da nova estrutura axiomática que define o reinado das coisas. A racionalidade mercantil sucumbe à sua autoinduzida irracionalidade, e as mercadorias são animadas com significados humanos.

A nova forma social pode transformar o homem em número, mas também transforma as plantações, como as de cana-de-açúcar, em monstros ou deuses. A vida – distorcida, é claro, mas ainda vida – surge nas coisas, transformando produtos sociais em seres animados. Todas as imaginações ideais, escreve Burtt, são reduzidas à impotência. Será mesmo? Em sua subjugação, tais imaginações ideais lutam contra o fetichismo das mercadorias: a cana-de-açúcar dos canaviais torna-se "o terrível Monstro Verde", a "Poderosa Cana", o "Deus dos grandes proprietários", isto é, um ser animado que, dizem, devora pouco a pouco os homens que as trouxeram à vida.

Fetichismo e hermenêutica

Contra a racionalização mística de nossa época, Benjamin insistia na aplicação de seu impulso hermenêutico na leitura e compreensão dos "textos" que não se parecem nem um pouco com os textos no sentido convencional. "Os antigos", como explica Peter Demetz, "podem ter 'lido' a garganta rasgada dos animais, céus estrelados, danças, runas e hieróglifos, e Benjamin – em uma era sem magia – continuar a 'ler' as coisas, as cidades e as instituições sociais como se fossem textos sagrados" (Demetz, 1978, p.xxii). Ele o fazia, deve--se ressaltar, a partir do materialismo histórico. Se sua empreitada parecia oscilar constantemente entre a magia e o positivismo, como censurava seu amigo Adorno, então a comparação entre seu tipo de hermenêutica com a dos novos proletários no sul do Vale do Cauca mostra-se ainda mais apropriada.

A leitura das coisas como se fossem textos sagrados, essa penetração e articulação do que Benjamin chamava "linguagem silenciosa das coisas" era, a seus olhos, condicionada pela melancolia – e esta era algo mais que autoindulgência neurótica. A melancolia era um estado de intelecção que tomava os que se confrontavam com a dialética da liberdade e da necessidade como apregoada pelo materialismo histórico. Aqui pode-se pensar no *slogan* que foi contraposto ao misticismo paralisante intrínseco à posição evolucionário-determinista do marxismo – o adágio combativo de Antonio Gramsci: "Pessimismo do intelecto; otimismo da vontade" – como algo similar à tentativa de localizar uma instância que privilegie tanto o inexorável movimento da história quanto a necessidade de intervenções humanas ativas nesse movimento. O materialismo histórico é uma forma de historiografia na qual a minuciosa mente científica é guiada por uma paixão enraizada na tristeza a fim de estruturar uma concepção do mundo como uma totalidade de partes coerentes que efetua a si mesma. A melancolia estabelece e confirma a distância que separa o sujeito do objeto, uma distância necessária à análise objetiva, enquanto ao mesmo tempo indica a necessidade de transcender tal alienação, que também é a alienação do homem como produto histórico. A melancolia é o olhar que penetra nas imagens do passado, transformando-as de objetos mortos em imagens vibrantes e significativas para o encontro revolucionário com o presente, cuja história, de outra maneira, se tornaria um instrumento da classe dominante para mistificar as vítimas da história. Em todas as épocas, afirma Benjamin, deve-se tentar arrancar a tradição ao conformismo que está em vias de dominá-la. Nada poderia estar mais distante da nostalgia conservadora do passado. A questão é que uma classe isolada da própria história é muito menos capaz de agir como classe que outra que é capaz de se situar na história. Porém, a história é, em essência, catastrófica; ela triunfa à custa de seus agentes humanos. A afirmação de que o passado atua no presente, escreve Benjamin, é messiânica, e não pode ser aceita impunemente. Os materialistas históricos, acrescenta Benjamin, estão conscientes disso.

Fredric Jameson descreve o modo de busca no passado benjaminiano pelo objeto adequado que redimirá o presente sem cair na definição de sua proposta como uma mitopoética fascista que consagra o irracional; ou como a consumação da história através do processamento de dados estatísticos. É a mente das depressões privadas, do desânimo do *outsider*, e da angústia diante do pesadelo político e histórico (Jameson, 1971, p.60).

Ler as coisas como se fossem textos sagrados, preenchê-las com a tristeza penetrante do derrotado ou do *outsider* sem ânimo, projetar a angústia que surge perante o pesadelo político e histórico – esse também é o lamento agonizante de uma classe camponesa sobre a qual a onda do "progresso" está prestes a quebrar. Como sugere Barrington Moore, é nesse lamento, em vez das aspirações de classe de tomar o poder, que reside a fonte da liberdade humana (Moore Jr., 1967, p.505). Nem todos os materialistas históricos estão conscientes de tal fato.

Ler as coisas dessa maneira, como se fossem textos sagrados, é também se entregar a uma espécie de magia, que nós podemos chamar "fetichismo pré-capitalista". É esforçar-se por uma unificação da experiência que, de outra maneira, não pode ser alcançada. É a compulsão teimosa para ver as coisas e as pessoas como entrelaçadas de maneira recíproca a ponto de as coisas serem significativas porque incorporam relações interpessoais mesmo quando (em uma época sem magia) tais relações permanecem ocultas atrás de uma exterioridade reificada.

Sobre a troca em sociedades pré-capitalistas, Mauss pergunta, em seu ensaio "The Gift" [A dádiva], que força existe no objeto trocado que torna a reciprocidade obrigatória? "Esse laço criado pelas coisas", ele responde, "é na verdade um laço entre pessoas, uma vez que a coisa em si é uma pessoa ou pertence a uma pessoa". E ele detalha ainda mais essa aparente confusão de pessoas com coisas: "Nesse sistema de ideias, dá-se o que na realidade é parte da natureza e da essência do doador, enquanto receber algo é receber parte da essência espiritual de alguém" (Mauss, 1967, p.10).

As práticas do moderno sistema de mercado esforçam-se no sentido de negar essa metafísica de pessoas e coisas refletida na troca social e em substituir o tipo de fetichismo apontado por Mauss pelo fetichismo da mercadoria do capitalismo, como interpretado por Marx. O primeiro é obtido através da noção antiquada de reciprocidade, cuja profundidade metafísica é sugerida por Mauss e cuja tônica reside na unidade que se pensa existir entre as pessoas e as coisas que elas produzem ou trocam. O segundo, o fetichismo da mercadoria, deriva da alienação entre as pessoas e as coisas que elas produzem ou trocam. Codificada tanto na lei quanto na prática diária, tal alienação resulta na fenomenologia da mercadoria como uma entidade autocontida, que domina seus criadores, autônoma e que sobrevive com força própria.

O destino do camponês que é atraído pela comercialização da agricultura, em especial onde esta envolve produção do agronegócio em larga escala, é ser testemunha do choque entre essas duas formas de fetichismo. A crença no pacto proletário com o diabo, assim como outros casos de fetichismo, são o resultado desse choque. O diabo é mais que o símbolo da nova economia: ele é mediador dos significados e sentimentos opostos que o desenvolvimento dessa economia engendra, pois se a percepção camponesa ou do valor de uso fosse suplantada pela cultura de mercado, não existiriam bases para fabulações como o pacto com o diabo. A emergência desse tropo é ocasionada pelo significado que a cultura do valor de uso atribui aos tropos criados pela organização mercantil da sociedade, da produção e da troca. O pacto com o diabo mostra o significado humano desse tipo de organização, reconhecendo-a como maligna e destrutiva, não como resultado de forças moralmente neutras inerentes a coisas desencarnadas.

As manifestações da cultura na magia, em crenças relacionadas ao cultivo no canavial e no contraste entre as produções camponesa e do agronegócio estão submetidas a uma leitura dialética das coisas como textos sagrados. Por um lado, há a leitura feita pelas próprias classes desfavorecidas, uma leitura guiada pelos princípios metafísicos do valor de uso, à medida que tais princípios são confrontados pela cultura da mercadoria; por outro, há a leitura imposta pelo analista, e esta é uma atividade inescapável. As duas leituras convergem, brasonadas com os textos fornecidos pelos neófitos proletários.

7
O BATISMO DO DINHEIRO E O SEGREDO DO CAPITAL

O batismo do dinheiro e o nascimento do capital

De acordo com a crença no *bautizo del billete* (batismo do dinheiro), presente no sul do Vale do Cauca, o futuro padrinho (madrinha) esconde uma nota de um peso em uma das mãos durante o batismo da criança feito por um padre católico. Acredita-se que assim a nota é batizada em vez da criança. Quando essa nota, agora batizada, entra em circulação, crê-se que ela sempre retornará ao seu dono com juros, enriquecendo-o e empobrecendo a outra parte no acordo do qual participa o dono da nota. O dono é agora padrinho da nota de um peso. A criança permanecerá sem o batismo, e se os pais ou qualquer outra pessoa descobrir isso, será caso de uma preocupação profunda, uma vez que será negada à alma da criança qualquer legitimidade sobrenatural, e ela não terá chance de escapar do limbo ou do purgatório – dependendo de quando morrer. Tal prática é penalizada com rigor pela Igreja e pelo governo.

A nota batizada recebe o nome – chamado "nome de batismo" – que o ritual batismal deveria outorgar à criança. A nota passará a ser chamada Marlene, Jorge, Tomás e assim por diante – qualquer que seja o nome que os pais tiverem decidido dar à criança. Para colocar a nota batizada em funcionamento, o padrinho oferece-a como parte do pagamento de uma negociação monetária rotineira – como quando se paga por bens em uma loja – e murmura as seguintes palavras:

José!
¿Te vas o te quedas?
¿Te vas o te quedas?
¿Te vas o te quedas?[1]

Chamada pelo nome, à nota pergunta-se três vezes se ela vai retornar para seu padrinho ou não. Se tudo funcionar como deve, a nota em breve retornará para seu padrinho, trazendo consigo uma grande quantidade de dinheiro. Essa transferência realiza-se de maneira invisível. Uma família negra de classe média possuía uma loja de esquina no povoado. No meio da manhã, sozinha na loja, a esposa dirigiu-se aos fundos e voltou rapidamente, porque pensou ter ouvido um barulho no caixa. Ao abrir a caixa registradora, ela percebeu que todo o dinheiro desaparecera. Então ela se lembra do comportamento estranho de um dos clientes no começo da manhã e se dá conta de que alguém lhe entregara uma nota batizada. Tão logo virou as costas, a nota fugiu com todo o dinheiro da caixa registradora.

Em um supermercado lotado da cidade grande mais próxima, um agente de segurança se surpreendeu ao ouvir uma mulher próxima à caixa registradora cantar em voz baixa: "Guillermo! ¿Te vas o te quedas? ¿Te vas o te quedas? ¿Te vas o te quedas?". Ele logo concluiu que ela passara uma nota batizada – e que estava esperando a nota retornar com o que havia dentro da caixa registradora – e prendeu a mulher. Ela foi levada e ninguém sabe o que aconteceu depois.

Um dos poucos comerciantes negros bem-sucedidos do povoado foi salvo de uma grande perda apenas por causa da mais incomum das coincidências. Trabalhando em sua loja, ele se surpreendeu ao

---

1 José!
Você vai ou fica?
Você vai ou fica?
Você vai ou fica? (N.T.)

ouvir um estranho barulho vindo da caixa registradora. Ao olhar de forma mais atenta, viu duas notas brigando pela possessão das outras e concluiu que dois clientes, cada um com sua nota batizada, deviam tê-las utilizado como pagamento e esperavam pelo seu retorno. Essa estranha coincidência permitiu que o comerciante impedisse que seu dinheiro desaparecesse como em um passe de mágica.

Nas sociedades pré-capitalistas, a troca de mercadorias e o mercado estão ausentes. Animismo, magia e várias outras formas de fetichismo florescem. Mas esse fetichismo é semelhante ao fetichismo da mercadoria que encontramos em uma organização socioeconômica baseada no sistema capitalista? Marx é um dos que, claramente, pensava que os dois eram muito diferentes e que, ao nos colocar essa questão, estamos prestes a desmistificar as ilusões engendradas pela forma mercantil da troca. "Todo o mistério das mercadorias, toda a magia e a necromancia que envolvem os produtos do trabalho a partir do momento em que tomam a forma de mercadoria", ele escreve, "desaparecem, por sua vez, no momento em que passamos a outras formas de produção" (Marx, 1967, p.76). Porém, devemos levar em consideração que quando o sistema mercantil penetra em uma formação social pré-capitalista, as duas formas de fetiche – a magia da troca recíproca e a magia da troca mercantil – afetam-se mutuamente e coalescem em uma nova forma.

Ao sul do Vale do Cauca acredita-se que, através do mecanismo religioso ilícito do batismo do dinheiro – ilícito porque engana os pais, o padre e a criança, mutilando-a em termos espirituais ao aniquilar sua aceitação na comunidade de Deus –, este produzirá dinheiro e irá crescer. Essa é apenas uma expressão exótica da fórmula padrão marxista para a circulação capitalista, D-M-D' (dinheiro-mercadoria--mais dinheiro) ou apenas D-D', em oposição à circulação associada ao valor de uso e ao modo camponês de produção, M-D-M (mercadoria A-dinheiro-mercadoria B, ou vender para comprar). A questão que Marx se coloca, a do mistério do crescimento econômico capitalista da acumulação de capital a partir da qual o capital parece criar mais de si, parece ocorrer neste caso com a ajuda de forças sobrenaturais invocadas pelo batismo cristão da cédula de dinheiro. Uma vez acionado dessa maneira, o dinheiro torna-se capital portador de juros. Um meio inerte de troca transforma-se em uma quantidade autocriadora, e, nesse sentido, um fetiche – uma coisa com poderes vitais. Trata-se de uma crença de fato estranha. Mas deve-se considerar que o sistema contra o qual ela é dirigida com certeza não é menos estranho. Nós, que há muitos séculos nos acostumamos às leis da economia capitalista, viemos a aceitar de forma complacente suas manifestações como naturais e comuns. Os antigos profetas e analistas do capitalismo, como Benjamin Franklin, já julgavam as operações da economia completamente naturais; assim eles podiam referir-se de maneira espontânea aos juros como uma propriedade inerente ao capital (veja capítulo 2).

Entretanto, o campesinato no sul do Vale do Cauca – como atestam seus costumes envolvendo o batismo do dinheiro – vê isso como algo completamente irreal e sobrenatural. Além disso, o batismo da nota é realizado tendo consequências terríveis para a criança: nega--lhe um lugar legítimo nos ritos do ciclo vital e da ordem cosmológica e carrega, pois, o mesmo estigma do pacto que os trabalhadores assalariados fazem com o diabo. Essa imoralidade do processo distingue a nota batizada do fetichismo "puro" ou capitalista da mercadoria.

E mais: o batismo da nota ainda é visto como resultado de uma cadeia de eventos *iniciada pelo homem*. É verdade que a relação ainda é mistificada, uma vez que poderes sobrenaturais são necessários para que o dinheiro possa portar juros; porém, sabe-se muito bem que o dinheiro não faria isso sozinho. A multiplicação do dinheiro como capital não é vista como um poder inerente ao dinheiro. Assim, não se configura como fetichismo da mercadoria, uma vez que essas pessoas não veem como *natural* ao dinheiro a propriedade de se reproduzir. Na verdade, tal propriedade é vista a tal ponto como antinatural que poderes sobrenaturais devem ser evocados pelos meios mais diabólicos e destrutivos. Apesar de a verdadeira relação entre o capital e o trabalho ser mistificada, o homem ainda é visto como necessário para desencadear os ciclos mágicos – e isso condiz com o fato de, na economia do valor de uso, as relações que as pessoas estabelecem em seu trabalho lhes parecem diretas, recíprocas e pessoais, não atividades controladas pelas relações entre produtos. Na verdade, as configurações específicas de fetichismo pré-capitalista que tratamos aqui surgem precisamente da consciência da interdependência e reciprocidade humanas na qual tanto as pessoas quanto seus produtos são vistos como formando uma unidade. Quando as pessoas se defrontam com o mercado em seus primeiros estágios de penetração, a deformação e o desequilíbrio dessa interdependência lançam o fetiche para o domínio do sobrenatural e do mal – o batizado ilícito do dinheiro e o pacto entre proletário e diabo.

Razão analógica e a filosofia dos valores de uso

É impressionante quão similares são os princípios subjacentes à crença na nota batizada aos princípios da *Política* de Aristóteles com relação ao dinheiro, à troca e à teoria econômica do final da Idade Média. A distinção que Aristóteles delineou entre o que hoje é chamado valor de uso e valor de troca – distinção que também ocupa lugar central na teoria marxista – é essencial para essa percepção. No livro um da *Política*, Aristóteles escreve:

> Todo artigo ou propriedade possui um uso duplo. Ambos são usos da coisa em si, mas não usos similares; um deles é o uso correto do artigo em questão; o outro não o é. Um sapato, por exemplo, pode ser usado tanto para que você coloque o pé dentro dele quanto para ser oferecido em uma troca. Todos são usos de um sapato, pois mesmo o indivíduo que dá um sapato para alguém que precisa de um sapato, e que recebe em troca dinheiro ou comida, está fazendo um uso do sapato como sapato, mas não o uso correto com relação ao objeto, pois um sapato não é feito expressamente com o propósito de troca. O mesmo ocorre com outros artigos de propriedade. (Aristóteles, 1962, p.41)

Apesar de a função de troca de qualquer artigo poder ser feita de maneira legítima em uma economia doméstica ou de subsistência, foi dessa função de troca que o ganho de dinheiro ou o capitalismo surgiu em detrimento da economia doméstica ou "natural". Como ressalta Roll em *A History of the Economic Thought* [Uma história do pensamento econômico], tal distinção entre duas artes de ganhar dinheiro "não era apenas uma tentativa de enfatizar uma distinção ética. Era também uma verdadeira análise de duas formas distintas a partir das quais o dinheiro atua no processo econômico: como um meio de troca cuja função é realizada pela aquisição de um bem requerido para a satisfação de uma necessidade; e na forma de capital, que leva o homem a desejar a acumulação ilimitada" (Roll, 1973, p.33).

Em sua discussão sobre Aristóteles, Roll enfatiza a ideia de que o dinheiro como utilizado na circulação de valores de uso – a economia doméstica, natural de Aristóteles – é estéril. "O dinheiro se destina a ser utilizado na troca, mas não para aumentar em função dos juros; ele é estéril por natureza; através da usura ele procria, e essa deve ser a forma mais antinatural de ganhar dinheiro" (Roll, 1973, p.33). Essa informação pode ser organizada de forma tabular (veja tabela 2).

Diversas analogias surgem do conjunto de contrastes representados na tabela, por exemplo:

Valor de Uso do Dinheiro	Valor de Troca do Dinheiro
(dinheiro)	(capital)
natural	antinatural
estéril	fértil

Mas, na natureza, no mundo biológico, por exemplo, as coisas são naturalmente férteis. Aristóteles escreveu: "O dinheiro estava destinado a ser um meio de troca; os juros representam um aumento do dinheiro em si. Nós chamamos isso de produção, como se fosse uma colheita ou uma ninhada, pois cada animal produz outros semelhantes a si, e os juros são dinheiro produzido a partir do dinheiro. Por isso, entre todas as formas de adquirir riqueza, essa é a mais contrária à natureza" (Aristóteles, 1962, p.46).

Utilizando o método proposto por Mary Hesse (1963) em sua discussão sobre a analogia, essa afirmação pode ser expressa como um conjunto de analogias positivas e negativas nas quais há o reconhecimento explícito tanto das similaridades quanto das diferenças entre os pares de termos que constituem a analogia.

Domínio Biológico	Valor de Uso do Dinheiro	Valor de Troca do Dinheiro
(natural)	(natural)	(antinatural)
animal	D	D
ninhada	D	D'

Tabela 2. Características do dinheiro

Tipo de Valor	Valor de Uso	Valor de Troca
Objetivo da circulação	Satisfazer necessidades naturais	Ganhar dinheiro como fim em si mesmo
Características do dinheiro	Meio de troca	Meios para ganhar mais dinheiro (meios como fins; capital)
	M-D-M	D-M-D'
	Natural	Antinatural
	Estéril	Fértil

Nota: D = dinheiro; D' = dinheiro mais juros, isto é, capital

A analogia entre animais e dinheiro como valores de uso expressa as relações tanto de similaridade quanto de diferenciação. Eles são similares por fazerem parte do mundo natural e porque suas propriedades funcionam para garantir o propósito original da sociedade ideal: "para restabelecer o equilíbrio de autossuficiência próprio à natureza", como afirma Aristóteles. Eles são diferentes na medida em que é uma propriedade natural dos animais criar outros iguais a si, enquanto o dinheiro é por natureza estéril.

As analogias entre animais e capital e entre dinheiro e capital também se baseiam em um conjunto de similaridades e diferenças. Por exemplo, o capital se reproduz, assim como o fazem os animais; mas enquanto um é natural, o outro é antinatural. Da mesma forma, o dinheiro segundo o paradigma do valor de uso é semelhante ao dinheiro como capital, mas enquanto o primeiro é estéril, o segundo é fértil.

Assim, o desafio enfrentado pelos habitantes das zonas monocultoras no sul do Vale do Cauca é saber como explicar, e em alguns casos mesmo efetuar, a transformação das propriedades de similaridade em propriedades de diferença e vice-versa. Eles devem explicar de que forma características que foram em algum momento propriedade exclusiva dos animais agora são atribuídas ao dinheiro, cuja propriedade natural é ser infértil. Devem explicar também a transformação do dinheiro em capital portador de juros e a conversão do valor de uso em valor de troca.

Isso é feito através do rito ilícito de batismo do dinheiro. O dinheiro natural, ou que não foi batizado, não é e não deveria ser capital: ele não pode e não deveria produzir juros da maneira como o capital e os animais criam mais de si mesmos. O dinheiro consegue essa propriedade antinatural apenas se algum indivíduo agir sobre ele através do ritual do batismo. O dinheiro infértil pode tornar-se artificialmente fértil quando transferido para o domínio de Deus, sendo moldado com as propriedades criadoras deste.

A eficácia e a racionalidade do ato mágico parecem ser compreendidas mediante uma comparação entre relações de similaridade e diferença observadas em esferas separadas da existência, e o rito é utilizado para manipular e transmutar relações de diferença em relações de similaridade.

Natural	Antinatural
animal	D
ninhada	D'

A ninhada é o rendimento natural do animal, enquanto o aumento sobre o capital (D') é antinatural.

A analogia negativa (comparação da diferença) pode ser superada e aproveitada na comparação da similaridade (analogia positiva) por meio do rito batismal:

batismo da criança	:	batismo ilícito do dinheiro
legitimidade e crescimento		não legitimidade e crescimento

O DIABO E O FETICHISMO DA MERCADORIA NA AMÉRICA DO SUL   191

Ainda assim, essa transferência só é alcançada por um rito ilícito quando aplicada ao dinheiro; e esse rito configura-se como um sacrilégio que priva uma criança humana de receber a santificação e o endosso necessários à completude do potencial humano. Dessa forma, apesar de o dinheiro poder ser convertido em capital portador de juros, isso é visto como sobrenatural e antinatural. O dinheiro não pode fazê-lo por si, pois essa não é uma propriedade inerente a ele. Ela deve ser acionada de forma sobrenatural, e tal ativação só pode ser feita de maneira ilegal e contra as normas da cultura. Assim, o capital é explicado de forma a revelá-lo como antinatural e imoral. Os paradigmas analógicos fundamentados no valor de uso podem ser reestruturados por meios sobrenaturais, mas a cada reestruturação, o sentido original da economia do valor de uso ainda é preservado.

O pacto com o diabo e a magia da produção capitalista

No caso do pacto com o diabo feito por trabalhadores assalariados dos canaviais a fim de aumentar a produção, o dinheiro ganho é tido como estéril. Ele pode ser gasto apenas em itens de luxo que devem ser consumidos de imediato. Se o dinheiro for investido em terras, estas não darão frutos. Se um animal for comprado para engorda e futura venda, ele morrerá. No mais, o plantio sob um pacto com o diabo também não vingará: as socas da cana, por exemplo, cessarão de brotar e de se desenvolver. Portanto, neste caso, apesar de a produção do proletário crescer, o dinheiro não será fértil; na verdade, evoca infertilidade – a antítese do dinheiro batizado.

Qual o significado disso? Tendo em vista um primeiro nível, isso se explicaria pelo fato de o pacto ser feito com a antítese de Deus – o diabo. Mas podemos perscrutar os símbolos e explorar um pouco mais as distinções feitas por Aristóteles e Marx. Aristóteles vê as conexões entre produção e as diferentes formas de dinheiro da seguinte maneira: "Logo, procuramos definir riqueza e o ganho de dinheiro de diferentes maneiras; e não erramos ao fazê-lo, uma vez que eles são diferentes; de um lado, a verdadeira riqueza, de acordo com a natureza, pertencente à gestão doméstica, produtiva; de outro, o enriquecimento sem lugar algum na natureza, pertencente ao comércio e não produtor de bens no pleno sentido do termo" (Aristóteles, 1962, p.43). Aqui, a antítese entre dinheiro como simples meio de troca e dinheiro como capital é identificada no contraste entre bens e atividades produtivos e não produtivos. Na verdade, para Aristóteles, o contraste é ainda mais gritante, uma vez que o enriquecimento ou o capitalismo é, em si, destruidor da economia natural ou doméstica: é destruidor da interação recíproca das forças naturais que são responsáveis pela produção e pelo crescimento.

Assim, a referência inicial às características de esterilidade e de fertilidade do dinheiro como meio de troca é colocada no contexto da produção e de um sentido mais profundo de fertilidade. A analogia entre animais e sua descendência, de um lado, e do dinheiro criador de dinheiro, de outro, é completamente antinatural, segundo Aristóteles: antinatural em especial na medida em que a forma naturalmente estéril do dinheiro baseia-se na atividade produtiva – "no verdadeiro sentido do termo" –, enquanto a forma fértil do dinheiro não o é. Apenas em sua forma naturalmente estéril "o dinheiro mantém seu propósito original: restabelecer o equilíbrio de autossuficiência da própria natureza". Logo, valores de uso, o dinheiro como mediador neutro da troca, o equilíbrio de autossuficiência da natureza e a verdadeira produtividade estão todos relacionados de maneira intrínseca e são necessários uns aos outros.

Um conjunto básico de analogias positivas e negativas que se pode depreender a partir desse ponto de vista é o seguinte:

dinheiro	:	capacidade produtiva
capital		destrutivo

O problema enfrentado pelas pessoas nesta cultura é, logo, o de como explicar e efetuar a inversão dessas analogias naturais uma vez que o fato empírico da questão é que a produção pode ser mantida e aumentada dentro da esfera de produção capitalista. Com a inversão teremos o seguinte:

dinheiro	:	destrutivo
capital		produtivo

Tal inversão é efetuada e explicada através do pacto com o diabo: por meio da ação dessa força maligna e destruidora, a produção dentro das relações capitalistas nos canaviais pode ser aumentada. Ao mesmo tempo, como a analogia mostra de forma tão clara, o salário efetivo ganho não é produtivo: mata qualquer coisa que se compre com ele, exceto artigos de luxo imediatamente consumidos. O conjunto natural de relações que deveria prevalecer de acordo com o paradigma do valor de uso pode ser transformado em relações capitalistas que se opõem às analogias do valor de uso. Mas essas relações capitalistas não são tidas nem como naturais nem como benéficas, pois dependem da interferência do diabo.

Conclusão

As superstições que focamos no Vale do Cauca, a saber, o pacto com o diabo e o batismo do dinheiro, demonstram ser, por isso, crenças que endossam de forma sistemática a lógica da contradição entre valores de uso e valores de troca. Ao fazê-lo, essas crenças assemelham-se aos princípios básicos da economia aristotélica, à doutrina econômica postulada por Aquino e a outras doutrinas – dominantes no final da Idade Média –, além de assemelhar-se a uma das premissas básicas do marxismo. Tais superstições não são vestígios confusos provenientes de uma era anterior, quando a vida camponesa ou a influência da Igreja ainda estava intacta; são, na verdade, formulações precisas que implicam uma crítica sistemática da invasão do modo capitalista de produção. Como mostram essas crenças, a sensibilidade com relação à distinção entre valores de uso e valores de troca não é o resultado de nostalgia ou de ideais mumificados conservados de uma época em que o modo de produção camponês prosperava. Nem pode ser explicada apenas como resultado da coexistência da produção camponesa e do modo capitalista de produção em desenvolvimento.

Essa simplicidade também deve-se ao fato de a "economia de favela" dos camponeses há pouco tempo urbanizados basear-se ainda, em último caso, nas práticas do valor de uso.

O paradigma da racionalidade implicado nessas formulações é bastante dependente da razão analógica. Explicações analógicas implicam um registro do que não é familiar em termos do que é familiar, e o modo analógico de raciocínio em questão aqui é inerentemente holístico e dependente da identificação das coisas pelas relações que estas engendram com totalidades mais vastas. Porém, o paradigma causal que impregna por completo as ciências sociais modernas do Ocidente e as principais ideias do que é chamado desde o século XVII, de forma imprecisa, pensamento ocidental, é, em si, atomístico e reducionista, pois define a identidade a partir da própria coisa e não a partir de sua relação com o contexto da qual essa coisa é uma parte.

O modo de razão analógica anteriormente esboçado parece ser utilizado de forma mais prolífica e consciente em culturas orientadas pela economia do valor de uso, e como S. J. Tambiah demonstra de maneira elegante em sua interpretação da magia dos Azande, a percepção de sua lógica e sistematização dissipa as confusões pejorativas implicadas no momento em que tais crenças são submetidas aos cânones de validação vigentes na metodologia positivista moderna e na filosofia social utilitarista (Tambiah, 1973). Entretanto, Tambiah deixa a desejar ao não considerar o sistema metafísico subjacente a partir do qual tais analogias retiram seu sentido. Apesar de ter sido muito útil demonstrar como conexões e influências – em um primeiro momento estranhas – entre fenômenos podem ser postuladas e defendidas de acordo com as propriedades puramente formais de um conjunto analógico, a ontologia nativa também deve ser levada em conta. Enfatizar as características formais da racionalidade analógica oferece-nos uma compreensão da precisão sistemática implicada nos modos de explicação que não se baseiam apenas no paradigma da causa e do efeito. Mas isso não nos oferece mais que as análises feitas por Tylor e Frazer no século XIX, que mostravam tanto as conquistas intelectuais quanto o que eles julgavam ser o maior erro implicado nas fórmulas mágicas analógicas: que essas fórmulas fossem vistas como meios instrumentais de alcançar um tipo de bem concreto. Mas se não sujeitarmos tais fórmulas à demanda moderna de explicar as coisas pela sua utilidade, então o que encontraremos nessas expressões mágicas não será uma ciência enganosa, mas uma afirmação sobre o sentido do mundo. Evans-Pritchard argumentou contra o reducionismo e o utilitarismo psicológicos de Tylor e Frazer, afirmando que as fórmulas mágicas não são psicológicas, mas fatos sociais, cujo verdadeiro valor reside na linguagem das relações sociais e no inescapável legado da cultura (Evans-Pritchard, 1933). Parafraseando o famoso aforismo de Durkheim sobre a religião, a magia é a sociedade que se enfeitiça. Assim sendo, ao voltarmo-nos às analogias que constituem as crenças mágicas, devemos nos perguntar em primeiro lugar por que, afinal de contas, certas propriedades – e não outras – são consideradas relacionadas em nível analógico? Apesar de podermos indicar a relação analógica entre dinheiro e capital, por exemplo, e demonstrar o problema e a solução que tal analogia oferece, ainda não estamos fazendo nada além que ressaltar um conjunto de sentidos que, em última instância, está em uma base diferente das presentes nas regras formais de raciocínio. Essa base deve ser procurada na metafísica e na filosofia social do grupo em questão, e, nesse caso específico, uma importante dimensão de tal filosofia exprime-se no paradigma da economia do valor de uso e na forma como ela representa o significado da mercantilização e da reificação.

O modo de raciocínio analógico é persuasivo na economia dos valores de uso porque as coisas não são vistas como constituintes de si, mas como incorporações de redes relacionais. As coisas interagem por causa dos sentidos que carregam – sentidos de transitividade sensória, interatividade e vida –, não através da força física enclausurada na célula privatizada da coisa autocontida.

Os tipos de analogia levados em consideração nos exemplos provenientes do Vale do Cauca são interessantes porque a relação de causa e similaridade entre os termos separados que constituem as analogias depende da totalidade do conjunto e não está presente nos próprios termos. O conceito de "causa" em questão não corresponde ao da causação mecânica, mas aos conceitos do padrão, associação e propósito. Nada além de uma imensa confusão pode resultar da sujeição desse conceito ao paradigma mecânico de forças que interagem, semelhante ao ricochetear de bolas de bilhar ou à engrenagem de rodas dentadas; portanto, quando apresentados a partir dessas formas de racionalização, a ótica reificante as percebe como irracionais. Ao descrever as propriedades do seguinte tipo de analogia – que são semelhantes às apresentadas anteriormente –, Hesse ressalta que as relações de similaridade em nível horizontal são dependentes do sentido particular estabelecido pelas relações verticais (Hesse, 1963).

pai	:	estado
criança		cidadãos

Além disso, as próprias relações verticais não são causais em nenhum sentido específico, e, se os termos individuais são encarados em separado do conjunto total de analogias, cada um apresentará uma *variedade* de conotações. Logo, o sentido específico de qualquer um dos termos dentro da estrutura total depende do conjunto total de relações. Isso demonstra que o significado dos termos individuais *não* é resultado de seus sentidos enquanto isolado e desconectado de outros sentidos isolados. Antes, são termos relacionais que incorporam o sentido estabelecido pelo conjunto de relações do qual todos os termos fazem parte. Coisas são relações e estas são antes ontológicas que lógicas.

Uma analogia seleciona a partir de uma variedade de possibilidades para fazer que uma dessas seja significativa e persuasiva. Nos exemplos do Vale do Cauca, o significado trata dos precondicionamentos sociais de crescimento e troca. Não se trata de uma ciência das coisas, mas de uma ciência retórica, cujo meio são as condições e relações sociais que correm o risco de tornar-se coisas.

Os termos individuais não são vistos de forma atomística. Eles não se adequam ao paradigma corpuscular newtoniano ou ao que A. N. Whitehead chama filosofia das relações externas. Em vez disso, eles se conformam a uma filosofia orgânica de relações internas, na qual cada um dos termos separados incorpora o conjunto total de relações do qual faz parte (Whitehead, 1967, p.111-8; Ollman, 1971, p.27-42).

Para ser sucinto, a doutrina metafísica das relações externas é o princípio do método analítico e redutivo; de acordo com tal método, a explicação analisa qualquer fenômeno existente por meio de seus constituintes atômicos supostamente irredutíveis e conclui ilustrando as leis matemáticas de causa e efeito que, imagina-se, estão em ação entre eles – e que, quando somados, constituem o fenômeno total. Essa doutrina é central na tradição cartesiana e faz parte da visão da natureza a partir da qual Galileu, Descartes e Newton impulsionaram as ciências modernas e o positivismo rumo ao sucesso. Apesar de ter sido descartada pela física teórica desde o início do século XX, tais concepções continuam a fornecer as bases das ciências sociais modernas e das ideologias populares do Ocidente com relação à sociedade. Duas propriedades nos interessam aqui. A primeira, como coloca Whitehead: "O caráter de cada uma dessas coisas últimas é, desse modo, concebido a partir de suas qualificações privadas. Tal existência é compreendida de forma completamente desconectada de qualquer outra existência: a verdade é que ela não necessita de nada além de si mesma para existir" (Whitehead, 1967, p.113). Para colocar de outra maneira, o sentido ou a identidade de uma coisa é dado apenas por e em si mesma, não pelo contexto do qual faz parte. A segunda, como também ressalta Whitehead, em virtude dessa descontextualização, as relações entre as coisas (e mudanças nas coisas e em suas relações) são concebidas como externas às próprias coisas. Esses conceitos forçam o recurso a um tipo de deísmo ou fetichismo, que é a maneira pela qual o próprio Newton conceitualizou o cosmos de coisas que seriam, de outra maneira, individualizadas.

O fetichismo inerente às crenças do Vale do Cauca origina-se de uma metafísica e de um conjunto de precondições sociais bem diferentes. De acordo com a epistemologia camponesa e da classe trabalhadora, os termos individuais ou as coisas são conceitualizadas da mesma forma que o são os "momentos" de Hegel: cada uma expressa a totalidade da qual é uma manifestação. As coisas contêm a totalidade em si mesmas, por assim dizer, e podem ser vistas de forma causal, agindo sobre ou sofrendo interferência de outros constituintes. Mas aqui elas interessam, em um primeiro momento, como cifras e signos que ecoam o sentido do sistema que a sociedade constrói a partir delas.

Eu também escolhi – na verdade, senti-me forçado a escolher – interpretá-las nesse sentido e não ver um mundo de átomos nadando de forma mecânica em vapores etéreos de tempo e espaço. O próprio marxismo baseia-se na compreensão perspicaz dessa perspectiva (ver Ollman, 1971), apesar de isso ser, em geral, ignorado, pois seus intérpretes posteriores compreenderam a noção marxista de materialismo como correspondente à da ciência burguesa: mecânica e empírica.

Para concluir, vale repetir que apesar de as estruturas analógicas poderem ser invertidas e de as relações poderem se transformar, nos exemplos retirados do Vale do Cauca – onde um modo de produção está substituindo o outro –, a ética e a razão do valor de uso se mantêm. A metafísica subjacente ao modo analógico não foi rejeitada mesmo que agora os camponeses possuam pouco mais que a própria força abstrata de trabalho. As analogias não são neutras apesar de a influência neutralizadora da distinção entre valor e fato ser intrínseca à ciência moderna e à teoria econômica, nas quais se afirma que "a economia é inteiramente neutra entre os fins; estes só se tornam relevantes para as preocupações do economista uma vez que se depende de recursos escassos para alcançá-los. A economia não se preocupa com os fins como tais" (Robbins, 1935, p.24).

Nada poderia estar mais distante da teoria econômica e do comportamento dos camponeses e dos trabalhadores rurais no sul do Vale do Cauca, para os quais a economia está totalmente relacionada aos fins. Econômica ou não, para eles a razão é muito mais que a simples preocupação com a coordenação maximizante de recursos escassos a fins alternativos. Em vez disso, a razão é o que incorpora as condições objetivas de existência. A compreensão da razão capitalista e da práxis que ela implica leva-os a concluir que o sistema é contrário às leis da natureza, maligno e, em última instância, destruidor das condições objetivas de existência.

Submeter a razão dos camponeses e trabalhadores rurais à instrumentalidade dos meios e dos fins e à formalidade vazia das analogias analisadas em separado de seus conteúdos e propósitos é acelerar o fim de tais condições. Uma sociedade ou comunidade camponesa pode envolver-se na produção de mercadorias, mas isso não necessariamente a constitui como cultura reificada. Uma comunidade pode ser afetada e controlada em muitos sentidos pelo mundo capitalista mais vasto, mas isso não a torna uma réplica da sociedade englobante ou da economia mundial. As tentativas de interpretação das formações pré-capitalistas segundo o que Pollanyi chamou de nossa obsoleta mentalidade mercantil são exercícios enganosos em um ingênuo etnocentrismo que, na verdade, não se aplica sequer à própria sociedade mercantil, constituindo-se apenas como uma replicação de sua aparência.

PARTE III

AS MINAS DE ESTANHO BOLIVIANAS

*Não conheceram o valor inflacionário do dinheiro.
Sua moeda era o Sol que brilha para todos,
o Sol que é de todos e que tudo faz crescer,
o Sol sem inflação nem deflação: e não esses
sujos "sóis" com os quais se paga o peão
(que por um Sol peruano lhe mostrará suas desgraças);
E comia-se duas vezes ao dia em todo o Império.*

E não foram os fiadores os criadores de seus mitos.

Ernesto Cardenal, "The Economy of Tahuantinsuyu"

8
O DIABO NAS MINAS

Nos veios das minas de estanho das montanhas que circundam a cidade de Oruro, na Bolívia, os mineradores possuem bonecos que representam o espírito detentor das minas e do estanho. Conhecido como diabo ou Tio, esses ícones podem ser tão pequenos quanto uma mão ou tão grandes quanto um homem. Eles possuem poder de vida e morte sobre as minas e os mineradores. Assim, estes realizam ritos sacrificiais e troca de dádivas para o espírito representado pelos ícones – a manifestação contemporânea do poder pré-colonial da montanha (Nash, 1976, p.27; Costas Arguedas, 1961, v.2, p.303-4).

Seu corpo é esculpido a partir do minério. As mãos, o rosto e as pernas são feitos de argila. Muitas vezes, os olhos são feitos a partir de pedaços brilhantes de metal ou de lâmpadas dos capacetes dos mineradores. Os dentes podem ser de vidro ou de cristal, afiados em forma de unha, a boca é escancarada, à espera de oferendas de coca e cigarros. As mãos estendem-se para pegar o licor. Na mina Siglo XX, o ícone possui um enorme pênis ereto. O espírito também pode assumir a forma de uma aparição: um *gringo* loiro, barbudo, com o rosto vermelho e usando um chapéu de vaqueiro, muito semelhante aos técnicos e administradores que controlam os dez mil mineradores que extraem o estanho que, desde o final do século XIX, transformou a Bolívia em um satélite do mercado mundial de matérias-primas.

Ele também assume a forma de um súcubo que oferece riquezas em troca da alma ou da vida de uma pessoa (Nash, 1972).

Sem a boa vontade do espírito – alcançada através do ritual –, tanto a produção de minérios quanto a vida dos mineradores estão em perigo. O mínimo que se pode dizer é que o espírito proprietário das minas é extraordinariamente ambivalente, representando a força da vida e da morte; e as ambivalências oscilam tanto quanto as mudanças de contexto político e econômico. Após as mudanças revolucionárias e a nacionalização estatal das minas em 1952, a posse privada de cunho pessoal detida por barões do estanho foi substituída por um deficiente controle burocrático e pela ditadura militar, que, em alguns aspectos, tornou a luta dos trabalhadores pelo controle sobre seus meios ainda mais árdua e crítica que na época dos barões de estanho. Desde a tomada militar em 1964, os ritos feitos pelos mineradores para o espírito proprietário das minas têm sido reprimidos. Convencidos de que tais ritos impedem o progresso, alguns mineradores pensam que é melhor que eles sejam esquecidos. Outros afirmam o oposto e sustentam que a administração os reprimiu porque eles sustentam uma solidariedade proletária e o alto nível de consciência revolucionária que deram renome às áreas mineradoras.

Cada mudança no modo de produção e cada novo desenvolvimento da luta política adiciona novos sentidos e transformações à simbolização e compreensão do espírito detentor da natureza. Nas comunidades camponesas do planalto andino, onde individual e comunalmente os lavradores valem-se do real controle sobre os meios de produção, os espíritos donos da natureza diferem dos das minas, nas quais reina o modo de produção capitalista. Também nas comunidades camponesas esses espíritos possuem poder de vida e morte sobre pessoas e recursos. Os espíritos proprietários que habitam as montanhas são importantes de uma maneira especial, pois, apesar de personificados com frequência, nunca são esculpidos. Mas eles não assumem o caráter maligno do espírito das minas, e os ritos feitos em seu nome são muito menos frequentes. Na vida camponesa, os espíritos donos das montanhas estão incorporados a ícones naturais como penhascos ou rochas, cuja vitalidade e totalidade asseguram a vitalidade e a solidariedade presentes nas encostas montanhosas. Ritos sacrificiais e troca de dádivas com os espíritos donos das montanhas exemplificam e ratificam essas crenças. Eles asseguram o fluxo suave da produção focada, em especial, na subsistência, e cuja existência se dá em grande parte fora do mercado de trocas capitalista. Ao alimentar o espírito da montanha, os produtores camponeses asseguram que ele os alimentará. A troca de dádivas com os espíritos assegura que estes retribuirão dádivas da vida para os camponeses. Nas comunidades relativamente isoladas da troca e cultura comerciais, a percepção e a representação dos espíritos donos das montanhas correspondem mais às preocupações e à benevolência indígenas do que nas comunidades camponesas menos isoladas. A ambivalência dos espíritos proprietários está sempre presente: eles podem tanto causar danos como ajudar. Mas a troca de dádivas rituais canaliza tal ambivalência em resultados favoráveis.

Apenas nas minas, montanhas crivadas por organizações capitalistas, o espírito proprietário parece predominante e, de fato, maligno. Ali, os ritos em seu nome são necessários e frequentes; porém, por mais que tentem, os mineradores estão sempre à beira do fracasso, mesmo com todo o apaziguamento ritual. Até o início dos anos 1950, os ritos dos mineradores possuíam uma boa parcela de legitimidade sobre o controle personalista de um barão do estanho como Simón Patiño, que também participava de alguns ritos. Após a nacionalização e a reorganização das minas sob a égide do capitalismo de Estado, os mineradores foram expostos a uma situação diferente e com novas contradições. Como parte da nação boliviana, eles compartilhavam, em teoria, a posse das minas. E com seus sindicatos de esquerda sempre lutavam por esse direito. Porém, a gestão real e cotidiana do processo de trabalho e o verdadeiro direito à distribuição de riquezas não haviam passado para suas mãos, e a dominação burocrática deve ter mesmo, de alguma forma, piorado a situação. Com certeza tornou uma situação já ruim ainda mais arbitrária e anônima, e a violência estatal sanguinária contra os mineradores não cessou em aspecto algum. Com esse recente desenvolvimento histórico em mente, podemos acompanhar de forma mais consciente as transformações e a ambivalência que marcam a figura do diabo (ou Tio) proprietário das minas. "Quem brinca com o diabo fica igual a um demônio", diz a esposa de um minerador no final da década de 1960. As mulheres em especial foram extremamente prejudicadas com as mudanças organizacionais e com a mecanização e as restrições contra sua coleta de minérios. Ela continua:

> Então não recorremos mais ao Titito. Ele aparecia antes, mas agora não pode. Está completamente exausto e não pode. Em vão eles *ch'alla* [realizar um ritual] para o Tio. Nós o fizemos com grandes pedras com metal dentro. Ele parecia uma pessoa fumando cigarro, assim como nós. Depois de fumar o cigarro, ele mascava a coca das sacolas das mulheres junto com elas. Nós costumávamos ficar perante o Tio com nossos xales de seda. Costumávamos pedir conselhos para ele. Tocávamos no metal em suas mãos. Era lindo, igual açúcar bruto. (Nash, 1976, p.81)

Assim como os mineradores da Europa ao final do período medieval e início da era moderna, hoje os mineradores bolivianos atribuem às minas vida orgânica e espiritual. Eles devem compreender o metabolismo dessa vida e trabalhar com ela, e, para fazê-lo, devem sobretudo trocar com ela. Isso se consegue através de um ritual que dramatiza a troca e eleva seu significado a um nível satisfatório de entendimento.

Antes da nacionalização, os salários eram divididos entre dez ou quinze dos membros de um grupo de trabalho vinculados a um tipo de contrato fundamentado na quantidade de minério extraído. Após a nacionalização, os grupos desmembraram-se em unidades de duas pessoas e os salários foram estabelecidos de acordo com o metro quadrado escavado, não mais pela quantidade de mineral extraído. Em certo sentido, a intensa solidariedade dos pequenos grupos de trabalho foi substituída pelo sindicato nacional dos trabalhadores bolivianos (Centro Obrero Boliviano). Mas após o golpe militar e com a tomada das minas em 1964, esse sindicato perdeu muito de seu poder. Atualmente, os trabalhadores não têm mais nem a força dos primeiros grupos de trabalho nem a da união monolítica.

De acordo com a estrutura de pagamento e com a organização do trabalho antes da nacionalização, os ritos dos mineradores para o espírito dono das minas e do estanho às terças e sextas-feiras enfatizava o desejo por minérios e a diminuição do perigo. Agora os ritos são, em geral, proibidos pela administração, mas os mineradores insistem em realizá-los (embora em escala muito reduzida), mesmo que o grupo de trabalho inicial não exista e que agora eles ganhem de acordo com o volume escavado e não mais pela quantidade de estanho. Apesar dessa radical alteração no cálculo do pagamento, os mineradores e seus insistentes ritos continuam relacionados à vida das minas.

Tal preocupação transcende o estreito economicismo dos administradores e do trabalhador de fato alienado, típico da indústria moderna. Os mineradores consideram-se, e não os administradores, os que entendem e cuidam das minas. Na autobiografia do minerador Juan Rojas fica muito claro que os minerados preocupam-se com a vida das minas como uma entidade viva, por assim dizer. No relato detalhado de Roja, o leitor percebe e sente reiteradas vezes como o trabalho dos mineradores é um processo de empatia com a mina, alimentando-a tanto quanto a escavando. Eles são forçados pela hierarquia administrativa a esforçar-se com o penhasco e a odiar o trabalho que destrói seus pulmões e diminui suas vidas. Porém, ao mesmo tempo, eles se importam com a mina. Sua atitude mostra mais que respeito: é reverencial, originando-se da interação da qual dependem os mineradores. Esse sentimento de mutualidade é uma prática de coparticipação vivida dia a dia com outros trabalhadores em uma atividade muitíssimo perigosa e que requer confiança mútua e excelente coordenação. Também é a sensibilidade da coparticipação com a própria mina. Tal sentido de afiliação à mina provém de experiências e habilidades adquiridas de maneira árdua no penhasco à medida que uma pessoa insere-se pouco a pouco no metabolismo da mina (Rojas; Nash, 1976).

Joseph W. Bastien descreve sensibilidade semelhante entre os camponeses ao norte da Bolívia com relação à montanha na qual vivem. Essas pessoas dizem que estão unidas porque suas comunidades correspondem a partes diferentes mas entrelaçadas da montanha, e esta é concebida como um corpo humano. Eles trabalham nas terras da montanha; a montanha lhes dá vida; eles alimentam a montanha com dádivas rituais e oferecem-lhe vida e totalidade. Enquanto sustentam a vida da montanha, esta, por sua vez, sustenta a vida deles (Bastien, 1978, p.190-1). É esse o sentido de mutualidade viva entre trabalho, povos, pessoas e natureza que o ritual define, mesmo quando a produção e a troca comercial modernas opõem-se a tal mutualidade. Na verdade, ao ameaçar sua integridade, a produção e a troca mercantis parecem, estranhamente, exacerbar esse sentido de mutualidade viva.

Em sintonia com uma vasta série de significados inscritos na mitologia, na magia e no despertar dos poderes adormecidos da natureza, com frequência fala-se dos minérios como seres vivos, resplandecentes em seu movimento, cores e som. Pode-se referir a eles como fluindo igual à água, em movimento, parados, puros, bonitos, em crescimento como uma batata, como açúcar bruto, doce, pulsando sob o solo. A esposa do minerador citada anteriormente descreve como a Virgem do Socavão está em cima do ouro no poço. Água em ebulição corre sobre esse ouro, cuja beleza a esposa compara à do açúcar bruto. Esse ouro não pode ser extraído, ainda que esteja em movimento. A Virgem odeia que a movimentem. Se isso acontecesse, a cidade de Oruro desapareceria porque a água sobre a qual ela caminha a carregaria. Deve-se apaziguar a Virgem, senão ela comerá as pessoas (Nash, 1976, p.77-8). Em toda a mitologia indígena das Terras Altas latino-americanas, a Virgem, em geral, está associada à fertilidade e à água, em contraste com a divindade masculina dominante, associada à destruição e ao ódio. A antítese entre a mobilidade e a imobilidade corresponde à cobiça por ouro e aos perigos de removê-lo de seu local apropriado. As mesmas crenças aplicam-se à prata e ao ouro na montanha que está sob proteção de São Pedro. Se fossem extraídos, a montanha seria queimada com as pessoas. Dizem que todo Carnaval os vendedores de coca levam para lá um bebê recém-nascido e o jogam vivo dentro do buraco. Em troca, o diabo lhes dá prata. Esse pacto era feito através do mesmo tipo de rito sacrificial, o k'*araku*, no qual os mineradores de estanho oferecem uma lhama ao espírito detentor das minas de estanho, o Tio. A montanha de São Pedro é rica em minerais, mas as pessoas não podem mexer neles em hipótese alguma. A mina de São José também possui bons metais, mas as pessoas dizem que ele está dormindo e que não podem extraí-los no momento. Muitos espíritos encantados habitam essa mina.

A mina é encantada, mas corresponde à antítese de um encantamento cristão. Na verdade, seu poder parece residir precisamente em tal antítese. Ela é oposta ao mundo de Cristo; pertence ao anticristo. Na entrada da mina deve-se rezar a Deus e se persignar. Caso contrário, pode-se perder o veio (Rojas; Nash, 1976, p.371). Deus reina na superfície, mas o Tio é o rei das minas. "Nós não nos ajoelhamos perante ele como faríamos com um santo", diz um minerador, "porque isso seria um sacrilégio" (Nash, 1972, p.226). O padre Monast, que trabalhava na Bolívia, conta que o bispo de Potosí foi impedido pelos mineradores de celebrar missa dentro da mina. Como qualquer padre, o bispo é visto como um inimigo do Tio, e sua presença faria o estanho desaparecer. O Tio é Lúcifer, o diabo, e a obtenção do estanho depende das homenagens prestadas a ele. Dois ícones estão na entrada da mina Siglo XX: de um lado, São Miguel; do outro, o Tio (Monast, 1969, p.100-1). "Nós não dizíamos Jesus, Maria e José e depois fazíamos o sinal da cruz porque o metal desapareceria", diz a mulher citada anteriormente (Nash, 1976, p.126).

Assim como a mina é oposta ao poder sagrado do cristianismo e o Tio a Deus, existe outra oposição entre o Tio e Pachamama (a Mãe Terra). O Tio é uma figura masculina, monstruosa, representado como detentor de um pênis gigante. Os perigos da mineração podem fazer os mineradores perder a virilidade, e quando isso ocorre, eles pedem ao Tio para torná-los tão potentes quanto ele. Nos Andes, Pachamama representa a fertilidade e recebe oferendas rituais de licor borrifado no solo. Antes de oferecer licor ao Tio, os mineradores borrifam um pouco no solo para ela. Eles contam que quando *achamama* (mascam coca), ingerem o espírito dela (Nash, 1972, p.226). Antes de entrar na mina os mineradores a saúdam: "Bom dia, senhora, não permita que nada ocorra comigo hoje". E quando partem, eles agradecem a proteção. Quando se veem em perigo, pedem para que ela interceda junto ao Tio, e quando explodem uma dinamite, pedem para que ela não fique com raiva.

Antes da supressão levada a cabo pela administração, os ritos ao Tio eram, em geral, realizados às terças e sextas-feiras, os dias de ritos mágicos e de sua reversão em toda a América Latina. "Nós começamos a *ch'alla* nas áreas de trabalho dentro das minas", descreve um minerador.

> Nós levamos faixas, confetes, serpentina, e todas essas coisas. Primeiro começamos com o Tio. Colocamos um cigarro na sua boca. Depois espalhamos álcool no chão para a Pachamama. Eu e meus parceiros fazemos isso, somos *"políticos"*, um tipo de time. Espalhamos álcool e depois damos um pouco para o Tio. Então pegamos nossa coca e começamos a mascar, fumamos. Servimo-nos do licor que cada um trouxe. Acendemos o cigarro do Tio e dizemos: "Tio, nos ajude no trabalho. Não deixe que aconteça qualquer acidente". (Nash, 1972, p.226)

Eles bebem licor, falam e cantam sobre o trabalho e sua história política. Eles enrolam serpentinas ao redor do pescoço do Tio e preparam um altar com oferendas – ervas, um feto de lhama e bolos com fotos de objetos desejados, como casas, carros ou animais, ou com imagens de monstros. Essas fotos são queimadas diante do Tio. Bêbados, eles vão para o local no qual trocam de roupa e depois fazem mais oferendas ao Tio, enrolando serpentinas ao redor do pescoço um do outro.

Acidentes são frequentes, muitas vezes letais, e intimamente ligados à malevolência do Tio e à sua expiação. Nash cita um minerador descrevendo como os mineradores gritam "O que você está fazendo, Tio?" quando estão assustados. Depois de um acidente recente, eles oferecem coca e licor ao Tio, agradecendo-o por tê-los salvado. Quando três homens morreram em um acidente um ano antes, os mineradores se convenceram, ele diz, de que o Tio estava sedento de sangue. Eles pediram dispensa para a administração das minas, de forma que pudessem conduzir um rito. Compraram três lhamas e contrataram um xamã. Os homens ofereceram sangue ao Tio dizendo "Tome isto! Não coma meu sangue!" (Nash, 1972, p.229-30).

Apesar de, nessa situação, ter sido um acidente físico específico a causa imediata para a realização do rito, os mineradores suplicaram ao Tio para que ele não comesse o sangue deles, e não para retificar práticas equivocadas de mineração. O perigo é constante nas minas. Túneis podem desabar, dinamites explodem causando danos, entre outras coisas. A esses perigos terrivelmente reais junta-se o perigo com relação ao espírito proprietário, o qual subsume todos esses perigos físicos, uma vez que o Tio é básico para a vida da mina. O contato com os deuses é sempre perigoso e marcado pela ameaça de morte. O sacrifício permite que os homens se aproximem dos deuses pela mediação da vítima sacrificial. A paz pode ser comprada, mas não dada. O sacrificante pode vir a ser o sacrificado. O apelo ao Tio "Tome isto! Não coma meu sangue!" é uma súplica que ilustra essa possibilidade sempre presente. Em um outro nível, tal possibilidade testemunha a ambivalência dos deuses, os verdadeiros detentores da saúde da mina. Evidencia também os perigos manifestados pela troca desequilibrada entre os mineradores e a mina e pelo temor que essa troca seja sempre desequilibrada. Quando o minerador Juan Rojas relatou um rito sacrificial para o Tio após um acidente, ele descreveu como os mineradores ficaram felizes (Rojas; Nash, 1976, p.366-9). Eles afirmam que alimentam o Tio com todo o coração, para que a mina prospere. O rito não só previne acidentes como os sucede. O perigo para os mineradores é subsumido pela preocupação com a prosperidade da mina.

Um companheiro de trabalho de Roja sofreu ferimentos graves em 1966. O próprio Rojas sentia que não estava com muita sorte. Ele foi proibido pelo engenheiro de se demitir do cargo de chefe do grupo. Quando seu companheiro voltou ao trabalho, ele sugeriu a Rojas que ambos realizassem um ritual para o Tio. Assim, compraram como oferenda açúcar, milho duro, milho doce, cerveja, vinho branco, vinho tinto, aguardente e uma ovelha. Um xamã visitante foi contratado. Em vez de permitir que o xamã perfurasse o coração do animal com um arame – ação que sujaria e mataria o animal –, os mineradores insistiram para que fosse feita uma incisão na garganta do animal e que se borrifasse seu sangue sobre uma pedra nas entranhas da mina. Depois eles comeram a ovelha. O xamã havia preparado a *mesa* (altar) próxima ao fogo com diferentes tipos de balas de açúcar, grãos, gordura de lhama e seis miniaturas feitas com essa gordura, significando que o sacrifício seria equivalente a seis lhamas reais. O açúcar, ritualmente oposto ao sal, era para a companheira do Tio. Depois de o pequeno grupo ter comido a ovelha, um homem que trabalhava em outro local chegou de repente, o que era um bom sinal. Nomearam-lhe Mallku, que é também o termo utilizado para templos sagrados da terra nas montanhas, templos dos monumentos ancestrais. Em quéchua, o grupo disse: "O Condor veio para nos ajudar a comer". (Espíritos da montanha podem assumir a forma de condor.) O homem queria levar a carne para casa e comê-la, mas o xamã o impediu. "Você deve comê-la aqui", ele disse. "Se não fizer assim, a companheira do Tio irá comer você!" Assustado, o homem assim o fez. Quando terminaram, os ossos foram embrulhados em uma lã vermelha, e eles voltaram para a mina. Infusões rituais foram borrifadas na entrada da mina. Eles estavam contentes, diziam que estavam oferecendo essa refeição de coração; a mina prosperaria. Então entraram no local onde iriam colocar o coração e os ossos. O coração foi colocado no centro das balas de açúcar e flores e no topo os ossos foram depositados na forma de um esqueleto completo, que foi então coberto com a pele. Nos quatro cantos eles colocaram o vinho branco, o vinho tinto, o álcool, a cerveja, mamão e pequenos vasos de argila. Eles brindaram "à memória do sacrifício que fizemos para o Tio", depois partiram rápido, sem ousar olhar para trás. Após permanecer duas horas no nível subterrâneo, eles subiram em direção ao exterior e continuaram a beber até que a noite virasse dia (Rojas; Nash, 1976, p.366-9).

Esse rito é claramente semelhante ao sacrifício da lhama registrado por Bastien em seu relato sobre as cerimônias da Nova Terra, realizadas pelos camponeses de Kaat antes da plantação de batata. Os espíritos detentores das terras, do ciclo agrícola, das colheitas e do grupo de parentesco territorial são alimentados com dádivas especiais: coca, gordura de lhama, flores, incensos e sangue. A lhama é abraçada e beijada, como os mineradores descritos nos relatos de Bernabé Cobo, feitos por volta de 1653, que beijavam o metal e instrumentos de fundição. Faz-se um corte profundo no pescoço do animal e o coração é removido de imediato. Enquanto o coração ainda bate, o sangue é recolhido e borrifado sobre o solo em todas as direções. Os participantes bradam aos espíritos detentores da lhama, do *ayllu* (grupo social) e do ciclo agrícola: "Receba este sangue da lhama sacrificial. Dai-nos uma colheita abundante, permita que nosso rebanho aumente e nos conceda boa fortuna para tudo. Mãe Terra, beba deste sangue". O coração da lhama é cortado em pequenos pedaços e cada espírito detentor é alimentado com um desses pedaços. Então a gordura da lhama é dada para os principais participantes comerem. De maneira resumida, escreve Bastien: "O sangue do animal mais estimado pelos *ayllu* flui para todas as partes do corpo *ayllu* e vitaliza suas camadas geográficas para produzir mais vida" (Bastien, 1978, p.51-83).

Nas comunidades mineradoras, um rito especial para o Tio é realizado em duas ocasiões: em 1º de agosto (o mês do diabo), que é quando ocorreu o rito acima descrito, e na primeira sexta-feira de Carnaval. Até 1952, quando os maiores barões de estanho ainda estavam no poder, os mineradores ofereciam a estes cerca de cem libras do mineral mais valioso como parte de um rito no qual eles sacrificavam uma lhama branca para o Tio. Em troca, o barão de estanho retribuía com dádivas como coca, licor e roupas. É muito provável que isso provenha dos ritos que ocorriam antes da conquista entre os mineradores e seu chefe, o *curaca*, ou com o próprio rei inca. Hoje, os velhos mineradores dizem que Patiño, um dos mais famosos barões de estanho, acreditava piamente no Tio e fazia-lhe grandes oferendas (Nash, 1972, p.227). A breve descrição desse rito relatada por um minerador veterano possui temas que se assemelham aos dos ritos registrados pelo cronista espanhol da metade do século XVII, Bernabé Cobo (1890-1895, v.3, p.345).

Durante o Carnaval, quando esse rito público para o Tio e para os barões de estanho ocorria, aconteciam também dois desfiles que dramatizavam a história da conquista e da mineração. Esses dramas apresentam o significado da mineração e das relações de classe de forma espetacular.

Em um deles – o Hahuari, o espírito da montanha agora identificado com o Tio ou com o diabo das minas de estanho –, ele é representado seduzindo camponeses virtuosos a abandonar os campos e entrar na montanha para achar minerais preciosos que ele mantém dentro da montanha. As pessoas tornam-se beberronas dissolutas, pagando seus gastos com as riquezas da montanha. Então chegam monstros para comer essas pessoas, mas eles são impedidos por um raio enviado por uma princesa inca, que depois será identificada como a Virgem do Socavão. Esses monstros podem ser vistos hoje em ícones naturais ao redor de Oruro, como penhascos pedregosos, dunas, pedras e lagos. De acordo com Nash, eles devem ser apaziguados durante o Carnaval (e em agosto), quando centenas de dançarinos vão às ruas vestidos de diabo (Nash, 1972, p.224).

O segundo desfile é "A conquista do espanhol", cuja performance é feita no domingo e na segunda-feira de Carnaval em Oruro. Ele também faz parte da celebração da Virgem do Socavão, identificada como uma princesa inca. Nathan Wachtel considera esse desfile uma manifestação clara do messianismo andino (Wachtel, 1977). Os atores possuem um roteiro já definido, e foi registrado do início ao fim em quéchua e em espanhol por Ena Dargan em 1942 (Balmori, 1955). Ele mostra de forma vívida o drama da conquista europeia: a crueldade, a decepção e a avidez por metais preciosos. É enfatizado o desnorteamento e a total incompreensão do rei inca perante as demandas por ouro e prata. O capelão espanhol tenta explicar os mistérios do cristianismo e persuadir o rei inca a se submeter ao rei da Espanha. O inca responde afirmando que ele é o dono legítimo de seu reino e que nem este nem sua religião serão abandonados. Ele pede para o padre algum signo de sua religião e o padre mostra uma Bíblia, que é jogada no chão. Furioso, o espanhol massacra os indígenas e aprisiona o rei inca, que é decapitado; então o povo andino é conquistado. Um membro da nobreza inca amaldiçoa toda a prata e o ouro, desejando que estes desapareçam e que os espanhóis sejam forçados a viver do próprio trabalho. Uma princesa inca ora: "Pai Eterno, deixai vir o jovem inca poderoso. Ressuscite-o!". Como salienta Clemente Hernando Balmori, a essa altura da narrativa, o primo de Pizzaro, o principal conquistador, escreveu em 1571 que quando o rei inca Atahualpa foi morto, suas irmãs e esposas afirmaram que ele retornaria para este mundo (Balmori, 1955, p.46). No final do desfile, Pizzaro retorna para a Espanha e oferece a cabeça do rei e a coroa inca ao rei da Espanha: "Oh! General Pizzaro", exclama o rei, "o que você está dizendo? Minha ordem não era tirar a vida de um rei grandioso, que talvez seja mais poderoso que eu!" Após um longo discurso sobre a crueldade, o orgulho e a arrogância de Pizzaro, o rei da Espanha ordena que o executem da mesma maneira que ele matou o rei inca, destruindo assim todos os seus descendentes.

O chamado à vida é predominante nos ritos dos mineradores em nome do Tio, o espírito diabólico detentor das minas de estanho. O desejo por minérios e alívio do perigo físico são componentes importantes desse chamado, mas apenas dentro de um propósito mais vasto. Por mais que tentem, os mineradores estão sempre a ponto de ser destruídos. O Tio parece implacavelmente empenhado em matá-los. Porém, como os ritos para ele sugerem e os desfiles tornam claro, o Tio coexiste com uma história simbólica da conquista e da mineração, cujo mal é promessa de sua reversão. Os mineradores abandonaram as formas de vida camponesas para entrar na economia antinatural do trabalho assalariado; agora, eles arrancam das montanhas seus metais preciosos. Sua destruição iminente, entretanto, é protelada pela ação da princesa inca, em nome da qual eles promovem festejos públicos. O rei inca e o universo indígena foram destruídos pelos espanhóis por causa dos metais preciosos e do cristianismo. A nobreza inca jogou uma praga sobre os metais preciosos, fazendo--os desaparecer. Homens e mulheres que procuram retirá-los dos esconderijos à custa de muito suor e ritual, enterrados por camadas e mais camadas de simbolismo, cores, mitos, movimento, sons, drogas e sacrifícios consolidados, provavelmente conhecem a causa da dificuldade e o que significa persistir. Porém, eles são forçados a fazê-lo. O Tio representa o guardião do significado da submissão indígena e da perda de controle sobre a vida – sendo esse controle reiteradas vezes requerido pelos indígenas. No entanto, é a mesma praga que condena os espanhóis e, em consequência, todos os não indígenas a perder o poder de explorar o trabalho indígena: eles terão de viver dos próprios suor e trabalho. O mundo dominante não é aceito como bom ou natural. O inca retornará, e o legado de Pizzaro será destruído.

É claro que isso é uma fantasia. Porém, uma fantasia que permeia o universo andino. Nas comunidades camponesas, o mito messiânico do retorno do inca também existe. Mas em lugar nenhum da sociedade camponesa os espíritos detentores da natureza assumem a mesma realidade humanamente esculpida ou a ativa malevolência como o espírito detentor que supervisiona a árdua vida dos trabalhadores assalariados nas minas. Um novo elemento antes não encontrado na vida camponesa foi adicionado à imagem vulgar dos espanhóis e ao brilho dos metais preciosos: o processo de proletarização dos indígenas associado ao estranho fetiche da mercadoria.

Essas estranhas fantasias não só escapam à vida como se opõem à forma exploratória e fragmentada que ela tomou. O obscuro "fator subjetivo" da consciência política é animado e reanimado nos mitos de criação e nos rituais laborais que opõem a forma moderna adquirida com a produção a uma forma orgânica anterior. Uma visão mítica do passado mantém-se para contestar o presente, negando as convicções de normalidade e a exigência de perpetuação deste.

O materialismo histórico, escreve Benjamin, deseja fixar uma imagem do passado, como ela se apresenta no momento do perigo ao sujeito histórico. O perigo ameaça a existência da tradição e as pessoas que a recebem tornam-se instrumentos da classe dominante. A luta política começa com a determinação de resistir a essa invasão ideológica. Em cada época, Benjamin prossegue, é preciso arrancar a tradição ao conformismo, que deseja apoderar-se dela. E é essa memorização politicamente inspirada – essa historiografia ativa – que mineradores levam a cabo em seus ritos em nome do Tio e da vida da mina. Na escuridão das montanhas crivadas em favos, eles apresentam sua história como esta se mostra para eles.

O líder do sindicato dos mineradores afirma:

> Essa tradição dentro da montanha deve prosseguir porque não há comunicação mais íntima, mais sincera ou mais bela que o momento do *ch'alla*, o momento em que os trabalhadores mascam coca juntos e a oferecem ao Tio. Naquele momento eles dão vazão aos seus problemas sociais, aos seus problemas no trabalho, e aos problemas em geral, e lá nasce uma nova geração tão revolucionária que os trabalhadores começam a pensar em fazer mudanças estruturais. Essa é a universidade deles. (Nash, 1972, p.231-2)

Promover mudanças estruturais, mudar a sociedade, é fazer história. Mas para isso faz-se necessário reter a imagem fortalecida do passado que condena as distorções da humanidade forjadas como normais pelas pretensões objetivas do presente. Exige, como diz Benjamin, apropriar-se de uma reminiscência, tal como esta relampeja no momento de perigo, pois como nos lembra Herbert Marcuse: "Toda reificação é um processo de esquecimento. A arte luta contra a reificação ao fazer o mundo petrificado falar, cantar e, talvez, dançar" (Marcuse, 1977, p.73).

Ao final de sua autobiografia, o minerador Juan Rojas diz:

> No momento, sei o que estou fazendo, lembro do que fiz e sei o que vou fazer. Mas para ser sincero, um minerador é desmemoriado. A memória do minerador está perdida. Então, quando um minerador fala, ele não é fiel. A memória do minerador não é fixa. Não, não é fixa. Muitas vezes ele diz e não lembra. Se ele lembra por apenas um momento, na maioria das vezes ele esquece logo depois. Por quê? Porque o cérebro do minerador é perturbado pelo estalido das máquinas, desgastado pelas explosões de dinamite e pelo gás do estanho. É isso que eu quero esclarecer para você sobre minha situação. (Rojas; Nash, 1976, p.478)

9
ADORAÇÃO DA NATUREZA

Os rituais relacionados à mineração e as esculturas do diabo são formas de arte. Se aceitarmos a sugestão de Marcuse de que a arte luta contra a amnésia da reificação fazendo o mundo petrificado falar e dançar contra uma realidade repressiva, então começamos a perceber como e por que a arte dos mineradores está a par de sua história retomando desde a vida camponesa até os tempos anteriores à conquista. Como a arte, esses ritos e estátuas dramatizam e moldam o sentido do presente na esperança de libertar-se dele. Através do ritual, os espíritos da natureza alinham-se aos homens e vêm socorrê-los. A proletarização dos camponeses em mineradores e a modernização dos indígenas levaram não ao desencantamento do mundo, mas à percepção cada vez mais intensa do poder de destruição e dos malefícios desses processos representados pela figura do diabo. Os ritos relacionados à mineração exprimem e tentam transcender essa transformação; eles dramatizam a história e são rituais dos oprimidos. Agem sob o encanto de uma magia que ressalta a cumplicidade da natureza com o homem emancipado.

Para os indígenas andinos, a natureza é animada, e forma com as pessoas uma unidade organizada de forma complexa. Natureza e seres humanos estão unidos em decorrência de suas origens comuns e em reciprocidade mútua. Tal unidade depende de um equilíbrio das forças naturais e de um balanço complementar das atividades sociais. Essas reciprocidades são visíveis nos rituais relacionados ao nascimento, à morte, ao casamento, ao infortúnio, à agricultura e à cura. E esses rituais, por sua vez, não só exemplificam princípios metafísicos como também instruem as pessoas sobre tais princípios, criando-os reiteradas vezes. Quando severas e prolongadas, as distorções na esfera natural ou social modificam, e muito, a frequência, o horário, o conteúdo e o significado dos rituais, sem modificar necessariamente sua base metafísica. Esse parece ser o caso dos estranhos ritos dos mineradores para o diabo. A natureza e as relações sociais foram e continuam sendo distorcidas. Ambas são alienadas do equilíbrio que deveria prevalecer em condições essenciais – como as similares às de comunidades camponesas andinas contemporâneas. Os ritos de produção e infortúnio dos mineradores exemplificam tal alienação e exigem sua transcendência. Podem ser considerados ritos de cura tanto no sentido literal como metafórico, curando as feridas e as contradições infligidas à cultura andina.

As culturas da conquista e indígena uniram-se e formaram uma antagonística estrutura de oposições. Essa fusão é um processo ativo e dinâmico de justaposição, reflexão e criação, e suas ambiguidades e dualismos manifestam divisões enraizadas de maneira profunda na alma da sociedade colonial e neocolonial. Portanto, o diabo nas minas não é idêntico ao diabo do cristianismo no final do período medieval, e pode ser tanto um aliado como um inimigo. Pela mesma razão, enquanto a superfície terrestre atrai uma espécie de obediência cristã, as profundezas da mina impelem a adoração do anticristo. A escuridão e o aspecto traiçoeiro das minas são mais conhecidos pelos trabalhadores, que se sentem como os únicos capazes de fazê-las funcionar de forma produtiva e que consideram os gerentes superficiais e exploradores.

A unificação da pessoa com a natureza, que representou a marca da cultura andina, não só antes da conquista espanhola como também atualmente, possui dois elementos associados que não podem ser ignorados: um tipo específico de economia política e de epistemologia. O primeiro é um sistema de produção e troca no qual as pessoas engajam-se umas com as outras através de princípios comunitários de propriedade e troca: as condições materiais prévias de subsistência são extensões das pessoas, assim como do corpo comunal. Tal parentesco de recursos, pessoas e sociedade encontram sua expressão e confirmação em uma série de ideias que animam a natureza com uma *persona* social e empatia humana. Como observam Hans C. Buechler e J. M. Buechler, os camponeses de Aimará, às margens do Lago Titicaca, compreendem as relações entre as esferas naturais e sobrenaturais como sendo de mutualidade. Um evento na vida humana reflete na natureza. Em seguida, eles afirmam que no cálculo dos Aimará, tal reflexo da vida humana na natureza não é um relacionamento de causa e efeito, mas analógico (Buechler; Buechler, 1971). Esse modo de compreensão das conexões não deve ser confundido com a epistemologia que subjaz ao paradigma atomístico e mecânico das explicações causais. Em vez disso, como afirma Joseph Needham, é uma epistemologia que procura "sistematizar o universo das coisas e dos eventos de acordo com um padrão de estrutura, pelo qual todas as influências mútuas de suas partes são condicionadas" (Needham, 1956, p.285). Esse padrão estrutural é o modelo do organismo universal, que inclui tanto as relações sociais quanto as naturais. "O paralelismo entre as esferas humana e natural representa mais que uma simples identidade ou associação entre elementos desiguais", escrevem os Buechler. "O que se relaciona não são tanto as *características*, mas as *relações similares*. Por exemplo, o aborto relaciona-se ao nascimento normal, assim como o granizo está relacionado a condições climáticas propícias. O aborto não causa o granizo, nem o nascimento normal resulta em terras férteis, mas para alcançar o equilíbrio das forças naturais uma normalidade na reprodução humana deve ser mantida" (Needham, 1971, p.93).

Para os nativos andinos nas encostas do Monte Kaata, a montanha é um corpo humano. Suas terras são utilizadas e seus diferentes produtos são trocados de acordo com diferentes partes funcionais desse corpo. As concepções de natureza e sociedade unidas em um organismo é aqui muito explícita. A terra é compreendida em termos do corpo humano, e este é compreendido em termos da configuração da terra percebida em termos culturais. A terra possui uma silhueta, a do corpo humano. As pessoas alimentam o corpo da montanha com dádivas e sacrifícios, e a montanha retribui com comida para todos. O aspecto sagrado da montanha depende de sua totalidade: da natureza, do grupo social, das pessoas, e dos três juntos. Os rituais fornecem o reavivar constante da silhueta corporal, e esta assegura o ciclo da troca econômica recíproca, ligando as pessoas umas às outras e à terra.

Em correspondência com essa cosmologia, a epistemologia e a ontologia do Monte Kaata não concebem o corpo e a mente, a matéria e o pensamento, como dualísticos. Os Kaata não são kantianos. "O corpo inclui o eu interior", escreve Bastien, "e as experiências não são percebidas de forma dualística como as da psique e do corpo" (Bastien, 1978, p.43). Isso é muito bem ilustrado pelo significado de *yachay* (saber), associado aos ritualistas e à utilização da coca. Não é o saber de um mundo exterior através do pensamento interior, como a epistemologia cartesiana e seu legado nos fariam pensar. Em vez disso, "é a onisciência da compreensão dos segredos do corpo da montanha em termos do corpo físico. A terra e os humanos não existem como dicotomias, mas como reflexos infinitos de espelhos moldados de modo diferente" (Bastien, 1978, p.56). Conhecer é estar em associação com tudo ao seu redor, entrar e ser parte da terra.

Disso segue-se que os ritos sacrificiais e a troca de dádivas com os espíritos da montanha não são vistos como causando de forma direta ou indireta a fertilidade e a prosperidade das terras. Tais ritos despertam os poderes adormecidos da montanha, "não para controlá-los, mas para vivenciá-los e para trocar com eles" (Bastien, 1978, p.81). Dessa maneira, a troca com os espíritos da natureza não é um instrumento de utilidade, mas uma tautologia e um fim em si, renovando os significados importantes que o ritual torna visível.

Seria também errôneo elaborar um dicionário de propriedades taxonômicas dos espíritos sem antes estabelecer o sistema total de parentesco metafórico que liga a natureza, a sociedade e os espíritos. Como enfatizam os Buechler, a identidade não é inerente às coisas, mas está nas relações ou analogias semelhantes que as constituem. Adotar o ponto de vista atomístico da identidade como localizada nas próprias coisas só pode resultar no risco de retratar essas culturas como miscelâneas confusas de depoimentos desorganizados dados por diferentes informantes. Confrontados com esse inevitável resultado da metodologia atomística, o etnógrafo conclui inevitavelmente – com ares de triste realismo – que um sistema tradicional antes intacto repousa agora em um desarranjo heterogêneo como resultado da aculturação, da modernização etc. (cf. Tshopik, 1968).

Essa conclusão – que depende dos mesmos éditos do individualismo metodológico que motivaram a conquista e a opressão nos Andes – exagera a afirmação de que todos pensavam da mesma maneira em uma época anterior à aculturação e, pela mesma razão, também exagera na noção de fragmentação da cultura andina causada pelo avanço hostil da modernização.

É importante notar que as analogias entre o corpo humano, o corpo social e a natureza formam um sistema cultural semelhante a uma linguagem que possui autonomia e integridade próprias. Uma pessoa pode, e de fato deve, falar essa língua; mas seu conhecimento desse sistema é forçosamente incompleto e individualizado. Isso se assemelha à relação que Ferdinand de Saussure invocou entre "língua" e "fala" (*langue* e *parole*), ou que Noam Chomsky estabeleceu entre "competência" e "performance". Como em um sistema linguístico, a cultura é herdada de geração em geração e é inescapável. Ela também muda de forma sistemática, e as pessoas – como seres sociais – criam de maneira ativa a partir do legado que recebem. Nessa dialética, o sistema de analogias que prevalece entre o corpo humano, o corpo social e a natureza nunca é completamente fixo nem isomórfico. Mudanças ocorrem em todas as esferas. A cultura andina mostra seu dinamismo e sua imaginação na reiterada renovação das associações que constituem a rede de analogias, em especial quando ela é distorcida por forças políticas e econômicas intrusas, como as que levam as comunidades a ceder terras e recursos para os brancos. Como resultado de tais discrepâncias entre as metáforas da montanha e do corpo, assinala Bastien, "a luta nos Andes é uma tentativa de eliminar as discrepâncias entre termos análogos. Isso fornece uma explicação cultural para a violência nos Andes" (Bastien, 1978, p.194). Tal violência constante é um símbolo "da tensão interior à metáfora, quando as pessoas e a terra não são análogas" (Bastien, 1978, p.197). John Earls analisou de maneira similar o ressurgimento do messianismo andino. Ele o via como uma resposta dialética à antítese estabelecida entre a forma indígena e um conteúdo imposto do exterior. A resposta messiânica é um meio de superar esse conteúdo imposto e restabelecer o equilíbrio às formas indígenas (Earls, 1969).

Nesse sentido, os relatos construídos de modo primoroso por Earls e Bastien confirmam o trabalho pioneiro de José Maria Arguedas, que devotou a vida a explicar o mundo quéchua do qual fazia parte. Como romancista, etnógrafo e folclorista, ele mostra as implicações políticas do criptopaganismo que persistiu nos Andes como resposta à colonização ocidental. As tentativas capitalistas e do Estado capitalista de subjugar os indígenas criam novos canais de expressão da cultura indígena e de resistência de seus integrantes precisamente por causa de sua forma de organização desmoralizante. Arguedas discordava em especial do argumento de que as ideologias indígenas ou pró-indígenas do indigenismo pudessem se tornar instrumentos em benefício das classes dominantes. Tanto os que defendem como os que temem o imperialismo cultural capitalista, ele afirmava, enganam-se quando esquecem "que o homem possui, de fato, uma alma e que esta quase nunca se negocia" (Arguedas, 1975, p.188).

Criptopaganismo

Apesar dos quatro séculos de humilhação e cruel subjugação, instituições pré-conquista ainda florescem nos Andes. H. Castro Pozo (1924, p.156), José Carlos Mariátegui (1971) e Luis E. Valcarcel (1967) confirmam isso quando escrevem que ainda que a performance pública de ritos feitos em tempos anteriores à conquista tenha sido suprimida, os indígenas, que constituem a maior parte da população do Equador, do Peru e da Bolívia, continuam a realizar de maneira intensa muitos de seus antigos ritos – de forma clandestina ou sob a máscara do catolicismo. Herman Trimborn afirma que boa parte da religião anterior à conquista ainda sobrevive hoje (Trimborn, 1968, p.146). R. T. Zuidema assinala que a atual forma básica de organização social é semelhante à forma anterior à colonização europeia (Zuidema, 1968). Bastien ressalta que como a atenção de sua pesquisa acadêmica focou-se no que havia mudado, ele se viu claramente despreparado para descobrir, em 1972, que as pessoas de Kaata sustentavam a mesma noção sobre a montanha como uma metáfora corporal de sua organização social, igual à descrita nas lendas huarochirí anteriores à conquista. Ele argumenta que, conservado nos dias atuais como um princípio de organização vital, esse antigo conceito forneceu o espírito de combate por trás da luta extremamente bem-sucedida contra a apropriação de terras (Bastien, 1978, p.vii). De forma geral, as instituições anteriores à conquista sobreviveram porque as comunidades indígenas conseguiram se isolar das influências culturais intrusivas. Mas também porque a força da intrusão cultural estimulou a cultura de resistência.

Com relação a isso, Weston LaBarre escreve sobre a hostilidade com a qual os Aimará do Lago Titicaca veem o cristianismo:

> Séculos de cristianismo nominal apenas adicionaram outra mitologia externa ao corpo das crenças aimará. Um povo oprimido de maneira brutal e implacavelmente explorado, muitos deles tornaram-se fanáticos por símbolos sadomasoquistas, como o choro de sangue, a figura da coroa de espinhos na cruz mais extravagante da iconografia ibérica da época colonial, e também a mãe toda misericordiosa de faceta trágica que alguns deles identificam com sua antiga deusa-terra. Apesar de todos serem julgados cristãos, muitos Aimará, entretanto, odeiam a religião com a mesma veemência com que odeiam seus representantes. (LaBarre, 1948, p.171)

Juan Victor Nuñez del Padro B. (1974) tratou há pouco tempo da cultura de resistência criada por esse criptopaganismo:

> Cremos que o mundo sobrenatural possui características muito similares às que ele possuía durante o império inca, mesmo que a

veneração a algumas divindades tenha desaparecido e que a veneração a outras tenha surgido. O que surpreende, entretanto, não é que o mundo sobrenatural tenha mudado, mas que ele não tenha, pelo contrário, desaparecido por completo, levando-se em consideração que a cultura que investigamos coexistiu durante quatrocentos anos com outra que tenta reiteradas vezes eliminar crenças nativas e substituí-las pela sua. Podemos atribuir tal fenômeno de persistência ao fato de a pressão, a discriminação e a segregação postas em prática contra os indígenas – primeiro pelos invasores; depois pelos grupos mestiços dominantes – terem gerado uma barreira protetora que permitiu que a tradição e rituais nativos fossem capazes de se manter graças à sua prática clandestina.

Adolph F. Bandelier acredita que a intensidade do paganismo está relacionada de maneira direta às tentativas de sua supressão, e que seu aparecimento público está relacionado à rebelião: "O nativo da Bolívia é católico; ao menos assim se diz [...] Mas em caso de um levante geral, duvido muito (e com isso também estão de acordo confiáveis padres paroquiais) que os indígenas não retornariam abertamente ao paganismo, que, no fundo, eles ainda professam, e que, em segredo, de fato praticam" (Bandelier, 1910, p.91).

Cosmologia: estruturalismo animado

Apesar de a metafísica andina enfatizar a unidade abrangente entre pessoas, espíritos e a terra, essa unidade não é, em absoluto, a mesma que a totalidade piegas que frases como "todo o universo é uno" ou "a unidade do todo" podem sugerir. Pelo contrário, essa unidade é composta por sistemas duais altamente diferenciados, cujas partes são unidas através da malha dialética de oposições binárias. Segundo extensa pesquisa de Javier Albo, o tema recorrente da organização social e simbólica dos Aimará "é a união dos contrários, que apresenta uma coerência interna que agradaria partidários da filosofia dialética" (Albo, 1974-1976, p.92). Nos Andes, "quase tudo é compreendido em justaposição ao seu oposto", observa Bastien, cujo trabalho contém muitos exemplos da importância dos pares contrastantes (Bastien, 1975, p.58): as comunidades possuíam "metades" superiores e inferiores; os "templos" do Monte Kaata são divididos entre os associados à morte e os associados à vida; as linhagens são transformadas em unidades através da divisão em grupos de parentesco femininos e masculinos; os templos funcionam de acordo com pares homem/mulher, jovem/velho, montanha/lago, ajudante/proprietário etc. O dualismo inerente a esse esquema não se assemelha em nada ao dualismo cartesiano. Com base em um subjacente monismo dialético, ele é ontológica e epistemologicamente oposto. O cosmos é visto como uma série de relações macro-microcósmicas. Por exemplo, Bastien afirma que o *ayllu*, ou a célula social de parentesco territorial dos Kaata, "é formada por um processo contínuo de termos que se emparelham e pela constituição de partes separadas em totalidades; é a montanha, constituída por comunidades em três níveis diferentes, e os corpos destas refletindo uns aos outros e unindo-se para formar uma metáfora montanha/corpo" (Bastien, 1978, p.192). Neste caso, o corpo humano é o cosmos em menor escala e vice-versa. Nem idealista nem materialista como, em geral e de maneira vaga, entendemos tais termos, a formulação andina sobre as relações entre pessoa e natureza constitui um tipo de padrão e equilíbrio que, longe de apenas existir, também necessita ser sempre preservado. As propriedades e existências naturais de qualquer coisa são o resultado de seu lugar dentro de uma configuração. De maneira diferente de uma filosofia do atomismo mecânico – que foca em causas antecedentes e em efeitos subsequentes para ligar cadeias de força física entre coisas discretas –, a posição na estrutura e o lugar em relação ao todo servem de foco para a compreensão. Por exemplo, como notam os Buechler, considera-se que as esferas naturais e sobrenaturais estabelecem relações de mutualidade em vez de uma relação causal, dessa forma, o equilíbrio é alcançado através de forças naturais (Buechler; Buechler, 1971, p.90, 93). É essa noção de movimento circular – que não possui nada em comum com o impulso mecânico nem com a ação humana ou de uma coisa – que corresponde ao cosmos andino. Por exemplo, nos ritos de fertilidade da Nova Terra em Kaata, a banha e o sangue da lhama circulam desde o centro do corpo da montanha até suas extremidades. A vida comunitária e a energia presentes em todas as partes devem circular e ser compartilhadas. A autoridade política reside nos sistemas de partes e do todo, não em um líder, um homem, um deus ou uma coisa. Needham descreve o mesmo no taoismo chinês, segundo o qual as ordens natural e política são isomórficas. A regularidade dos processos naturais corresponde não ao governo pela lei, mas às adaptações mútuas da vida em comunidade. O autor escreve que a ideia é que em toda a sociedade humana, assim como na natureza, "há um constante dar e receber, uma espécie de cortesia mútua" (Needham, 1956, p.283). Esse esquema poderia ser encaixado sem muitas dificuldades dentro de uma ordem hierárquica como a do Estado inca. O governo inca era uma formação social baseada no pagamento de tributos que foi imposto às comunidades. Ele se caracterizou pela contradição entre a existência persistente das comunidades autônomas e a negação da comunidade pelo Estado (Baudin, 1961, p.xix; Murra, 1956, p.163; Katz, 1972, p.292). É muito provável que o conceito de um deus supremo era um artifício imposto pela nobreza inca. LaBarre cita o cronista partidário indígena Garcilaso de la Vega no começo do século XVII sobre os Aimará: "O rei inca deu um basta em tudo isso, em especial na adoração de muitos deuses, persuadindo as pessoas de que o sol, por sua beleza e excelência, e porque sustenta todas as coisas, era merecedor de adoração exclusiva" (Garcilaso de la Vega, 1948, p.169). A conquista espanhola destruiu a hierarquia do estado inca, mas deixou a estrutura da religião andina relativamente intacta, "cuja fundação, é óbvio, permaneceu na comunidade quéchua" (Kubler, 1963, p.345).

Apesar de o Estado inca ter criado uma hierarquia, a noção de micro-macrocosmo continuou em vigor. De acordo com Garcilaso de la Vega, o rei inca dividiu o império em quatro partes; o nome que ele deu ao império, Tawantinsuyo, significa quatro partes distintas unidas em uma. O centro era Cuzco, que significa o umbigo do mundo. Esse nome, notava Garcilaso de la Vega, foi bem escolhido, porque o Peru é longo e estreito como um corpo humano, e Cuzco situa-se no meio de sua barriga. Os residentes do Alto Cuzco eram os irmãos mais velhos dos residentes do Baixo Cuzco. De fato, ele afirma em seguida, "era como se fosse um corpo vivo, no qual sempre existe uma diferença entre as mãos esquerda e direita. Todas as cidades e aldeias eram divididas dessa maneira" (apud Bastien, 1978, p.45). Da mesma forma, Zuidema dissecou a intricada estrutura micro-macrocósmica comum à estrutura administrativa e cosmológica do império, assim como à sua organização comunitária (Zuidema, 1964, 1968).

A união sexual – homem e mulher formando uma totalidade – é um tema recorrente que pertence ao caráter da relação entre parte e todo. No estudo da cosmologia contemporânea aimará, Albo concluiu que a base para sua forma é a união dialética dos contrários estabelecida pelo casamento entre homem e mulher. Esse dualismo, ele afirma, deixa sua marca em todo o simbolismo aimará (Albo, 1974-1976, p.92-4). Podemos comentar ainda que todos os casamentos são vistos como uma ocasião especialmente favorável para a abertura de um ciclo de trocas recíprocas (Lévi-Strauss, 1964, p.46). Em outras palavras, a união sexual, da forma como é expressa no casamento e na estrutura que subjaz aos símbolos, é também expressiva do princípio da reciprocidade. O mesmo percebe-se no esquema da ordem macrocósmica apresentada por Zuidema, conseguida pelo cronista do começo do século XVII, Joan de Santacruz Pachacuti Yamqui, que o descobriu em um templo de Cuzco. Nesse esquema, o universo é constituído por duas imagens simétricas, o homem à direita e a mulher à esquerda. Essas metades combinam-se dentro de uma forma circular. O espírito criador andrógeno conecta o topo. A atividade produtiva dos seres humanos conecta a base. Elementos do universo, como o sol e a lua, a estrela da manhã e a estrela da tarde, a terra e o mar, encaixam-se na linha masculina ou na linha feminina, e constituem oposições duais, todas conectadas dentro de um esquema de movimento circular. Zuidema tentou mostrar como essa forma básica sustenta diversas composições e situações diferentes, criando um modelo idêntico ao organizado por Perez Bocanegra sobre estrutura de parentesco andina (Zuidema, 1968, p.27).

De forma diferenciada, em termos, da de eruditos como Zuidema ou Albo, Trimborn baseia de modo sistemático sua análise da religião durante período anterior à conquista andina no princípio das oposições entre homem e mulher. Segundo ele, a adoração do Sol e da Lua era comum a todos os andinos. As duas divindades eram encaradas como um par primordial criado por um ser supremo que incorporava todas as dualidades em uma unidade, representando os pares sol/lua, homem/mulher, estrela da manhã/da tarde etc. Esses pares formavam um todo no qual o criador e "o tema central por toda parte era a união sexual entre o deus Sol e a deusa Lua" (Trimborn, 1968, p.124). Essa unidade dialética está na base da fertilidade. Em certos sítios arqueológicos, o sol e a lua aparecem com formas humanas emitindo raios cujo fim são cabeças de serpentes. A união entre eles é consumida em um lugar sagrado, em geral retratado no topo de declives montanhosos e rodeado por plantas e animais específicos, símbolo da fertilidade (Trimborn, 1968, p.124-6).

Sem dúvida, pode-se concluir que o estruturalismo da cultura andina não é uma impressão digital geométrica estática abstraída como um mapa cognitivo do espaço em branco do mundo exterior. Em vez disso, constitui-se como um estruturalismo vivo e animado que coordena elementos incorporando-os como relações em um universo orgânico. Nenhum elemento possui existência, poder ou sentido fora de seu lugar dentro de ciclos orgânicos de unidade, reciprocidade, crescimento e morte. A reciprocidade e a dialética são os princípios fundamentais da unidade, tanto entre elementos e indivíduos como com o resto do universo. Sobretudo, é pela troca recíproca e sua vivência que os andinos batalham quando querem estar de acordo com a vida.

A iconografia da natureza

De acordo com Bandelier, entre os Aimará, cada objeto conspícuo da natureza é visto como abrigando o próprio núcleo espiritual, que possui um papel ativo na vida que está ao seu redor (Bandelier, 1910, p.94). Esses objetos são muitas vezes nomeados como *achachilas* pelos Aimará, cujos sinônimos são *wamanis, apus, aukis* e *huacas*, nomes encontrados em toda a cultura andina. Todos esses termos podem significar "avô" ou antepassados. As antigas crônicas mencionavam reiteradas vezes que os indígenas viam os picos montanhosos como uma de suas principais divindades. É salutar ressaltar que, antes da conquista espanhola, não havia alusão alguma ao mal nos nomes dados aos picos, apesar de os espanhóis se referirem a eles como diabos ou demônios (Arriaga, 1968; Arguedas, 1966).

De acordo com William Stein, o elemento básico da religião Hualcan contemporânea "é a visão de um mundo permeado por poderes sobrenaturais. Essas forças irradiam através do universo, mas elas podem ao mesmo tempo estar mais ou menos confinadas em objetos que estão 'carregados' delas. Na maior parte das vezes, tais poderes estão em equilíbrio, mas quando alguém quebra uma regra, cria-se um desequilíbrio" (Stein, 1961, p.295). Através desses objetos carregados de poder, em especial lugares naturais, essas forças sobrenaturais se relacionam de forma íntima com a atividade e a organização sociais. Esse modelo de interconexões é tão importante que LaBarre assim escreveu, ao referir-se aos Aimará: "Basicamente, sua religião consistia e ainda consiste na adoração e no apelo a divindades em locais específicos, às vezes ancestrais ou totêmicos". Uma das consequências ou associações não menos importante é o forte apego indígena às terras ancestrais, como confirmam as localizações geograficamente marcadas de seus *ayllus* ou grupos de parentesco. "Tudo ocorre como se", continua o autor, "através de sua religião, os Aimará tivessem projetado no mundo exterior a tendência de localização marcada presente em sua organização social interna" (LaBarre, 1948, p.165). O padrão natural é o padrão social.

Tanto antes da conquista quanto hoje, os mortos e os ancestrais das linhagens povoam ícones naturais, como os picos das montanhas. Esse culto aos mortos causou muita decepção entre os missionários do século XVII, que eram incapazes de convencer os indígenas de que o enterro e o cemitério cristãos eram as alternativas mais adequadas (Acosta, 1880, p.314-5). "Em muitos lugares", escreveu o padre jesuíta Pablo José Arriaga em 1621, "eles removiam os corpos de seus mortos da igreja e os levavam para suas terras, suas *machays*, ou para o cemitério de seus ancestrais. A razão que eles dão é expressa pela palavra *cuyaspa*, ou o amor que possuem por esses ancestrais." Essas *machays* eram grutas ou nichos que os nativos criavam a partir de pedras para suas múmias e oferendas funerais. Elas possuíam altares, portas e janelas falsas para a comunicação com os espíritos ancestrais. Os missionários destruíam as múmias, mas os templos permaneciam. Os Quéchua contemporâneos descrevem as múmias como ainda existentes – como pessoas pequenas dançando e tocando flauta, comendo dentro da terra próximas aos monumentos onde estão as múmias. Além disso, existem cidades para essas pessoas (Bastien, 1973, p.118). As planícies quéchua e outras sociedades indígenas da *montaña* descrevem os espíritos do alucinógeno *Banistereopsis caapi* da mesma maneira. Eles os veem quando tomam drogas durante os ritos conduzidos por seus xamãs e modelam seus costumes a esse pequeno povo de espíritos.

Arriaga notava de maneira áspera que os indígenas adoravam as colinas, as montanhas e grandes pedras. Afirmando que esses ícones naturais foram uma vez pessoas, eles possuíam nomes para cada um deles, além de muitas fábulas sobre suas metamorfoses. Já que esses ícones não podiam ser retirados do campo de visão, à Igreja só restava a tentativa de extirpá-los do coração indígena.

Um mito de criação registrado por Cristobal de Molina de Cuzco (1943, p.9) (que Rowe afirma ser uma elaboração de mitos anteriores dos Collá – Aimará –, que foram conquistados pelos Incas) relata que o criador fez os primeiros humanos a partir da argila. Ele os pintou com diferentes roupas de acordo com o sexo, a idade e o *status*, e deu a cada grupo a própria linguagem, alma e ser, colocando-os embaixo da terra. Por fim, cada um emergiu em seu lugar próprio e distinto, alguns das grutas, outros das montanhas, outros de fontes, lagos, árvores etc. Dali eles se multiplicaram e seus descendentes adoravam esses locais como a origem de suas linhagens e da vida. O primeiro povo a surgir foi convertido em rochas, montanhas, condor, falcões, e em outros animais e pássaros. Todas essas coisas eram chamadas *huacas*. Garcilaso de la Vega anotou: "Esta nação cavina acreditava e ostentava de forma inútil que seus antepassados se originaram do lago, que é para onde eles disseram que as almas dos que haviam morrido retornavam, e depois voltavam para entrar no corpo dos que nasciam" (Garcilaso de la Vega, 1966, p.52).

Arriaga observou que os ritos para os mortos moldavam-se segundo princípios de linhagem: "Eles agrupam-se por clãs e facções ao redor da praça e levam os corpos mumificados de seus ancestrais [...] com os corpos retirados da igreja, e parece que vivos e mortos compareçam para o julgamento" (Arriaga, 1968, p.19). No relato do jesuíta Francisco d'Ávila sobre os mitos dos Huarochirí, é evidente que os *huacas* foram configurados uns de acordo com os outros de forma sistemática, e que tal formatação copia a organização social humana. Esse *corpus* de mitos é importante, porque os Huarochirí foram conquistados pelo Estado inca apenas algumas gerações antes da chegada dos espanhóis. No mito sobre o povoamento da área – relativo a uma era anterior aos Incas –, cada *ayllu* ou unidade de parentesco recebia, além de terras, um *huaca* como novo ancestral ou guardião mítico (Spalding, 1967, p.72-3). De maneira análoga à divisão dos *ayllus*, existia uma divisão entre os *huacas* a partir de um tronco parental. Como os *ayllus*, esses *huacas* eram posicionados dentro de um sistema mais vasto e inclusivo, que ia desde a pessoa individual passando pelo nível regional, microestatal e estatal. O uso da terra e da água era regulado de acordo com tais categorias, sendo precedido por ritos ao *huaca* apropriado (Arguedas, 1966, p.113). Não havia divindade suprema alguma para os Huarochirí antes da conquista inca. Havia um casal de *huacas*: Pariacaca, uma montanha coberta de neve, e sua irmã ou cunhada, Chaupiñamca, uma imensa pedra com cinco "asas". *Huacas* como esses não eram julgados apenas criadores de pessoas em particular, de famílias ou *ayllus*, mas criadores e guardiões de todas as pessoas e do mundo inteiro, incluindo as montanhas menores, as árvores, os rios, os animais e os campos (Gilmer, 1952, p.65). Ritos específicos para Pariacaca eram realizados por toda a região, mais ou menos a cada cinco anos. Os habitantes de toda a área afluíam em direção a essa casa-montanha. Algumas pessoas afirmavam que, em épocas passadas, tanto Pariacaca quanto Chaupiñamca eram descendentes de um *huaca* mais antigo, e que Chaupiñamca era a criadora dos dois sexos. Sua *fiesta*, diziam, era a *fiesta* da mãe deles (Gilmer, 1952, p.72). Sacerdotes e sacerdotisas especiais encarregavam-se desses *huacas* e podiam se casar com eles. Cada *ayllu* tinha seu *huaca* correspondente, e uma parte da terra comunitária era sempre reservada ao cultivo de milho para a cerveja utilizada em libações. Setenta anos após a conquista espanhola, quando o sistema de posse de terras do Estado inca estava em ruínas, essas terras ainda eram cultivadas em segredo pelos *huacas* locais. Elas eram sempre as primeiras a ser semeadas e ninguém podia trabalhar no próprio lote antes de terminar o trabalho nelas (Murra, 1956, p.157-8).

Assim como acontecia antes da conquista espanhola, a adoração da natureza na configuração concreta dos *huacas* evidencia as origens da vida e da civilização. Ela também demonstra a constante recriação da vida e da sociedade, nas quais os ciclos de nascimento e morte humanos circulam dentro de ciclos mais vastos de ritos comunitários à paisagem, e, além disso, à origem da humanidade. O que é vivo origina-se da natureza, que, forçosamente, torna-se uma geografia sagrada das montanhas, lagos e encostas. Os chefes das linhagens retornam aos *huacas*, completando assim o círculo no qual a autobiografia individual encontra a biografia da comunidade na iconografia da natureza.

O isomorfismo estrutural e a unidade existencial entre pessoa, configuração social e o sobrenatural em nenhum lugar são mais óbvios que nas montanhas. Elas eram e ainda são consideradas as zeladoras das regiões que deslizam de seus cumes, e também das pessoas e dos recursos naturais presentes nessas áreas. Existe um parentesco claro entre a paisagem dos símbolos e os humanos que os encaixam em seu sistema de parentesco: diz-se de uma pessoa que ela é "possuída" pelo objeto-natureza que depois disso será seu templo (Bastien, 1978, p.91). Hoje, em Kaata, acredita-se que uma pessoa origina-se do cume de uma montanha e que depois da morte é para lá que ela retornará – não para o paraíso. Os ancestrais são mediadores entre os domínios da natureza e da sociedade, entre mortos e vivos. Apesar das depredações dos missionários, seus locais de sepultamento continuam sendo até hoje os templos para ritos em homenagem a esses profundos princípios. Diz-se que os especialistas em rituais obtêm seus poderes desses locais. Em Kaata, a iconografia da montanha assume a forma de um corpo humano, assim como ocorria na antiga Huarochirí, enquanto, de acordo com Albo, a montanha em forma de puma unifica o *ayllu* em aldeias próximas a Tiahuanaco (Albo, 1972).

Assim sendo, o encantamento da natureza e a aliança entre seus espíritos e a humanidade criam uma ressonância orgânica de orquestradas representações sociais. A organização de amigos e parentes, a organização política, o uso da ecosfera, a cura, o ritmo produtivo e reprodutivo – tudo ecoa dentro de uma estrutura viva representada pela linguagem da paisagem mágica. Formas orgânicas inscritas na paisagem – como o corpo humano e o puma – guiam e energizam essa configuração de troca mental, que é a cumplicidade da natureza com os seres humanos. Através de seu sistema de magia simpática, a magia do ritual ilumina esse padrão de troca e oferece-lhe sua aura e autoridade. Dessa forma, para os camponeses detentores de seu trabalho e de sua vida, em uma espécie de harmonia com a iconografia da natureza, possuir a montanha é ser possuído por ela.

Mas para os mineradores, que não controlam o próprio trabalho nem possuem a montanha, o ritual ilumina um padrão diferente de troca, implicando uma aura distinta. Aqui, a iconografia da natureza é forjada com a palheta utilizada pelo artesão dos rituais camponeses, mas ela foi submetida por uma significante transformação histórica com o aparecimento do diabo detentor das minas. A arte dos mineradores faz o mundo petrificado falar e viver, mas a sombra da morte e a esterilidade ameaçam constantemente consumir essa centelha de vida.

10
O PROBLEMA DO MAL

Em contraste com a religião e as narrativas populares do imperialismo espanhol, não existia espírito algum do mal todo-poderoso na representação andina do mundo espiritual. O mal não era nem reificado nem fetichizado, nem algo oposto ao bem, nem algo espiritualizado como o diabo. Em vez disso, a filosofia moral partilhava de uma qualidade relacional orgânica que refletia a epistemologia das relações sociais transitivas, da mutualidade e reciprocidade. Porém, à medida que o catolicismo espanhol e a adoração da natureza andina foram se misturando, o espírito do mal pôde surgir na vida simbólica andina como a soma das contradições que tomavam conta da compreensão que espanhóis e indígenas possuíam um do outro. Essa fetichização do mal na forma do diabo nasce da estrutura de castas e da opressão criada pela conquista europeia.

Com a cobiça por ouro e prata, os espanhóis trouxeram para o Novo Mundo o medo do diabo – o Príncipe da Escuridão, o princípio ativo do mal, da crueldade, da sujeira e da loucura, que teve seu trunfo desencadeado pela mania por bruxas na Europa do século XVII. Segundo os espanhóis, podia-se dizer que o mundo era dividido em duas partes opostas: as virtudes e os vícios. Os cristãos cultivavam a virtude e os infiéis fomentavam o mal – os servos de Deus e os agentes do diabo trancafiados em uma batalha mortal. Apesar de o poder do Evangelho ter conquistado e desarmado o diabo "nos lugares mais importantes e poderosos de seu reino", ainda sim, "ele se retirou para as partes mais remotas e governou nesta outra parte do mundo, que, mesmo muito inferior em nobreza, não deixa de ter seu alcance" (Acosta, 1880, p.299). Esse esquema cósmico é tudo, menos estático. O dualismo é freneticamente animado e insistente. E foi sob essa égide que o espírito do mal ganhou vida nos Andes. Os espanhóis identificaram os deuses da religião indígena com seu diabo. Eles viam os indígenas como crias do diabo, e seus ritos, como uma adoração a ele. Mesmo as estranhas similaridades entre os sacramentos cristãos do batismo e da confissão e os ritos indígenas eram explicadas como inversões satânicas da verdade divina – uma prova da engenhosidade e da presunçosa traição do diabo que imita Deus. Os crédulos espanhóis temiam – e não tratavam com desdém – as divindades indígenas. Sem dúvida, os indígenas reverenciavam os espanhóis e talvez os considerassem quase divinos. Mas os espanhóis também ficaram fascinados pelo poder dos demônios indígenas. Em sua implacável extirpação da idolatria – assim como no fato de recorrerem à magia indígena para a cura e profecias –, os espanhóis outorgaram um estranho poder aos seus sujeitados. Ao conquistar os nativos, os espanhóis concederam-lhes o poder de seu inimigo sobrenatural, o diabo. O padre jesuíta Arriaga, por exemplo, exortava que os indígenas fossem ensinados que o diabo é um anjo decaído vingando-se de Deus através dos ídolos de adoração indígena (Arriaga, 1968, p.109). O fervor maniqueísta do cristianismo espanhol plantou a semente das revoltas milenaristas indígenas.

Ao esforçarem-se para eliminar a idolatria, os espanhóis atribuíram poder e invencibilidade aos nativos. Uma dificuldade adicional que impedia a extinção da religião indígena era que ela permeava a vida cotidiana, o nascimento, a morte, a agricultura, a cura etc. Além disso, seus ícones eram praticamente impossíveis de ser erradicados, uma vez que eram montanhas, pedras, lagos e riachos que compunham a geografia sagrada da natureza. No mais, a alma de sua religião reside no funcionamento das comunidades locais e, após 1570, os espanhóis tentaram apelar para esse modo comunitário enquanto a grande campanha contra a idolatria começava a fazer progressos. Assim, um século depois, essa intransigência com relação à adoração natural dos indígenas começou a afrouxar. Contanto que estes vissem o ouro como primordial, o fetichismo da natureza era encarado como uma superstição tolerável.

Apesar de os seguidores da antiga religião terem sido perseguidos de maneira cruel, a autoridade dos ritualistas nativos não necessariamente diminuiu. Chamados *brujos* [bruxos] ou feiticeiros pelos espanhóis, esses ritualistas levavam uma existência forçosamente secreta. A religião anterior à conquista não foi extinta, mas foi relegada à clandestinidade na forma de "magia" e dissimulou-se de diversas maneiras. Com base em sua experiência pessoal durante o último quarto do século XVI no Peru, o padre José de Acosta observou que, "apesar de os Incas reprimirem publicamente o sacrifício de muitos animais – ou outras coisas que não podem ser escondidas dos espanhóis –, eles ainda realizam várias cerimônias cujas origens estão nesses banquetes e nas antigas superstições" (Acosta, 1880, p.377). O padre avança em suas observações dizendo que era o diabo que os organizava para forjar as coisas que pertencem a Deus e obscurecer a diferença entre a luz e a escuridão. Algumas comunidades isentavam seus especialistas em rituais nos quais pagavam-se tributos ou serviços laborais (Spalding, 1967), e o padre Arriaga reclamava que os líderes das comunidades indígenas preveniam seus seguidores contra o cristianismo (Arriaga, 1968, p.79). Em alguns casos, como em Huarochirí durante o século XVIII, o prefeito inca responsável pela aplicação da lei espanhola prestava – em segredo – serviços como ritualista.

O padre jesuíta Avila captou de forma concisa os poderosos paradoxos. Segundo ele, o maior problema era que o diabo ensinara os indígenas que eles poderiam professar tanto a religião cristã quanto a sua, e que de nenhum modo deveriam esquecer os *huacas*, sob pena de punição ou morte (Gilmer, 1952, p.121). Portanto, à medida que os nativos assimilaram o cristianismo, eles também assimilaram o espírito do mal, o diabo, que ratificou os espíritos naturais, aos quais eles insistiam em adorar como seus "donos" e como fonte de sua identidade. Isso queria dizer, como Avila ressaltou de forma sagaz, que deserdar esses deuses traria consequências desastrosas. Na verdade, o cristianismo muitas vezes era culpado por epidemias. Desse complexo de contradições em ebulição surgem as ambiguidades do diabo, que com muita facilidade poderiam ser traduzidas em uma promessa de vitória indígena sobre seus opressores.

O padre Arriaga cita a carta de um contemporâneo a propósito desse assunto, um relato sobre sua excursão de aniquilação nas províncias no início do século XVII. Após receberem educação cristã, alguns indígenas confessaram que apesar de terem renunciado à adoração dos *huacas* como faziam antes, eles continuavam a adorá--los em seus corações, campos e casas, com símbolos tanto "interiores quanto exteriores". Encorajados pelo diabo, "eles foram persuadidos de que após esta, outra era viria, na qual poderiam regressar aos seus hábitos antigos de forma segura" (Arriaga, 1968, p.81). Essa dialética da submissão e do ressurgimento eclodiu de forma irrequieta dentro do instável sincretismo entre cristianismo e religião indígena.

Uma nova cultura de resistência veio à tona apenas três décadas após a conquista, com o massivo culto milenarista Taqui Onqoy (a Enfermidade da Dança). Tal culto não era nada mais que um culto de reconquista que defendia a derrubada de Deus e dos espanhóis e que se espalhou com rapidez através do antigo coração do império inca. Na metade de sua trajetória de dez anos, de 1560 a 1570, um exército pan-andino, que se insurgiria desde Quito até o Chile, foi reunido pelo rebelde rei inca. Esse período turbulento da história andina terminou de forma sangrenta, com a punição de cerca de oito mil nativos e a execução de seu rei, Tupac Amaru, em 1572.

O culto da Enfermidade da Dança invocava a paixão que acompanhava o regresso dos *huacas* à vida, unidos para derrotar o Deus cristão. Seu regresso coincidia com o fim do mundo e com o nascimento de uma nova ordem, como fora previsto em tradicionais lendas cósmicas. Os *huacas* foram ressuscitados por ritualistas viajantes e estabeleceram-se ritos de iniciação para cultistas. As noções tradicionais sobre o universo foram mobilizadas para dar sentido ao significado da conquista e da inevitabilidade de seu fim. Dizia-se que o Deus cristão havia criado os espanhóis e todos os animais e coisas necessários à sua subsistência. Mas agora, os *huacas*, que haviam criado os indígenas e seus meios de subsistência, também apoiavam os espanhóis, o que evidenciava o grande mérito dos *huacas* (Gadea, 1964, p.136). Dessa forma, segundo Molina – uma testemunha ocular –, os indígenas retiraram o poder de Deus e o mundo estava para ser virado de ponta-cabeça (Molina de Cuzco, 1943, p.80; Duviols, 1971, p.112-22).

Uma demonstração adicional da força com que a religião tradicional podia interpretar e desafiar o cristianismo era bastante difundida e afirmava que os *huacas* vagavam no ar, sedentos e morrendo por causa do descuido, pois os nativos renunciaram aos rituais de troca com eles. Como ressalta Mauss em sua obra sobre a troca de dádivas e a reciprocidade, negar-se a retribuir aos deuses, os verdadeiros detentores da riqueza do mundo, é chamar a morte e a ruína (Mauss, 1967). Era sabido que os *huacas* estavam furiosos com os indígenas que haviam aceitado os costumes espanhóis e que esses nativos seriam assassinados a menos que renegassem tais costumes. Entretanto, os que acreditavam nos *huacas* viveram em prosperidade, graça e saúde. Os *huacas* proibiam que se comesse comida espanhola, que se vestisse suas roupas e a entrada em igrejas cristãs, além de oração e visitas a padres. Enfermidades e azar eram atribuídos à ira dos *huacas*; Molina acreditava que os ritos de cura que envolviam oferendas aos *huacas* eram resultado desse movimento milenarista: "Em nome de todos os *huacas* e *vilcas* dos quatro lados desta terra, e em nome de meus avós e ancestrais, receba este sacrifício onde quer que esteja e conceda-me saúde". Essas oferendas seriam colocadas em conchas do mar sob os locais de sepultamento dos ancestrais, "porque os feiticeiros disseram a eles que os ancestrais estavam morrendo de fome e que essa foi a razão de eles terem criado as doenças". Para completar a cura, a vítima deveria caminhar até a junção de dois rios e então se lavar com farinha de milho branco, deixando ali a doença, removendo-a da casa (Molina de Cuzco, 1943, p.82-3). Rituais de cura e de alívio do infortúnio foram encontrados por Bastien entre os andinos contemporâneos (Bastien, 1978).

A crença do culto revivalista de que os *huacas*, saídos das pedras, montanhas, rochas e nuvens, encarnavam no corpo dos indígenas fazendo-os sacudir e dançar, demonstra a temível tensão implicada na perda ameaçadora de antigos deuses. Além disso, os nativos às vezes sacrificavam-se para os *huacas*. As forças explosivas de desestruturação que acompanharam a conquista criaram uma reação oposta: a antiga estrutura formada por pessoas e deuses implodiu e foi incorporada aos humanos.

Como Nathan Wachtel (1977) e George Kubler (1963) ressaltam, esse movimento milenarista também demonstra como a aculturação forneceu armas de contestação ao cristianismo. Um exemplo é o nome de duas índias assistentes do profeta principal, que se chamavam Santa Maria e Maria Madalena. O poder dos deuses cristãos também podia ser utilizado, mas eram banhados pela religião indígena. Isso também era evidente nas configurações adquiridas pela magia após a conquista. O padre Acosta chamava seus praticantes de ministros do diabo e observava quão frequente era que indígenas se valessem de seus serviços para obter profecias e sucesso (Acosta, 1880, p.367). Em geral, ele destacava supostas similaridades com o culto europeu às bruxas, enfatizando o papel representado por mulheres mais velhas no uso de unções esfregadas no corpo, a utilização de purgativos alucinógenos e a indução ao transe. Kubler afirma que os chamados feiticeiros proliferaram sensivelmente após a conquista, em parte por causa da expansão da pobreza. Os ritos assimilavam elementos cristãos dentro de uma configuração nativa. Dizia-se que a bondade de Deus era, na verdade, finita, e que a absolvição não era concedida a grandes pecadores; eventos naturais, entretanto, eram governados pelos *huacas*. Na verdade, os santos cristãos também eram *huacas*, e Jesus e o diabo eram irmãos (Kubler, 1963, p.398).

Dessa forma, o cristianismo foi misturado com a crença nativa e subordinado a ela. Entretanto, a mistura foi mais uma justaposição que uma fusão sem costura. Um exemplo disso é a descrição de Arriaga sobre um feitiço indígena que objetivava queimar a alma de um inspetor da coroa. Visto que tal feitiço direcionava-se a um espanhol, foi utilizada a estátua de um porco em vez da banha de lhama utilizada em rituais que afetam os indígenas. Além disso, a gordura da estátua foi misturada com farinha de trigo, cereal introduzido e consumido pelos espanhóis; para um nativo se misturaria farinha de milho, o produto nativo básico.

Muitas vezes, *huacas* e múmias eram enterradas em segredo embaixo de crucifixos cristãos instalados pela Igreja. Quando os padres católicos as descobriam, eles as destruíam, mas os indígenas as consertavam e instalavam de novo. Essa série de movimentos e intercalação de imagens na qual a cruz cristã é colocada em segredo acima de ícones nativos demonstra com clareza a estrutura do sincretismo. É na desalentadora determinação dos padres católicos de desmembrar e destruir ícones nativos, "para que o diabo não se una a eles mais uma vez", que encontramos a metáfora-chave (Kubler, 1963, p.84). A imagem do diabo unindo as partes desmembradas é, por um lado, uma demonstração gráfica da tensão estruturada causada pela colonização e, por outro, uma formulação indígena de como sua sobrevivência e revitalização estava ligada à manutenção da integridade de configurações estruturais. Essa temática é abundante nas lendas e mitos andinos, e muito mais recorrentes nos mitos sobre a origem e o retorno messiânico do rei inca que foi decapitado e desmembrado pelos espanhóis. Em mitos contemporâneos registrados por Arguedas, por exemplo, essa tensão dialética do desmembramento e da eventual restauração da totalidade do corpo real é o tema que representa o triunfo final do desmembrado mundo indígena sobre a dominação espanhola (Arguedas, 1975). Da mesma forma, as várias partes dos *huacas* e das múmias podem ser quebradas e dispersas pelos espanhóis, mas o potencial de unificação mantém-se dentro dessa estrutura de histerese: mesmo arrancadas ao todo, as partes persistem como relações em espaços preenchidos pela tensão. Na formulação de Arriaga, o diabo supervisiona essa configuração retesada, cuja força interior predetermina as soluções. As noções espanholas e indígenas tinham de interagir de acordo com pontos de encontro como esses, formando uma linguagem de comunicação e de dissensão transcultural que constitui a nova cultura do imperialismo.

Nesse sentido, é salutar lembrar que o cristianismo tinha a própria história e mitos para conciliar quando se tratava de suas raízes pagãs. Os antigos cristãos na Europa eram taxados de descrentes e hereges; porém, longe de negar seus deuses, seus oponentes os classificaram como espíritos malignos, aumentando assim as possibilidades da magia (Thorndike, 1936, p.661). Mas entre os século XIV e XVII, com seu poder já consolidado, o cristianismo europeu organizou um vigoroso ataque contra o paganismo na tentativa de eliminar suas influências populares, enquanto a difusão do mercado e o desenvolvimento da moderna sociedade de classes alteravam a moralidade social (Hill, 1969, p.116). Jules Michelet chega a afirmar que o diabo europeu do começo do período moderno foi uma figura originária do paganismo popular, visto como um aliado dos pobres na luta contra os senhores feudais e a Igreja.

Ainda há mais uma conexão significativa entre a adoração da natureza indígena e as noções cristãs sobre o diabo. Segundo a corrente gnóstica da Igreja medieval, o mundo material e a realidade objetiva foram criados pelo diabo, e, nesse sentido, boa parte da natureza era vista como a encarnação do espírito do mal (Rudwin, 1959, p.122). Visto que os demônios eram profundos conhecedores dos segredos da natureza, mágicos e feiticeiros podiam realizar maravilhas com a ajuda deles.

Os padres cristãos nos Andes possuíam a tarefa extremamente difícil de suplantar as noções pagãs de natureza através de doutrinas derivadas da Igreja. Eles tinham de efetuar uma revolução na própria base moral da cognição. Muitos dos *huacas* que povoavam e coordenavam a natureza não podiam ser deslocados. A Igreja, como diziam os padres, precisava removê-los dos corações indígenas. Se os signos não podiam ser erradicados, então isso deveria ser feito através do significado. Uma nova semiótica deveria ser escrita, tão ampla e abrangente quanto o próprio universo. Os indígenas deveriam ser "ensinados de maneira decente sobre a origem das fontes e dos rios, como a luz se desloca no céu, como a água congela, e sobre outros fenômenos naturais, que seus professores deverão conhecer bem" (Arriaga, 1968, p.24). Duas questões destacavam-se: as implicações da regularidade da natureza e a ontogenia.

Os padres cristãos procuravam demonstrar aos nativos que os fenômenos naturais não poderiam ser deuses por conta de sua regularidade. O sol, por exemplo, não podia parar seu movimento quando e como quisesse. Logo, ele era natural e subserviente ao sobrenatural. Arriaga sempre recorre a isso, assim como Acosta, que recomendava o ensinamento de um "discreto capitão" que havia persuadido os indígenas de que o sol não era deus algum. O capitão pediu a um chefe indígena que ordenasse a um corredor indígena que levasse uma carta. Então ele perguntou: "Diga-me quem é senhor e chefe, o indígena que leva a carta, ou aquele que manda fazê-lo?". O chefe respondeu que ele o era, porque o corredor fez o que lhe foi ordenado. O mesmo ocorre com o sol, ensinou o capitão: o sol não é nada mais que um servo do mais elevado senhor, que manda que ele corra depressa distribuindo luz para todas as nações, e é, assim, contra a razão, prestar ao sol honras que são de direito do criador e senhor de tudo (Acosta, 1880, p.310). Isso demonstra como a concepção de um sistema auto-organizado de coisas mutuamente solidárias foi transformada em uma concepção de outro tipo: uma unidade orgânica dominada e orquestrada por um único líder, Deus – o engenheiro celestial, o empreendedor indiferente. O cristianismo procurava suplantar o sistema de partes que se condicionam mutuamente por outro, que inscreveu a relação entre senhor e escravo na natureza.

A Igreja também tinha de disputar com o conceito indígena de origem social e humana. Arriaga escreveu que as crenças indígenas na origem de diferentes "clãs" a partir de ancestrais distintos e de diferentes locais de origem (*pacarinas*), como as montanhas, as grutas, as fontes etc., deviam ser substituídas pela noção de um único ancestral comum. E mais: essa nova concepção deveria incluir a noção de pecado original. Tudo isso equivalia à negação dos vínculos essenciais da cosmologia andina, que ligavam as pessoas às suas origens através de ícones naturais. Também era inútil a tentativa de substituir uma estrutura de oposições duais ligadas umas às outras como partes em reciprocidade dentro de uma totalidade segmentada por um esquema hierárquico. Tal substituição exigia uma lógica radicalmente diferente, uma noção diferente dos relacionamentos e da relação entre parte e todo. Além disso, o esquema cristão estava, sem dúvida, fundamentado no problema da teodiceia. Este, ligado à ideia do pecado original, evocava a ideia do diabo. Nenhuma dessas angustiantes contradições inseriu-se com facilidade na estrutura da religião andina anterior à conquista, a qual, após a conquista, viu-se lançada ao domínio do diabo.

Moralidade e dualidade

O modelo dualista que compunha a cosmologia andina estava ligado a uma série de relações recíprocas que resultavam em uma unidade entre a ordem ética e a cosmológica. O dualismo antagonista do cristianismo imposto aos andinos via o cosmo como algo constantemente ameaçado pela ruptura. Os principais marcadores desse dualismo, Deus e o diabo, incorporavam o verdadeiro bem e o verdadeiro mal. Entretanto, a ética andina não se compunha por formas e símbolos de essências morais puras em disputa. Essa ética baseia-se no princípio do equilíbrio, não entre divindades boas e más, mas entre uma enorme variedade de espíritos incorporados a ícones naturais. Além disso, o conceito andino de pecado é muito diferente da noção individualista cristã. Muitas infrações e crimes eram vistos como perturbações no universo como um todo. Hoje, na comunidade de Hualcan, no planalto peruano, por exemplo, considera-se que algumas condutas colocam em perigo toda a comunidade, o futuro das colheitas e de outros fenômenos naturais (Stein, 1961). Com relação à comunidade aimará, na qual os Buechler viviam, estes escreveram: "qualquer transgressão do fluxo natural dos eventos [como a chuva de granizo] era encarada como um padecimento físico ou um ato que desvela em dor que envolve o sofrimento da pessoa em questão e também da comunidade" (Buechler; Buechler, 1971, p.92-3).

O panteão de divindades andino não era estruturado de acordo com uma hierarquia dual de deuses bons e maus. Mesmo o princípio de um deus supremo, como o Sol, era um artifício imposto pelo Estado inca. As divindades existiam como pares opositores, companheiros homem e mulher, o sol e a lua, o céu e a terra etc. Apesar de o Supay – ou algum espírito do mal similar, como o Hahuari – de fato existir na religião andina anterior à conquista, ele não era mais que um entre muitos demônios terrestres e não existia o conceito de um espírito do mal dominante e todo-poderoso. Assimilar as distinções cristãs entre o bem e o mal não era tarefa fácil. Trimborn afirma que de acordo com a religião anterior à conquista, a distinção entre espíritos bons e maus baseava-se no que ele chama critérios utilitários, e não éticos. John Rowe aponta que os seres sobrenaturais eram, em sua maioria, protetores e amigos dos homens, adorados na esperança de se ganhar benefícios práticos (Rowe, 1963, p.298). Ele ressalta que os espíritos malignos tinham muito menos importância e que parecia que eles não haviam sido adorados ou respeitados, exceto por feiticeiros – que, de acordo com ele, não eram muitos. As orações não continham termos que sugerissem medo (Rowe, 1960, p.416).

Apesar de os indígenas possuírem uma prática similar à confissão cristã, os espanhóis a julgavam uma paródia hedionda (Métraux, 1969, p.138), e de acordo com o cronista Cobo (1890-1895, v.4, p.89-90), os nativos "estavam errados em seu juízo sobre pecado [...] porque nunca levavam em conta os desejos e sensibilidades internos". A concepção que eles possuíam de "pecado" era antes mais normativa que moral; e aplicava-se ao assassinato fora da guerra, ao descuido na veneração dos deuses, à infidelidade ao rei inca, ao incesto e ao adultério. Quiçá levando em consideração o outro grande império indígena possamos compreender a natureza da diferença que confundia observadores como Cobo. William Madsen escreve que os Astecas "não acreditavam que pecavam ao comer, beber, rir, jogar, zombar ou fracassar para melhorar a própria vida. Ele não acreditava que o mundo, a carne e o diabo fossem inimigos da alma; nem que a memória, a compreensão e a vontade fossem poderes da alma" (Madsen, 1960, p.131). Desnecessário dizer que as crenças indígenas também se distinguiam das preocupações espanholas, que a relação entre o local de descanso da alma e o comportamento de alguém fazia parte deste mundo. Os indígenas não eram capazes de diferenciar entre o bem e o mal, admoestava Cabo, e assegurava que o que determinava o destino da alma eram as diferenças de casta (ou seja, relações sociais persuasivas) entre nobres e plebeus (Cobo, 1890-1895, v.3, p.319-20). Arriaga afirmava: "Eles dizem que após a morte eles vão para o além para trabalhar em suas plantações e semear suas sementes. Eles não acreditam que lá haverá punição para os fracos ou glória para os bons" (Arriaga, 1968, p.64). Trimborn sugere que qualquer informação segundo a qual o destino da alma é determinado por critérios éticos é um produto da incompreensão cristã (Trimborn, 1968, p.93), e no relato de Bastien sobre a religião contemporânea, fica incontestavelmente claro que, ainda hoje, o paraíso não é visto como um objetivo desejável. As pessoas de Kaata querem permanecer na montanha depois que morrerem (Bastien, 1978, p.171-87).

A ideia de um espírito do mal dominante foi uma importação do imperialismo, e praticamente todas as explanações sobre a religião andina anterior à conquista e durante o período colonial deixam de atentar para tal fato. No século XIX, o antropólogo Daniel Brinton manifesta-se de maneira enérgica ao afirmar que a ideia do diabo é estranha a todas as religiões primitivas e ao contestar intérpretes que classificavam as divindades dos nativos americanos como boas ou más, deformando as crenças nativas em uma configuração dualística estática. "O que tem sido visto como uma divindade do mal", ele escreveu em 1876, "é, na realidade, o principal poder que eles reconhecem." Ele deu muitos exemplos, como o Aka-kanet entre os nativos araucanianos no Chile, que os intérpretes cristãos viam como o pai do mal, mas que era na realidade o "poder benigno a que os sacerdotes recorriam, que tem seu trono nas Plêiades, que manda frutos e flores para a terra e é chamado Avô". Quanto ao Supay andino, "nunca foi o que Prescott gostaria que pensássemos, 'a materialização sombria do mal', mas pura e simplesmente o deus dos mortos". A opinião de Brinton é de que com a conquista europeia, os indígenas "compreenderam a noção de um espírito bom e mau, lançaram um contra o outro em um conflito externo, e entalharam isso em suas tradições. Escritores ansiosos em descobrir analogias judaicas ou cristãs, forçosamente interpretavam mitos que se encaixassem em suas teorias de estimação, e a observadores indolentes era conveniente catalogar os deuses em classes antitéticas" (Brinton, 1968, p.79).

Em vez de, do ponto de vista moral, catalogar seus deuses em classes antitéticas, os nativos americanos pareciam, na maior parte das vezes, tê-los considerado moralmente neutros, ou ao mesmo tempo bons ou maus. Referindo-se às divindades maias, Donald Thompson afirma que elas não eram, em si, nem malignas nem benignas, e ele distingue com clareza esse aspecto do cristianismo (Thompson, D., 1960, p.7). A única referência a um deus do mal no livro *Maya History and Religion* [História e religião maias], de J. Eric Thompson, é Mam, que toma o poder durante os cinco dias de azar no final do ano, apenas para ser alegremente rejeitado com a chegada do ano novo (Thompson, J. E., 1970, p.297-300). Entretanto, os espanhóis apropriaram-se do nome do deus maia dos mortos, Cizin, para denotar o diabo, fazendo o mesmo com deuses correspondentes de outros grupos indígenas (Correa, 1960). A situação deve ter sido deveras confusa para os europeus, porque essas divindades mesoamericanas possuíam naturezas duais: podiam ser ao mesmo tempo malignas e benevolentes, jovens e velhas, mulheres e homens, humanas e animais – tudo ao mesmo tempo (Thompson, J. E., 1970, p.198-200). Também existia uma quadruplicidade de deuses, quatro em um e um em quatro, que J. Eric Thompson via como semelhante à doutrina cristã da Santíssima Trindade. Com base em seu trabalho de campo entre os aldeões guatemalenses (grupo linguístico kanhobel) em 1932, Oliver LaFarge também menciona a Trindade, que "aqui é reduzida a uma dualidade, o conceito de Espírito Santo tendo sido descartado quase por completo. A dualidade, entretanto, é muito mais compreendida pelo nativo comum do que o é a Trindade pela maioria dos americanos" (Lafarge, 1947, p.103). Ao escrever sobre os Maias Chorti na década de 1930, Charles Wisdom afirma que eles acreditam em um deus do mal que é um furacão, que na língua espanhola eles chamam diabo (*diablo*) ou Rei Lúcifer, mas eles também acreditam que essa divindade pode ser um conceito completamente católico (Wisdom, 1940, p.405). De forma similar, nos Andes, o Supay é, supõe-se, um sinônimo para o diabo, mas LaBarre, Duviols e Bandelier afirmam que ele não é, de fato, equivalente ao diabo cristão, mas "uma especialização de ascendência cristã do que talvez fosse originalmente apenas um entre vários demônios terrestres" (LaBarre, 1948, p.168).

Wisdom afirma que entre os Chorti todos os seres sobrenaturais possuem as seguintes características: neutralidade ou dualidade moral, dualidade sexual, multiplicidade, bilocalidade no céu e na terra e personalidade dupla, como expressos nos homólogos nativos e católicos. A noção de dualidade é tão característica que um indígena irá atribuí-la sem muita hesitação a qualquer ser. No que Wisdom refere-se como "dualismo moral", o espírito pode ter tanto dois aspectos, bom e mau, ou possuir apenas um deles, que corresponde a outro ser sobrenatural que possui a qualidade oposta. Com relação ao "dualismo sexual" também existem duas formas: um grupo completo de divindades de apenas um sexo é pareado com outro grupo do sexo oposto. O outro grupo inclui espíritos de gênero duplo, o elemento masculino lidando com ou afetando as mulheres, enquanto o elemento feminino afeta os homens. Em muitos casos, o ser é uma entidade única que assume o gênero ou a característica moral que deseja e de acordo com a situação (Wisdom, 1940, p.410).

A maior parte das divindades chorti possui suas contrapartes entre os santos católicos. A Virgem torna-se cônjuge de deuses nativos, sendo associada ao cultivo, ao solo, às árvores frutíferas, ao parto e a outras atividades, nas quais as ideias de fertilidade e crescimento são preeminentes. Na verdade, acredita-se que a vida e o crescimento dependem da união entre a Virgem e a divindade nativa em questão. Entretanto, a catolicização significou que tais divindades nativas que possuem suas contrapartes entre os santos tenham apenas seu aspecto benevolente representado; portanto, enquanto os santos representam o lado benevolente, a divindade nativa representa apenas o lado maligno do mesmo ser sobrenatural. Com a concomitante aculturação, a colonização fragmentou um todo unificado em figuras boas ou más, santos e divindades nativas, respectivamente. Esse surpreendente desenvolvimento indica como a influência europeia pôde produzir o espírito do mal na religião nativa americana, confirmando o argumento de Brinton. Não obstante, também se torna evidente, a partir da etnografia de Wisdom, que a propensão nativa à dualidade é preponderante, e que, apesar de a fissão entre divindades boas e más, cristãs e indígenas ter ocorrido, até mesmo essas figuras estão longe de ser essências claramente delineadas de maneira ética. Santos podem trazer azar para o inimigo de uma pessoa, ou para seus devotos se não forem tratados de maneira apropriada, enquanto o diabo também é capaz de realizar boas ações.

Albo apreende de forma correta as implicações desse dualismo moral entre os Aimará contemporâneos quando percebe que "eles supõem que o bem e o mal coexistem em tudo e evitam manifestações excessivas dos extremos porque isso causa seu contrário; 'você não deveria rir muito, para depois não chorar muito'" (Albo, 1974-1976, p.94). Diferentemente do diabo dos cristãos, que tenta a humanidade a fazer o mal e amplia a cisão em um drama do tudo ou nada, os espíritos (*chicchans*) que ajudam o diabo nas crenças chorti assustam as pessoas por sua imortalidade. A malevolência é vista como algo que mantém – e não que separa – a esfera moral. Enquanto a confissão cristã servia para aliar o indivíduo ao lado bom do duelo cósmico, a confissão dos nativos andinos era um rito indígena que objetivava restaurar o equilíbrio natural, como coloca Métreaux (1969, p.138).

Segundo a doutrina cristã, forças opostas de puro bem ou puro mal estruturam o campo moral, refletindo uma ontologia e uma epistemologia que separa totalidades em dualidades estáticas impedidas de movimento e síntese. Mas uma lógica dialética não pode opor, tampouco unir o bem com o mal e a matéria com a mente. A cultura andina é uma manifestação específica dessa lógica, na qual a reciprocidade de significados, estabelecida através de um sistema de oposições intricadamente padronizado, é o selo distintivo. Esses – não a causação através de um meio de forças físicas – são os princípios que a compreensão e o entendimento acionam. Como enfatizam os Buechler em suas discussões sobre a epistemologia aimará, as conexões entre diferentes esferas, como o mundo humano e o mundo natural, são conexões estabelecidas em termos de relacionamentos similares, não como características similares. Nem coisas distintas em si nem puras essências morais destacam-se na figura orgânica da estrutura e da função do mundo que configuram a epistemologia aimará. Em vez disso, existe um parentesco entre pessoas e grupos com os poderes emblemáticos da natureza. Tal parentesco efetua a unidade da ordem cósmica e ética que é hostil ao dualismo moral e à animação de essências morais. Essa unidade também se exprime nas estruturas econômicas comunitárias que se opõem à alienação da terra e do trabalho. Ela também é uma unidade que fetichiza a natureza atribuindo-lhe poderes espirituais. E esse fetichismo anima a natureza, não essências morais. O cristianismo foi responsável pelo segundo quando transformou em fetiche o espírito do mal todo--poderoso. Esse foi um ato profundamente autoalienante, idêntico ao do homem que cria Deus para depois negar sua autoria e para mais tarde dar o crédito a Deus por tê-lo criado. Depois dessa fetichização do mal na forma do diabo no início da modernidade europeia, surge o fetichismo da mercadoria da cosmografia capitalista, e o homem, criador das mercadorias, passou a ver e a falar delas como se estas o governassem. Esse tipo de fetichismo é a antítese do fetichismo da natureza andino, uma vez que aquele não parte da unidade, mas da alienação das pessoas umas das outras, da natureza e de seus produtos.

    O diabo nas minas de estanho bolivianas fornece uma mostra fascinante da fidelidade com que as pessoas apreendem essa transformação da fetichização enquanto a sujeitam a um paganismo que irá aprendê-la. O problema não reside em sua adoração do diabo, mas no problema do diabo em si.

11
ICONOGRAFIA DA NATUREZA E DA CONQUISTA

A conquista espanhola trouxe um espírito do mal para os indígenas do Novo Mundo, iniciando um processo de destruição que esse espírito poderia simbolizar. Além disso, a conquista também se inseriu na iconografia da natureza. A paisagem dos símbolos passou a incluir a experiência dos nativos relacionada à avareza, ao domínio e à violência espanhóis.

Harry Tschopik Jr. conta que os Aimará da província boliviana de Chucuito acreditam que o ouro e a prata são de propriedade de um ser maligno sobrenatural que causa doenças e morte; ele é visto com frequência como um velho anão vestido como um soldado espanhol e rodeado por seus tesouros. Tendo em vista toda a dor causada aos Aimará pelos metais preciosos desde a época da conquista, o autor acrescenta, não surpreende que o ouro e a prata sejam associados ao mal e ao perigo (Tschopik Jr., 1968, p.135). Entretanto, antes da conquista, os metais preciosos eram reverenciados e não parecem ter sido associados ao mal ou ao perigo. Na época, a mineração estava sob controle local – não nacional –, e o ouro e a prata eram trocados como dádivas, em especial entre *curacas* (chefes tribais) e o rei inca.

Assim como os princípios de reciprocidade e de redistribuição – que guiaram e deram sentido à vida sob o domínio inca e legitimidade ao seu controle – possibilitaram a opressão colonial, os ícones naturais passaram a incorporar essa história, bem como sua reiterada tensão e a possibilidade de sua consequente transcendência. Em poucos domínios isso era tão evidente quanto no caráter dos espíritos detentores da natureza, os não erradicáveis fetiches fundamentais na religião popular, que inspecionavam o uso de recursos locais e foram capazes de sobreviver à intensa campanha colonial contra a idolatria. Esses fetiches passaram a incorporar a justaposição conflituosa das sociedades espanhola e indígena, e a ambiguidade inerente a essas representações coletivas eram extremamente amplificadas por tal justaposição.

O senhor ou proprietário sobrenatural da montanha era, nas comunidades mesoamericanas, uma figura de grande importância em todo o planalto latino-americano. Ele era o proprietário absoluto da natureza e possuía poder sobre a vida e a morte das pessoas. Gustavo Correa afirma que apesar de seu caráter benévolo anterior à conquista ter-se mantido em algumas poucas regiões, sua segunda característica, a malevolência, difundiu-se em todos os lugares (Correa, 1960, p.59). Em outras palavras, a história iluminou o caráter ambíguo das coisas sagradas acentuando o mal e o perigo potencial presente nelas. O senhor da montanha é visto como proprietário e regulador dos recursos disponíveis no mundo, assim como acontecia antes da conquista. Mas hoje, a maior parte das terras que antes eram controladas pelos indígenas foram expropriadas por não indígenas; enquanto isso, alguns dos recursos que os nativos continuam a controlar adquiriram outro significado, na medida em que os indígenas passaram a fazer parte da rede do novo sistema econômico organizado por princípios de mercado e pela troca de mercadorias. Uma vez que os nativos podem reivindicar o controle, tanto individual quanto comunitário, sobre os recursos que circundam as montanhas, e porque, além disso, sua economia interna não é estritamente organizada de acordo com instituições capitalistas, sua situação política e econômica possui um peculiar caráter dual estimulado por uma tensão sistemática. Por um lado, essas comunidades estão cada vez mais se integrando ao rolo compressor do comércio capitalista e das relações de trabalho que está transformando os domínios das montanhas em mercadorias cada vez mais alienadas e escassas, enquanto as relações sociais entre os próprios indígenas são ameaçadas pela atomização. Por outro lado, passa a existir uma reação defensiva institucionalizada contra a invasão comercial, o que levou Eric Wolf a tipificá-las como "comunidades corporativas fechadas" (Wolf, 1955). Engolfadas pela economia capitalista, as comunidades supervisionadas pelo espírito detentor das montanhas não são capitalistas: apesar de serem dentes da engrenagem dentro de um sistema capitalista nacional e até mesmo internacional, não são réplicas desse sistema. Sem dúvida, suas práticas e instituições internas refletirão essa dualidade peculiar, assim como acontecerá com os espíritos proprietários da natureza. Para ser breve, o argumento que proponho é que os espíritos da natureza passaram a refletir um novo sistema de propriedade que foi sobreposto a um modelo anterior, no qual a propriedade correspondia a princípios não marcados de reciprocidade e redistribuição. Adicionado a algumas variações regionais, os espíritos proprietários passaram a representar, desde a conquista, as contradições em que se vê a reciprocidade que coexiste com a troca de mercadorias e a exploração por parte de brancos e *mestizos*, para os quais os nativos em geral olham com ódio, medo e reverência.

Hoje, nos planaltos da Mesoamérica, o senhor sobrenatural da montanha é, em geral, visto como uma representação má e perigosa da extração europeia: rico, estrangeiro e urbano; um *patrón*, um missionário – e até mesmo, às vezes, um antropólogo. Morris Siegel afirma que entre os seres sobrenaturais ao nordeste dos planaltos guatemaltecos, o que mais se destaca é o *wits akal*. Vestido com trajes europeus, esse espírito é completamente mau e determinado a destruir os indígenas, seduzindo-os a sua residência a fim de comê-los. Estranhos, estrangeiros e missionários são, em geral, condenados como *wits akal* e muito temidos (Siegel, 1941, p.67). Richard N. Adams descobriu que um espírito dono da montanha em uma comunidade localizada em terras altas próximas à capital da Guatemala é com frequência descrito como uma pessoa loira da cidade, um *outsider* rico que ocupa a posição de *patrón* local (Adams, 1952, p.31). Assim, o próprio Adams, um antropólogo, foi caracterizado como o "administrador" das montanhas, da mesma forma que uma propriedade possui seu administrador. Diz-se que pactos (como os pactos com o diabo realizados no fim da era medieval europeia) podem ser travados com o proprietário da montanha para ter sucesso na caça e por dinheiro, e em troca a pessoa deve, após a morte, ir morar na casa do espírito da montanha. Em Zinacantan, Chiapas, o Senhor da Terra que detém e cuida da terra é concebido como um mestiço (*ladino*) gordo e avarento, com necessidade constante de trabalhadores humanos e animais de carga para seus empreendimentos. Ele possui pilhas de dinheiro, manadas de cavalos e mulas, além de rebanhos e bandos de galinhas. Ele controla os poços dos quais os zinacantecos dependem, as nuvens que surgem das grutas e produz chuva para as colheitas, bem como todos os produtos úteis da terra. Não se pode utilizar a terra ou seus produtos sem compensar o Senhor da Terra com cerimônias apropriadas e oferendas (Vogt, 1969, p.302).

O mesmo ocorre nos Andes. Rowe afirma que a adoração à montanha é um elemento muito importante da religião quéchua moderna, tanto quanto era antes da conquista (Rowe, 1963, p.296). Bastien descobriu que a montanha de Kaata não era tanto um "elemento", mas a própria base da religião, pois era concebida como um corpo humano em toda sua magnitude sobre a paisagem, que "detinha" tanto as pessoas como os recursos (Bastien, 1978). Oscar Nuñez del Prado descreve os espíritos da montanha como aqueles que ocupam a posição principal na religião dos indígenas de Q'ro, na repartição de Cuzco (Nuñez del Prado, 1968). Esses espíritos estão organizados em uma hierarquia encabeçada pelo espírito da maior montanha, El Roal, que também é o espírito criador. Ele controla picos menores, como Wamanripa, a quem El Roal confiou o cuidado cotidiano das pessoas de Q'ro. Como outros objetos naturais, as pedras e as árvores possuem espíritos que conversam uns com os outros, assim como os espíritos das montanhas conversam com humanos, em especial através dos xamãs. O rito anual para El Roal é assistido por milhares de nativos de quase toda a região de Cuzco, inclusive os habitantes de Q'ro, cuja escalada chega a quase dezesseis mil pés para chegar ao seu templo. Também existe uma capela católica no povoado de

Q'ro, construída por um *haciendado* há algumas gerações, mas os indígenas são indiferentes a ela.

Na região de Ayacucho, no Peru, os espíritos da montanha são de linhagem ancestral. Eles são descritos como "seres vivos como nós [...] com as mesmas necessidades e a mesma organização dos mortais; eles vivem em povoados e maravilhosos palácios dentro das montanhas, como donos absolutos da natureza" (Palomino Flores, 1970, p.119). Conhecidos como *wamanis*, são sem dúvida as divindades mais importantes e possuem poder de vida e morte sobre os nativos, bem como sobre as roças e animais destes. Os diversos tipos de *wamanis* são vistos como tendo a mesma configuração hierárquica que os cargos políticos da comunidade; ao mesmo tempo diz-se que estão diretamente engajados nas Forças Armadas do governo peruano (Earls, 1969, p.69), a fim de prestar auxílio à comunidade (Isbell, 1974, p.118). Eles são muito ricos, pois em suas montanhas possuem muitos animais de criação, ouro e prata. Essas riquezas resultam das oferendas rituais a eles concedidas pelos indígenas. Lhamas sacrificadas, por exemplo, são convertidas pelos *wamanis* em ouro e prata, que são entregues todos os anos ao governo da costa. Em troca, os *wamanis* garantem segurança pessoal e a fertilidade do gado. Se ficarem aborrecidos, como pode acontecer em caso de execução incorreta do ritual ou pela falta de reverência, os *wamanis* podem matar o gado, arruinar famílias, causar doenças e até a morte; podem também comer o coração de suas vítimas. Às vezes são descritos como homens brancos altos e barbudos, vestidos com caras roupas ocidentais; em outros momentos, como advogados, padres, policiais ou abastados proprietários brancos. Eles também podem se apresentar como condores, como o fogo que irrompe da terra, ou apenas como lagos ou picos de montanhas. O poder deles, escreve Earls, é o poder em geral atribuído aos brancos e *mestizos* (*mistis*) (Earls, 1969, p.67). Entretanto, eles também são ancestrais de linhagem, adorados e venerados como tais! Não é de surpreender, portanto, que uma grande ambiguidade se expresse em relação a eles: apesar de donos e protetores da vida, também são considerados diabos e associados à sujeira.

Bernard Mishkin afirma que uma crença muito difundida nos Andes é que nos cumes das montanhas, conhecidos como *apus* (senhores) ou *aukis* (xamãs), há escondidos lá dentro grandiosos palácios e *haciendas*, além de rebanhos de gado, que são protegidos pelos servos desses espíritos das montanhas. Entre tais ajudantes está Ccoa, um gato com o poder de matar e destruir as plantações; ele é o espírito mais ativo, importante e temido no dia a dia das pessoas da região. Ccoa é o padrinho dos feiticeiros. Além disso, diz-se que as pessoas dividem-se em duas classes: os que o servem e os que lutam contra ele. Enquanto os primeiros são ricos e suas plantações vingam, os últimos são pobres, suas safras são pequenas e seus familiares são assolados por doenças (Mishkin, 1963, p.463-4). Em outros lugares, como o povoado de Hualcan, no Peru, espíritos malignos também podem se apresentar como animais ou *mestizos* e *gringos*, os espíritos tutelares dos feiticeiros, característicos por terem muito cabelo e dentes enormes (Stein, 1961, p.323). A esse respeito vale notar que o Tio, ou a figura do diabo, encarado como o verdadeiro dono das minas bolivianas contemporâneas, também é descrito como um *gringo* alto, de face avermelhada, louro, barbudo e portando um chapéu de vaqueiro. Após acidentes desastrosos nas minas, os mineradores dizem que o Tio os está comendo por não haver recebido oferendas rituais suficientes; ele prefere a saborosa carne de mineradores jovens (Nash, 1972). Como o espírito da montanha descrito por Mishkin, o Tio também possui um correspondente animal, um touro, que ajuda os mineradores que fazem pactos com ele.

A identificação dos espíritos proprietários com os novos proprietários legais e administradores dos recursos andinos é espantosa, e imagens mentais foram escolhidas de acordo com a semelhança que possuem com os conquistadores e com a pequena classe de homens que até hoje afirma ter direito ao poder; desse modo, os ícones representam o mal e a agressão que os indígenas associam aos detentores das terras e dos minerais. A iconografia é a historiografia popular. A conquista e a invasão da nova economia resultaram em um impressionante autorretrato na iconografia da natureza. Um retrato esquivo com dimensões contraditórias. Seus símbolos manifestam as poderosas tensões da história e sociedade andinas. Os espíritos proprietários não apenas refletem o poder do opressor, mas também refletem a ânsia dos oprimidos.

> Agora
> a cerâmica está desbotada e triste
> o carmim do *achiote*[1]
> já não sorri nos tecidos
> o tecido empobreceu
> perdeu estilo
> menos fios de trama por padronagem
> e já não se fia o "fio perfeito"
> *Llacta mama* (Terra) pertence aos donos da terra
> está aprisionada no Banco a borboleta de ouro
> o ditador está rico em dinheiro mas não em virtudes
> e quão melancólica
> quão melancólica é a música dos *yaravíes*
> Os reinos irreais da *coca*
> ou a *chicha*[2]
> a que se confina o Império Inca
> (só assim são livres e alegres
> e falam alto
> e existem outra vez no Império Inca).
>
> (Cardenal, 1973)

Messianismo

As rebeliões messiânicas que evocam a Era de Ouro dos Incas têm sido uma constante da história andina desde a conquista. Esse messianismo centrou-se, na maior parte das vezes, na ideia de que o rei inca assassinado pelos espanhóis ressuscitaria (Ossio A., 1973; Wachtel, 1977). Nos mitos coletados por Arguedas na década de

---
1 Urucum. (N.T.)
2 Bebida fermentada produzida a partir do milho por povos indígenas andinos. (N.T.)

1950, o rei inca Inkarrí é ilustrado como tendo sido decapitado pelos espanhóis. Apesar de estar em constante sofrimento, ele está prestes a se tornar completo novamente, o que resultará na restauração da sociedade e do domínio indígenas.

Ao analisar esses mitos da comunidade de Puquio na repartição de Ayacucho – onde predominam falantes monolíngues do quéchua –, Arguedas conclui que eles dão "uma explicação indispensável para a origem do homem e do universo, bem como para a história e a verdadeira situação dos nativos e de seu destino final até o início do processo revolucionário de mudança (Arguedas, 1975, p.44). Aqui, os espíritos da montanha ou *wamanis* são vistos como tendo sido criados pelo primeiro deus, Inkarrí, que criou todas as coisas indígenas que os *wamanis*, mais tarde, cedem e regulam, como o pasto, a água e o poder de adivinhação e de curar doenças. Os *mistis* ou os brancos não podem adquirir tais poderes porque não possuem a resistência necessária para aguentar as punições e os testes requeridos pelos *wamanis*. Além disso, esses segredos só podem ser entendidos quando se vive durante longos períodos dentro da montanha. Mas de vez em quando, os *mistis* podem procurar xamãs, dos quais recebem treinamento, quando sofrem de alguma doença estranha ou incurável. Os nativos dizem que sem a ajuda dos xamãs os *mistis* morreriam.

Na comunidade de Quinua, na mesma região, a maioria dos indígenas é bilíngue em quéchua e espanhol, o que indica maior grau de contato intercultural que em Puquio. Aqui, o mito de Inkarrí e de seu retorno é similar ao encontrado em Puquio, mas as representações católicas são mais marcadas. Quando comparado ao messianismo de Puquio, este é mais convencional: existe apenas como uma possibilidade.

Na *hacienda* de Vicos, na região de Ancash, onde os indígenas viveram por muito tempo como servos e tinham contato frequente com missionários católicos, o deus criador da humanidade era descrito como o filho do criador da humanidade antiga que engravidou a Virgem. Esse filho tentou destruir o povo antigo através de uma chuva de fogo, porém, eles não foram completamente dizimados: sua voz de protesto pode ser escutada pelos caçadores em pumas e raposas, animais normalmente criados por esse povo. Ele também criou o mundo atual dividido em duas classes de pessoas: os indígenas e seus dominadores, os *mistis*. Os indígenas são por isso obrigados a trabalhar para os *mistis*. Mas no paraíso, que é exatamente igual à Terra, as posições de classe se invertem por completo: os nativos tornam-se *mistis* e fazem todos os que eram *mistis* na Terra trabalhar como se fossem indígenas.

Por fim, na comunidade de Q'ro (em Cuzco), que é ainda mais isolada que Puquio e menos exposta a influências não indígenas, não existe elemento messiânico algum no mito de Inkarrí. Além disso, o mito não diz nada sobre os espanhóis e o assassinato do rei inca, não possuindo representação católica alguma – nem referência ao deus católico. Em vez disso, tal mito revela a descendência divina pura do povo de Q'ero, integrado aos ícones da natureza e incólume à história da conquista e às remotas autoridades não indígenas. É por demais intrigante o fato de que nessa versão do mito sobre Inkarrí ele seja representado como tendo sido criado pelo maior espírito da montanha da região, El Roal, que também possui o poder de dominar o Sol, astro que, em outros mitos, é visto como pai dos Incas (Nuñes del Prado B., 1974, p.240).

Ao compararmos esses mitos e nos questionarmos sobre que espécie de experiência social eles interpretam e o porquê de algumas formas reaparecem e outras mudarem, vê-se como é impressionante o fato de todos retomar temas essenciais de mitos pré-hispânicos sobre a origem do Império Inca. Também impressionantes são as adaptações e as promessas de restauração explicitadas por tais mitos de acordo com o grau de contato com estrangeiros e a opressão sofrida por diferentes comunidades. O papel dos espíritos da montanha detentores da natureza está conectado por completo à promessa de restauração indígena, exceto nos dois casos opostos e extremos de Q'ero – a comunidade menos aculturada – e Vicos – mais afetada pela dominação externa. Em Vicos não ouvimos nada sobre os espíritos da montanha, com exceção, talvez, das vozes de protesto dos idosos quando seu "gado" está sendo caçado. Em Q'ero, relativamente segura por ser isolada, não só inexistem sinais de correntes messiânicas como o espírito da montanha é encarado como, de fato, criador do rei inca, e a entidade que continua a controlar todas as pessoas e recursos naturais. Se os mitos de Puquio e Quinua – que estão entre esses dois extremos – não são guias, podemos então perceber como a ambivalência do espírito da montanha detentor da natureza passa a ganhar relevância e de que maneira ele se coloca em relação à promessa da restauração indígena final. Sua ambivalência origina-se de dois tipos distintos de mediação: por um lado, esses mitos são mediadores entre as pessoas comuns e o poderoso rei-deus inca; por outro, fazem a mediação da possibilidade do messianismo inca.

O mal e o controle social

Muito mais deve ser dito sobre a atribuição do mal a importantes espíritos detentores da natureza. Primeiro, deveríamos ressaltar que tal atribuição pode defender a sociedade indígena contra os efeitos prejudiciais do dinheiro e da estratificação pela riqueza. Tanto o dinheiro quanto a riqueza podem ser conseguidos através de pactos ilícitos com os espíritos. Entretanto, dize-se que tais pactos significam desastres, doenças e perdas agrícolas para o resto da comunidade. O relato de Mishkin sobre o Ccoa, assistente do espírito da montanha, é um exemplo ilustrativo disso, e Pedro Carrasco descreve uma crença semelhante entre os nativos Tarascan, no México, com relação às pessoas que vendem a alma ao diabo a fim de ganhar dinheiro ou de ir contra as leis naturais e acelerar o crescimento de suas plantações ou o retorno sobre seu gado. Em troca de sua alma a pessoa ganha uma cobra que excreta moedas, um touro ou uma ovelha que crescem mais rápido que o normal. "Ao defender a pobreza" – escreve Carrasco sobre um tema em consonância com o desenvolvido por Wolf (1955) na análise sobre "comunidades corporativas fechadas" indígenas por todo o planalto latino-americano – "pode ser encontrada uma defesa do modo de vida indígena. A economia monetária imposta de fora para dentro é uma influência que perturba a comunidade do povoado, criando conflitos internos ou a perda de terras para estrangeiros" (Carrasco, 1957, p.48). Evon Vogt (1969) detalha funções similares nas acusações de feitiçaria que envolvem o Senhor da Terra: elas cumprem o papel de reduzir a estratificação social e de se opor ao dinheiro.

Deuses brancos?

No tocante à identificação estabelecida entre seus espíritos proprietários, brancos e *mestizos*, é salutar notar o quanto os indígenas odeiam esses estrangeiros e que essa grande e intensa hostilidade reflete uma noção subjacente de solidariedade pan-indígena. Referindo-se à Guatemala, LaFarge afirma que "Em sua maioria, os indígenas são claramente conscientes de si mesmos como formando um enorme corpo sob condições especiais dentro da nação. Tal sentimento pode não ser forte a ponto de criar uma cooperação durável entre tribos, mas mesmo assim está presente. Eles parecem se ver ainda hoje como um povo conquistado e como os verdadeiros nativos do solo" (LaFarge, 1947, p.15). Em 1870, David Forbes afirmara que os Aimará acalentavam um ódio inveterado e profundamente enraizado contra os brancos, e que se consolavam com a ideia de que um dia obteriam o país de seus ancestrais. Ao longo de sua pesquisa de campo entre os Aimará na década de 1940, LaBarre chegou à mesma conclusão: esse autor ressaltou a hostilidade com relação aos brancos, aos quais era muito raramente permitido passar a noite em povoados indígenas. Os bairros de Corocoro, onde moravam engenheiros dos Estados Unidos, ele observava, eram complexos bastante protegidos, defendidos por metralhadoras e – em sua opinião – a já mobilizada agressão dos nativos era controlada pelos brancos apenas através de "métodos terroristas usuais de uma casta superior" (LaBarre, 1948, p.158).

A partir disso podemos obter uma noção mais profunda da veemência e da racionalidade com a qual os indígenas atribuem as características dos brancos aos espíritos proprietários na medida em que os interesses desses espíritos fundem-se ou dizem respeito à propriedade, empreendimentos, ou são motivos de controle dos brancos. Porém, é desconcertante, para dizer o mínimo, que os indígenas também cheguem a reverenciar tais espíritos como – por exemplo – ancestrais de linhagem e protetores da vida: na Bolívia, onde o espírito das minas dentro da montanha é temido e descrito com termos incertos como um branco, ele é também, nas palavras de Nash, uma projeção das esperanças em relação ao futuro e um aliado dos mineradores (Nash, 1972, p.233).

Variações

Atribuir o mal ou características não indígenas aos espíritos proprietários não é algo encontrado em todas as comunidades indígenas nem inclui todos os espíritos proprietários, mesmo nas comunidades nas quais um ou mais espíritos são assim designados. Em comunidades muito isoladas da vida comercial ou nas que foram bem-sucedidas em manter os estrangeiros a uma distância segura – como Q'ro, em Cuzco, e o *ayllu* boliviano Qollayuaya de Kaata –, o espírito da montanha não é descrito como maligno ou não nativo. Bastien observa reiteradas vezes que a noção de completude dada à comunidade através de sua conexão com o espírito da montanha fornece uma base firme para a solidariedade *ayllu*, assim como a moral e a racionalidade para lutar contra a usurpação estrangeira do corpo da montanha – incluindo, na maior parte das vezes, a tentativa não indígena de se apropriar de terras indígenas (Bastien, 1978). Em comunidades onde um espírito proprietário em particular é dotado de características não indígenas e malignas, como ocorre com o proprietário do ouro e da prata entre os Aimará de Chucuito descrito por Tschopik Jr., também existem outros espíritos proprietários que são considerados benevolentes, como o proprietário das lhamas, que carrega um nome indígena e mora em uma montanha (Tschopik Jr., 1968, p.135). Outros espíritos detentores da natureza são identificados como montanhas que recebem nomes de santos cristãos e são assim designados em rituais. É verdade que, se ofendidos, retirarão seu apoio, mas eles não são vistos como maus o tempo todo, logo, ritos propiciatórios a esses espíritos proprietários tendem a ser cíclicos ou sazonais, exceto em casos de emergência. O espírito detentor dos peixes do lago, entretanto, recebe constantes propiciações: as espinhas dos peixes consumidos são queimadas de maneira ritual, e pede-se ao vento que carregue a fumaça para o lago, a fim de que os outros peixes saibam que o peixe pescado foi bem tratado. O principal objetivo desse rito é convencer o proprietário dos peixes que seus súditos foram tratados com respeito. Se isso não for feito, não se conseguirá mais peixes e as redes rasgarão.

Espíritos proprietários com características não indígenas podem coexistir com espíritos de feições indígenas que representam interesses nativos. Em Zinacantan, Chiapas, a identidade indígena não está, de fato, presente na figura do Senhor da Terra, mas está presente – e de forma marcante – nos doze deuses ancestrais que habitam as doze montanhas sagradas com a permissão do Senhor da Terra (representado como um avarento *ladino* gordo). Diferentemente do Senhor da Terra, esses doze deuses são protótipos de tudo o que é apropriado e correto para os zinacantecos, cujos rituais básicos replicam tais modelos, transferindo por analogia propriedades do domínio dos deuses para a esfera dos indígenas. Por contraste, em uma troca com o Senhor da Terra em busca de dinheiro, a transferência de propriedades ocorre através da venda, de forma semelhante a uma transação de mercadorias com os *ladinos* gordos que ele simboliza. Embora o Senhor da Terra controle a natureza e tenha o poder de conceder dinheiro em troca de almas – uma troca que ameaça o restante da comunidade –, os doze deuses ancestrais da montanha, que estão subordinados a ele, regulam as relações sociais dos indígenas. Nas sociedades indígenas vizinhas, esses deuses são ainda mais estruturados, pertencendo a linhagens por parte de pai específicas – como provavelmente ocorria outrora em Zinacantan (Vogt, 1969).

Mesmo quando o espírito dono da montanha possui as características de um rico explorador branco, ele também apresenta características que o associam aos indígenas e às representações anteriores à conquista, como ocorre na descrição registrada por Earls sobre os *wamani* de Ayacucho, que com frequência aparecem sob forma humana montados "em um belo cavalo branco, que porta de forma elegante uma fina sela, uma manta de São Pedro com rédeas e antolhos de prata – completamente aparatado. O *wamani* veste um belo poncho, o poncho *pallay*, usado pelos antigos, muito fino e com esporas; ele se veste como os *hacendados* ricos" (Earls, 1969, p.67).

Reciprocidade e mediação

Nesse sentido, o *wamani* evoca a figura ambígua do *curaca*, chefe tribal que mediava as relações entre comunidade e autoridade central – com o rei inca antes da conquista e, depois, com a burocracia. De fato, o cronista indígena do século XVII, Poma de Ayala, menciona que os chefes locais na região de Ayacucho, durante o império inca, eram chamados *wamanis* (Earls, 1969, p.77). Ao examinar essa analogia entre o *curaca* e o espírito da montanha detentor da natureza, faz-se necessário analisar o aspecto mutável do *curaca* sob o domínio espanhol, assim como as propriedades ambíguas inerentes à reciprocidade como modo de troca.

Já se afirmou que ao final do império inca os *curacas* estavam absorvendo poderes cada vez maiores, próximos aos dos senhores feudais, e esse processo foi predeterminado pela estrutura do governo inca, que, digamos, espalhou as sementes da própria destruição (Wachtel, 1977). Após a conquista, tal processo se acelerou. Os *curacas* tornavam-se, em geral, marionetes dos espanhóis no novo sistema de exploração racista e, apesar de seus poderes terem, de forma geral, diminuído, a natureza despótica de seu controle aumentou. Em vez de mediar as trocas de dádivas recíprocas como um meio social de distribuir bens econômicos, os *curacas* passaram a mediar sistemas de troca opostos, cada um possuindo implicações radicalmente diferentes na definição do homem, do cosmo e do sentido da relação social. Por um lado, o *curaca* representava o centro da interação recíproca da troca de dádivas e, por outro, também passou a mediar a cobrança forçada de impostos e a troca de mercadorias a fim de obter lucro. Desse modo, três camadas de ambiguidade se sobrepuseram: a inerente à reciprocidade, a do *status* do *curaca* já no final do Império Inca e a que passa a existir sob o domínio espanhol e se mantém até hoje – a mediação entre dois sistemas opostos, a troca de dádivas e a de mercadorias com base no lucro e na violência.

Antes da conquista, um sistema de troca bem equilibrado, sem o envolvimento de dinheiro, propriedade privada, princípios mercantis ou troca de mercadorias, determinava a eficiência e a estabilidade da economia. Esse equilíbrio econômico era composto por trocas recíprocas entre os produtores camponeses na base da sociedade. Estes ofereciam tributos, que eram vistos como dádivas, a seus chefes tribais imediatos, que, por sua vez, eram responsáveis pela redistribuição de tais tributos: boa parte retornava para os produtores e o restante era repassado, é óbvio, para o rei inca. De forma geral, esse sistema econômico funcionava bem por causa da minuciosa regulação burocrática estabelecida pela nobreza inca; porém, o confinamento religioso e ritual da troca também foi capital para seu bom funcionamento.

A característica particularmente importante que devemos notar é que as trocas que possuem papel determinante na economia de sociedades anteriores ao mercado não são tanto econômicas, mas trocas recíprocas de dádivas. Portanto, como escreve Lévi-Strauss, os bens trocados são, além de seu valor utilitário, "instrumentos para realidades de outra ordem", eventos marcantes que são mais que econômicos (Lévi-Strauss, 1964, p.38): são "fatos sociais totais", isto é, são ao mesmo tempo sociais, morais, religiosos, econômicos, sentimentais e legais. Isso implica que, em uma situação específica, a avaliação do valor dos bens trocados é bastante subjetiva, além de ser mais uma função da relação estabelecida que um valor supostamente inerente às coisas trocadas. A troca recíproca de dádivas também implica e cria amizades sociais ao tornar indivíduos em parceiros; assim, adiciona uma nova qualidade ao valor trocado. Esse sistema acentua a generosidade e a distribuição, estimula a necessidade de cooperação e trabalho. Parece também haver um princípio mais profundo em funcionamento: o reflexo na troca da capacidade e necessidade humanas de se identificar com os outros, pois, através dessa identificação com o outro, uma pessoa conhece a si mesma. A troca recíproca é um tipo de empatia que revigora um modo social de produção; seu objetivo é transformar o estrangeiro em familiar e o indiferente em diferente. Recusar tal troca é recusar a amizade e o sistema de diferenças que sustenta a identidade, e, nesse caso, a ira dos deuses é tão implacável quanto a guerra com o homem que também resulta dessa recusa.

Em um sistema mercantil de troca de mercadorias mediado pelo equivalente abstrato e geral que é o dinheiro, entretanto, o individualismo possessivo é acentuado, assim como a busca competitiva por lucro. Aqui, o estímulo impiedoso de responsabilidade individual e de acumulação privada é o que encoraja o trabalho e transforma a cooperação de um fim em si mesmo em utilidade para ganho pessoal. A troca reflete relações sociais que subordinam a empatia ao interesse e o homem às coisas, e é nesse momento que o valor, estabelecido a partir de preços, parece objetivo e geral.

Sob a mediação dos *curacas* diante da soberania inca, a terra trabalhada por plebeus era reservada ao rei ou ao culto do Sol, enquanto o controle local era implicitamente reconhecido, deixando o restante para a comunidade, que o dividia todos os anos de acordo com as necessidades variáveis das unidades domésticas. Uma parte dos produtos provenientes dos campos do Estado ia para os celeiros para ser usada em épocas de escassez. A cobrança da corveia ou *mita* era organizada de maneira a não colocar em perigo a autossuficiência da comunidade ou das unidades domésticas, e os trabalhadores eram pagos pelo rei. A generosidade era a tônica que definia o sentido das trocas, além de ser obrigatória. Isso nos faz lembrar a afirmação de Mauss sobre as economias baseadas na troca de dádivas: "A generosidade é necessária porque senão Nêmesis se vingará da riqueza e da felicidade excessivas dos ricos, distribuindo-as entre pobres e deuses" (Mauss, 1976, p.15). Em 1567, um fiscal da coroa espanhola observou que o senhor aimará deu aos seus vassalos uma grande quantidade de comida porque, caso contrário, eles se sentiriam ofendidos. Isso não parecia uma compensação adequada aos olhos do fiscal, fundamentada no "excesso supersticioso" de um rei (Murra, 1968, p.135). Mas é precisamente o "excesso supersticioso" que reside no coração do sistema econômico, transformando o que parecia uma troca desigual com estrangeiros em uma troca igualitária para seus participantes, cimentando, assim, os ícones da natureza, do trabalho, dos senhores e dos vassalos em uma totalidade significativa e legítima. Por exemplo, nenhuma distinção era feita no léxico aimará entre uma lhama sacrificada aos espíritos detentores da natureza e uma lhama sacrificada para o *curaca*.

No sistema de troca organizado pela reciprocidade de um grande número de valores de uso, tanto o sentimento religioso quanto o sistema semiótico que constitui o valor serão circunscritos pelo jogo e pela estrutura das relações sociais. Estas canalizam as trocas e são ratificadas por elas. Nesse sentido, não apenas a "economia" está subordinada à "sociedade", mas a troca terá sempre uma propensão à incerteza, o doador pressupondo a boa-fé do receptor e vice-versa. A natureza circunspecta e ritualística da troca em contextos não mercantis é uma evidência de tal incerteza. A troca não é garantia de reciprocidade nem com os deuses, para os quais se oferece sacrifícios na esperança de retornos maiores, nem com os senhores ou vizinhos; não se requer mais que esperança, empenho, facilitar de maneira mágica e esperar. É tão provável que alguém seja comido pelos deuses quanto alimentado por eles; e, durante a troca com outros homens, festa e guerra estão lado a lado. Em um sistema de mercado, porém, a situação é bem diferente. A paz do mercado e a estabilidade social requerem muito menos confiança e muito mais o frio cálculo utilitarista no qual a busca de ganho individual é de suma importância. A incerteza aqui é julgada em função do mecanismo econômico abstrato – o mercado – e não da confiança.

O tipo de ambiguidade fundamental para a reciprocidade explica em boa medida os tons misturados de confiança e medo presentes tanto na adoração da natureza andina quanto na relação entre senhor e camponês, na qual os homens estão em paz mas "com uma curiosa predisposição ao medo exagerado, e, também, à generosidade exagerada que apenas parece estúpida aos nossos olhos" (Mauss, 1967, p.79). Através da participação coletiva no ritual, da organização teatral e do embelezamento dramático de tudo o que é essencial à troca de dádivas, as pessoas consolidam essas propensões antinômicas de forma equilibrada. A necessidade de tais atos aumenta à medida que a relação entre parceiros de troca torna-se cada vez mais ambígua, e conforme a distância social entre plebeus e seus chefes e entre chefes e deuses aumenta, transformando o familiar em estrangeiro e o diferente em indiferente. Nesse momento, a reciprocidade como processo de empatia tenderá às perturbações mais violentas.

O rei inca construiu seu império a partir da reciprocidade existente na comunidade. Ele transformou os princípios da troca de acordo com sua necessidade de absorver e redistribuir tributos através da agência dos *curacas*. Por isso, era o *curaca* quem incorporava com mais intensidade a tensão do Estado inca – a contradição entre a contínua existência da comunidade e a negação da comunidade pelo Estado. Entre os cronistas, Blas Valera foi quem melhor percebeu isso, como escreve John Murra: "A ajuda mútua, a reciprocidade nas tarefas privadas e comuns era um costume tradicional [...] 'Os Incas o aprovaram e reafirmaram através de uma lei que versava sobre o assunto.' Esse costume tradicional estava na base do sistema estatal de rendimentos; o resto era apenas uma tentativa ideológica que provavelmente só convenceu algumas pessoas além dos cronistas europeus" (Murra, 1956, p.163). Não há dúvidas de que o Império Inca foi construído com base na exploração do campesinato e de que sua redistribuição era uma construção ideológica erigida com base na reciprocidade e apoiada pelo apelo à divindade da classe dominante. Entretanto, é essencial compreender, como afirma Wachtel, "que essa exploração não era vivenciada como tal por aqueles sujeitos a ela; pelo contrário, ela fazia sentido dentro de uma visão de mundo coerente" (Wachtel, 1977, p.83).

Após a conquista, a maior parte dos fatores que condicionava tal invisibilidade da exploração desapareceu. O rei inca, a cabeça ritual de todo o sistema, foi assassinado, e Cuzco deixou de ser o centro sagrado do império. As peças-chave da religião inca foram exterminadas, deixando os camponeses com seus *huacas* locais, aos quais continuaram a adorar através de ritos secretos. Boa parte da terra indígena foi confiscada pelos espanhóis e seu padrão ecológico de uso foi perturbado. O sistema de *mita* da corveia utilizado pelos Incas tornou-se uma terrível paranoia, pior do que era antes; com as pesadas cobranças de tributos levada a cabo pelos espanhóis, ele resultou no trabalho assalariado compulsório. Esse novo sistema de exploração com certeza enfraqueceu a legitimidade que antes ligava os sujeitados aos seus governantes. "A proporção desfavorável entre trabalho e recompensa piora pouco a pouco durante o século XVIII", escreve Kubler, "e encontra sua expressão nas rebeliões fulminantes no último quarto do século XVIII" (Kubler, 1963, p.350). A autossuficiência da economia inca foi destruída, pois, além da usurpação das terras e da interrupção do uso ecológico, o equilíbrio econômico que prevalecia até o momento foi perturbado pela introdução da economia mercantil baseada em exportações e importações, que aumentou, e muito, a demanda das capacidades produtivas indígenas (Kubler, 1963, p.370). Em muitos sentidos, o pivô desse novo sistema continuou sendo o *curaca*, que mediava o domínio espanhol e a hostilidade indígena e que achou ser necessário explorar seus sujeitados para cumprir com as próprias obrigações fiscais. De acordo com Kubler, isso afetou seriamente a moralidade social da vida indígena. Sob tais circunstâncias, escreve Giorgio Alberti e Enrique Mayer, "o *curaca* falsificava a antiga noção de reciprocidade para formar um grande séquito pessoal, o que afetou profundamente os laços comunitários e o sistema tradicional de reciprocidade" (Alberti; Mayer, 1974, p.20). O *curaca* logo passou a controlar as comunidades indígenas; ele mobilizava o trabalho na corveia para as minas e outros locais, e entregava tributos na maioria das vezes organizados para os espanhóis, assim como hoje os *wamanis* de Ayacucho são considerados os que convertem as oferendas dadas pelos nativos em ouro e prata, que são então repassados para os governantes brancos de Lima (Earls, 1969, p.70). Apenas o *curaca* tinha permissão e ansiosamente valia-se dos símbolos de prestígio da indumentária e cavalo espanhóis; nisso ele também se assemelha ao *wamani*, que, com seu poncho tradicional e suas indumentárias de homem branco, representa a forma híbrida e as extravagantes contradições que afligem a economia, a sociedade e a vida religiosa dos indígenas.

Para melhor compreender isso, é necessário apreender a tensão histórica incorporada nas figuras do *curaca* e do espírito detentor da natureza, através das quais os movimentos opostos encabeçados pela conquista e pela resistência indígena justapõem-se às cosmologias de espanhóis e nativos. É verdade que a conquista e a colonização destruíram boa parte da sociedade indígena. Mas também é verdade que, remodelada para se defender, a tradição indígena triunfou sobre a aculturação, como argumentaram Wachtel (1977) e muitos outros. A lógica interna do sistema econômico pré-hispânico, que se baseava na reciprocidade e na redistribuição, foi subordinada à hegemonia espanhola, a qual se manteve através da utilização da força bruta, do trabalho escravo e dos mecanismos de mercado (Lockhart, 1968, p.27-33). Mas como afirmaram Alberti e Mayer, apesar de seu deslocamento, proletarização e exploração, os indígenas mantiveram a economia da reciprocidade, sobretudo na forma de ajuda mútua nas relações de produção (Alberti; Mayer, 1974, p.20). De forma ainda mais significativa, como demonstra Wachtel, os indígenas continuaram a avaliar suas relações com os novos senhores, brancos ou nativos, por meio do critério de reciprocidade, apesar de este ser sempre infringido ou negado (Wachtel, 1977, p.115). Enquanto o princípio da reciprocidade fosse uma força viva na mente dos indígenas, ele seria causa de problemas. Resumindo Mauss (1967): negar a reciprocidade é invocar a guerra e a ira dos deuses.

Isso me leva a sugerir que o rancor dos espíritos detentores da natureza – desde a conquista até hoje – corresponde a essa negação da reciprocidade, que teve de ser engendrada pelo sistema dominante de troca de mercadorias. Os espíritos dos mortos e os deuses são os verdadeiros donos da riqueza dos Andes. Com eles era, e ainda é, necessário trocar – e é perigoso não fazê-lo. Como inscrito na estética e na moral da troca de dádivas, a reciprocidade tem como objetivo comprar a paz. Dessa forma, o potencial para o mal, que pode matar, é deixado à margem. Os indígenas continuam a ver o mundo dessa maneira, e não sem razão. Apesar de ter sido silenciada, a antiga economia coexiste com a nova. Uma economia dual se estabeleceu e a oposição à conquista não apenas persistiu como tornou-se – em um sentido muito importante – a própria cultura. Porém, esse mundo não consegue corresponder aos ditames da reciprocidade. Os circuitos de troca entre natureza e produtores, como os mediados pelos espíritos proprietários, foram gravemente ameaçados pelas extorsões dos espanhóis.

Precisamente por causa da agressão contra sua visão de mundo coerente, o universo dos conquistados está longe de ser insignificante. Em vez disso, possui uma assustadora pletora de significados, na qual antigos deuses devem ser alimentados para repelir o diabo – como foi demonstrado de forma dolorosa no movimento Taqui Onqoy pouco após a conquista e também nos ritos atuais das minas bolivianas de estanho para o espírito semelhante ao diabo. A conquista e a troca de mercadorias podem ter exacerbado as ambiguidades do espírito proprietário, mas o ritual, que forçosamente exprime tal ambiguidade, serve para ligá-lo ao coração dos mineradores. Além disso, também tem como fim ligar suas propensões à produção e à destruição em uma síntese transcendente – uma afirmação recíproca da própria reciprocidade.

12
MINERAÇÃO:
TRANSFORMAÇÃO E MITOLOGIA

A mineração anterior à conquista

Entre os Incas, a mineração era uma atividade de pequeno porte, gerida como monopólio estatal, e o trabalho funcionava no sistema de corveia rotativa – a já mencionada *mita* –, que não era particularmente penoso para os mineradores (Rowe, 1957, p.52). John Leddy Phelan repete a opinião, bastante difundida, de que a mineração era uma atividade econômica menos importante porque os Incas davam valor ao ouro e à prata apenas como forma de ornamentação, não como moeda ou constituidor de riqueza (Phelan, 1967). A diferença essencial entre a mineração anterior e posterior à conquista é que a primeira formava uma minúscula parte da economia de subsistência, enquanto a segunda tornou-se o esteio da nascente economia capitalista mundial, na qual os metais preciosos do Novo Mundo tiveram papel essencial durante os primeiros estágios de acumulação capitalista.

Garcilaso de la Vega, que estava pouco inclinado a identificar a cobrança de tributos estabelecida pela lei quando esta ocorreu em outras esferas do Império Inca, foi inflexível ao afirmar que os metais preciosos extraídos antes da conquista eram contabilizados não como tributo obrigatório, mas como dádivas oferecidas ao governante divino.

O ouro, a prata e as pedras preciosas que, como é de conhecimento de todos, os reis incas possuíam em grande quantidade, não eram produzidos por nenhum tributo obrigatório que os indígenas seriam obrigados a pagar, nem eram uma requisição feita pelos governantes, pois tais objetos não eram julgados essenciais para a guerra ou para a paz, nem valorizados como propriedade ou tesouro. Como já afirmamos, nada era comprado ou vendido com ouro ou prata, e esses metais não eram utilizados no pagamento de soldados nem gastos na satisfação de necessidades – qualquer que fosse ela. Em consequência disso, eram vistos como algo supérfluo, já que não serviam para comer nem eram úteis para a obtenção de comida. Eram estimados apenas pelo brilho e beleza, para adornar palácios reais, os templos do Sol e as casas das Virgens. (Garcilaso de la Vega, 1966, p.253)

Esses metais possuíam um *status* sagrado, como convinha às dádivas oferecidas ao rei. Os *curacas*, que visitavam o rei na época de grandes festas que celebravam o Sol, a tosa das lhamas, as grandes vitórias, a nomeação dos herdeiros ao trono e também quando decidiam consultar o rei sobre assuntos administrativos mais mundanos, nunca o faziam sem presenteá-lo com outro e prata.

Em todas essas ocasiões, eles nunca beijavam a mão do inca sem trazer todo o ouro, prata e pedras preciosas que seus nativos haviam extraído quando não tinham nenhum outro trabalho para fazer, pois como a ocupação da mineração não era necessária à sustentação da vida, eles apenas se voltavam para ela quando não havia nenhum outro negócio para tratar. Mas quando perceberam que esses artigos eram usados para adornar palácios e templos reais – lugares pelos quais tinham grande estima –, eles começaram a utilizar seu tempo livre na busca por ouro, prata e metais preciosos, a fim de oferecê--los ao Inca e ao Sol, seus deuses. (Garcilaso de la Vega, 1966, p.254)

Cobo nos mostra que os mineradores adoravam as montanhas mais que os minérios e as próprias minas, pedindo que estas lhes entregassem seus minérios. Um dos secretários de Pizzaro descreve minas entre 18 e 73 metros de profundidade, nas quais trabalhava uma pequena quantidade de mineradores, tanto homens quanto mulheres – vinte de um chefe e quinze de outro. Contaram-lhe que os mineradores trabalhavam durante quatro meses do ano, e Murra interpretava isso como resultado da urgência de voltar para os povoados a fim de retomar suas responsabilidades agrícolas (Murra, 1956, p.189). Murra também cita Cieza de Leon para mostrar que quando os aldeões estavam nas minas, suas terras eram trabalhadas pelo resto da comunidade e que homens solteiros não podiam ser mineradores. Apenas os chefes saudáveis de unidades domésticas eram elegíveis. Outras fontes afirmam que uma em cada cem famílias deveria fornecer um minerador em um sistema de rotatividade (Murra, 1956, p.189). Em 1588, Acosta afirma que os Incas ofereciam toda ajuda de custo para os mineradores e que a mineração "não era tida como servidão, mas como uma vida prazerosa" (Acosta, 1880, p.418).

Mineração colonial

Com a chegada dos espanhóis, a mineração torna-se uma indústria vasta e voraz, a pedra angular da economia colonial. LaBarre pensa que, em determinado momento, um pouco mais de 14% da população aimará estava envolvida na força de trabalho das minas e que a mortalidade entre esses indígenas era excessivamente alta. Ele afirma que por volta de oito milhões de andinos – sendo a maioria aimará – morreram nas minas durante todo o período colonial (LaBarre, 1948, p.31).

A mineração foi uma das causas essenciais da desintegração das comunidades e da destruição dos laços de parentesco. Isso foi uma consequência direta do recrutamento compulsório de força de trabalho e uma consequência indireta do deslocamento dos indígenas de suas comunidades de origem na tentativa de evitar o recrutamento. Outros nativos foram atraídos para as minas como trabalhadores assalariados livres para ganhar dinheiro com o qual pagariam os impostos reais. Outros ainda parecem ter preferido as minas a enfrentar a possibilidade de encontrar condições piores quando voltassem para casa – algo que poderia acontecer quando um *curaca* tirânico governava camponeses encurralados.

Com a mudança de composição das pessoas que entravam e saíam das minas, a antiga organização *ayllu* também mudou. Os casais quase nunca vinham da mesma aldeia de origem e "na ausência de laços de parentesco através dos quais a reciprocidade e a troca tradicionais eram articuladas, os padrões e moldes de riqueza e prestígio social foram alterados" (Spalding, 1967, p.114). A proporção entre os dois sexos era bem desequilibrada. Em Yauli, uma região mineradora próxima a Huarochirí, 24% da população masculina adulta, em 1975, era composta por homens solteiros, sem contar os viúvos (Spalding, 1967, p.121).

Mas algo da antiga configuração *ayllu* permaneceu. Karen Spalding fala de sua "reconstrução" e nos indica a institucionalização da cooperação econômica e da ajuda mútua entre os mineradores. Na verdade, isso era conveniente tanto para os espanhóis quanto para os indígenas. Como se sustentaria esse gigantesco empreendimento sob condições tão hostis sem que fosse permitido aos indígenas o mínimo de controle sobre suas atividades? Tanto aqui como em outras regiões dos Andes, a estratégia espanhola consistiu em integrar a sociedade indígena à nova configuração econômica. Se fosse orientado de maneira correta a partir de cima, o modelo de organização social indígena – que em grande medida derivava dos princípios da *aine* (reciprocidade) – poderia ajudar os espanhóis a manter seu domínio. Por exemplo, foi precisamente através das formas *ayllu* ou quase *ayllu* que os espanhóis distribuíram entre os mineradores as terras contíguas às minas. Os espanhóis foram incapazes de desenvolver princípios modernos de organização laboral. Eles não possuíam recursos para desenvolver, muito menos para sustentar, uma classe mineradora especializada; dessa forma, alguns elementos da reciprocidade e da redistribuição foram incorporados à base do sistema capitalista em desenvolvimento. As relações sociais das classes trabalhadoras deviam tanto ao passado pré-hispânico quanto às exigências do novo modo de exploração.

O trabalho nas minas era por demais opressor. Os mineradores eram pagos com salários tanto no sistema de *mitas* quanto como trabalhadores livres, ainda que se pagasse menos ao primeiro. Os trabalhadores sob a *mita* eram responsáveis pelo próprio deslocamento. Rowe calcula distâncias de mais ou menos cem léguas que exigiam entre dois ou três meses para serem atravessadas. Os trabalhadores muitas vezes viajavam em enormes trens de carga. Por exemplo, a partida da *mita* de Chucuito em direção a Potosí na década de 1950 incluía sete mil mulheres, homens, crianças e mais de quarenta mil lhamas e alpacas que serviriam para comida e transporte (Rowe, 1957, p.174).

No fim do século XVI foi introduzido um sistema de dois turnos em Potosí e os trabalhadores eram mantidos embaixo da terra desde a tarde de segunda-feira até sábado à tarde nos abafados e poluídos poços das minas. Eles contabilizavam os turnos através do comprimento das velas e manuseavam picaretas que pesavam entre onze e treze quilos em vez da picadeira mais comum feita com lasca de pedra. No século XVII, o trabalho foi regulamentado através de um sistema de cotas, deixando para trás a regulação pelo tempo. O trabalho com a picareta era feito por trabalhadores livres enquanto os trabalhadores sob a *mita* carregavam o minério por longas escadas até a superfície. Os sacos utilizados continham 45 quilos de minério e se esperava que cada trabalhador carregasse 25 sacos em 12 horas ou então o salário diminuiria na mesma proporção. Uma maneira dos trabalhadores alcançarem a cota era fazer subcontratos com outros nativos, pagando-os com parte do próprio salário. Nessas condições, muitos trabalhadores sob o regime da *mita* chegavam ao fim de seu contrato com grandes dívidas que os forçava a fugir para uma região que não fosse sua comunidade de origem ou a permanecer nas minas como trabalhador livre. Cada fuga aumentava ainda mais o peso sobre aqueles que permaneciam no povoado de origem. As quotas da *mita* diminuíram em um ritmo muito menor que o do número de *originarios* disponíveis para satisfazer o recrutamento e "os proprietários de Potosí eram implacáveis em sua insistência de fazer com que as cotas fossem alcançadas até o último homem" (Rowe, 1957, p.174-6).

Não surpreende que mesmo alguns dos espanhóis se referissem a Potosí – que todos os anos consumia milhares de nativos inocentes e pacíficos – como a "boca para o inferno" e observavam que "o que é levado do Peru para a Espanha não é a prata mas o sangue e o suor dos indígenas" (Hanke, 1956, p.25). As minas expeliam uma classe de pessoas sem teto e sem mestre – um lumpemproletariado colonial – cuja presença e energia passariam a ser percebidas com o inchaço da massa de descontentamento e rebelião, em especial durante a revolta nacionalista liderada pelo grande indígena Tupac Amaru em 1780 (Cornblitt, 1970).

Religião e a mudança para a mineração colonial

A mineração sempre envolveu ritual e magia. Mas apenas depois da conquista ela passa a envolver o espírito do mal. Ao se referir aos costumes anteriores à conquista, Bernabé Cobo escreveu:

> Aqueles que iam para as minas adoravam as montanhas sobre as minas, como as próprias minas. Eles chamavam as minas *Coya*, implorando pelos seus metais. Para consegui-los eles bebiam e dançavam fazendo reverência às montanhas. De forma similar eles adoravam os metais, aos quais chamavam *Mama*, e as pedras que continham esses metais – as *Corpas* –, beijando-as e realizando outras cerimônias. (Cobo, 1890-1895, v.3, p.345)

A cidade mineradora de Potosí era adorada como um lugar sagrado (Kubler, 1963, p.397). Martin de Morúa, outra fonte contemporânea, descreve os ritos de fertilidade como anteriores à conquista e relacionados à agricultura, à construção de casas e à mineração. Nesses ritos, duas figuras eram propiciadas: a Pachamama ou Mãe Terra e o *huaca* relacionado ao empreendimento em questão (Morúa, 1946, p.278--81). Em nenhum desses relatos há algo semelhante à figura do diabo como o diabo contemporâneo nas minas de estanho bolivianas. Pelo contrário, é a figura feminina da fecundidade que domina o cenário.

Os centros de mineração, como Potosí, eram importantes focos da civilização hispânica e de programas de doutrinação religiosa. "Os nativos dessas províncias, em decorrência do comércio e da comunicação frequentes com os espanhóis, são mais cultivados em termos de gentilezas humanas, mais instruídos e seguem mais a religião cristã que indígenas de outras regiões onde não existem tantos espanhóis" (Cobo, 1890-1895, v.I, p.292). Entretanto, tal proximidade e densidade no intercâmbio com os espanhóis não necessariamente tiveram os efeitos afirmados de forma tão tranquila. Um padre que escreveu durante o século XVII, mais ou menos na mesma época de Cobo, afirmava:

A fraqueza dessas pessoas infelizes é geral, apesar de ser muito mais intensa em Potosí, onde essa pestilência maldita de idolatria atinge seu máximo [...] Deste país até Charcas (separados por uma distância de mais de cem léguas e uma das regiões mais populosas e frequentadas de todo o Peru) a fé não foi semeada, pois os modos das pessoas refletem indiferença e arrogância, sem nenhum sinal de devoção. Eles parecem, pelo contrário, sentir ódio e inimizade e possuem uma indisposição em relação a Deus.

Ele pensava que os indígenas tinham quase razão quanto a isso porque "nós que os ensinamos parecemos mostrar que tornarmo-nos ricos rapidamente é o nosso principal objetivo" e que a Igreja quase não oferece respostas para os problemas especificamente indígenas com relação à colonização (Arriaga, 1968, p.78).

Se a Igreja era incapaz de fornecer uma resposta, não era de surpreender que os indígenas tivessem que promulgar suas próprias respostas e persistir na "idolatria". Seria lógico presumir que nos assentamentos ligados à mineração, onde a exploração e o desenvolvimento mercantil eram mais predominantes e a barragem cultural montada pelos espanhóis era mais intensa, prevaleceriam as mais extremas manifestações de idolatria. Se tivesse algum lugar onde o diabo deveria aparecer, seria nessas minas. Nelas, nós esperaríamos encontrá-lo de forma mais clara e violenta. As quantidades extraídas da terra excediam em muito tudo o que já havia sido extraído pelos

Incas; porém, no topo da hierarquia os indígenas encontravam apenas mais dívidas, enquanto o minério era removido para os cofres espanhóis. Não havia reembolso material nem espiritual suficientes para superar os traumas infligidos aos deuses da montanha, traumas que por terem tamanha e absurda dimensão excederiam a capacidade ressintetizadora de qualquer ritual tradicional. Praticamente nada retornava para os mineradores ou seus deuses – em relação aos quais os nativos, assim como toda a natureza ao redor, estava em dívida. O mundo indígena foi perfurado pelos poderes destrutivos do universo libertos de seus ancoradouros de proteção nos ciclos de troca anteriores. A totalidade original fora fracionada em toda a sua dimensão. O ciclo de regeneração pré-existente de mortais e da natureza foi desembaralhado de maneira intensa para formar um movimento linear unívoco – muito mais mágico por ser julgado infinito.

Ao mesmo tempo, os espanhóis trouxeram sua metafísica peculiar sobre a mineração e os metais preciosos. Podemos atestar isso no relato de Acosta sobre a história natural: os metais preciosos eram considerados plantas, gerados no interior da terra graças ao Sol e outros planetas. Na Europa, no fim do século XVI, de acordo com Paul Sébillot, os mineradores acreditavam que a terra era um depósito feminino de metais raros que eram gerados pela ação do firmamento masculino ao interagir com a terra abaixo de si. Os planetas em movimento comandavam os veios abertos na terra: o ouro era descendente do Sol, a prata da Lua, o estanho de Júpiter etc. A terra emitia úmidas emanações de enxofre e mercúrio que se uniam por força dos planetas para criar os diferentes metais. O vapor de enxofre era visto como esperma, o pai, enquanto o vapor de mercúrio era a semente feminina, a mãe. Os veios eram vistos como úteros e suas inclinações e orientações físicas os conectava mais com um grupo de influência astral que com outro. Além disso, sendo orgânicos, os minerais podiam se regenerar: quando uma mina era trabalhada até a exaustão, ela podia descansar por alguns anos; as influências interagiriam mais uma vez com os veios escassos para produzir mais minerais. Uma verificação de tal princípio de refertilização veio não apenas das minas europeias, mas também das minas de Potosí (Sébillot, 1894, p.392-9).

Esse modelo micro-macrocósmico de estruturalismo animado não era muito diferente quanto a alguns fundamentos daquele dos nativos, permitindo a aculturação e continuidade da metafísica indígena da mineração. Entretanto, o esquema europeu enfatizava uma única força – Deus –, enquanto a noção indígena acentuava a cooperação espontânea entre as diferentes partes do organismo global e a harmonia do todo que não era dependente da autoridade de uma força externa. Acosta, por exemplo, traça uma hierarquia clara dos *status* e das funções a partir dos quais as naturezas inferiores são comandadas por Deus a servir às ordens superiores. As plantas e os minerais existem para servir à felicidade do homem que está, por sua vez, sujeito a Deus, o autor e criador de todas as coisas. E entre todos os usos dos metais preciosos, o que mais se destaca é seu uso como dinheiro, "a medida de todas as coisas"; na verdade, "ele é todas as coisas". Por causa da mesma doutrina, Deus havia plantado riquezas minerais entre os indígenas, um lugar onde o homem não compreenderia isso nem cobiçaria as riquezas como fazem os europeus, convidando assim a Igreja a procurar por essas terras e possuí-las, retribuindo ao semear a verdadeira religião (Acosta, 1880, v.I, p.183-7).

As minas peruanas no século XIX

Johann J. von Tschudi, que visitara as minas de prata Cerro de Pasco nas Terras Altas do Peru por volta de 1840, deixou-nos observações perspicazes. Nada além da busca por riquezas poderia convencer alguém a viver ali, ele escreve. O clima frio e chuvoso onde o solo nada produzia. A natureza havia enterrado todo seu tesouro nas profundezas da terra e o martelar constante dos indígenas mineradores cavando estas entranhas mantinha o viajante acordado durante a noite. A maioria dos proprietários das minas eram descendentes de antigas famílias espanholas e apesar de que algumas vezes ganhassem grandes quantidades de riqueza, em geral eles tinham dívidas com os usurários de Lima que cobravam de 100% a 200%

em juros. Todo dinheiro ganho logo se dissipava no pagamento dos juros, na busca por novas minas e no jogo. "O ardor de preservação das pessoas engajadas na mineração é de fato marcante", ele escreve. "Indiferentes ao fracasso, elas persistem no caminho no qual embarcaram. Mesmo quando a ruína se mostra inevitável, o amor ao dinheiro subjuga os avisos da razão, e a esperança conjura, ano após ano, imagens visionárias de ricos que estão por vir" (Von Tschudi, 1852, p.236-7). Em poucos lugares havia tantas pilhas de dinheiro em mesas de jogo. Jogava-se cartas e dados desde o começo da manhã até o dia seguinte, e os homens com frequência apostavam seus salários em futuras jogadas.

Para quitar suas dívidas, o proprietário da mina fazia com que os indígenas assalariados extraíssem o máximo de minerais possíveis sem tomar nenhuma precaução contra acidentes. As galerias desmoronavam com frequência e muitos mineradores morriam todos os anos. Os locais perigosos dos poços não eram escorados.

Blocos quebrados de madeira e pedras soltas serviam como degraus e quando estas não podiam ser colocadas, descia-se o poço – que na maior parte das vezes descia de forma perpendicular – com a ajuda de correntes e cordas enferrujadas, enquanto fragmentos soltos de lixo sempre caem das paredes úmidas. (Von Tschudi, 1852, p.231)

Os carregadores (*hapires*), cujo trabalho era carregar os minérios poço acima, trabalhavam em turnos de 12 horas e a escavação continuava sem interrupções durante todo o ciclo de 24 horas. Cada carga pesava entre 22 e 34 quilos, e os *hapires* trabalhavam nus mesmo com o frio, já que esquentavam com um trabalho tão estrênuo.

A prata era separada do minério utilizando-se mercúrio. Apesar de que em alguns lugares isso era feito através do pisoteio de cavalos, em outros lugares o procedimento era realizado por nativos descalços que pisavam nas misturas durante várias horas. O mercúrio estragava rápida e irreparavelmente o casco dos cavalos que logo se tornavam inadequados para esse tipo de trabalho; nos indígenas isso causava paralisia e outros tipos de doenças.

A prata era o único item produzido nas regiões vizinhas e todas as necessidades vitais, inclusive a moradia, eram muito caras. Os estoques eram repletos com os mais finos bens e o mercado possuía a mesma quantidade de produtos que a existente na capital, Lima. Apesar de os indígenas trabalharem com paciente diligência que Von Tschudi pensava ser inútil esperar de trabalhadores europeus, eles esbanjavam seus salários, gastando-os rapidamente em todo tipo de bens de luxo e álcool no fim da semana. O minerador indígena nunca pensava em economizar dinheiro e "ao aproveitar o momento presente eles perdiam de vista todas as considerações em relação ao futuro". Mesmo os nativos que haviam migrado de regiões distantes quase sempre retornavam para casa tão pobres quanto haviam saído. Os bens europeus, que eles compravam a preços extremamente inflacionados, eram desprezados com rapidez. Bens custosos (que podiam ser comprados apenas quando os mineradores estavam trabalhando em minas muito rentáveis e ganhando de acordo com o volume de produção) eram jogados fora após apresentarem o mínimo defeito ou terem satisfeito uma curiosidade imediata. Von Tschudi relata como um indígena havia comprado um relógio de ouro por 204 dólares (o salário médio semanal era um dólar), e, após examinar o relógio por alguns minutos e observar que a coisa não tinha nenhuma utilidade para ele, arremessa-o no chão.

Pródigos como fossem com os salários que ganhavam nas minas dos brancos, os indígenas exibiam um comportamento bastante diferente quando se tratava de extrair prata das fontes que eram mantidas em segredo dos brancos e que eles escavavam de acordo com os seus próprios ideais. Eles trabalhavam nelas apenas quando tinham alguma necessidade imediata e urgente de uma compra específica e extraíam apenas uma quantidade específica necessária para a obrigação monetária em questão. Von Tschudi nos garante que esse era um fenômeno geral, e ele estava seguro do que nomeava como a indiferença indígena com relação a obter riquezas para si – uma atitude visivelmente diferente daquela apresentada pelos proprietários brancos de minas. O engenheiro de mineração britânico Robert Blake White descreveu um comportamento similar entre os indígenas Pasto ao sul da Colômbia no fim do século XIX.

Eles apenas procuram ouro nos rios quando querem comprar alguma coisa especial que só pode ser comprada com dinheiro. Mas se eles extraem mais ouro do que de fato precisam, eles jogam o excedente de volta no rio. Nada irá convencê-los a vender ou trocá--lo, pois eles dizem que se pegam mais do que de fato necessitam, o deus-rio não emprestará mais. (White, 1884, p.245)

De forma significativa, Von Tchudi ficou muito surpreso ao saber que os nativos pensavam que espíritos amedrontadores e aparições assombravam as minas possuídas por brancos. Ele pensava que esse era um comportamento relativamente incomum da parte dos indígenas, cuja imaginação, ele afirmava, não era "muito fértil na criação desse tipo de terror".

O diabo, a Virgem e Salvação na mineração contemporânea boliviana

Acredita-se que as montanhas que ornamentam as contemporâneas minas de estanho bolivianas foram habitadas por um espírito chamado Hahuari, que hoje é o diabo ou o Tio, o espírito detentor das minas. "Era ele que persuadia as pessoas a deixarem seus trabalhos nas plantações e a entrar nas cavernas para achar as riquezas que ele estocava. Elas abandonavam a virtuosa vida do cultivo do solo e se voltavam para a bebedeira e as festas noturnas que eram pagas com riqueza impura ganha nas minas" (Nash, 1972, p.224).

Em contraste com a agricultura camponesa, a mineração é encarada como maligna. É um erro. Os camponeses foram seduzidos pela promessa de riqueza, mas é uma riqueza desprovida de virtudes. É a versão andina da história de Fausto e assim como ocorreu com ele, há um grande preço a ser pago. "Então veio uma cobra monstruosa, um lagarto, um sapo e um exército de antas para devorá-los, mas cada um deles foi atingido por raios quando avançavam em direção à cidade e um morador aterrorizado chamou *Nusta*, a donzela inca, mais tarde identificada à Virgem das Minas" (Nash, 1972, p.224).

Um informante descreveu a Virgem para Nash da seguinte maneira:

> Señora, vou-te falar sobre a Virgem do Socavão. Ela está em cima do metal, em cima do ouro que está lá parado no socavão, sob a igreja e a *pulpería*. Água em ebulição passa sobre esse metal, água cristalina que borbulha e ferve. A Virgem é miraculosa. O metal é líquido. Ele é produzido puro, você não pode mexer nele de nenhuma maneira. Nós entramos no poço sob a *pulpería* uma vez [...] Como ele [o metal] era lindo! Era como açúcar bruto.
>
> A Virgem não deve ser deslocada. "Se ela fosse removida, o Pueblo de Oruro iria perdê-la. A água podia levá-la embora porque a Virgem está andando sobre a água. O Pueblo de Oruro estaria perdido [...] Essa colina queimaria e nós morreríamos dentro dela" (Nash, 1976, p.77).

A Virgem do Socavão impediu a marcha da destruição. Os diversos monstros podem ser vistos hoje em forma de pedras, dunas e lagos. Os mineradores foram então salvos, mesmo que apenas por um breve momento, da destruição final. Isso é tanto histórico quanto duradouro. Uma estrutura de forças que as condições mantêm sem cessar. Os monstros petrificados gravados na paisagem circundante agora são considerados testemunhas mudas, mas investidas do potencial de retornar à vida e continuar sua marcha.

Acredita-se que a extração de prata e outros minerais sem dúvida levaria à destruição não fosse pela mediação da Virgem das Minas. Mas esse drama macrocósmico de salvação se atualiza não apenas uma vez por ano durante o Carnaval. Basicamente, o mesmo ritual é realizado dentro das minas e em qualquer momento em que o perigo é iminente ou após algum acidente. O rito dos mineradores é também um drama de salvação recorrente contra a persistente ameaça de destruição; aqui, o papel de intermediário também é os poderes destrutivos do diabo. A intermediária é Pachamama ou a Mãe Terra. Os mineradores pedem para que ela interceda junto ao Tio quando sentem que correm perigo, e quando explodem dinamites eles pedem para que ela não fique com raiva. Um minerador diz:

O minerador, principalmente em agosto, compra sua lã, banha, coca e outras coisas que ele oferece dizendo: "Pachamama não irá me punir". Com isso ele acredita, em seu íntimo, ter cumprido sua obrigação com Pachamama e dali em diante ele pode chegar a não ser vítima de um acidente. Então ele pode continuar a trabalhar com tranquilidade. É um costume que os padres não nos impuseram. (Nash, 1972, p.229)

A batalha dos deuses e a luta pela fertilidade

O que se encontra por trás do antagonismo entre o diabo homem e a Mãe Terra, o primeiro sendo o dono das minas e a segunda o espírito da terra e da fertilidade? Ao sondar a longa história da colonização e aculturação nas terras altas da América Latina, pode-se concluir que as características atribuídas ao Tio (diabo) e à Mãe Terra (ou Virgem) nas minas bolivianas não são nada além de expressões particulares de uma percepção mais geral e de uma experiência histórica comum. Os efeitos sociais da colonização europeia nos modos de vida indígena parecem ter alterado o caráter idealizado das relações entre homens e mulheres ao ponto em que esse se transformou em uma relação antagônica, mais marcada nas comunidades indígenas em que a alienação se mostra mais extrema. Enquanto a divindade feminina – a Virgem ou a Mãe Terra – pode ser vista como a incorporação dos interesses indígenas e da consciência dos oprimidos, o deus masculino é em geral visto como representante das forças externas determinas à destruição das pessoas que a deusa alimenta e protege.

Tanto na mesoamérica quanto nos Andes existe uma crença arraigada de maneira profunda nos ciclos de destruição do universo por Deus – o Deus cristão –, que são evitados ou modificados por uma santa; em geral a virgem – a Virgem indígena – implora pela vida de seu povo. No sul do vale do México, no povoado de San Francisco Tecospa, conta-se que os pecados do homem fizeram o solo ficar negro. Ao ver isso, Deus ficou tão furioso que decidiu exterminar a raça humana. Entretanto, a Virgem de Guadalupe, a mãe de todos os mexicanos, ainda amava suas crianças e implorou a Deus – que também é seu filho – que os poupasse. Depois ela concordou com Seu julgamento e Ele causou uma enchente de grandes proporções. Deus ainda que destruir o mundo, mas a Virgem protege a humanidade dessa terrível fúria, apesar que – como já aconteceu – ela deixará que ele realize esse desejo quando ela decidir que as pessoas são muito pecadoras para continuar vivendo. Serão enviados presságios quando isso estiver próximo de acontecer: a menta irá florir, o bambu florescerá e os homens levarão crianças no ventre (Madsen, 1960, p.143-4).

No povoado de Santa Eulalia, ao norte da Guatemala, encontra--se uma noção similar. A santa patrona do povoado, Santa Eulalia, é identificada à Virgem e representada como aquela que intercede incessantemente em nome de seu povo contra a poderosa fúria de Deus. A Primeira Guerra Mundial, que ameaçou exterminar a humanidade mas poupou os habitantes desse povoado, foi uma situação desse tipo. No povoado de Hualcan no Peru, Santa Úrsula é a principal figura religiosa e é ela que cuida dos saudáveis e da colheita. Ela é chamada, de maneira afetuosa, Mama Úrsula, e é a ela que os aldeões recorrem quando estão com problemas. Ela também é considerada a protetora dos guerreiros; ela mesma é uma grande guerreira. Além disso, ela é identificada de forma implícita com a Virgem, a quem as pessoas se referem como a mãe de Deus.

No México, a Virgem de Guadalupe de pele escura é a santa nacional dos nativos. Ela simbolizava os movimentos revolucionários de Morelos e Hidalgo nas Guerras de Independência do começo do século XIX, assim como adornava a indumentária dos zapatistas na luta de reconquista por suas terras tradicionais nas primeiras décadas do século XX. Na verdade, ela é a máscara cristã que camufla a terra pré-hispânica e a deusa da fertilidade, Tonantzin – um estratagema satânico para mascarar a idolatria, de acordo com um proeminente padre cristão do século XVI. Já se sugeriu que essa Virgem é identificada à crucificação, à morte e à derrota. Em último caso, a imagem da Virgem se prolonga até a promessa da vida e da independência indígena e, apesar de a Virgem ser representada nos dias de hoje como subordinada em muitos aspectos ao deus masculino, ela ainda é capaz de lutar pela salvação dos indígenas e pelo retorno "ao estado imaculado no qual a fome e as relações sociais insatisfatórias são minimizadas" (Wolf, 1958).

Da mesma forma, durante a Idade Média europeia, Nossa Senhora era a principal protetora contra o diabo. Maximilian Rudwin a descreve como um tipo de valquíria ou amazonas, sempre em guerra com os demônios para arrancar-lhes pactos e almas de pecadores arrependidos. Ele apoia a hipótese de que ela era a defesa dos direitos do homem comum por uma deusa de sua própria espécie (Rudwin, 1958, p.178-9).

Portanto, o confronto entre a Mãe Terra (Virgem) e a figura do diabo nas minas bolivianas é basicamente similar ao drama da ameaçadora destruição e salvação representado em diversas – se não todas – regiões das Terras Altas indígenas na América Latina. Um poder masculino, incorporado em um símbolo externo retirado da cultura da conquista é representado como possuindo uma inclinação à destruição da comunidade indígena; enquanto um poder feminino, que incorpora os interesses indígenas, é visto como aquele que mantém à margem aquele outro poder.

Entretanto, nas comunidades mineradoras, a intensidade da dramatização ritual de tal confronto é muito maior do que nas comunidades de produtores camponeses. Nas minas, o drama se desenrola de forma intensa e a frequência do ritual é impressionante. Antes do governo nacional ter reprimido o *ch'alla* dos mineradores em meados da década de 1960, ele era realizado duas vezes por semana, e até hoje parece ser levado a cabo com relativa constância. Ao atribuir o papel de proteção à Mãe Terra, a cultura dos mineradores também parece estar suplicando pela manutenção e restauração dos princípios da fertilidade que ela representa – saber, a reciprocidade e a harmonia nas relações sociais e com a natureza em geral. Apesar da performance do drama da salvação nos ritos dos mineradores incluir uma preocupação com a salvação do indivíduo, ela também inclui a preocupação com a salvação de um modo de vida – enredada na luta de classes.

No mais, ao passo que Deus e a Virgem aparecem nos relatos acima que provêm de comunidades camponesas, nas minas bolivianas a principal figura masculina não é deus mas o diabo, e um tipo de diabo amedrontador. Com seu falo gigante e ereto como se estivesse entupido de sangue de mineradores mortos e de sacrifícios animais, ele se sobrepõe aos mineradores e à Mãe Terra como um símbolo grotesco da dominação masculina. Se os relatos sobre a Virgem de Guadalupe, os povoados de San Francisco Tecospa, Santa Eulalia e Hualcan demonstram uma reviravolta dramática do simbolismo sobrenatural no qual as mudanças com relação aos papéis sexuais espelham mudanças análogas na dinâmica da comunidade, pode-se imaginar como isso se exprime de forma mais intensa e poderosa nos *ch'alla* dos mineradores bolivianos. Este último ocorre nas condições mais distantes possíveis da glorificação indígena do passado anterior à conquista e das formas ideais de organização socioeconômica. A substituição da divindade masculina pelo diabo masculino é, com certeza, uma resposta a isso.

Do espírito das montanhas ao diabo nas minas

Hahuari continua vivo nas montanhas carregadas de minerais ao redor de Oruro, Bolívia; porém, ele é venerado na forma do Tio ou do diabo como o detentor das riquezas das minas. Quais são as conexões estabelecidas aqui?

O nome Hahuari é uma versão antiga do termo Supay, que é utilizado tanto hoje como durante a Colônia para fazer referência ao diabo. Supay era o termo em geral utilizado pelos cronistas e freis para falar sobre o diabo, assim como Hahuari poderia se referir a um "fantasma maligno". De acordo com LaBarre, o diabo ainda é chamado Supay pelos nativos aimará, que "cospem no chão para esconjurá-lo quando utilizam essa palavra". Mas que tipo de diabo é esse? LaBarre acredita com veemência que, apesar de o Supay ser sem dúvida um demônio terreno, ele não é nada mais do que o autor chama "um refinamento em consonância com os ideais católicos do que talvez fosse originalmente um entre muitos demônios terrestres" (LaBarre, 1948, p.168). Bandelier é breve ao rejeitar qualquer afirmação de que o Supay é de fato correspondente ao diabo cristão. "O Supay é uma expressão quéchua para o conjunto de espíritos malignos, mas qualquer demônio ou monstro é também um Supay. Assim como os indígenas não possuíam o conceito correspondente a um deus supremo, eles não possuíam a noção de um diabo todo--poderoso" (Bandelier, 1910, p.150).

Segundo o cronista Bernabé Cobo, os indígenas eram crentes fervorosos do Supay enquanto um espírito maligno e corruptor da humanidade, que Cobo traduziu por diabo. Ele acreditava que o Supay havia adquirido tamanha autoridade sobre eles que estes o serviam e obedeciam com extremo respeito. Isso, de acordo com Cobo, ocorria porque os indígenas temiam o poder que o Supay possuía de causar o mal (Cobo, 1890-1895, v.2, p.229).

Mas o Supay estava longe de ser a única representação do diabo. Tampouco ele era de todo mau. Pierre Duviouls fala sobre a existência de muitas outras figuras: a *Achacalla*, o *Hapiñuñu*, o *Visscocho*, o *Humapurick* e muitos outros (Duviouls, 1971, p.37-8). O Supay só se torna a principal representação do mal por causa dos esforços cristãos. O escrito boliviano M. Rigoberto Paredes sugeriu que a evolução do espírito do mal entre os indígenas do interior estava de acordo com a seguinte lógica: "Pouco a pouco – proporcionalmente sua cruel vitimização por parte dos espanhóis e dos mestiços – e com o insistente sermão dos missionários e padres sobre como seus cultos eram obra do diabo, o Supay ganha simpatia e se fixa com mais vigor em seu entendimento" (Paredes, 1920, p.57). A interpretação nativa contemporânea do Supay, de acordo com o mesmo autor, atingiu dimensões tão extraordinárias que este é utilizado para denotar qualquer pessoa má ou perversa. Além disso, ao Supay se recorre quando alguém quer destruir os inimigos ou satisfazer a raiva. O pacto com o Supay exige a venda da alma da pessoa, aspecto que Paredes rejeita com uma observação de improviso: "Para o nativo, não interessa ter glória no pós-vida, contanto que os sofrimentos que pesam sobre ele neste mundo sejam aliviados" (Paredes, 1920, p.59).

Essa concepção do Supay é idêntica à de Michelet, quando trata sobre a origem do diabo no início da Europa moderna (Michelet,

1971). Um dos muitos espíritos pagãos foi promovido a Príncipe da Escuridão na campanha da Igreja para acabar com o paganismo em uma sociedade que estava começando a sentir o impacto da produção de mercadorias e da troca mercantil. Entretanto, a contradefinição imposta pelas autoridades acabou ricocheteando. O Supay ficou mais simpático, até um possível aliado. Seu poder de destruição podia ser canalizado em prol de desejos alheios. É importante lembrarmo-nos disso ao levarmos em conta o papel de Hahuari (ler Supay) transformado no diabo das minas.

A luta cósmica à qual corresponde tal evolução ideológica é análoga à luta mundial de sistemas de produção e troca material em competição. Essa não foi, deve-se deixar claro, apenas uma luta por matérias-primas e recursos, mas foi, e ainda é, uma luta entre sistemas de organização da economia completamente diferentes. Dois modos de produção e princípios de fertilidade distintos foram colocados frente a frente em decorrência da conquista, um conflito que mais tarde se exacerbou em decorrência do aparecimento do *laissez-faire* durante o século XIX. Embora os espíritos da montanha presidissem sob um sistema de reciprocidade que assegurava redistribuição e um mínimo necessário de segurança social, a divindade abstrata do cristianismo fazia parte da regulação e codificação ritual da troca desigual – mais visível em condições como a do trabalho proletário na indústria mineradora. Para um delineamento adicional desses dois sistemas, nos voltaremos agora para o modo de produção camponês e os chamados ritos de fertilidade.

13
Ritos camponeses de produção

Ignorar o individualismo e a conflituosa vida camponesa nos Andes seria ingenuidade. Entretanto, seria um equívoco ainda maior não enfatizar a força exercida pela reciprocidade e pela noção de comunidade. Os ritos camponeses de produção são mediadores das relações entre o indivíduo e a comunidade, refletindo assim o princípio da inalienabilidade na constituição da vida rural. Os mineradores tanto podem vir direto dessa vida como possuir um passado do qual fazem parte esses ditames e sentimentos. Ainda assim, as condições que eles encontram nas minas baseiam-se na alienação e na negação da reciprocidade. Seus ritos de trabalho e produção refletem tal contraste.

O trabalho recíproco é uma das formas mais frequentes de organização da mão de obra no planalto andino e os modos comunais de posse de terra e administração do trabalho são comuns (Nuñes del Prado, 1965, p.109; Albo, 1974-1976, p.68-9), ainda que, nos dias de hoje, talvez sejam menos frequentes do que era no século XIX (Klein, 1969, p.7; Forbes, 1870, p.200). Em sua tese sobre os Aimará publicada em 1948, LaBarre afirma que a terra camponesa é, em geral, inalienável, e que se pratica um modelo de posse rotativo e comunitário. Unidades domésticas individuais possuem direitos de usufruto que são repartidos todos os anos pelo chefe (*hilacata*). O chefe é eleito pela comunidade e passa a ser o responsável pelo pagamento de uma soma global que condiz com os impostos que esta deve pagar ao governo. Já se afirmou que o chefe tende a ser escolhido entre os homens mais ricos porque estes podem assumir a responsabilidade pelos membros mais pobres. Trata-se de um procedimento ilegal e informal que tem séculos de tradição como suporte. Segundo a lei boliviana, ao menos até 1952, o Estado possuía as terras e os indígenas supostamente alugavam essa propriedade privada. Da mesma forma, o chefe era em geral uma pessoa indicada pelo governo ou, nas *haciendas*, selecionado pelo proprietário. Na prática, a comunidade com frequência seleciona o chefe, que mais tarde é endossado pela autoridade central – permanecendo o conceito de propriedade de terra ligado ao de inalienabilidade. Como observa Bandelier:

> Hoje, os proprietários das *haciendas creem* que indicam os funcionários indígenas sem consultar os nativos [...] Nas ilhas, esses dois oficiais são antes aceitos que indicados pelo proprietário por volta do primeiro dia de janeiro de todos os anos [...] Os nativos de Challa disseram-me sem hesitar que existia um conselho de homens mais velhos que *propunha* o *hilacata*, o *alcade* e o *campos*, que deveriam ser indicados todos os anos. A existência desse corpo de homens era ignorada pelos proprietários. (Bandelier, 1910, p.82-3)

LaBarre escreve que apesar de cada roça de uma unidade doméstica ser, do ponto de vista legal, uma propriedade privada individual, isso não se mantém na prática. Na verdade, toda a comunidade se empenhará para prevenir que parte da terra, considerada sua, passe a ser propriedade de um indivíduo, caso uma pessoa se recuse a utilizar a roça. A única propriedade individual de uma família é sua choupana e a pequena porção de terra próxima a ela (LaBarre, 1948, p.156-7). Além disso, a propriedade está intimamente ligada à atividade produtiva. Uma casa, por exemplo, pertence à pessoa que a construiu. E todas as armas, utensílios, cerâmicas, tecidos, casas e outras propriedades são destruídas com a morte do dono (LaBarre, 1948, p.145-6). Até criações de preciosos animais podem ser destruídas. Ao mesmo tempo, o princípio de ajuda mútua e de reciprocidade entre os membros da comunidade, em geral chamado *aine*, regula as relações sociais. Tal princípio atualiza-se no ritual, como ocorre na *ch'alla*. A prática da *ch'alla* é ubíqua na vida camponesa. Qualquer realização importante de um Aimará, escreve LaBarre, sempre é acompanhada por uma oferenda propiciatória ou por um sacrifício chamados *ch'alla* ou *tinka*. Literalmente "borrifar", esses rituais consistem, na maior parte das vezes, em uma libação para a terra com algumas gotas de licor e, talvez, um pouco de coca ou outras substâncias. Esse ritual pode ser feito apenas para a Mãe Terra ou para espíritos ancestrais dos picos das montanhas, ou mesmo para os dois. Na maioria das vezes, a *ch'alla* é realizada antes da pesca, da caça, da construção de uma casa, de uma viagem ou de uma compra (LaBarre, 1948, p.172).

Paredes descreve as *ch'alla* camponesas como o fechamento de um acordo através da bebida. Segundo ele, a cerimônia é um agradecimento pela troca de um artigo importante, como uma casa ou gado, primeiro a Pachamama, a Mãe Terra, depois aos participantes da transação. O novo possuidor convida o doador ou o vendedor, bem como amigos e parentes, para beber licor. Mas antes que a primeira pessoa seja servida, parte do líquido é borrifado na terra para solicitar a boa vontade da Pachamama, o que permitirá uma troca bem-sucedida. Sem esse ritual, "realizado com toda a pompa e entusiasmo, eles supõem que a troca não será duradoura nem bem--sucedida, e a Pachamama não agirá com benevolência perante o novo proprietário" (Paredes, 1920, p.118).

Ao longo de seu trabalho arqueológico – que dispunha de mão de obra local – no território aimará na virada do século XX, Bandelier encontrou exemplos claros da *ch'alla*, que ele resume dizendo: "a ideia aqui é oferecer à terra uma remuneração ou compensação pelos favores prestados". Sem isso, crê-se que nenhum trabalho será bem--sucedido (Bandelier, 1910, p.96).

Bandelier conta que a construção de casas não podia começar sem uma *ch'alla*. Desinformado, o arqueólogo instrui os indígenas contratados por ele – provenientes da comunidade local – a começar a construção. Esta é interrompida por um dos principais xamãs que insistia que uma *tinka* ou *ch'alla* deveria ser realizada para prevenir desastres. Foram preparados embrulhos especiais para os cantos dos alicerces. Cada um deles continha o feto de uma lhama, de um porco, um pedaço de sebo de lhama, uma planta da região e folhas de coca. Quando todos os trabalhadores estavam reunidos no local, o chefe de construção estendeu um pano especial sobre o qual cada operário colocou um trevo de folhas de coca enquanto o chefe entoava uma prece: "Crianças, com todo seu coração, coloquem a coca na boca. Nós devemos dar à Virgem não com dois corações, mas com apenas um". Eles começaram a trabalhar e à tarde reuniram-se mais uma vez e colocaram os embrulhos nas extremidades dos alicerces, enquanto o chefe de construção dizia: "Crianças, devemos rogar a Deus (*Dius--at*), a *Achachila* (Espírito da Montanha) e à avó para que nenhum mal recaia sobre nós". Depois, quando os embrulhos já haviam sido enterrados, ele continuou: "Que todos juntos peguem a coca, joguem a coca no chão, deem a eles o que é devido".

Antes de qualquer escavação arqueológica, ritos semelhantes deviam ser realizados. Eles eram iniciados por um xamã, que anunciava aos espíritos da montanha (*achachilas*) que uma *ch'alla* estava para ser realizada. Esse anúncio preliminar demandava que o xamã apontasse qual seria o lugar mais favorável à propiciação – informação em geral conseguida através de uma visão onírica – e que ele colocasse dois embrulhos no chão do local. O conteúdo dos embrulhos era muito parecido com o descrito anteriormente, e, antes de enterrá-los, o xamã dizia: "Boa tarde, *achachilas: Kasapata Achachila, Llak'aylli Achachila, Chincana Achachila, Calvario Achachila, Santa Maria Achachila, Ciriapata Achachila*. Nós saudamos a todos que o branco estranho me envia para saudar; em nome dele, que não pode lhes dirigir a palavra, eu venho. Perdoem-me por estar pedindo este favor". Ao anoitecer, ao lado de vários homens, o mesmo rito foi realizado mas em maior escala, com 22 embrulhos e o uso de conhaque e vinho. O xamã repetiu as fórmulas utilizadas à tarde e borrifou vinho e conhaque na direção de cinco *achachilas*, dizendo: "Todos os vossos presentes eu trago agora, os senhores devem oferecer-me com todo vosso coração". Ele começa a contar vinte dos embrulhos, um por um, designando cada um como *quintal*. (Um *quintal* é a medida espanhola que corresponde a quinze quilogramas, mas quando usado na região, ele também significa uma quantidade indeterminada mas muito grande – um detalhe importante, já que é em relação a essa quantidade que se espera que os *achachilas* retribuam com grandes favores.) Os vinte embrulhos são colocados no fogo, que começa a crepitar. As pessoas fogem, dizendo: "Os *achachilas* estão comendo". Quando o fogo já havia diminuído, eles voltaram e o cobriram, levando os dois últimos e maiores embrulhos para outro local, onde o xamã cava um buraco declarando: "A terra virgem é agora convidada. Aqui é vosso enterro de tesouros". Ele coloca os embrulhos dentro do buraco e continua: "Queira a Senhora produzir as próprias coisas dos Incas. Agora, com sua permissão, nós nos retiraremos. Perdoe-me".

Durante a tarde do dia seguinte, na pausa para o almoço, outro xamã apareceu entre os trabalhadores, e após todos terem mascado coca, ele borrifou vinho e conhaque na direção dos cinco *achachilas*, dizendo: "*Achachilas*, não me façam sofrer com o excesso de trabalho, nós somos aqueles que trabalham em troca de salário; a este *viracocha* [senhor] deveis retribuir o que ele nos pagou; com esse fim sois chamados e convidados" – essa é uma demonstração impressionante da persistência da noção de reciprocidade no contexto do trabalho assalariado (Bandelier, 1910, p.95-9).

Nuñez del Prado descreve um rito semelhante para a fertilidade das lhamas na comunidade de Q'ro, próxima a Cuzco. Ele encara esses ritos como os mais importantes na vida social da comunidade, visto que (como ocorre com os mineradores e o minério) as pessoas não são proprietárias das terras que habitam; portanto, seus animais, em vez da terra, são o foco para a manutenção da solidariedade comunitária e familiar. Os membros da extensa família reúnem-se à noite para invocar o principal espírito da montanha da região, El Roal, assim como as divindades secundárias da montanha. Um pano especial é estendido e em seu centro um vaso largo é colocado. Dentro dele depositam-se estátuas de pedra que representam o tipo para o qual se requer fertilidade. A coca é espalhada sobre o pano e o vaso é preenchido com *chincha* (cerveja de milho). Eles invocam os espíritos da montanha, convidando-os a aceitar a oferta enquanto entoam a oração: "Faça o rebanho crescer e multiplicar". As pessoas reunidas bebem a *chincha* do vaso e o restante é jogado sobre os animais no curral. A isso se segue uma cerimônia na qual os animais, adornados com fitas de lã coloridas, são marcados (Nuñes del Prado, 1968, p.252).

Antes de plantar batatas, eles recorrem a Pachamama. Cavam um buraco no chão colocando dentro dele algumas sementes e uma seleção de folhas de coca, dizendo: "*Pachamama*, eu coloco estas sementes em seu coração para que você possa cobri-las, e, fazendo isso, permita que elas se multipliquem e produzam em abundância" (Nuñes del Prado, 1968, p.252-4). Os Buechler presenciaram ritos de semeadura da batata entre os Aimará às margens do Lago Titicaca. Conduzidos por um flautista, os indígenas ofereciam libações para a Mãe Terra e a algumas batatas embrulhadas em um pano com terra. Se ao abrir o pano a terra estivesse grudada às batatas, então a colheita seria boa. Após inserir nas batatas folhas de coca e banha de carneiro, e de mascar coca e beber licor, essas batatas eram as primeiras a ser plantadas. Um ou dois meses depois, o chefe chamava a comunidade para arar o solo. As famílias competiam para terminar seus sulcos o mais rápido possível, às vezes voltando para ajudar as famílias mais lentas. Depois, todos começavam a trabalhar no próximo conjunto de sulcos. As famílias apresentavam o mesmo espírito de cooperação e trabalho ao colher e secar o que foi produzido, limpando os canais de irrigação etc. (Buechler; Buechler, 1971, p.11).

Steven Webster também descreveu os rituais para as lhamas entre os Q'ro. A estrutura dos rituais, realizados todos os anos ou quando os animais estão doentes, inclui pessoas, lhamas, os espíritos das montanhas e a terra. Segundo o autor, o objetivo é restabelecer a ligação entre os constituintes de uma tríade – a família, o rebanho e o panteão de poderes extraordinários que afeta o bem-estar de ambos. Entre as várias fases do rito, a *ch'alla* é frequente e essencial. Assim como nos outros ritos de fertilidade anteriormente descritos, recorre-se sempre aos espíritos da montanha, mas eles nunca são personificados em bonecos ou estátuas como ocorre nas minas (Webster, 1972, p.190).

O papel sinergético da Pachamama nesses rituais para as lhamas aparece mais uma vez na descrição de Horst Nachtigall. Nele, a Mãe Terra ocupa um papel de destaque. As *irantas*, ou tochas de incenso, que são queimadas em grande número nessas ocasiões, são maneiras de honrar tanto a Pachamama quanto a montanha sagrada. Tudo leva a crer, se nos basearmos nas observações não muito claras de Nachtigall, que os ritos de fertilidade envolviam o enterro do feto de uma lhama como um sacrifício à Pachamama. O enterro do esqueleto de uma lhama sacrificada parece ter como objetivo assegurar o nascimento de outra lhama através dos poderes de Pachamama (Nachtigall, 1966, p.194-5).

Na região do Rio Pampa no departamento de Ayacucho, Peru, os rituais para marcar os animais mostram mais uma vez a importância dos deuses das montanhas locais (neste caso, chamados *wamanis*) para a manutenção do rebanho. O espírito da montanha é visto como o guardião dos animais e em seu nome são realizadas constantes propiciações por meio dos complexos procedimentos da cerimônia anual para marcar animais. Se ela não for conduzida de forma correta, teme-se que sua ira irrompa. Além das libações alcoólicas para o espírito da montanha – cujo álcool também é consumido pelos participantes –, utiliza-se também o *llampu*, que é oferecido aos espíritos, aos participantes humanos e aos animais. Esse *llampu* é descrito como uma substância sagrada composta de argila e milho triturado em um rito especial. Ele é utilizado, sobretudo, para "tranquilizar ou abrandar as adversidades que resultam dos distúrbios causados à harmonia das relações com o espírito da montanha" (Quispe, 1969, p.39; cf. Tschopik Jr., 1968, p.297-9, 382).

O relato de Bastien sobre o ritual em Kaata, ao norte da Bolívia, complementa e transcende todos os que já foram mencionados antes, uma vez que ele e a esposa puderam presenciar a configuração total dentro da qual se desdobravam diferentes ritos, e, de modo inverso, a maneira pela qual qualquer rito particular servia como um momento no tempo que exprimia aquela totalidade. A terra do *ayllu* é o Monte Kaata. A montanha é vista como um corpo humano vivo isomórfico ao corpo humano, e cuja configuração é constituída pelos subgrupos sociais que habitam as montanhas. O ciclo do sol e o ciclo vital do ser humano são complementares e ambos estão centrados na montanha. Ao amanhecer, o sol escala a montanha. Cresce em tamanho e poder até alcançar o apogeu no pico da montanha, onde vivem seus ancestrais. Depois ele desce a montanha, encolhendo até ficar do tamanho de uma laranja. Os seres humanos nascem próximo ao cume, depois descem sua encosta para morrer, sendo enterrados na montanha. Mais tarde eles ascendem, flutuando, na forma de pessoas em miniatura, retornando ao cume onde o ciclo recomeça. Ritos de nascimento reforçam a possessão da montanha sobre as pessoas.

As diferentes ecozonas da montanha favorecem diversos tipos de plantio e de criação de animais. Os subgrupos que nelas residem trocam produtos distintos. As mulheres casam-se cruzando os três níveis da montanha, de acordo com leis exogâmicas e de patrilocalidade.

Os ritos de produção dramatizam o significado desses padrões de integração e troca. Um dos casos que expõe com clareza esse aspecto é o rito de ruptura da terra da Nova Terra. Ele consiste em dois movimentos pulsantes, um centrífugo e outro centrípeto. Os ritualistas são enviados desde o centro da montanha para distribuir sangue e banha para os templos da terra nas periferias – nas terras altas e baixas. Em seguida, as pessoas da periferia vão para o centro com suas dádivas, para alimentar o templo da montanha e sacrificar uma lhama. Das terras baixas elas trazem lírios, rosas, cravos e cerveja de milho; do centro saem bocas-de-leão, botões-de-ouro e outras flores; enquanto das terras altas vêm a lhama e as plantas que só crescem naquela região. Pratos com conchas são preparados para alimentar os senhores espíritos das estações e da colheita, os senhores do *ayllu* e o templo da plantação. Em cada concha o ritualista coloca coca, banha de lhama, cravos, incenso e sangue. Enquanto são preparadas, na terra são feitos regos por um homem e por uma mulher sob o som de flautas e percussão. Dissecam-se porquinhos-da-índia para prever o futuro das colheitas, e seu sangue é derramado na terra. Os participantes dispõem-se em círculo ao redor da lhama tolhida, recebem os pratos com conchas, erguem-nos em direção ao templo do nascer do sol e depois andam em espiral ao redor da lhama, olhando na direção dos principais templos da montanha, convidando-os para comer. Acende-se uma fogueira em frente ao templo da plantação e os participantes são levados em grupos de quatro até lá, enquanto o ritualista diz: "Homens *ayllu* e apenas homens *ayllu*, como vocês constituem um *ayllu*, alimentem este templo". Eles colocam sua comida ritual no fogo dizendo: "Sirva-se, templo da plantação. Com todo nosso coração e suor, receba isto e sirva-se". A lhama é segurada por assistentes aos prantos, que a beijam e dela se despedem para que siga seu caminho em direção às terras altas. Ora-se aos templos, pelo ano agrícola, pelas colheitas e aos mestres espíritos do *ayllu*, convidando-os a comer a lhama e beber seu sangue. As pessoas abraçam e beijam a lhama. Outros estão bebendo licor e passando-o no corpo. A lhama tem o pescoço cortado. Seu coração é retirado de imediato e, enquanto ainda pulsa, o sangue é borrifado no chão em todas as direções. As pessoas gritam: "Senhor da lhama sacrificial, senhores do *ayllu*, senhores do ano agrícola e das colheitas, recebam este sangue de lhama. Conceda-nos uma safra abundante. Garanta que tenhamos sorte em tudo. Mãe Terra, beba deste sangue". O sangue do mais importante animal do *ayllu*, escreve Bastien, "correu por todas as partes do corpo do *ayllu* e vitalizou suas camadas geográficas para produzir mais vida" (Bastien, 1978, p.74-6).

Todos esses ritos expressam a totalidade do significado que permanece latente nos espíritos das montanhas. Seu tema central é a alimentação da montanha pelas pessoas para que aquela retribua com comida. A troca desperta a vida orgânica, reconstituindo suas formas e revitalizando circuitos de poder. O controle deriva da experiência e esta se origina na troca.

O infortúnio manifesta a desintegração do corpo da montanha e os rituais de infortúnio objetivam recompor tal dissolução. Nesse contexto, a troca é o veículo para a reconstrução do corpo depois de ele ter sido despedaçado pelo infortúnio. Diferentemente de outros ritos, os rituais contra o infortúnio em Kaata só podem ser realizados às terças e sextas-feiras – os únicos dias nos quais os mineradores bolivianos realizam seus ritos para o diabo, o proprietário do mineral, fonte de riqueza e propiciador do infortúnio.

Quando perguntado sobre a magia das plantas, em especial sobre os alucinógenos, um curandeiro popular (*curandero*) entrevistado por Douglas Sharon na década de 1960, no norte do Peru, explicou que o curandeiro impõe sua força espiritual pessoal às plantas, fazendo emergir seu potencial inato de cura. É a noção de dividir e trocar que é fundamental. Segundo o curandeiro, ele dá às plantas

aquele poder mágico que se torna, digamos assim, o poder que a planta contém por ter estado enraizada à terra e por ter compartilhado de sua força magnética. E já que o homem é um elemento da terra, que possui o poder da inteligência [...] ele emite essa potencialidade sobre as plantas, que recebem essa influência e devolvem ao homem [...] Para dizer de outra forma, todo espírito das plantas é [...] fortalecido pelas influências – intelectuais, espirituais e humanas – do homem. [Esse espírito é] [...] que dá forma à potencialidade mágica das plantas. Como as plantas estão em um lugar isolado, um lugar ainda não tocado por mãos estranhas, por elementos externos, as plantas e a água produzem o poder virtual por meio de sua dualidade. (Sharon, 1972, p.123)

O poder "magnético" da terra é imanente à planta e ao mundo humano, e as plantas e os homens energizam-se mutuamente em um intercâmbio dialético. Essa energia mágica é inseparável da consciência que o curandeiro descrever como "ver" – o mesmo "ver" que deve funcionar na união das pessoas com seus espíritos ancestrais e com os espíritos das montanhas. O curandeiro descreve a sensação de desprendimento e telepatia criados entre matéria e espírito. Pode-se ver com clareza coisas muito distantes; vê-se o passado, o presente ou o futuro mais próximo; pode-se "saltar" de sua consciência, ele diz, e o subconsciente está "aberto como uma flor. Sozinho, ele conta coisas. Uma forma muito prática [...] conhecida pelos anciãos no Peru" (Sharon, 1972, p.131). De fato, a metáfora da montanha que une as pessoas às suas origens e à reencarnação constante não foi obliterada.

Eu chamava certos santos, cordilheiras, antigos monumentos; e eu desaparecia. Minha personalidade se desdobrava [...] minha personalidade partia para outros lugares [...] Às vezes, durante minhas sessões, eu estava procurando alguma força, por exemplo, um antigo monumento ou uma cordilheira, e, de repente, enquanto eu assobiava e cantava, o relato era ativado, e eu me sentia entrando na cordilheira, que abria todas as suas passagens, todos os seus labirintos. E de repente eu voltava de novo [...] Eu havia visto e visualizado com todo o meu espírito. (Sharon, 1972, p.131)

Nessa troca há iluminação: um "relato" é ativado. Nas trocas que chamamos de recíprocas parece haver um desejo, quando não uma urgência, da troca como um fim em si, e a iluminação que resulta disso, o relato ativado, é a fusão das diferenças para formar uma totalidade. Entretanto, em outro tipo de troca, outro relato é ativado; neste, as trocas não são fins em si, mas instrumentos de lucro e prejuízo. São as trocas lapidadas pelo mercado capitalista, na qual a tessitura social mostra-se ao indivíduo como um meio para a ambição individual. Esse sistema de trocas coloca-se diante dos nativos quando estes adentram as minas. Seu confronto com o diabo testemunha o confronto entre esses dois sistemas de troca e ilumina a denúncia à sociedade que a repressão governamental conseguiu, até agora, evitar que os indígenas fizessem.

14
A MAGIA NAS MINAS:
A MEDIAÇÃO DO FETICHISMO
DA MERCADORIA

Revisemos brevemente os contrastes mais importantes entre a magia da produção camponesa e a da mineração. Os camponeses são proprietários de seus meios de produção; os mineradores não. Os camponeses controlam a organização do trabalho; os mineradores estão em constante conflito com os administradores pelo controle sobre o emprego e sobre os níveis salariais. Os camponeses combinam a produção para subsistência com a venda de produtos; os mineradores são totalmente dependentes do mercado de trabalho: a compra e a venda de sua força de trabalho. Os ritos camponeses associados à produção e aos meios de produção são trocas sacrificiais com os espíritos das montanhas. Tais trocas asseguram o direito ao uso da terra e sua fertilidade; além disso, esses ritos sustentam a organização social camponesa em sua configuração específica, sua solidariedade e sentido. Em Ayacucho, diz-se que os espíritos da montanha convertem esses sacrifícios em tributos de ouro e prata e o transportam para o governo nacional na costa. A troca entre camponeses e espíritos das montanhas é fundamental. Entretanto, esses espíritos não são nem destrutivos nem malignos como os espíritos das minas; nem o apaziguamento ritual deve ser realizado com tanta frequência: apenas quando necessitam superar o infortúnio é que os camponeses propiciam os espíritos nos dias em que os minerados realizam com regularidade seus ritos. Estes, por sua vez, tratam sobretudo da produção, e também se assemelham aos ritos de infortúnio.

Diz-se que, à noite, pastores de lhama nas proximidades das minas viam Hahuari (a figura do diabo proprietário das minas) levar minérios na parelha das lhamas e das vicunhas para dentro das minas. O minério é depositado ali e depois encontrado pelos mineradores, que o extraem e trocam-no por salário com seus patrões (Nash, 1972).

Toda noite, o Tio trabalha de maneira incansável, acumulando grandes quantidades de mineral para que a riqueza das minas não seja exaurida pelos mineradores (Costas Arguedas, 1961, v.2, p.38-41, 303-4). Essa é uma transformação significativa dos circuitos de troca anteriormente delineados. Nestes, os camponeses oferecem dádivas ao espírito proprietário da montanha, que as convertem em metais preciosos, entregando-as ao governo em troca de um controle quase feudal sobre os camponeses e seus recursos. Esse circuito garante fertilidade e prosperidade e baseia-se em uma ideologia de trocas recíprocas de dádivas.

Nas minas, entretanto, os mineradores estão entre os espíritos proprietários da natureza e os proprietários legais das minas – que, antes do começo da década de 1950, eram empresas capitalistas privadas e agora são estatais. Na realidade, a cadeia extensa de trocas nos Andes é a seguinte: os camponeses trocam dádivas com os espíritos proprietários; o espírito proprietário converte essas dádivas em metais preciosos; os mineradores extraem esse metal, que eles "acham" conquanto realizem ritos nos quais troquem dádivas com os espíritos; o trabalho dos mineradores – que está incorporado ao minério de estanho – é vendido como mercadoria para os proprietários legais e para os empregadores; e estes vendem o minério no mercado internacional. Desse modo, as trocas recíprocas de dádivas passam a ser trocas de mercadorias; localizados entre o diabo e o Estado, os mineradores são mediadores dessa transformação. Esse circuito, fundamentado na transformação da reciprocidade em troca de mercadorias, resulta não em prosperidade e fertilidade, mas em esterilidade e morte.

O espírito proprietário das minas pode ser viril de uma forma grotesca, sendo às vezes representando como detentor de um pênis gigante. Ele é avarento e guloso. Entretanto, os mineradores são expostos à perda de virilidade e à morte causadas pela ira do espírito, que parece insensível ao apaziguamento. É impossível guardar ou economizar o salário, assim como é impossível que os proprietários locais não acumulem capital. Há uma disputa fundamental em relação a quem detém as minas, o diabo ou os proprietários legais; mas com relação às suas características básicas, eles se representam mutuamente.

Os mineradores podem fetichizar as condições de opressão na qual vivem canalizando sua hostilidade em estátuas do diabo, que incorporam seu desespero em termos gráficos. Alguns mineradores chegam mesmo a tentar destruir o diabo. Nash nos conta a história de um minerador novato que trabalhou com muito empenho durante sete meses para depois perder toda sua poupança. Ele ficou muito cansado e inconsolável, começou a desmaiar com frequência, e disse que estava cansado da vida e não podia mais trabalhar como antes. De repente, durante uma pausa do trabalho, ele quebrou umas dessas estátuas e jogou a cabeça do diabo contra uma pedra. Seus companheiros ficaram com medo. Disseram que ele poderia morrer, ao que ele respondeu: "Não, não. Não vou morrer agora. São apenas ilusões. Não acredito nessas coisas. Isso não acontecerá comigo. Eu destruí o Tio muitas vezes e nada aconteceu". Naquela tarde ele morreu em um acidente com o elevador (Nash, 1972, p.227-8).

Na comunidade camponesa de Kaata, o sangue é um símbolo de reivindicação sobre a terra. Boa parte do ritual agrícola é dedicado a salpicar a terra com sangue para revigorá-la com o princípio vital e registrar nela o parentesco. Os deuses pré-hispânicos fornecem os frutos da terra, escreve Trimborn, mas não sem antes receber tributos ativos que, em geral, tomam a forma de sacrifícios. Onde se desejasse fertilidade, a oferenda mais favorável era sangue (Trimborn, 1969, p.126). Um minerador boliviano contou a Nash o que aconteceu quando três homens morreram na mina de San José: "Os homens estavam certos de que Tio [o espírito das minas] estava com sede de sangue. Uma delegação pediu para que a administração os dispensasse para a *ch'alla*. Então se pegou certa quantidade de objetos e três lhamas foram compradas. Um *yatiri* [xamã] foi contratado para conduzir a cerimônia. Todos os mineradores ofereceram sangue para o Tio, dizendo 'Tome isto! Não coma meu sangue!'" (Nash, 1972, p.229-30). O sacrifício final é o que envolve o próprio minerador. Ignorar a reciprocidade é admitir o espectro de ser consumido pelos deuses, porém, o que podem fazer os mineradores, dada a estrutura de troca na qual estão inseridos? Como poderiam mediar com sucesso a transformação da reciprocidade em troca de mercadorias, se o caderno de contabilidade favorece apenas um dos lados – o dos proprietários legais – e é escrito com sangue e capital?

Enquanto o último sacrificado é o próprio minerador, o espírito proprietário das minas é a mercadoria que os mineradores escavam: o estanho. No contexto camponês, os espíritos proprietários não são esculpidos, sendo bastante diferenciados dos produtos cuja fertilidade é demandada. Esses produtos, como as lhamas em Q'ro, podem ser representados por pequenas estátuas de pedra, mas elas são minúsculas e nada assustadoras. Nas minas, o espírito proprietário é ao mesmo tempo o produto e o que é fetichizado, muitas vezes maior que um homem, uma estátua incrustada na argila das minas, com pedaços de minério de estanho fazendo as vezes de olhos, cristal ou vidro como seus dentes, e um buraco enorme como boca. Os espíritos das montanhas nas comunidades camponesas estão vivos e em movimento; eles aparecem como cavaleiros, condores, como lampejos vindos das pedras etc. Os espíritos aparecem e desaparecem. Nas minas, o espírito da montanha não só é personificado, como é esculpido, imóvel, incrustado em pedra de argila. Sepultado nas minas ele está, pelo que podemos concluir de sua aparência, repleto de mensagens de morte. Expresso com aparência humanoide, sua realidade pressagia o fim de toda a realidade, na medida em que incorpora o *status* de mercadoria.

A troca de mercadorias e a troca de dádivas não podem ser mediadas com facilidade, pois são totalmente opostas. O mercado, não o ritual, é o mediador da troca feita pelos mineradores de estanho por salário; o ritmo dessa troca não é o das flautas e percussões, mas o das flutuações nas lutas por lucro entre mercados internacionais. Na troca de dádivas, o doador permanece incorporado ao bem transferido e a troca não visa ao lucro. Mas ao receber seu salário, o minerador deve, por lei, ser privado de todo controle e direito sobre o minério. Alienabilidade e lucratividade passam a dominar; a mercadoria emerge transcendente, liberta de todas as restrições que na economia de valor de uso une os deuses às pessoas, ao ritual e à cosmologia. Como objeto livre, a mercadoria se sobrepõe aos seus sujeitos, desenvolvendo os próprios ritos e a própria cosmologia.

No entanto, existem ambiguidades suficientes nos ritos dos mineradores que afirmam que sua cultura está longe de ser moldada por completo pelo ímpeto da produção de mercadorias. Os indígenas adentraram as minas, contudo, permaneceram corpos estrangeiros dentro do quadro capitalista. A hegemonia capitalista é incompleta e a continuidade da produção requer violência e compulsão. Essa classe trabalhadora ainda não adquiriu os costumes ou a educação que julga o capitalismo uma lei autoevidente da natureza. Como Georg Lukács ressalta, existe uma grande diferença entre a situação na qual a mercadoria se tornou o princípio estruturador universal e aquela na qual ela existe como uma entre várias formas de regular o metabolismo da sociedade humana. Essa diferença, Lukács observa, repercute na natureza e na validade da própria categoria mercadoria: a mercadoria como um princípio universal manifesta-se de maneira diferente daquelas em que ela é um fenômeno particular, isolado e não predominante (Lukács, 1971, p.85). Ainda que sua emergência possa implicar a decomposição dos princípios de estruturação indígenas, nas minas ao menos, ela ainda não alcançou até agora nada mais que uma estranha antítese de si mesma. No mais, os mineradores estão longe de decretar como natural o estado em que se encontram: em vez disso, eles o consideram uma totalidade anormal. "Entrar nas minas", diz o minerador Juan Rojas, "é sempre como um enterro. E cada saída ao ar livre é um renascimento" (Rojas; Nash, 1976, p.110). Todos os gestos de comunhão sagrada, apropriados à vida fora do local de trabalho, são um tabu ali dentro; ali, a feitiçaria e os símbolos do mal predominam.

O diabo também é o Tio. Como afirmam Paredes e outros, o Hahuari e o Supay são figuras tão simpáticas quanto assustadoras.

A Mãe Terra ainda está ao lado dos mineradores; ela luta com eles para preservar a nova vida dentro do antigo sistema metafísico de dualidades dialéticas. O mesmo medo que os mineradores possuem do diabo – assim como o contexto simbólico que ele ocupa – indica a persistência da crença de que os humanos e a natureza são uma coisa só. Para preservar a fecundidade, nenhum elemento pode lucrar às expensas do restante, convertendo a totalidade em um meio para algo além de si. Muitos mineradores, incluindo militantes políticos, insistem que os ritos nas minas devem continuar, pois funcionam como fóruns de desenvolvimento da consciência crítica e da transformação socialista (Nash, 1971, p.231-2).

Com a conquista, a cultura indígena não só absorveu como também transformou a cosmologia cristã. A imagem do espírito do mal e a mitologia da redenção foram remodeladas para dar expressão poética às necessidades dos oprimidos. Os símbolos cristãos passaram a mediar o conflito entre civilizações opostas e entre modos conflituosos de apreensão da realidade. Com o avanço da produção capitalista, como ocorre nas minas hoje, o campo da disputa expandiu-se, incluindo o sentido do trabalho e as coisas promovidas pela visão capitalista do mundo, em especial a fetichização da mercadoria e a desvitalização das pessoas.

Foi contra essa estrutura mítica que os mineradores desenvolveram seus ritos de produção. Tais ritos remodelam o simbolismo da produção mercantil, fazendo com que uma forma distinta de sabedoria poética e percepção política venha à luz. Além disso, eles também comprovam a existência de uma consciência que resiste com criatividade à reificação que o capitalismo impõe, da mesma forma que os sindicatos dos mineradores e a história política do século XX fornecem amplas provas de sua militância socialista.

Os ritos dos mineradores carregam o legado da tradição: um modo preestabelecido de ver o mundo que estrutura novas experiências. Essas novas experiências transformam a tradição; ainda assim, essa mesma transformação registra o sentido do presente nos termos da história. Desse modo, os ritos dos mineradores funcionam como expressão condensada da história mitológica, composta por tensões que transcendem a história. "Não seria uma das características do mito", afirma Lévi-Strauss, "evocar um passado suprimido e aplicá--lo, como uma grade, sobre o presente, na esperança de descobrir um sentido em que coincidam os dois aspectos da realidade – a histórica e a estrutural –, ao quais o homem é confrontado?" (Lévi-Strauss, 1967b, p.7).

A *ch'alla* nas minas não é uma mera sobrevivência dos ritos camponeses de produção. Apesar de os mineradores conceberem o estanho como se fosse receptivo aos princípios camponeses de fertilidade, produção e troca, o fato é que o minério localiza-se em um conjunto muito diferente de relações e significados sociais. Portanto, a *ch'alla* dos mineradores não pode refletir o princípio da troca recíproca como ocorre nas comunidades camponesas. Contudo, a *ch'alla* dos mineradores representa o imperativo ético da reciprocidade que é negado pela ideologia da troca de mercadorias. A consciência que vem à tona mostra a tensão imposta por essa negação, bem como a necessidade de escovar a contrapelo a história da conquista. As imagens contrastantes da Mãe Terra e do diabo, e a transformação da *ch'alla* da produção camponesa em produção proletária, são chaves de abertura dessa dialética – uma tensão que só será resolvida quando uma práxis de fato recíproca permitir que a humanidade controle os produtos tanto de seu trabalho quanto de sua imaginação.

Nas minas, a apoteose da mercadoria engendra a apoteose do mal no fetiche do espírito proprietário da mina. Reagindo dessa forma ao desenvolvimento capitalista, a iconografia e o ritual indígenas mostram o significado humano da troca mercantil como uma distorção maligna da troca de dádivas, não como uma lei autoevidente da natureza – fazendo coro com a réplica de Arguedas (1975, p.188) à cultura imperialista de que o homem de fato possui uma alma, e que esta raramente é negociável.

Conclusão

A arriscada tarefa a que me propus foi interpretar a experiência social refletida na magia popular à medida que tal experiência muda em decorrência da perda de controle de um grupo sobre os meios de produção. Ela é também fundamental; não importa quão minuciosos formos ao traçar a cronologia dos mais importantes acontecimentos históricos, a demografia, a rede comercial e a facticidade transparente das infraestruturas materiais, permaneceremos cegos à maior lição que a história deixa tanto para a sociedade quanto para o futuro, a menos que incluamos o imaginário do poder e o poder da imaginação coletiva.

À medida que as pessoas fazem história, esta também é feita dentro de uma imaginação historicamente modelada, que se apodera da significação humana dada às coisas que seriam, de outra forma, mudas. Sobretudo os marxistas não podem esquecer do subtítulo essencial de *O capital* – a saber, "crítica da economia política". Com esse foco, o trabalho de Marx opõe de forma estratégica as categorias objetivistas e a autoaceitação culturalmente ingênua do mundo reificado que o capitalismo cria – um mundo no qual os bens econômicos conhecidos como mercadorias e, na verdade, até os próprios objetos se apresentam não como simples coisas, mas como determinantes das relações de reciprocidade humanas que os formam. Lido dessa maneira, a mercadoria tempo de trabalho e o próprio valor se tornam não apenas meras categorias historicamente relativas como também construções (e fraudes) sociais da realidade. A crítica da economia política demanda a desconstrução de tal realidade e a crítica a essa fraude.

Ao contestar a reificação e o fetichismo da mercadoria, as crenças e os ritos tratados neste livro facilitam a tarefa de desconstrução crítica ao desmascarar algo de suma importância sobre a realidade humana ocultado pelo misticismo da cultura mercantil. Mas esse tipo de percepção é apenas o começo; como um estágio do desenvolvimento histórico, ela pode ser engolida com rapidez pela intensificação da produção mercantil – e o idealismo não pode ser combatido apenas com ideais, apesar de sem elas não restar nenhuma esperança. No mais, na medida em que um modo não fetichizado de compreensão das relações humana e da sociedade é necessário para a liberação humana, tanto o fetichismo pré-mercadoria quanto o fetichismo da mercadoria se encontram condenados.

Entre a arte da imaginação e a arte da política intervém uma vasta gama de práticas – em especial a organização política –, e a conjuntura na qual a imaginação coletiva pode fermentar em contato com as circunstâncias sociais apropriadas para dar origem à prática liberadora é notoriamente rara. Porém, é apenas nessa conjuntura que as múltiplas ambiguidades da mentalidade coletiva podem adquirir uma expressão criativa e clara em termos sociais – e as forças repressivas estarão atentas e são quase sempre muito poderosas. Antes que tal conjuntura se realize, a política implicada na cultura da magia popular funciona ao mesmo tempo de diversas maneiras.

Se os fantasmas do mundo espiritual garantem a solidariedade e preservam o ideal de igualdade entre os oprimidos, eles também podem criar divisões ou um conformismo devastador. Frantz Fanon afirma:

> A atmosfera do mito e da magia me aterroriza e assim adquire uma realidade indubitável. Ao me aterrorizar, ela me integra à tradição e à história de minha região ou de minha tribo e ao mesmo

tempo me tranquiliza, me proporciona um *status*, como uma carteira de identidade. Nos países subdesenvolvidos, a esfera do oculto é uma esfera pertencente à comunidade que se encontra completamente sob jurisdição mágica. Ao me emaranhar nessa rede inextricável na qual as ações se repetem com cristalina inevitabilidade, encontro o mundo eterno que me pertence e a perenidade que é assim atribuída ao mundo que pertence a nós. Acreditem, os zumbis são mais assustadores que os colonizadores. (Fanon, 1967, p.43)

Isso é com certeza exagerado – uma crença cega na cega crença do primitivo. Certamente a atmosfera do mito e da magia adquire uma realidade, mas de qual espécie? Ela é tanto uma realidade concreta quanto possível e hipotética. Uma realidade na qual a fé e o ceticismo coexistem sem dificuldades. O ritual apoia a verdade dessa realidade hipotética, mas fora do ritual outras realidades intervêm e a mente não sente nenhuma tensão entre as explicações espirituais e seculares.

Deus e espíritos são ambivalentes sempre e em qualquer lugar, e o diabo é o arquissímbolo da ambivalência. Ele não só determina ações específicas como também fornece a sombra e os modelos a partir dos quais as pessoas criam interpretações. Como vimos, essas criações em nenhum sentido elevam o conformismo a *status quo*. Além do mais, com a situação colonial, os zumbis e os espíritos mudam para refletir as novas condições e não o mundo espiritual pré-colonial. Elas são tão dinâmicas e mutáveis quanto a rede de relações sociais que engloba os que nela creem, e seus significados são mediadores dessas mudanças. Tanto o diabo dos canaviais do Cauca quanto das minas bolivianas surgiu dos sistemas de crença indígenas, da África ocidental e andinos (pré-incaicos) –, à medida que os nativos reagiam à conquista, ao cristianismo e ao desenvolvimento capitalista. Esse diabo não é aterrorizante de uma forma ambígua. Ele não é mais aterrorizante que os colonizadores.

A religião dos oprimidos pode abrandar a opressão e adaptar as pessoas a ela, mas também pode oferecer resistência. Ao tentar compreender a coexistência dessas duas tendências opostas, devemos mais uma vez nos voltar para o significado social do fetichismo pré-

-capitalista que, apesar de todas as fantasias, não camufla as relações econômicas como relações entre coisas em si, com suas raízes ocultas na reciprocidade humana. A originalidade do contexto colonial, observa Fanon, "é que a realidade econômica, a desigualdade e a imensa diferença entre modos de vida nunca chegam a mascarar as realidades humanas" (Fanon, 1967, p.30). Em se tratando de lutas políticas e armadas, confundir a realidade do fantástico com o corporal é atrair o desastre. Mas o primeiro ilumina o segundo, dando voz e direção à trajetória da luta. "O nativo descobre a realidade e a transforma segundo seus costumes, na prática da violência e em seus planos de libertação" (Fanon, 1967, p.45). Os trabalhadores dos canaviais ao sul do Vale do Cauca não creem mais que seus patrões acreditem em feitiçaria, da mesma forma que os servos e peões das *haciendas* das montanhas adjacentes percebem muito bem a credulidade de seus senhores quanto a essa questão. Os trabalhadores canavieiros aprendem a conduzir a luta de classes de acordo com padrões modernos, em vez de utilizar a feitiçaria. Mas eles assim agem dentro de uma visão configurada pelas criações fantásticas que resultam do choque entre os princípios do valor de troca e do valor de uso. Os ritos para a imagem do diabo feitos pelos mineradores bolivianos manifestam esse mesmo choque – e esses mineradores estão na vanguarda da luta de classes. Seus ritos mágicos estimulam a visão e a manutenção moral das quais dependem a luta. "Essa tradição dentro da montanha deve ser constante", afirma um líder sindical, "pois não existe comunicação mais íntima, mais sincera e mais bela que o momento do *ch'alla*, o momento no qual os trabalhadores mascam coca juntos e em que ela é oferecida ao Tio" (Nash, 1972, p.231-2). Durante essa comunhão, tanto como uma intensa interexperiência humana quanto um firme posicionamento em relação à injustiça e à verdadeira situação política, a consciência crítica adquire sua forma e vigor. "Naquele momento eles dão vazão aos seus problemas sociais, aos seus problemas no trabalho, e aos problemas em geral, e lá nasce uma nova geração tão revolucionária que os trabalhadores começam a pensar em fazer mudanças estruturais. Essa é sua universidade" (Nash, 1972, p.231-2).

Em uma miríade de formas improváveis, a magia e o ritual podem fortalecer a consciência crítica de que uma realidade devastadoramente hostil impõe àqueles que trabalham nas minas e nos canaviais. Sem o legado da cultura e suas figuras retóricas, imagens, fábulas, metáforas e outras criações imaginativas, essa consciência não pode funcionar. Porém, ela pode se tornar consciente do próprio poder criativo em vez de atribuí-lo aos seus produtos. O progresso social e o pensamento crítico estão ligados a essa tarefa dialética de desfetichização. Nesse sentido, o trabalho exerce a si mesmo: para controlar tanto seus materiais quanto seus produtos poéticos, e não para ser controlado por eles. Falhar nessa luta é se deixar cativar pelos fetiches de uma patente falsa consciência cujos signos materiais animam uma realidade incompreensível e misteriosa – um vazio, desprovido de humanidade e pessoas engajadas em sua subsistência quotidiana. As crenças e ritos dos mineradores e trabalhadores canavieiros com relação ao significado da produção desafiam essa realidade e preenchem tal vazio com preocupações humanas; por isso eles inspiraram algumas das maiores lutas de classes e grandes poetas de nossa época. No que foi, praticamente, seu último testamento, Pablo Neruda escreveu:

> Quanto a nós em particular, escritores da vasta extensão americana, escutamos sem trégua ao chamado para preencher esse espaço enorme com seres de carne e osso. Somos conscientes de nossa obrigação como povoadores e – ao mesmo tempo que nos resulta essencial o dever de uma comunicação crítica num mundo vazio que, mesmo vazio, cheio de injustiças, castigos e dores –, sentimos também o compromisso de recuperar os antigos sonhos que dormem nas estátuas de pedra, nos antigos monumentos destruídos, nos largos silêncios de pampas planetários, de selvas densas, de rios que cantam como trovões. Necessitamos preencher com palavras os confins de um continente mudo, e nos embriaga essa tarefa de fabular e nomear. Talvez seja essa a razão determinante de meu humilde caso individual: e, nesse caso, meus excessos, minha abundância ou minha retórica não seriam nada mais que atos, os mais simples, do mister americano de cada dia. (Neruda, 1974, p.27-8)

Posfácio
O SOL DÁ SEM RECEBER:
UMA REINTERPRETAÇÃO DAS HISTÓRIAS SOBRE O DIABO[1]

Na minha infância nos anos 1940, eu tinha o costume de observar minha mãe coser, com a habilidade de quem faz uma joia, embrulhos de comida para enviar – da ensolarada Austrália – à minha avó que ficou para trás em uma Viena devastada (pacotes que sempre continham, até onde lembro, vários gramas de manteiga). Apesar de me maravilhar com a quantidade de manteiga que ela passava na torrada – sozinha em seu alegre reconhecimento desse excesso nocivo –, foi apenas no momento em que me instalei em uma ensolarada cidade canavieira no oeste da Colômbia em 1970, uma cidade sem água potável ou saneamento básico adequado, que percebi que a manteiga poderia ser um símbolo de privilégio, dourada e cremosa, suspensa

---

1 Uma versão anterior deste ensaio foi publicada em *Comparative Studies in Society and History* (v.37, n.2, Nova York: Cambridge University Press, abr. 1995). O ensaio foi escrito pela primeira vez em março de 1993 como contribuição aos seminários semanais com o tema "Consumer Culture in Historical Perspective" [Consumo de cultura em uma perspectiva histórica] organizados por Victoria de Grazia no Centro de Análises Históricas da Universidade de Rudgers, à qual fui associado durante um semestre. Sem a simpatia intelectual de De Grazia e o apoio do centro, este ensaio não teria sido escrito. Agradeço a todos os membros do seminário – historiadores, em sua maioria – que o encheram de vida e graça. Agradeço especialmente a Jim Livingston e Elin Diamond pelos comentários e interesse.

entre o sólido e o líquido, dependente tanto de refrigeração quando de boas vacas leiteiras, uma indústria de laticínios e um agradável clima temperado. Foi então que ouvi sobre o contrato com o diabo:

> E feito seu pacto com o diabo, ele ganha muito mais dinheiro, mas pode apenas gastar em luxo; manteiga, óculos de sol, uma camisa chique, licor... Se você comprar ou alugar uma fazenda, as árvores param de dar frutos. Se você comprar um porco para engorda, ele fica magro e morre. *Secar* era a palavra que eles utilizavam; como uma árvore verde desidratando, secando até se tornar quebradiça sob o sol implacável. E a mesma palavra é aplicada aos animais de criação, o porco fica cada vez mais magro, definha até ser apenas pele e osso. *Secar*. Muito sol.

Por que apenas produtos de luxo podem ser comprados e consumidos depois do pacto com o diabo? Manteiga, óculos de sol, uma camisa chique, licor... Uma lista estranha, eu pensava confundido pela manteiga, um novo signo que, de forma precária, sinalizava-me tanto a diferença de minha nova existência no Terceiro Mundo quanto a maneira pela qual essa existência se conectava com outro movimento através do tempo e da memória, a história de um voo que parte da Europa, sobre a qual meus pais nunca disseram nada. Era como se aquilo nunca tivesse acontecido, como se a Europa não existisse. "E o mesmo ocorre com nosso passado", escreve Proust.

> Trabalho em vão a tentativa de retomá-lo: todos os esforços do intelecto se mostram inúteis. O passado está escondido em algum lugar fora do reino e para além do alcance do intelecto, em algum objeto material (na sensação que aquele objeto material nos dá), do qual nem desconfiamos. Quanto ao objeto, depende da sorte que o encontremos, ou não, antes de morrer.

Mas depende apenas da sorte que encontremos ou não o objeto certo no momento devido? Walter Benjamin diz que não. Essa não seria a maneira correta de colocar as coisas. As épocas são contra essa ocorrência. A própria história é responsável pela incapacidade cada vez maior que as pessoas possuem de assimilar os dados do mundo pela experiência. A capacidade de rememorar foi sitiada porque, em um mundo traumatizado pela guerra, o potencial da experiência teve de ser atrofiado. A grandeza da obra de oito volumes de Proust testemunha, afirma Benjamin, os esforços necessários para restaurar a experiência – na figura do narrador – à modernidade; e mesmo assim, esse foi um feito único. Quanto ao que Proust chamava "memória involuntária" provocada por um objeto, talvez – de preferência – um objeto de deleite gastronômico, quando não em excesso, então a capacidade de acionamento do objeto era, também, um produto do efeito da história sobre a capacidade humana de viver a experiência e, dessa forma, de rememorar. Poderia ter sido diferente, bem diferente, em algum outro momento? Benjamin, com certeza, pensava que sim:

> Onde há experiência no sentido estrito do termo entram em conjunção, na memória, certos conteúdos do passado individual como outros do passado coletivo. Os cultos, com seus cerimoniais, suas festas (que, possivelmente, em parte alguma da obra de Proust foram mencionados), produziam reiteradas vezes a fusão desses dois elementos da memória. Provocavam a rememoração em determinados momentos e davam-lhe pretexto de se reproduzir durante toda a vida. As recordações voluntárias e involuntárias perdem, assim, sua exclusividade recíproca. (Benjamin, 1989, v.3, p.107)

As festas são um momento de transgressão autorizada envolvendo consumo e doação excessivos, momento de desperdício e desprendimento. Por isso, se devemos admitir esse elemento dionisíaco do ritual, com suas repetições e renovações, com seu fazer acreditar, suas divindades, sacrifício, trocas, oferendas, violência e prazeres, e se tal transgressão da festa possui um papel decisivo no amalgamar dos dois elementos da memória – tanto o involuntário quanto o voluntário –, então, como devemos lidar com o ritual ao diabo? Seria o pacto transgressor – que em igual medida produz generosidade, demanda o consumo luxurioso e traz a morte e a infertilidade –, um pacto que podemos situar no limiar da modernidade, no qual Benjamin quer estabelecer uma linha que diferencie a capacidade que os objetos possuem de evocar a memória? Seria o contrato com o diabo, antes de tudo, o rito que oblitera o que Benjamin chama "experiência no sentido estrito do termo"? E se esse for o caso, também não seria verdade que a própria história do pacto com o diabo possuiria uma impressionante função mnemônica de dissecar a memória ou, ao menos, a memória adequada à "experiência no sentido estrito do termo"? A ubiquidade mundial da história do pacto com o diabo, sem falar da intensidade de seu drama, evidenciaria constantemente – repetição sob repetição – o sentido da perda, assim como manifesta a luxúria do ganho. Não a perda de algo. Apenas a perda.

Isso nos levaria ao centro da estranha contribuição de George Bataille para o pensamento do século XX ao entrelaçar o excesso à transgressão para criar uma história e uma ciência da economia política, do capitalismo e do comunismo radicalmente diferentes, focadas não na produção, mas no gasto – no que nós chamamos "despesas improdutivas: luxo, guerra, cultos, a construção de monumentos santuários, jogos, espetáculos, artes, atividades sexuais perversas [...] fins em si mesmos" (Bataille, 1985b, p.118). Mas primeiro – nessa era em que a economia alcança o *status* de natural, corroborando com a ciência e a metafísica da escassez – e antes de contar-lhes um pouco mais sobre o diabo, o Grande Imitador e seu poderoso pacto, preciso contar-lhes sobre sua tórrida zona de operações.

Sol

> A energia solar é a fonte do desenvolvimento exuberante da vida. A origem e a essência de nossa riqueza estão contidas na radiação, que despende energia – riqueza – sem retorno. O sol dá sem receber.
>
> Georges Bataille (1988)

Foi de um grupo de amigos meus, cozinheiros nos canaviais no extremo sul do Vale do Cauca da Colômbia ocidental, em 1970, que ouvi falar pela primeira vez sobre o pacto com o diabo. Com o dinheiro da Universidade de Londres, eu estudava a abolição da escravidão na região e estava vivendo em uma pequena cidade de cerca de onze mil pessoas, habitada por negros em sua maioria; uma cidade sem saneamento básico ou água potável, localizada no extremo sul de um vale de 201 quilômetros espremido entre duas cordilheiras andinas. Naquela época três grandes canaviais de milhares de hectares estavam se expandindo com rapidez nas mãos de três latifundiários, três famílias brancas – uma delas proveniente da Espanha colonial, outra descendente do cônsul alemão que chegou à Colômbia no fim do século XIX fazendo fortuna, e a terceira formada pela imigração recente de origens russo-judaicas. Essas três famílias exerceram um grande impacto, consumindo muitos dos lotes de agricultores camponeses das redondezas, descendentes de escravos africanos libertos em 1851, que possuíam, em geral sem escritura, talvez um quarto das planícies daquela área. Em consequência, por necessidade ou escolha, os agricultores camponeses procuravam trabalho como mão de obra assalariada nos canaviais. Um influxo de mulheres e homens negros provenientes das florestas da isolada e remota Costa do Pacífico – sedentos de dinheiro e aventura – também encontravam trabalho como assalariados nos canaviais. Tudo aquilo era novo. Muito novo. A área estava – para utilizar uma expressão já bem conhecida, ainda que pareça um tipo de doença de pele – tornando-se rapidamente proletarizada, embora de modo desigual e não planejado, criando um grande número de classes heterogêneas e nichos ocupacionais sobrepostos na economia monetária. Essa é uma das escalas temporais da história, uma maneira de contar a história.

Quase sob o Equador, esse vale era extraordinariamente fértil e plano, formado por uma espessa camada de solo negro arável sobreposta a sedimentos lacustres e cinzas vulcânicas provenientes das montanhas, e que há milênios se precipitaram no que foi um vasto lago pré-histórico, cujas águas escoaram em direção ao que hoje é o Rio Cauca e que percorre toda a extensão desse estreito vale. Essa é outra escala temporal da história, materializada na espessura do próprio solo fértil sobre o qual o agronegócio hoje recolhe seu quinhão.

E que história deve ter sido a pré-história dos elementos antagônicos. A terra ardente se expandindo, irrompendo sobre as planícies, a água fria abrindo caminho através da pedra, gota por gota milenar:

"Que a fluida água em movimento vence, com o tempo, a mais dura pedra" (a imagem brechtiana da mudança revolucionária, retirada do taoísta Lao Tzu) – dois ritmos muito diferentes, duas histórias simultâneas. "As *correspondances*", escreve Benjamin, "são os dados do 'rememorar'. Não são dados históricos, mas da pré-história. O que dá grandeza e importância aos dias de festa é o encontro com uma vida anterior" (Benjamin, 1989, v.3, p.133). Em outro momento, ele examina uma citação de seu amigo T. W. Adorno sobre a evasiva noção de *imagem dialética*:

> Pois não é como algo sempre vivo e atual que a natureza se impõe na dialética. A dialética detém-se na imagem e cita, no acontecimento histórico mais recente, o mito como passado muito antigo: a natureza como história primeva. Por isso as imagens [...] são, de fato, "fósseis antediluvianos". (Benjamin, 2006, p.503)

Talvez queiramos nos questionar sobre qual ritmo Benjamin considera correspondente a esses dias de festa: o esplendor terrificante da evisceração eruptiva da terra ou o contínuo abrir caminho da fluida água?

A resposta é desnorteadora e um tanto quanto maravilhosa, um ritmo duplo de expansão e cessar do acontecer, semelhante à profecia de Benjamin exposta em seu ensaio "Sobre o conceito de História", de que a memória moderna e a tensão social revolucionária agiriam em conjunto para explodir o *continuum* da história. Porém, nada garante que as *correspondances* necessárias que articulam o passado por meio da imagem dialética vão formar-se.[2] Esse é o caráter da cultura moderna. "O passado só se deixa fixar, como imagem que

---

2 Comparar com o recente trabalho de Jeffrey Mehlman (1933, p.28-30). Em *Walter Benjamin for Children: An Essay on His Radio Year*, Mehlman chama a atenção para a história benjaminiana para crianças do rádio que trata do terremoto de Lisboa em 1755 – Benjamin questionava a antiga teoria de que terremotos são causados pela pressão do núcleo ardente da terra e defendia a teoria de que, na verdade, sua superfície está em constante mudança; os terremotos seriam o resultado da tensão de placas tectônicas permanentemente estáveis.

relampeja de modo irreversível, no momento em que é reconhecido" (Benjamim, 1996, p.224).

Esse também é um ritmo de grande inatividade, "o sinal de uma imobilização messiânica dos acontecimentos ou, dito de outro modo, uma oportunidade revolucionária de lutar por um passado oprimido" (Benjamin, 1996, p.231). Assim, se a ênfase está na ruptura vulcânica, o que em outro momento Benjamin chama *Jetztzeit*, o tempo de agora preenchido pela presença – que não é homogêneo, vazio, o tempo evolucionista –, deve-se também levar em consideração que tal ritmo é, em meio à sua violência, também um momento de grande tranquilidade, como convém ao momento que se segue tanto à mudança e ao reajuste das placas tectônicas, como às placas da memória moderna em busca por *correspondances* em um mundo sem festas. Essa é a tranquilidade do choque, suspensa fora do tempo. Esse é o trabalho do negativo como na noção de soberania cunhada por Bataille na qual o limite é transgredido.

E muito acima, o sol, sem o qual nada pode florescer, é muito quente para que fiquemos sob ele e muito forte para que o miremos. Nuvens muito altas agarrando-se ao topo das montanhas sobrepujam os azuis e verdes do solo do vale, cintilando com o calor do meio-dia, sonâmbulas nas longas tardes quentes. Logo se aprende a procurar pela sombra. São dois verões e duas estações chuvosas com durações desiguais. As plantas florescem com abundância selvagem. "Eu começo com algo evidente", escreve Bataille nas primeiras páginas do livro *The Accursed Share* [A parte maldita]. "O organismo vivo, em uma situação determinada pelo jogo da energia na superfície do globo, em geral, recebe mais energia que o necessário para a manutenção de sua vida" (Bataille, 1988, v.1). Quando um camponês plantava milho na década de 1970 – o que não era tão comum, pois o cultivo arbóreo tinha preferência –, ele andava em linha reta sobre o solo com uma picareta afiada e um avental cheio de sementes de milho. Cravando a picareta no solo, um par de sementes seria jogado na terra e o buraco era coberto com o movimento dos pés, na maioria das vezes descalços. Sem arado. Sem química. Sem "sementes melhoradas" *à la* Rockfeller. E se você quisesse, poderia chegar a duas colheitas por ano: *choclo* ou milho doce depois de quatro meses e milho seco depois de seis meses. Poucos lugares no mundo poderiam igualar-se em fertilidade ou no contraste entre essa fertilidade e a pobreza na qual vivia a maior parte das pessoas.

Na década de 1970, era possível encontrar arvoredos agrupados e faixas emaranhadas, indicativo das pequenas propriedades camponesas, cacaueiros, cafeeiros, bananeiras de folhas grandes e de um verde quase luminoso, todos protegidos pela sombra dos mulungus gigantes com suas flores vermelhas. E, ao redor, estavam os infinitos canaviais, expostos sob o sol intenso.

Pelo menos um terço das fazendas camponesas pertencia e era gerida pelas mulheres. O investimento de capital era insignificante e pouco trabalho era necessário na manutenção e na colheita dos cultivos arbóreos, que produziam frutos com regularidade ao longo de todo o ano e garantiam a entrada constante e distribuída de rendimentos. Impedidas de receber toda a força do sol, as ervas daninhas mal cresciam. Quando chovia, as árvores absorviam a água. Quando o sol estava escaldante, as árvores liberavam água aos poucos. O chão da floresta estava coberto por metros de folhas em decomposição cujos nutrientes fertilizavam o solo. Essa ecologia camponesa replicava a floresta equatorial e, como tal, opunha-se ponto a ponto aos princípios de cultivo importados, primeiro, da Espanha, e nesses tempos de John Deere e ajuda americana, da região das grandes planícies dos Estados Unidos, nas quais já vagaram indígenas e bisões. Nos canaviais e nas roças camponesas que estavam sucumbindo ao machado e à escavadeira para abrir espaço ao plantio comercial, o estilo euroamericano de cultivo em campo aberto deixava o solo exposto ao sol e à chuva transformando o crescimento de ervas daninhas em um problema de primeira ordem, que exigia muito trabalho e, a partir da metade da década de 1970, produtos químicos de segurança duvidosa.

Se olharem para a fotografia a seguir, que tirei de uma plantação camponesa tradicional, vocês poderão ver as bananeiras de folhas largas embaixo e ao fundo, intercaladas por algumas árvores de café e de cacau. Acima delas estão algumas árvores frutíferas e, tornando pequeno o conjunto de árvores, está o mulungu.

A ironia é que a destruição gerada pelo novo modo de produção, no qual as árvores são derrubadas com o sistema de campos abertos, permite que o cultivo tradicional seja visto tanto em sua glória e esplendor quanto em sua complexidade. Os modos antigos foram expostos no momento de seu fim, alcançando o céu. Essa fotografia capta não apenas um corte transversal do cultivo camponês. Ela também faz um corte transversal no tempo, uma história da dominação.

À medida que a nova agricultura desmantelava a produção camponesa, percebia-se cada vez mais uma nova característica: troncos de árvore empilhados de forma organizada e pilhas de lenha. Como as árvores foram cortadas, não havia raízes que absorvessem a água das tempestades que ocorriam duas vezes ao ano e a terra inundava. E onde a sombra das folhas verdes dos arvoredos permitia que as plantações camponesas permanecessem frescas, agora eram terras nuas queimadas pelo sol até adquirirem um tom amarelo-tostado.

Os jovens camponeses (apostadores) suplicavam às suas mães (conservadoras estoicas) que os deixassem pedir empréstimos ao banco para derrubar as plantações a fim de fazer novos cultivos e ingressar na nova "revolução verde", que traria muito dinheiro fácil, com culturas como a da soja e de outros tipos de cereais que requeriam fertilizantes, pesticidas e dinheiro para contratação de tratores e segadoras. As árvores de muitos lotes foram derrubadas, mas os planos de lucro fácil quase sempre fracassavam, exceto para os camponeses ricos. As dívidas se acumulavam. As mulheres mais velhas tentavam não ceder ao pedido de seus filhos. "Me dá pouco, mas é alguma coisa", elas diziam sobre suas roças enfermas.

Como os canaviais pulverizavam produtos químicos para matar insetos e ervas daninhas, as árvores dos camponeses começaram a morrer. A área foi liberta, quase por milagre, das várias pragas que assolavam os cacaueiros – a doença conhecida como vassoura-de-bruxa –, mas em meados da década de 1980 havia poucas terras camponesas que ainda não tinham sido devastadas. Quando maduros, os cacaueiros são lustrosos e violetas, pesando vários quilos. Entretanto, quando afligidos pela vassoura-de-bruxa algo extraordinário acontecia. Mais frutos se desenvolviam, mas dentro de uma casca pequena enrugada e rala, com um ar desgastado, quase frenético; crescimento galopante, formas deturpadas da morte. E então... mais árvores foram derrubadas.

O que acontecia com essas árvores? Algumas eram levadas para a serraria enquanto ainda estavam verdes para serem cortadas em tiras que seriam transformadas em caixa de tomate – cultivados pelos camponeses em seus novos solos desobstruídos. Outras eram vendidas como lenha para os fogões que surgiam de modo surpreendente em todos os lugares, conforme lavradores camponeses se tornavam produtores de tijolo e ladrilho. Tomates e tijolos, cada uma dessas opções extremamente materiais para lidar com a aguda escassez da terra nos conduz mais rapidamente ao pesadelo dessa história. A primeira opção é o caminho para os produtos tóxicos; a segunda, é o da amputação – termo que se tornará claro mais adiante.

Os tomates foram as primeiras plantações que pequenos proprietários pulverizavam com pesticida por volta de 1970 e, agora na maior parte, senão na totalidade do país, as plantações estão sujeitas à aplicação intensa de produtos químicos em uma revolução que atinge tanto agricultores ricos quanto pobres. O inocente (e, logo, insosso) tomate foi o veículo pelo qual Ralston Purina liderou o uso camponês de produtos químicos nessa área, bem como o impacto desse uso sobre o solo e a água.

Agora, quando passo pelos meus antigos refúgios, vejo o branco do solo queimado pelos produtos químicos e minha garganta sente seu gosto. Um agrônomo especializado em toxinas passou pela cidade em 1992 e declarou, em uma conferência, que o solo estava tão contaminado que a comida que crescesse nele não deveria nem mesmo ser utilizada para alimentar os animais!

Também alarmante é a revolução que os herbicidas sutilmente efetuaram na década de 1980. Um dia nós acordamos e, desde o núcleo dos agronegócios até os cantos mais remotos da República, o campesinato abriu mão da capinação manual com a *pala*, a machete, e passaram a pulverizar o solo dizendo que era mais barato dessa maneira. Mesmo na fronteira de Putumayo, por exemplo, os xamãs – imersos entre remédios naturais e ervas – pulverizavam Paraquat para matar "ervas daninhas".[3]

Nas fotografias, vocês podem ver jovens na serraria cortando árvores para fazer caixas de tomate. O homem que opera a serra perdeu seu antebraço direito há pouco tempo. Mas ele ainda faz seu trabalho. Com uma bainha de couro brilhante e preta no tronco, salpicado de serragem, ele guia as árvores em direção à lâmina que canta. Ele sorri, consciente. Por um momento, a violência da imagem imobiliza o movimento.

---

3 Em 1992, um litro daquele herbicida custava cinco mil pesos e cobria um acre e meio em dois dias de trabalho no valor de seis mil pesos. Trabalhar na mesma terra e cobrir a mesma área com uma machete ou *pala* podia levar vinte dias de trabalho, e custaria cerca de sessenta mil pesos.

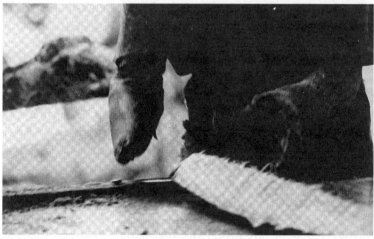

A segunda opção foi o caminho da amputação. O tamanho médio da fazenda diminuiu a tal ponto – um quarto de acre ou menos – que agora apenas um ato desesperado se mostra possível, uma última delirante tentativa de conseguir dinheiro vendendo a terra como um bem para produzir tijolos. Alguns comercializam esses artefatos para homens que chegam em caminhões, vindos da cidade vizinha. Esta tem na cocaína seu produto de base e se expande sem parar.

Atualmente, o preço de mercado é de seis dólares pela carga do veículo. Podemos compará-lo com o salário diário de três dólares. *"Se vendió para hueco"* [Vendeu-se para um buraco], eles dizem, de modo mais lacônico do que minha tradução deixa transparecer.

Outros constroem nas fazendas seus próprios fogões para fazer tijolos e depois fazem escavações próximas a eles. É claro que isso requer grandes quantidades de lenha, além da necessidade de reduzir o cultivo tradicional. Uma fazenda de um quarto de acre que funciona dessa forma, com um buraco de sete metros de profundidade feito por uma retroescavadeira alugada, pode durar cerca de quatro anos *até que não sobre mais nada*. A fazenda desaparecerá e, em seu lugar, sobrará apenas o buraco. A terra aqui é famosa pelos tijolos que produz. Ela não precisa de palha. Precisa apenas que a lama vomitada pelos vulcões como cinza assente no lago chapinhado até que se forme uma consistência cremosa semelhante à argila do ceramista.

Talvez, em pouco tempo, não haverá mais terra que não esteja ocupada por canaviais em meio a canais de água sinuosos originados de pequenos lagos poluídos com produtos químicos, nos quais as crianças nadam alegremente, deslocando as nenúfares junto às memórias terrestres do lago pré-histórico que ele um dia foi. A não ser, é claro, que o antigo modo de produção – pois, agora, os camponeses estão sendo abordados por homens da cidade transportando lixo tóxico para preencher os buracos – lidere uma mudança de curso de fato inimaginável, diabólica.

O pacto com o diabo

As cozinheiras dos canaviais me falaram sobre o pacto com o diabo em 1974, anos antes dessa espantosa mudança de curso que acabo de descrever. Elas tinham o pacto como um dado, as palavras se misturavam na movimentação das panelas e do acender do fogo, o bom humor delas era dividido da mesma maneira que a comida. Algo – agora não lembro o quê – chamou minha atenção e pedi esclarecimentos. Sim, existiam esses homens, geralmente cortadores de cana, que tinham um contrato com o diabo que permitia que eles cortassem mais cana que o normal sem precisar aumentar a quantidade de esforço e que, portanto, ganhavam mais dinheiro que o normal. (Os trabalhadores dos canaviais eram pagos de acordo com a produção, e não por horas de trabalho.) A maioria das pessoas com as quais conversei sobre o assunto nos meses seguintes sabia disso. Era incomum, mas não excepcional.

"*Se vendio para hueco.*"

Apenas uma vez encontrei uma pessoa que, de fato, conhecera – e, nesse caso, muito bem – alguém que havia tentando fazer um pacto com o diabo nos canaviais, mas que entrou em pânico antes de consumá-lo. Ele era um jovem nascido e criado em Chocó, na Costa do Pacífico, do outro lado das montanhas – uma região conhecida, do ponto de vista da produção de açúcar, pela sua magia. Contando apenas com um livro de magia publicado no México e comprado no mercado nas mãos de indígenas nômades – herboristas e curandeiros – de Putumayo, o jovem se escondeu em uma plantação de cana já madura – que ultrapassava em muito a altura de um homem – e retirou o coração de um gato preto. Enquanto ele tentava recitar as orações indicadas no livro, um vendaval começou de repente e o céu ficou negro. Ele se acovardou, derrubou tudo no chão e fugiu abrindo caminho em meio à cana, enquanto o céu explodia.

Mas a história mais comum é sobre uma pessoa distante e anônima, uma sombra no horizonte da possibilidade humana, a caricatura condensada de um homem gerada pelo destino – o homem como um zumbi emitindo gritos estranhos e repetitivos enquanto abre caminho em meio à floresta de cana, o homem com um boneco feito por um feiticeiro, o homem despedido de imediato pelo supervisor do canavial por estar cortando muito mais que os outros, o homem provocado por seus companheiros de trabalho: "Nossa! Quanta coisa você fez com seu boneco!" Quase todos tinham uma história parecida para contar.

Anos mais tarde, quando toquei no assunto com uma velha amiga, Regina Carabali – irmã de uma das cozinheiras que havia me levado aos canaviais –, ela me disse: "Bem, eles não usam mais o diabo. Eles usam maconha". Uma valiosa lição que, por necessidade, continuo desaprendendo: que as coisas mudam o tempo todo, num piscar de olhos, e que muito depende de sua perspectiva em um dado momento. Mas também posso identificar uma continuidade, uma *correspondance* baudelariana entre o diabo e o haxixe – e aqui a definição de Benjamin me vem à mente, de que aquilo que Baudelaire queria dizer por *correspondance* é algo como a magia simpática entre as coisas e que "pode ser definido como uma experiência que procura se estabelecer ao abrigo de qualquer crise" (Benjamin, 1989, v.3, p.132).

Também se dizia que o canavial trabalhado por um homem sob influência de um pacto com o diabo, ficaria estéril. A cana não germinaria mais após ter sido cortada. A cana-de-açúcar é como um tipo de grama gigante. Você corta e, em algumas semanas, ela cresce de novo; e, em um ano ou um pouco mais – a depender do sol e da chuva –, ela está pronta para a próxima colheita. Isso se estende entre cinco e sete safras até que a quantidade de açúcar fique abaixo do nível econômico. Cada lote ou área de plantio de cana semeados ao mesmo tempo é chamado *suerte*; se parte da cana em uma *suerte* tiver sido cortada sob o pacto com o diabo, então nenhuma cana vai crescer das raízes de toda a *suerte*. Todo o lote deve ser arado e semeado de novo. Lembro-me de ter passado em frente a um campo aberto onde nada estava crescendo e de ser informado pelo meu companheiro – que havia trabalhado em canaviais durante anos – que, de acordo com as pessoas que vivem nas redondezas, ele foi trabalhado por alguém que havia feito um pacto com o diabo. Do campo era possível ver a chaminé do engenho. Após alguns meses ele foi arado e semeado de novo.

Ainda havia outras curiosas características sobre esse assunto quando comecei a fazer mais indagações. Os detalhes do pacto eram obscuros. Quem possuía conhecimentos para fazê-lo e sobre como era feito era algo aberto a conjecturas, embora a frequente menção aos bonecos sugerisse a influência de magia indígena da Costa do Pacífico – origem de muitos dos trabalhadores imigrantes negros.

Duas classes de pessoas pareciam isentas de tais contratos: mulheres e camponeses – pessoas que possuíam pequenas fazendas ou que trabalhavam nelas recebendo um salário. Naquela época, no começo da década de 1970, havia um grande número de mulheres nos canaviais, em geral capinando com enxadas afiadas, a *pala*, usada por escravos durante os séculos XVIII e XIX. Quando os produtos químicos foram introduzidos na década de 1970, mulheres e crianças passaram a aplicar pesticidas com as mãos. Com certeza essas mulheres eram tão necessitadas quanto os homens – talvez até mais – e, por isso, deveriam ser seduzidas pelos benefícios de um pacto com o diabo. Mas quando questionados, muitos dos meus amigos respondiam que a mulher era a principal responsável – de fato e por princípio – pela criação das crianças e pelo sustento da unidade familiar, sendo por isso pouco provável que o salário resultante de um pacto com o diabo fosse de algum uso. Na verdade, seria incontestavelmente homicida, da mesma forma que esses salários eram descritos como podendo ser apenas utilizados na compra de bens de luxo. Em outras palavras, esse era um tipo de dinheiro, em si, estéril. As plantações de cana não renderiam mais safra; as terras compradas ou alugadas se tornariam inférteis; e os animais de criação comprados com esse dinheiro definhariam. Não parece o tipo de dinheiro com que podemos criar as crianças! Era dinheiro que não trazia lucro, não serviria como investimento. Sua qualidade *negativa* ia ainda mais longe: era dinheiro encarado como *ativamente* negativo – não apenas deixava de servir para tal, mas intencionalmente esterilizava a inclinação da natureza de se reproduzir.

Pela mesma razão, assim as pessoas diziam, não se viam pactos sendo feitos pelos pequenos proprietários (camponeses), mulher ou homem, porque não importa o quanto aquela pessoa quisesse aumentar sua renda, o pacto terminaria matando a plantação. Também não se alegava que os trabalhadores assalariados que trabalhavam em lotes camponeses fizessem pactos com o diabo. Eles estavam exclusivamente restritos aos homens que vendiam sua mercadoria – a força de trabalho, como chamava Marx – em troca de salário nos canaviais.

Aqui seria interessante ponderar sobre a natureza do mal (diabo) nesses pactos – o sentimento *perigoso* gerado por esses contos de estranheza, de limites transgredidos, de profundidades inexploradas e, talvez, inexploráveis. Até falar sobre esse tipo de coisa parece ser um risco – não importa em que medida – de se poluir pelos poderes em questão; é, portanto, para a coalescência entre perigo e imortalidade que gostaria de chamar a atenção – para um foco específico da prática religiosa: o pouco compreendido lugar-comum que é o tabu e, desse modo, a transgressão. Para isso, pode ser de alguma valia estender nosso alcance para considerarmos outros lugares nos quais o diabo, até onde vai minha memória, tem sido ativo na história econômica atual.

Ouro

Há pouco tempo, no Rio Timbiquí, localizado na quente e úmida Costa do Pacífico colombiana, o *boga* que ia à frente na canoa – fazendo piruetas entre as pedras enquanto deslizávamos rio abaixo – apontou seu remo em direção ao local onde um homem havia se afogado recentemente. Sua canoa havia emborcado durante uma enchente. Ele sabia nadar, mas foi impedido pelas botas de borracha. Mas acrescentou de maneira despreocupada o *boga* – sua mente fixa nas pedras diante de nós –, o homem morreu ao engasgar com sua dentadura. Por todos os lados, o verde luminoso da floresta lampejava através da chuva na região mais chuvosa do mundo.

A cadeia montanhosa estendia-se paralelamente e próxima à costa. Os rios correm rápido e sem curvas. Quando vem a cheia, podem criar um macaréu chamado *la bomba* – uma parede de água que se move de forma violenta entre as paredes negras de pedra.

Mas o homem que se afogou estava confiante. As pessoas daquele lugar crescem em canoas. Uma travessia rápida, posso imaginá-lo dizendo. E suas botas começam a encher de água, lamacenta, cada vez mais difíceis de retirar. Sua dentadura desceu para a garganta. De qualquer maneira, quantas pessoas ali teriam uma dentadura? Você precisa de dinheiro para ter uma. O amontoado de construções em ruínas e a boca escancarada da mina de ouro incrustada em uma face de pedra passam com rapidez, trilhos enferrujados sendo expelidos pela mina. Os prédios foram abandonados pela companhia mineradora francesa durante a Grande Depressão. Deve ter sido uma batalha construí-los, sem falar do acesso à mina. Que vença o melhor.

Creio que foi exatamente o que aconteceu, pois o homem afogado era o proprietário da mina e, diz-se, possuía uma aliança com o diabo. Foi assim que ele achou o ouro. É assim que qualquer um acha ouro. Aquilo foi muito significativo, ainda que comum. Meus pensamentos retornaram à minha última visita, em 1975, quando outro homem havia falecido, golpeado até a morte com garrafas de conhaque, o corpo arremessado no rio. Ele havia voltado dos canaviais no interior – onde trabalhava como cortador de cana ou carregador – para a

Páscoa. Ganhara uma boa quantidade de dinheiro, portava adornos de luxo – óculos de sol, camisas de marca (e manteiga? – não sei ao certo). Se você deixa o rio em direção ao interior, deve voltar visivelmente bem-sucedido. Mas se isso ocorre, vai provocar inveja. E se isso acontece... Há um ditado de autoconsciência regional sobre a costa que mostra bem a ideia de reciprocidade: "Aqui na costa, uma mão lava a outra" (Taussig, 1982).

A Rainha Espírito

A noite já havia avançado de maneira considerável, e atrás do templo de *India Macho* podíamos ver as luzes cintilantes do engenho de açúcar com sua imensa chaminé fumegante. Anos depois, comecei a perceber que o iminente complexo do engenho de açúcar na Venezuela central não era menos uma montanha mágica que a montanha em cuja sombra ele se abriga, e em direção à qual milhares de peregrinos de todo o país se dirigem. Havia uma espécie de parentesco entre eles. Ambos estavam envoltos por uma realidade mítica, apesar de, em um primeiro momento, situarem-se em polos distintos. A montanha era toda fábula; o engenho era cruelmente real, embora tivesse luzes cintilantes e ficasse em atividade constante 24 horas por dia. Os funcionários trabalhavam inclusive no Natal; queimavam as plantações de cana em plena Sexta-Feira Santa! Eles nunca diminuíam o ritmo. Talvez pudéssemos ver um como fortuitamente alegórico do outro, sendo que o interessante e, talvez, mais importante é que enquanto a montanha se destaca como um trabalho óbvio da imaginação – um espetáculo e obra de arte –, o engenho de açúcar ao pé da montanha não parecia nem um pouco a mesma coisa. Em vez disso, ele parecia algo natural, algo que deveria ser tido como dado. Enquanto a natureza era celebrada na montanha, como parte do domínio encantado da Rainha Espírito – ela mesma o símbolo da nação – o engenho de açúcar era mais natural, pois fazia parte da rotina e do dia a dia. Mas quando você começa a perceber tanto o parentesco quanto o contraste, também o engenho passa a parecer encantado ou, pelo menos, maligno e assombrado – e não mais tão natural (Taussig, 1992).

Os cortadores de cana colombianos de Águas Negras (a cerca de quarenta quilômetros da montanha) e até mesmo da Costa do Pacífico – uma das regiões mais remotas do mundo – disseram-me que não trabalhariam nunca nesse engenho, porque seu proprietário, nascido em Cuba, havia feito um pacto com a Rainha Espírito para poder sustentar seu negócio. O pacto exigia a morte de um trabalhador com certa frequência para que o diabo pudesse se apoderar de sua alma. Luís Manuel Castillo, um venezuelano de 74 anos nascido em Coro –, que vivia sozinho como caseiro em uma pequena propriedade nas colinas, a cerca de 30 quilômetros da montanha –, disse-me que escutou falar pela primeira vez da Rainha Espírito quando tinha 22 anos, época em que trabalhava no Departamento de Obras Públicas de Chivacoa. As pessoas diziam que o pacto da Rainha Espírito com o cubano exigia um trabalhador morto por semana! Isso foi em 1940. Ele lembrou que o engenho de açúcar pagou uma grande quantidade de dinheiro para que um homem pintasse a chaminé. Dia após dia, sob o calor do sol, o pintor trabalhava, avançando para o alto. Quando ele alcançou o topo, ele se inclinou e caiu, sendo queimado vivo no forno que estava abaixo. Entretanto, há dez anos, continua Luís, outra história começou a circular. A Rainha Espírito, diziam, não queria a alma *dos pobres* que estavam, afinal de contas, apenas defendendo suas famílias. Agora ela queria o proprietário.

Vida

Entre meados da década de 1970 até 1990, convivi frequentemente com um velho nativo curandeiro chamado Santiago Mutumbajoy (Taussig, 1993). Eu estava intrigado com a atribuição de poderes mágicos dada pelos colonos aos indígenas curandeiros na região onde o sopé dos Andes encontra as nuvens e a floresta equatorial da Alta Amazônia. Foi lá que aprendi uma das coisas mais importantes que havia sido ocultada pela minha própria educação – a saber, a força singular e esmagadora da inveja. Era a inveja que o curandeiro devia extrair por meio dos cantos e remédios, a inveja como uma substância e um poder fixados por meio da feitiçaria no corpo da pessoa invejada. Isso porque praticamente todo tipo de infortúnio era atribuído ao fato de se ter sido magicamente atacado por outro invejoso – mesmo o mais pobre dos pobres quando ficava doente alegava que o motivo era que alguém o invejava – e a inveja podia ser despertada por qualquer motivo.

E o que provocava a inveja? Bem, o fato de que o invejado era visto como alguém que possuía mais. Mais o quê? Gado? Beleza? Crianças prestativas? Saúde? Dinheiro? Nenhum denominador comum unificava a lista. Certamente não era o dinheiro, se não me engano existia alguma ligação com a exuberância da própria vida. Aqui é salutar a inveja dos vivos pelos mortos.

Um dia uma velha mulher fluente em espanhol e ingano trouxe algumas crianças para serem curadas. Eles se organizaram para ficar alguns dias. O pai das crianças havia morrido alguns meses antes. Depois a mãe também faleceu. O pai a havia chamado, como me explicaram, "do outro lado". Os mortos fazem isso. Agora as crianças talvez fossem chamadas. O curandeiro tirava um momento do dia para sentar com uma das crianças, cantava de maneira suave e abanava a criança com seu leque de cura, baforando fumaças medicinais de cigarro.

Meses depois, à noite, enquanto tomávamos um remédio muito forte que fazia a cabeça girar, cantando em meio a fluxos e refluxos de imagens, surgiu o assunto das crianças. Duvido muito que o curandeiro e eu teríamos falado sobre elas se não tivéssemos tomado o remédio. O pai, um nativo, havia morrido porque se envolvera com Satanás. Ele havia sido imprudente ao comprar um livro de magia que herboristas viajantes vendem nos mercados e começou a estudar os feitiços. Um dia, ao ir pescar de madrugada, ele encontrou um estranho sentado em meio à neblina junto ao rio. Ao voltar para casa, o homem ficou doente, com febre e diarreia sanguinolenta. Em poucos dias ele morreu. Depois a mulher. Agora chamava os filhos. E o curandeiro? Ele está chamando também. Deste lado. Dois lados.

Cocaína

No topo das montanhas na casa de outro curandeiro, mais ou menos na mesma época, conheci um velho colono queimado de sol, um negro da costa que havia migrado há muitos anos para Putumayo, onde possui agora uma pequena fazenda. Um homem sorridente. Ele e seu filho cultivavam coca ilegalmente, planta da qual deriva a cocaína, e pela primeira vez em suas vidas ganhavam dinheiro. Ele estava muito contente e seus olhos brilharam ao me perguntar, como se fosse um jogo ou se estivesse dando-me aula, se eu sabia como passar com cocaína pela polícia ou pela *blitz* feita pelo exército. Balancei a cabeça negativamente. "Bem, você pega um bebê morto e abre o abdômen, retira os intestinos, coloca pasta de cocaína lá dentro, costura o abdômen. Com o bebê no seio, a boa mãe afaga seu precioso carregamento passando pela blitz, talvez, quem sabe, até Miami e Nova York."

Petróleo

Nos estados de Morelos e Guerrero no México, em meados dos anos 1970, comecei a ouvir histórias sobre corpos de crianças que eram achados decapitados, às vezes sob pontes. Povoados inteiros mantinham suas crianças em casa e as impediam de ir à escola. A mutilação do corpo era descrita de maneira indireta, uma maneira que se agarrava a e iluminava detalhes como fragmentos do sagrado. Um tio ou um amigo do tio de alguém tinha ido ao funeral de uma criança e secretamente viu seu corpo.

Bom Deus! Sem cabeça! E ninguém diz nada! Mas todos nós sabemos agora. Em Guerrero uma mulher me contou sobre como uma gangue de homens estava cavando um buraco, procurando por óleo ao sudeste do México. Uma voz falou de dentro do buraco: "Se vocês quiserem petróleo terão de me dar a cabeça de muitas crianças!" Os trabalhadores falaram com o capataz. O capataz contou ao gerente. O gerente contou para o presidente da República e o presidente contou para a Polícia Federal. "Se é isso que estão pedindo, nós daremos."

Isso foi quando o México estava eufórico diante da expectativa de bonança que resultaria das grandes descobertas de petróleo.

Mhuti

Em Soweto, na África do Sul,[4] pode-se ler no jornal e escutar em quase todas as discussões cotidianas histórias sobre um feitiço conhecido como *mhuti* e o suposto aumento de sua ocorrência. Há uma semana – assim me contaram –, o corpo de um homem de Soweto foi encontrado mutilado em um campo próximo a um dos albergues para trabalhadores imigrantes. O coração, a genitália e a língua haviam sido retirados para o *mhuti*. Existem relatos sobre um grande número de estudantes em áreas rurais (como em Bushbuck Ridge) que atacaram empresários supostamente bem-sucedidos. Supõe-se que esse sucesso seja atribuído à utilização do *mhuti* – por exemplo, enterrar a língua sob a porta principal para atrair clientes; os genitais para aumentar o crescimento do negócio. Dizem que utilizam bebês com frequência. "E mulheres? Seus corpos são utilizados?" "Não!", diz meu novo conhecido – uma mulher. "Elas são apenas estupradas."

A parte maldita: *teorias do consumo não dizem nada (dá para acreditar?) sobre o sentido do consumo*

O que essas histórias podem nos ensinar sobre o tema deste ensaio – o de situar o consumo dentro de uma perspectiva histórica?[5] Permitam-me orientar a discussão de acordo com o projeto filosófico ao qual Bataille se dedicou por toda sua vida e que visava compreender a transgressão e a despesa – *dépense*, gasto, em especial o gasto excessivo que, é claro, estranhamente se assemelha ao consumo. O excesso ao qual me refiro ultrapassa limites e conecta opostos de maneiras desnorteadoras e fascinantes.

"Eu sou o único que pensa sobre si mesmo", escreveu Bataille, "não como um comentador de Nietzsche, mas como sendo o mesmo

---

4 Este artigo foi quase completamente escrito em Soweto. Agradeço a hospitalidade da família Mfete e de Adam Ashforth.

5 Conferir nota 1.

que ele." A isso podemos acrescentar uma ideia do *Crepúsculo dos ídolos – ou como se filosofa com o martelo*, segundo a qual – em sua disputa com a ideologia darwinista da "luta pela vida" – Nietzsche afirma que o esbanjamento, e não "a luta pela vida", é o motor da vida e da história humana e que, onde há luta, os dissimulados, os grandes mímicos, sempre ganham dos fortes, um argumento a que retornaremos quando abordarmos o poder do diabo – o Grande Imitador – e o problema da dádiva (Bataille, 1993, v.3, p.367; Nietzsche, 1990, p.86). De maneira semelhante, na primeira vez que Nietzsche introduz sua noção de "eterno retorno", sobeja uma transbordante noção de consumo ilimitado. Ao se dirigir ao sol com gratidão por ter recebido seu excedente, Nietzsche quer oferecer – não oferecer alguma coisa, mas apenas "oferecer" – um ato que deve levá-lo para *baixo*, como o sol que se põe em direção ao submundo. "Abençoa a taça que quer transbordar, a fim de que sua água escorra dourada, levando por toda parte o reflexo da tua bem-aventurança! Vê! Esta taça quer voltar a esvaziar-se" (Nietzsche, 2001a, p.231).[6]

Ao colocar, em 1933, o problema pela primeira vez de maneira formal – quando tinha 36 anos –, Bataille argumentou que a atividade humana não era redutível ao processo de produção e conservação, e que o consumo deveria ser dividido em duas partes: a primeira "representada pelo uso do mínimo necessário para a conservação da vida e da continuidade da atividade produtiva de um indivíduo em uma dada sociedade", mas a outra parte (a parte maldita, "maldito" significando também sagrado como no latim, *sacer*) é o consumo como gasto improdutivo. Seguem-se então exemplos que passam pelo luxo, festividades, guerra, cultos, espetáculos, jogos, arte, revolução, morte e sexo. Bataille insistia que a despesa – quando definida como improdutiva ou não utilitária – enfatizava claramente a *perda* "que deve ser a maior possível para que a atividade alcance

---

6 Sobre o conceito de "eterno retorno", Bataille escreveu ainda cedo, em 1937: "Dentre todas as representações dramáticas que deram à vida de Nietzsche o caráter de laceração e de um combate incansável da existência humana, a ideia do eterno retorno é certamente a mais inacessível" (Bataille, p.191).

seu verdadeiro sentido" (Bataille, 1985b, p.118). De maneira geral, ele afirmava: "uma sociedade sempre produz mais do que é necessário para sua sobrevivência; ela possui um excedente à disposição. É precisamente o uso que ela faz de tal excedente que a determina". O excedente, continua em um comentário muito importante, "é a causa da agitação, das mudanças estruturais e de toda a história da sociedade" (Bataille, 1988, v.1, p.106).

"Eu não considero os fatos da mesma maneira que economistas qualificados o fazem", escreveu Bataille no prefácio do primeiro volume de *The Accursed Share* [A parte maldita], cujo subtítulo é *Consumption* [Consumo].

Meu ponto de vista era o de que um sacrifício humano, a construção de uma igreja ou dar uma joia não eram menos interessantes que a venda de trigo. Para ser breve, eu tinha de tentar, de maneira inútil, esclarecer a noção de uma "economia geral" na qual a "despesa" (o "consumo") da riqueza – e não produção – é o principal objeto. (Bataille, 1988, v.1, p.9)

A epígrafe desse primeiro volume é retirada de William Blake: "Exuberance is beauty" [Exuberância é beleza], e os capítulos subsequentes se compõem de diversos estudos de caso demonstrando a maneira pela qual diferentes esquemas de vida da história mundial lidaram com o excesso, o problema do excedente: os sacrifícios e as guerras dos Astecas, as dádivas de rivalidade no Potlatch entre Kwakiutal e seus vizinhos (ao norte de Vancouver, Canadá); o Islã militante; a economia religiosa (em oposição à política) do Estado tibetano (em 1917, um em cada dez adultos homens era monge; e o orçamento eclesiástico era duas vezes maior que o do Estado e oito vezes maior que o do Exército); o uso do asceticismo exuberante pelo calvinismo com o objetivo de eliminar a exuberância e assim fortificar o capitalismo e o mundo burguês; a suspensão do consumo de luxo em prol da industrialização na União Soviética; e, por fim, o Plano Marshall. Esses estudos de caso foram precedidos por uma notável introdução teórica na qual tanto o sol quanto as guerras mundiais do século XX (incluindo muitos dos aspectos da Guerra Fria) foram vistos como gastos massivos, significando *dépense*, desperdício ou despesas exuberantes improdutivas. Através dessas – e muitas outras – estratégias de choque, Bataille esperava alcançar o que ele muitas vezes julgava ser algo impossível (*The Impossible*[7] é o título de uma de suas obras que ele considerava ficcional) – a compreensão e a definição do inútil e sua implicação no prazer, na crueldade e na subsistência humana. Tal preocupação com o excesso o levou, como afirmei, a uma ciência econômica maravilhosamente diversa que mescla morte, sexo, riso, violência e o sagrado (tanto no mundo moderno quanto no não moderno). O que unifica essas coisas é a mistura móvel e apaixonada de atração e repulsa que resulta do modo no qual o consumo mobiliza as proibições e as transgressões em um movimento incessante, duplo e instantâneo.[8]

Logo, essa é a típica teoria do consumo – se é que se pode dizer que alguma vez houve uma. Na verdade, o termo teoria aqui parece de alguma forma limitado na medida em que o que Bataille veio a chamar *economia geral*, não pode evitar a aplicação de seus preceitos a si mesma, como convém à preocupação com o excesso e a transgressão quando "o próprio céu se abre" – de forma que Bataille fala do "ápice de um pensamento que ao fim salta os trilhos sobre os quais se está viajando" (Bataille, 2003, v.3, p.209).

---

7 Referência à obra *La poésie Hate* (1947), traduzida para o inglês primeiro como *The Hatred of Poetry* e, depois, como *The Impossible*. (N.E.)

8 Quando escrevo "econômico" tenho obviamente em mente a maneira pela qual no capitalismo moderno o econômico passou a representar não apenas bens e preços, produção, distribuição e troca, mas também substitui o modo totalizador de pensar racionalmente, como coloca Lionel Robbins, definindo a *economia* como a ciência da distribuição lógica de recursos escassos com fins alternativos – logo, tanto uma definição de razão quanto de eficácia. Bataille é fascinante porque ele também cria uma definição totalizadora da economia como uma lógica: mas neste caso a lógica – para empregar a linguagem de lord Robbins e Cia. – é dos fins, não dos meios e, assim, opõe-se drasticamente ao esquema de meios e fins da razão instrumental capitalista. Podemos perceber, desse modo, as possibilidades radicais oferecidas por uma ciência do consumo que seja válida para o consumo propriamente dito.

A dádiva

E quanto às minhas histórias? E quanto à crítica? O importante é permanecer dentro do âmbito de sua força e imaginação. Não devemos revestir histórias com a operação servil de conseguir fazê--las dizer algo que poderia ser dito de outra forma – por exemplo, considerá-las de forma instrumental, como meios para alcançar outra coisa como a igualdade, limites ao individualismo, contos morais contra a ganância, a prodigalidade e a lógica capitalista. Eu mesmo indiquei anteriormente como o pacto com o diabo, da maneira em que tomei conhecimento nos canaviais da Colômbia ocidental, *constelava* – utilizo essa palavra propositalmente –, com uma precisão impressionante, o argumento desenvolvido por Karl Marx na primeira parte de *O capital* em relação ao movimento complexo do valor de uso e do valor de troca na constituição não apenas da forma-mercadoria, mas também do que Marx chamou "o fetichismo da mercadoria".[9]

Boa parte do poder criado por essa sugestão, sem contar os mistérios que podem ser objeto de posteriores interpretações, residem também na tensão que discerni entre, por um lado, as características de uma economia da dádiva (como demonstrada por Marcel Mauss) do cultivo camponês naquela região e, por outro, a forma-mercadoria da esfera de monocultura recém-criada – destruidora do cultivo camponês (Mauss, 1967).

O que salva essa análise da já batida subserviência do método funcionalista à crítica cultural é o exotismo de sua referência e, portanto, seu poder de se afastar das formas familiares de relacionamento com a troca, a produção e o consumo mercantis. Mas o afastamento não é necessariamente garantido pelo exótico e aqui eu gostaria de me voltar para o influente ensaio de Marcel Mauss que, graças a Bataille, está aberto a novas interpretações. Estas, se fossem seguidas à risca,

---

[9] Conferir Taussig (1977, p.130-55) e Marc Edelman (1994, p.58-93). O léxico do valor de uso e valor de troca remonta à discussão sobre *oeconomia* no livro *Política*. A partir disto, Marx liga essa discussão à própria base da filosofia de Hegel: o problema lógico e histórico de como um particular concreto pode coordenar com o universal (como com o dinheiro e com o Estado moderno).

teriam mudado de forma radical a história da Antropologia deste século, pois a dádiva de Mauss tem sido vista, em geral, como um emblema da troca equilibrada, constituindo, por isso, "o fato social total", ou seja, "um evento cuja significância é ao mesmo tempo social e religiosa, mágica e econômica, utilitária e sentimental, jurídica e moral", de acordo com a reformulação de Claude Lévi-Strauss. A dádiva implica, assim, a famosa definição da economia em sociedades pré-capitalistas como a obrigação de dar, de receber e de retribuir (Lévi-Strauss, 1969).

A própria palavra *obrigação*, como utilizada em a "obrigação de dar", funda a questão que atormenta Bataille (e, na mesma medida, Mauss) em decorrência da suprema e singular contradição presente na dádiva como algo, por um lado, espontâneo e generoso e, por outro, calculado e interessado.[10] Mauss a coloca na primeira página de seu texto, na qual escreve, "queremos levar em conta aqui apenas um dos traços [da dádiva], profundo, mas isolado: o caráter voluntário, por assim dizer, aparentemente livre e gratuito, e no entanto obrigatório e interessado, dessas prestações" (Mauss, 2003, p.187-8).

O movimento decisivo feito por Bataille foi o de intervir no momento da "obrigação de dar". Ele usa todos os truques retóricos conhecidos – e mais alguns – para fazer o leitor se libertar do tipo de raciocínio habitual e ser capaz de reconhecer a condição excruciante da insondada contradição implicada na obrigação de dar, com seu "misto" de generosidade e interesse; e ele tenta com ainda mais vigor fazer o leitor apreciar o que ele chama "condição soberana", implicada na dádiva como despesa não lucrativa ("O sol dá sem receber").

Mauss, por sua vez, dá ênfase à natureza obrigatória da dádiva de maneira que esta parece mais a obediência a uma regra que uma doação *per se*. Mas é óbvio que todo o problema gira em torno do que é doar *per se*? Bataille concorda com a mistura de generosidade e interesse na dádiva, como no caso do Potlatch, mas argumenta lógica e sociologicamente que "não podemos dar prioridade ao princípio da

---

10 Jacques Derrida (1992) explanou recentemente sobre a questão com grande entusiasmo e discernimento.

rivalidade sobre o da generosidade soberana que está na origem da dádiva; fazê-lo seria inverter os termos da discussão".

O cálculo estaria do lado do doador [...] O jogo terminaria se esse fosse o caso. Mesmo que este finja, o que domina ainda é a generosidade. Sem dúvida era uma regra nesses modelos arcaicos que o doador tivesse de fingir, mas sua generosidade não teria nenhum efeito sem o excesso. Em último caso, era aquele que exagerava que prevalecia, e cujo caráter soberano obrigava ao respeito. (Bataille, 2003, v.3, p.347)[11]

Isso não significa contradizer a existência da troca nem da troca equilibrada. É antes uma questão de saber onde reside o foco da análise e quais são as implicações desse ponto de vista. Uma leitura utilitária se foca na dádiva como uma troca mutuamente vantajosa na qual recebo parte de alguma coisa e você também – as transações, permutas e trocas de Adam Smith se inscrevem tanto na enganosa ideologia da dádiva quanto como lei universal. Contra essa visão da

---

11 Já no fim de seu "Ensaio sobre a dádiva", Mauss realiza dois movimentos interessantes. Um é o de ressaltar que, exceto durante a Idade Média europeia, todos os exemplos de dádiva provêm de sociedades estruturadas a partir de "segmentações" simétricas nas quais "indivíduos, até os mais influentes, eram menos sérios, avarentos e egoístas do que nós; ao menos aparentemente eles são mais generosos e propensos a doar" (Mauss, 1967, p.79). O outro é relacionar a "generosidade exagerada" à fragilidade da paz em tais sociedades, ou seja, pensar a dádiva como algo composto de uma paz eternamente frágil à sombra da violência iminente. A partir disto, Mauss deriva sua ideia de naturalidade, senão necessidade, do socialismo na Europa Moderna: o socialismo de uma dádiva como "riqueza acumulada e redistribuída com respeito mútuo e generosidade recíproca que a educação pode transmitir" (Mauss, 1967, p.81). Tenho em mente a distinção antropologicamente informada de Karl Polanyi entre reciprocidade, redistribuição e os mercados como as três formas básicas de economia, especialmente na medida em que ela se refere à equação de Polanyi entre socialismo e redistribuição (cujo modelo é o dos chefes tribais trobriandeses!). Veja, por exemplo, o capítulo 4 de Polanyi (1980) e também Marshall Sahlins (1972), que trata sobre a dádiva e a guerra. Assim como Mauss e Polanyi, Bataille via a solução para os problemas cruciais da ordem econômica mundial na consideração, por parte dos estados capitalistas, da "dádiva de forma racional" (Bataille, 2003, v.3, p.429).

sociedade como um mecanismo de vantagens mutuamente calculadas, a leitura batailliana postula um traço adicional e subversivo – a saber, o trauma causado à coerência e ao equilíbrio do mundo social pela doação e gastos sem nenhum motivo – e o afirma, ao mesmo tempo aos tabus contra a despesa, como indispensável ao que constitui a cultura humana e ao que torna humanos os seres humanos. No espaço misterioso entre esse tipo de gasto e os tabus que o proíbem reside todo um mundo, um mundo fascinante sobre o qual parecemos conhecer em boa medida, mas que não podemos alcançar. Isso se deve em parte por razões metafísicas, mas também por conta da vigorosa pressão das religiões organizadas ou dos sistemas morais que elas deixaram em suas esteiras e também em decorrência de forças políticas de repressão cultural e física.[12] A obra de Bataille se dedica à tarefa impossível de delinear esse mundo, no qual a humanidade se confronta com uma perspectiva dupla: em uma direção, o prazer violento, o horror e a morte – precisamente a perspectiva da poesia –, e na direção oposta, a ciência e o mundo real da utilidade. Apenas o útil e o real possuem caráter de seriedade. Temos razão quando preferimos a sedução: a verdade tem direitos sobre nós. Na verdade, ela tem toda razão. Mas podemos e, de fato, devemos, responder a algo que, não sendo Deus, é mais forte que qualquer direito, esse *impossível* ao qual *só podemos aceder através do esquecimento de todos esses direitos, quando aceitamos o desaparecimento* (Bataille, 1991).

A interpretação marxista que fiz há alguns anos sobre o pacto com o diabo nos canaviais foi o de que se tratava de uma expressão requintada e precisa no domínio da cultura popular da forma-mercadoria a partir do "ponto de vista da dádiva". E como o contrato com o diabo pode ser visto como uma confirmação impressionante, quando não mórbida, do princípio da dádiva como troca equilibrada, a generosa dádiva paga pela disseminação da esterilidade e da morte, o que agora percebo como especial e merecedor de ênfase é seu puro excesso – a

---

[12] As repressões políticas envolvidas aparecem constantemente nos artigos de Bataille sobre Nietzsche – publicados em *Visions of Excess* – no fim da década de 1930.

pletora de possibilidades interpretativas de maneira que sua análise é interminável, o excesso de "muiticidade"[13] de suas palavras-chave, o violento movimento entre esses termos e a terrível proximidade entre dádiva e morte, criação e destruição. Conto velho e ubíquo, o pacto com o diabo parece querer nos contar algo importante sobre a dádiva, sobre as maneiras que ela articula o investimento versus o gasto como questões de vida e morte ao redor do eixo da transgressão.

Aqui, a interpretação de Bataille sobre a dádiva é de extrema valia. Em primeiro lugar, ela me permite – na verdade me obriga a – focar na existência do diabo e perguntar mais e melhores questões sobre a face do mal na história. Em segundo lugar, ela me leva a perguntar por que todas as minhas histórias implicam enormes transgressões de proibições, a começar com os próprios pactos marginais ilícitos seguidos pela disseminação da esterilidade nos canaviais, o assassinato de crianças ou o uso ilícito de seus cadáveres – como no caso do petróleo e da cocaína – e as partes do corpo no *mhuti* feito por empresários bem-sucedidos? Em terceiro lugar, o que se deve fazer com a restrição ao uso dos salários do diabo apenas para a compra de bens de luxo, e com os efeitos ativamente negativos e mortais de tais salários enquanto investimento? *Secar* foi a palavra utilizada. A terra e os animais do homem que faz um pacto com o diabo secam e morrem. As mulheres não fazem pactos porque isso não permitiria que tivessem filhos. O dinheiro é infértil. Ele explicitamente não se constitui como capital. Não pode reproduzir.

Essas histórias são feridas, sinais de ruptura que acessam o maravilhoso na plenitude do que Bataille chamou soberania, o domínio da ausência de domínio.

Esses extremos de riqueza e morte, de corpos desfigurados, do uso de cadáveres de bebês e crianças, do luxo e da esterilidade, se comunicam com a incomunicável mística do excesso, a abolição do útil e a intimidade sensual tanto quanto íntima que liga a superabundância a transgressões em movimentos de atração e regressão pendulares

---

13 "Muiticidade" [*Too-muchness*] é um termo que tomo emprestado do ensaio de Norman O. Brown (1990, p.183).

difíceis de colocar em palavras – de "confiança e desconfiança, duplo movimento de fluxo e refluxo, a unidade na violenta agitação de proibição e transgressão" (Bataille, 2003, v.2, p.94). Em sua gama de metamorfoses, segredos, incongruências e esplendor ardente, o diabo é a epítome desse duplo movimento de atração e repulsão. Como o símbolo do sagrado impuro, ele irradia a energia selvagem desse vórtice. Como o Grande Imitador ele se opõe não apenas a Deus, mas também à possibilidade de ancoramento ontológico do sentido que Ele balança de forma contrastante, como um pêndulo, perante nós. Como o símbolo supremo do mal, ele sempre foi ligeiramente mais interessante e sedutor para ser encarcerado pelo ressentimento cristão na dialética simplista do outro. Sempre houve um transbordante excedente de irresolução resoluta, uma vez que ele representa o mais salutar símbolo de transgressão – agora podemos acompanhar melhor a cambiante afirmação do negativo feita por Hegel sobre o qual, no famoso prefácio à *Fenomenologia do espírito*, ele diz (e Bataille, influenciado por Kojève, utiliza essa citação):

> Porém, não é a vida que se atemoriza ante a morte e se conserva intacta da devastação, mas é a vida que suporta a morte e nela se conserva, que é a vida do espírito, o espírito só alcança sua verdade na medida em que se encontra a si mesmo no dilaceramento absoluto. Ele não é essa potência como o positivo que afasta o negativo – como ao dizer de alguma coisa que é nula ou falsa, liquidamos com ela e passamos a outro assunto. Ao contrário, o espírito só é essa potência enquanto encara diretamente o negativo e se demora junto dele. Esse demorar-se é o poder mágico que converte o negativo em ser. (Hegel, 2007, p.44)

A negação da negação

Argumentando que aquilo que o consumo origina, assim como ocorre com a celebração, não é o retorno à animalidade mas um acesso ao divino, Bataille chama nossa atenção para o que encara como a curiosa dinâmica da transgressão, da proibição da proibição, para o que ele chamou "a negação da negação" – um movimento no qual a repressão aumenta "dez vezes", projetando a vida em um mundo mais rico. Como um relato exemplar da negação da negação, a filiação com o inimigo de Deus, o diabo, dá vida a este mundo mais rico, invocando o espectro da "soberania" de Bataille – aquele "vazio em face do qual nosso ser é um *plenum*, ameaçado pela perda de sua plenitude, desejando e temendo perdê-la [...] pedindo a incerteza, a suspensão" (Bataille, 2003, v.2, p.101). "Existem ainda 'em cima' e 'embaixo'? Não vagamos como que através de um nada infinito?" (Nietzsche, 2001b, p.148). O que acontece quando o sol transbordante em sua diurna passagem vai para o mundo subterrâneo onde está o diabo, para usarmos Nietzsche? Pois Nietzsche também quer dar sem receber, como o próprio sol. Ou antes, ele recebe do sol e depois quer dar, tendo o sol como modelo, sem nenhuma expectativa de retorno (Nietzsche, 2001a, p.231). Ele quer apenas doar – uma frase que, por sua suspensão, deveria nos lembrar da afirmação perturbadora de um companheiro de Bataille, Roger Caillois, em seu ensaio de 1935 sobre o mimetismo, no qual ele diz que quer ser similar, não similar a algo, "apenas similar" (Caillois, 1984, p.30).[14]

Nietzsche argumentava que "dar sem receber" (e aqui engendramos o salto de fato radical e maravilhoso que a dádiva pode proporcionar) implicava uma teoria particular da representação que engloba tanto a alegria do devir quanto a alegria da destruição, a saber, a liberação de "toda a força de representação, imitação, transfiguração, transformação, toda espécie de mímica e atuação. O essencial continua a ser a facilidade de metamorfose, a incapacidade de *não* reagir". Esse tipo de pessoa "entra em toda pele" (Nietzsche, 2006, p.69). Esse é o impulso dionisíaco. Mas o diabo, o Grande Imitador, não "dá sem receber". Ele fecha um pacto e estabelece um preço. O diabo deve ser aquele princípio da esperteza irrefreada, o vitorioso ao longo da história, que se apropria da dádiva dionisíaca de dar sem

---

14 Para uma discussão mais ampla, conferir Taussig (1993).

receber *e* do poder de mimetismo nela presente (Nietzsche, 2006, p.72).[15] Esse é outro impulso, também extremo – sendo sua última e satânica trapaça, é claro, a ilusão de que se chegou à real transgressão. Mas "esse acontecimento enorme está a caminho, ainda anda: não chegou ainda aos ouvidos do homem" (Nietzsche, 2001b, p.148).

Efeito colateral

Se minhas histórias têm por função nos fazer ver o *consumo* como um bom negócio, mais que o simples efeito de uma necessidade – básica ou criada culturalmente, se é que existe alguma diferença entre as duas –, assim como indicar que o consumo margeia e partilha de um poder misterioso, até mesmo sagrado, é necessário que nos voltemos para meu consumo dessas histórias.

A relação entre tais histórias e os acontecimentos que elas retratam alude à sugestiva interpretação antiutilitária de Bataille das pinturas de animais e caça nas cavernas de Lascaux não como imagens cujos poderes mágicos assegurariam o sucesso na caça e a satisfação de necessidades, mas como imagens exigidas pela abertura ao sagrado seguida pela violência de se ter violado a proibição contra o

---

15 Ver Nietzsche (1990, p.87). Ao longo da sua obra, esse mimetismo não só é a arma de poder mais fundamental ao longo da história como também do pensar e da construção da própria realidade. Além disso, estabelece dois tipos de mimetismo: por um lado, o dionisíaco e, por outro, o do cálculo, da dissimulação, do autocontrole e da mentira. E, assim, surge um fascinante problema: como estas duas formas se inter-relacionam ao longo da história e quais são as implicações disto para a compreensão da dádiva em relação ao capitalismo? Essa questão atualmente pode ser considerada como o guia de uma das mais significantes contribuições para a teoria social do século XX, a saber, *A dialética do esclarecimento*, de Max Horkheimer e Theodor W. Adorno. Com relação à identidade do diabo, Nietzsche tinha uma resposta na ponta da língua: o cristianismo criou o *tinhoso* a partir de Dionísio – argumento explorado em *O Anticristo*. Esse é outro impulso, igualmente extremo – sendo sua última e satânica trapaça, é claro, a ilusão de que se chegou à real transgressão, mas "esse acontecimento enorme está a caminho, ainda anda: não chegou ainda aos ouvidos do homem" (Nietzsche, 2001b, p.148).

assassinato. Isso deixa o *status* da imagem, e também das histórias sobre o diabo, em um estranho vácuo de testemunho, santidade e obrigação – não muito diferente da dádiva, uma reminiscência da evocação de Benjamin sobre a maneira pela qual a experiência ("no verdadeiro sentido da palavra") era facilitada pelas festas e rituais coletivos, amalgamando os elementos voluntários e involuntários da memória. Por isso, as histórias falam sobre Deus, sobre o mundo e – podemos dizer – não tanto para ter uma função social, satisfazer uma necessidade, nem mesmo trair uma causa. Elas *depois* do acontecimento. Como dádivas sobre a dádiva, elas passam por mim por meio de uma longa cadeia de narradores anônimos para vocês, de forma soberana – e não útil. Em outras palavras, elas devem ser consumidas dentro de si mesmas como uma arte ritual gasta em uma tempestade de negação. Essa é, afinal de contas, a sina das nossas disciplinas. O poder essencial da História e da Antropologia reside no estoque de excesso que elas engendram sem o qual o sentido e a representação não poderiam existir, isto é, a crença na base literal da metáfora – que em algum momento, ou em lugares distantes, o sacrifício humano, a possessão espiritual e milagres de fato ocorriam, e que fantasmas e espíritos, feiticeiros e bruxas, deuses e pessoas fazendo pactos com o diabo realmente passeavam pela superfície da terra. A História e a Antropologia tornam-se, ao lado da narrativa e de um certo tipo de sabedoria populares, as depositárias e as evidências daqueles atos inacreditáveis que agora são exigidos pela linguagem para lidar com as suas trapaças referenciais, seus tropos e figuras; e se o jogo da despesa, da *dépense*, deslocou-se da natureza sagrada da pessoa para o poder fetichista das coisas em um universo fadado à aparência do útil, nós estaremos com uma dívida ainda maior para com a exuberância dessas histórias sobre o diabo, como ocorre com o sol, instâncias que dão sem receber, a sanção do mais completo gasto – como quando, antes da "eficiência de escala" do sistema industrial canavieiro, da pobreza e sua consequente destruição, a terra esvaziava a si mesma e cinzas pairavam em direção ao lago imóvel.

Referências bibliográficas

ACOSTA, J. de. *The Natural and Moral History of the Indies*. 2v. Londres: Hakluyt Society, 1880 [1588]. [Reimpresso a partir da edição inglesa, 1604. trad. por Edward Grimson].
ACOSTA SAIGNES, M. *Estudios de folklore venezolano*. Estudios de etnología de Venezuela. Caracas: Ediciones de La Biblioteca Hespérides, 1962.
ACOSTA SAIGNES, M. *Vida de los esclavos negros en Venezuela*. Caracas: Ediciones de la Biblioteca Hespérides, 1967.
ADAMS, R. N. *Un análisis de las creencias y practicas médicas en un pueblo indígena de Guatemala*. Guatemala: Editorial del Ministerio de Educación Pública, 1952.
ALBERTI, G.; MAYER, E. Reciprocidad andina: ayer y hoy. In: ALBERTI, G.; MAYER, E. (Orgs.). *Reciprocidad e intercambio en los andes peruanos*. Lima: Instituto de Estudios Peruanos, 1974.
ALBO, J. Dinámica en la estructura inter-comunitaria de Jesús de Machaca. *América Indígena*, n.32. s.l.: s.n., 1972.
ALBO, J. La paradoja aymara: solidaridad y faccionalismo? *Estudios Andinos*, n.4. s.l.: s.n., 1974-1976.
ARBOLEDA, G. *Historia de Cali*. 3v. Cali: Biblioteca de la Universidad del Valle, 1956.
ARBOLEDA, J. R. *The Ethnohistory of the Colombian Negroes*. 1950. (Dissertação de Mestrado) Northwestern University.
ARBOLEDA, S. *La republica en América española*. Bogotá: Biblioteca Banco Popular, 1972.

ARDENER, E. Witchcraft, Economics, and the Continuity of Belief. In: DOUGLAS, M. (Org.). *Witchcraft, Confessions and Accusations*. Londres: Tavistock, 1970.

ARGUEDAS, J. M. *Dioses y hombres de Huarochirí*: narración quechua recogida por Francisco de Avila. [trad. por J.M. Arguedas.] Lima, 1966.

ARGUEDAS, J. M. *Formación de una cultura nacional indoamericana*. Cidade do México: Siglo Veintiuno, 1975.

ARISTÓTELES. *The Politics*. [trad. por T. A. Sinclair]. Harmondsworth: Penguin Books, 1962.

ARRIAGA, P. J. *The Extirpation of Idolatry in Peru*. [trad. por L. Clark Keating]. Lexington: University of Kentucky Press, 1968 [1621].

ASOCIACIÓN NACIONAL DE CULTIVADORES DE CANA DE AZÚCAR. *Development of the Colombian Sugar Industry*. Cali: s.n., 1965.

BANDELIER, A. F. *The Islands of Titicaca and Koati*. Nova York: Hispanic Society of America, 1910.

BASTIDE, R. *African Civilizations in the New World*. Nova York: Harper and Row, 1971. [*As Américas negras*: civilizações africanas no Novo Mundo. São Paulo: Difusão Europeia do Livro/Edusp, 1974.]

BASTIEN, J. W. *Mountain of the Condor*: Metaphor and Ritual in an Andean Ayllu. [American Ethnological Society. Monografia 64.] St.Paul: Wst Publishing, 1978.

BENJAMIN, W. Sobre o conceito de História. In: BENJAMIN, W. *Magia e técnica, arte e política*: ensaios sobre literatura e história da cultura. São Paulo: Brasiliense, 1996.

BERGQUIST, C. The Political Economy of the Colombian Presidential Election of 1897. *Hispanic American Historical Review*, v.56. s.l.: s.n., 1976.

BERLIN, I. *Vico and Herder*: Two Studies in the History of Ideas. Nova York: Vintage Books, 1977.

BLAKE, W. *The Poetry and Prose of William Blake*. 4 ed. revisada. New York: Doubleday, 1968.

BORREGO PLA, M. C. *Palenques de negros en Cartagena de Indias a fines del Siglo XVIII*. Sevilla: Escuela de Estudios Hispano-Americanos de Sevilla, 1973.

BOSMAN, W. *A New and Accurate Description of the Coast of Guinea*. Nova York: Barnes & Noble, 1967 [1704].

BOWSER, F. P. *The African Slave in Colonial Peru*. Stanford: Stanford University Press, 1974.

BRICEÑO, M. *La revolución 1876-1877*: recuerdos para la historia. Bogotá: Imprenta Nueva, 1878, v.1.

BRINTON, D. G. *The Myths of the New World*. 3 ed. Nova York: Harshall House Publishers, 1968.

BUADIN, L. *A Socialist Empire*: The Incas of Peru. Princeton: D. Van Nostrand, 1961.

BUECHLER, H. C.; BUECHLER, J.M. *The Bolivian Aymara*. Nova York: Holt, Rinehart and Winston, 1971.

BURTT, E. A. *The Metaphysical Foundations of Modern Science*. Nova York: Doubleday. Anchor Books, 1954.

CARDENAL, E. The Economy of Tahuantinsuyu. *Homage to the American Indians*. Baltimore: Johns Hopkins University Press, 1973.

CARRASCO, P. Tarascan Folk Religion. *Synoptic Studies of Mexican Culture*, n.17. New Orleans: Tulante University Press, 1957.

CASTRO POZO, H. *Nuestra comunidad indígena*. Lima: El Lucero, 1924.

CHANDLER, D. L. *Health and Slavery*: A Study of Health Conditions among Negro Slaves in the Vice-Royalty of New Granada and its Associated Slave Trade, 1600-1810. 1972. (Tese de Doutorado) Tulane University.

CHARDON, C. E. *Reconocimiento agropecuario del valle del Cauca*. San Juan, Porto Rico, 1930.

CHAYANOV, A.V. *The Theory of Peasant Economy*. Homewood, Ill.: Irwin, 1966.

COBO, Bernabé, *Historia del nuevo mundo*. 4v. Sevilha: Imprenta de E. Rasco, 1890-1895 [1653].

CODAZZI, A. *Jeografía física i politica de las provincias de la Nueva Granada; provincias de Cordoba, Popayán, Pasto, y Tuquerres i segunda parte, informes*. Bogotá: Banco de la Republica, 1959.

COMMUNITY SYSTEMS FOUNDATION. *Community Experiments in the Reduction of Malnourishment in Colombia*: First Year Progress Report (30 de Junho, 1974 – 30 de junho, 1975). Mimeo. Ann Arbor: Community Systems Foundation, 1975.

CORNBLIT, O. Society and Mass Rebellion in Eighteenth-Century Peru and Bolivia. In: CARR, R. (Org.). *Latin American Affairs*, n.22. Londres: Oxford University Press, 1970.

CORREA, G. El espíritu del mal en Guatemala. *Nativism and Syncretism*, n.19. Middle American Institute. New Orleans: Tulane University Press, 1960.

COSTAS ARGUEDAS, J. F. *Diccionario del folklore Boliviano*. 2v. Sucre, Bolívia: Universidad Mayor de San Francisco Xavier de Chuquisaca, 1961.

DEMETZ, P. Introduction to Walter Benjamin. In: DEMETZ, P. (Org.). *Reflections*: Essays, Aphorisms, Autobiographical Writings. Nova York: Harcourt Brace Jovanovich, 1978.

DIX, R. *Colombia*: The Political Dimensions of Change. New Haven: Yale University Press, 1967.
DOUGLAS, M. *Purity and Danger*. Harmondsworth: Penguin Books, 1966.
DUMONT, L. *From Mandeville to Marx*: The Genesis and Triumph of Economic Ideology. Chicago: University of Chicago Press, 1977.
DURNIN, J.V.; PASSMORE, R. *Energy, Work, and Leisure*. Londres: Heineman Educational Books, 1967.
DUVIOLS, P. *La lutte contre les religions autochtones dans le Peru colonial*. Paris: Institut Français d'Études Andines, 1971.
EARLS, J. The Organization of Power in Quechua Mythology. *Journal of the Steward Anthropological Society*, n.1. s.l.: s.n., 1969.
EDER, P. J. *Colombia*. Nova York: Charles Scribner's Sons, 1913.
EDER, P. J. *El fundador*. Bogotá: Antares, 1959.
ELIADE, M. *Cosmos and History*: The Myth of the Eternal Return. Nova York: Harper and Row, 1959.
ELIADE, M. *The Forge and the Crucible*. Nova York e Evanston: Harper and Row, 1971.
ESTADO DEL CAUCA. *Mensaje del gobernador del estado del Cauca a la legislatura de 1859*. Popayán, Colombia, 1859.
ESTADOS UNIDOS DE COLOMBIA. *Anuario estadístico de Colombia*. Bogotá: Medardo Rivas, 1875.
EVANS-PRITCHARD, E. E. The Intellectualist (English) Interpretation of Magic. *Bulletin of Faculty of Arts*, n.1. University of Egypt, 1933.
EVANS-PRITCHARD, E. E. Lévy-Bruhl's Theory of Primitive Mentality. *Bulletin of Faculty of Arts*, n.2. University of Egypt, 1934.
EVANS-PRITCHARD, E. E. *The Nuer*. Oxford: Oxford University Press, 1940. [*Os nuer*. 2. ed. São Paulo: Perspectiva, 2007.]
EVANS-PRITCHARD, E. E. *Theories of Primitive Religion*. Oxford: Oxford University Press, 1965.
FALS BORDA, O. *Subversion and Social Change in Colombia*. Nova York: Columbia University Press, 1969.
FANON, F. *The Wretched of the Earth*. Harmondsworth: Penguin Books, 1967.
FEDESARROLLO. *Las industrias azucareras y panaleras en Colombia*. Bogotá: Editorial Presencia, 1976.
FORBES, D. On the Aymara Indians of Bolivia and Peru. *The Journal of the Ethnological Society of London*, n.2. Novas Séries. s.l.: s.n., 1870
FOSTER, G. Interpersonal Relations in Peasant Society. *Human Organization*, n.19. s.l.: s.n., 1960-1961.
FOSTER, G. Peasant Society and the Image of the Limited Good. *American Anthropologist*, n.67. s.l.: s.n.: 1965.

GARCÍA, E. *El plátano en Colombia y particularmente en el Valle de Cauca*. Cali: República de Colombia, Impr. de E. Palacios, 1898.

GENOVESE, E. D. *Roll, Jordan, Roll*: The World the Slaves Made. Nova York: Pantheon Books, 1974.

GILHODES, P. Agrarian Struggles in Colombia. In: STAVENHAGEN, R. (Org.). *Agrarian Problems and Peasant Movements in Latin America*. Nova York: Doubleday, Anchor Books, 1970.

GILMER, N. C. *Huarochirí in the Seventeenth Century*: The President of Native Religion in Colonial Peru. 1952. (Dissertação de Mestrado) University of California, Department of Anthropology.

GILMORE, R. L. Nueva Granada's Socialist Mirage. *Hispanic America Historical Review*, v.36, n.2. s.l.: s.n., 1967.

GIMÉNEZ FERNANDEZ, M. *Las doctrinas populistas en la independencia de Hispano-America*. Sevilla: Escuela de Estudios Hispano-Americanos de Sevilla, 1947.

GOBERNADOR DEL CAUCA. *Informe del gobernador del Cauca a la asamblea departamental*. Popayán, Colombia: 1915.

GOBERNADOR DEL CAUCA. *Informe del gobernador del Cauca a la asamblea departamental*. Popayán, Colombia: 1919.

GOBERNADOR DEL CAUCA. *Informe del gobernador del Cauca a la asamblea departamental*. Popayán, Colômbia: 1922.

GRACILAZO, V. de la. *Royal Commentaries of the Incas and General History of Peru*. [trad. por H.V. Livermore]. 2v. Austin: University of Texas Press, 1966 [1609-1617].

HAMILTON, J. P. *Travels through the Interior Provinces of Colombia*. 2v. Londres: J. Murray, 1827.

HANKE, L. *The Imperial City of Potosí*. The Hague: Nijhogg, 1956.

HARRISON, J .P. The Colombian Tobacco Industry from Government Monopoly to Free Trade: 1778-1876. 1951. (Tese de Doutorado) University of California.

HARRISON, J .P. The Evolution of the Colombian Tobacco Trade to 1875. *Hispanic American Historical Review*, n.32. s.l: s.n, 1952.

HELGUERA, J. L. Coconuco: datos y documentos para la historia de una gran hacienda caucana, 1832, 1842, y 1876. *Anuario colombiano de historia social y de la cultura*, n.5. Bogotá: s.n., 1971.

HELGUERA, J. L.; LEE LÓPEZ, F. A. La exportación de esclavos en la Nueva Granada. *Archivos*, v.1. Bogotá: s.n., 1967.

HERNANDO BLAMORI, C. *La conquista de los españoles y el teatro indígena americano*. Tucumán, Argentina: Universidad Nacional de Tucumán, 1955.

HERSKOVITS, M. J. *The Myth of the Negro Past*. Boston: Beacon Press, 1958.
HESSE, M. *Models and Analogies in Science*. Londres e Nova York: Sheed e Ward, 1963.
HILL, C. *Reformation to Industrial Revolution*. 2 ed. Harmondsworth: Penguin Books, 1969.
HILL, C. *The World Turned Upside Down*. Harmondsworth: Penguin Books, 1975.
HOLMER, N. M.; WASSÉN, S. H. The Complete Mu-Igala in Picture Writing: A Native Record of a Cuna Indian Medicine Song. *Etnologiska Studier*, n.21. s.l.: s.n., 1953.
HOLTON, I. *The New Granada*: Twenty Months in the Andes. Nova York: Harper and Brothers, 1857.
HOOK, S. *Towards an Understanding of Karl Marx*: A Revolutionary Interpretation. Londres: Victor Gollancz, 1933.
INSTITUTO DE PARCELACIÓNES, COLONIZACIÓN, Y DEFENSA FORESTAL. *Informe del gerente, 1949-50*. Bogotá: 1950.
ISBELL, B. J. Parentesco andino y reciprocidad. Kukaq: los que nos aman. In: ALBERTI, G.; MAYER, E. (Orgs.). *Reciprocidad e intercambio en los andes peruanos*. Lima: Instituto de Estudios Peruanos, 1974.
JACOB, M. C. *The Newtonians and the English Revolution: 1689-1720*. Ithaca: Cornell University Press, 1976.
JAMESON, F. *Marxism and Form*. Princeton: Princeton University Press, 1971. [*Marxismo e forma*. São Paulo: Hucitec: 1985.]
JARAMILLO URIBE, J. *Ensayos sobre la historia social colombiana*. Bogotá: Biblioteca Universitaria de Cultura Colombiana, 1968.
JAYAWARDENA, C. Ideology and Conflict in Lower Class Communities. *Comparative Studies in Society and History*, n.10. s.l.: s.n., 1968.
KATZ, F. *The Ancient American Civilizations*. Nova York: Praeger, 1972.
KING, J. F. *Negro Slavery in the Viceroyalty of New Granada*. 1939. (Tese de Doutorado) University of California.
KLEIN, H. *Parties and Political Change in Bolivia*: 1880-1952. Cambridge: Cambridge University Press, 1969.
KNIGHT, R. *Sugar Plantations and Labour Patterns in the Cauca Valley, Colombia*. Department of Anthropology, University of Toronto Series, n.12, 1972.
KORSCH, K. Introduction to capital. In: KORSCH, K. (Org.). *Three Essays on Marxism*. Londres: Pluto Press, 1971.
KUBLER, G. The Quechua in the Colonial World. In: STEWARD, J. (Org.). *Handbook of South American Indians*. v.2. Nova York: Cooper Square Publishers, 1963.

LABARRE, W. *Santa Eulalia*: The Religion of Cuchumatan Town. Chicago: University of Chicago Press, 1948.
LEA, H. C. *The Inquisition in the Spanish Dependencies*. Nova York: Macmillan, 1908.
LÉVI-STRAUSS, C. *Reciprocity:* The Essence of Social Life. In: COSER, R. L. (Org.). *The Family*: Its Structure and Function. Nova York: St. Martin's Press, 1964.
LÉVI-STRAUSS, C. *Structural Anthropology.* Nova York: Doubleday, Anchor Books, 1967a. [*Antropologia estrutural*. São Paulo: Cosac Naify, 2008.]
LÉVI-STRAUSS, C. *Scope of Anthropology*. London: Jonathan Cape, 1967b.
LOCKHART, J. *Spanish Peru*: 1532-1560. Madison: University of Wisconsin Press, 1968.
LOMBARDI, J. V. *The Decline and Abolition of Negro Slavery in Venezuela*, 1820-1854. Wrstoport, Conn: Greenwood Publishing, 1971.
LUKÁCS, G. *History and Class Consciousness*. Londres: Merlin Press, 1971. [*História e consciência de classe*. São Paulo: Martins Fontes, 2003.]
MADSEN, W. Christo-Paganism: A Study of Mexican Religious Syncretism. Nativism and Syncretism. *Middle America Research Institute*, n.19. Nova Orleans: Tulane University Press, 1960.
MADSEN, W. *The Virgin's Children*: Life in an Aztec Village Today. Nova York: Greenwood Press, 1969.
MALINOWSKI, B. *Coral Gardens and their Magic*. 2v. Bloomington: Indiana University Press, 1965.
MANCINI, S. Tenencia y uso de la tierra por la industria azúcarera del Valle del Cauca. *Acta Agronomica*, v.4, n.1. Colômbia: Facultad de Agronomía Palmira, 1954.
MARCUSE, H. *The Aesthetic Dimension*: Toward a Critique of Marxist Aesthetics. Boston: Beacon Press, 1978. [*A dimensão estética*. São Paulo: Martins Fontes, 1986.]
MARIÁTEGUI, J. C. *Seven Interpretative Essays on Peruvian Reality*. Austin: University of Texas Press, 1971.
MARX, K. *Capital*: a Critique of Political Economy. 3v. Nova York: International Publishers, 1967. [*O capital*: crítica da economia política. 5v. São Paulo: Abril Cultural, 1983.]
MARX, K. *Grundisse*: Foundations of the Critique of Political Economy. Harmondsworth: Penguin Books, 1973.
MARX, K. *Formações econômicas pré-capitalistas*. São Paulo: Paz e Terra, 2006.
MARX, K.; ENGELS, F. *The German Ideology*. Nova York: International Publishers, 1970. [*A ideologia alemã*. São Paulo: Boitempo, 2007.]
MAUSS, M. *The Gift*. Nova York: Norton, 1967

MEDINA, J. T. *Historia del tribunal del santo oficio de la inquisición en Cartagena de las Indias*. Santiago: Imprenta Elzeviriana, 1889.
MEIKLEJOHN, N. The Observance of Negro Slave Legislation in Colonial Nueva Granada. 1968. (Tese de Doutorado) Columbia University.
MERCADO, R. *Memorias sobre los acontecimientos del sur de la nueva Granada durante la administración del 7 de marzo de 1849*. Bogotá: Imprenta Imparcial, 1853.
MÉTRAUX, A. Contribution au folk-lore Audin. *Journal de la Société des Americanistes de Paris*, n.26. Paris: s.n., 1934.
MÉTRAUX, A. *The History of the Incas*. Nova York: Schocken, 1969.
MICHELET, J. *Satanism and Witchcraft*. Nova York: Citadel Press, 1971.
MILLONES SANTA GADEA, L. Un movimiento nativista del Siglo XVI: el Taki Onqoy. *Revista peruana de cultura*, n.3, 1964.
MISHKIN, B. The Contemporary Quechua. In: STEWARD, J. (Org.). *Handbook of South American Indians*. Nova York: Cooper Square Publishers, v.2, 1963.
MOLINA DE CUZCO, C. de. *Relación de las fabulas y ritos de las incas, 1573*. Los pequeños Grandes Libros de Historia Americana. Série I, v.4. Lima: D. Miranda, 1943.
MONAST, J. E. *On les croyait chrétiens*: les aymaras. Paris: Les Editions du Cerf, 1969.
MONSALVE, D. *Colombian cafetera*. Barcelona: Artes graficas, 1927.
MOORE JR., B. *Social Origins of Dictatorship and Democracy*. Noston: Beacon Press, 1967.
MORÚA, M. *Historia del origin y genealogia real de los reyes Incas del Peru*. [Biblioteca Missional Hispânica, 1590]. Madri: C. Bermeto, 1946.
MOSQUERA, T. C. *Memoir on the Physical and Political Geography of New Granada*. Nova York: T. Dwight, 1853.
MURRA, J. *The Economic Organization of the Inca State*. 1956. (Tese de Doutorado) University of Chicago.
MURRA, J. An Aymara Kingdom in 1567. *Ethnohistory*, n.15. s.l.: s.n., 1968.
NACHTIGALL, H. 1966 Ofrendas de llamas en la vida ceremonial de los pastores de la puna de Moquegua (Peru) y de la puna de Atacama (Argentina) y consideraciónes historico-culturales sobre la ganaderia indígena. *Actas y Memorias 36*. Sevilla: Congreso Internacional de Americanistas, 1964.
NASH, J. Mitos y costumbres en las minas nacionalizadas de Bolivia. *Estudios Andinos I*, n.3. s.l.: s.n., 1970.
NASH, J. The Devil in Bolivia's Nationalized Tin Mines. *Science and Society 36*, n.2, s.l., s.n., 1972

NASH, J. Basilia. In: NASH, J.; ROCCA, M. M. *Dos mujeres indigenas*. Antropología Social Series. México, D.F.: Instituto Indigenísta Interamericano, v.14, 1976.

NEEDHAM, Joseph. *Science and Civilization in China*. History of Scientific Thought. Cambridge: Cambridge University Press, v.2, 1956.

NERUDA, P. *Toward the Splendid City*. Nova York: Farrar, Strauss and Giroux, 1974.

NUÑEZ DEL PRADO, O. Aspects of Andean Native Life. In: HEATH, D.B.; ADAMS, R.N. (Orgs.). *Contemporary Cultures and Societies of Latin America*. Nova York: Random House, 1965.

NUÑEZ DEL PRADO, O. Una cultura como respuesta de adaptación al medio Andino. *Actas y Memorias*, 37. Buenos Aires: Congreso Internacional de Americanistas, 1988 [1968].

NUÑEZ DEL PRADO B., J. V. The Supernatural World of the Quechua of Southern Peru as Seen from the Community of Qotobama. In: LYON, P. (Org.). *Nature South Americans*. Boston: Little, Brown, 1974.

OLLMAN, B. *Alienation*: Marx's Concept of Man in Capitalist Society. Cambridge: Cambridge University Press, 1971.

ORTEGA, A. *Ferrocarriles Colombianos*, v.3. Biblioteca de Historia Nacional, v.48. Bogotá: Imprenta Nacional, 1932.

ORTIZ, F. Los cabildos Afro-Cubanos. *Revista Bimestre Cubana*, v.16. Havana: s.n., 1921.

OSSIO A., J. *Ideología mesiánica del mundo andino*: antología de Juan Ossio A. (Colección Biblioteca de Antropología). Lima: Imprenta Prado Pastor, 1973.

OTERO, G. A. *La pedra mágica*. México, D.F.: Instituto Indigenista Interamericano, 1951.

PALAU, E. *Memoria sobre el cultivo del cacao, del café, y del té*. Bogotá: s.n., 1889.

PALMER, C. Religion and magic in Mexican Slave Society. In: ENGERMAN, S. L.; GENOVESE, E. (Orgs.). *Race and Slavery in the Western Hemisphere*: Quantitative Studies. Princeton: Princeton University Press, 1975.

PALOMINO FLORES, S. El sistema de oposiciones in la comunidad Sarahua. 1970. Monografia (Ciências Antropológicas). Universidad Nacional de San Cristobal de Huamanga, Ayacucho, Peru.

PAREDES, M. R. *Mitos, supersticiones y supervivencias populares de Bolivia*. La Paz: Arno Hermanos, 1920.

PARSONS, J. *Antioqueño Colonization in Western Colombia*. 2 ed. revisada. Berkeley e Los Angeles: University of California Press, 1968.

PATIÑO, H. La lucha por la democracia y la nueva cultura en el seno de las facultades de agronomía e instituciones académicas similares. *La tierra para él que la trabaja*. Bogotá: Asociación Colombiana de Ingenieros Agrónomos, Editorial Punto y Coma, 1975.

PAVY, D. The Negro in Western Colombia. 1967. (Tese de Doutorado) Tulane University.

PÉREZ, F. *Jeografía i politica del estado del Cauca*. Bogotá: Imprenta de la Nación, 1862.

PHELAN, J. L. *The Kingdom of Quito*. Madison: University of Wisconsin Press, 1967.

POLANYI, K. *The Great Transformation*. Boston: Beacon Press, 1957.

PONS, F. *A Voyage to the Center of Eastern Part of Terra Firma or the Spanish Main in South America During the Years 1801, 1802, 1803 and 1804*. Nova York: I. Riley, 1806, v.I.

POSADA, E.; RESTREPO CANAL, C. *La esclavitud en Colombia, y les leyes de manumisión*. Bogotá: Imprenta Nacional, 1933.

PRICE JR., T. I. *Saints and Spirits*: A Study of Differential Acculturation in Colombian Negro Communities. 1955. (Tese de Doutorado) Northwestern University.

QUISPE M., U. La Herranza de Choque-Huarcaya y Huancasancos. 1968. (Monografia) Universidad Nacional de San Cristobal de Huamanga, Ayacucho, Peru.

RADIN, P. *Primitive Man as a Philosopher*. Nova York: Dover, 1957.

REICHEL-DOLMATOFF, G. Anthropomorphic Figurines from Colombia: Their Magic and Art. In: LOTHROP, S. K. (Org.). *Essays in Pre-Colombian Art and Archeology*. Cambridge: Harvard, 1961.

RIPPY, J. F. *The Capitalists and Colombia*. Nova York: Vanguard, 1931.

ROBBINS, L. *An Essay on the Nature and Significance of Economic Science*. 2 ed. Londres: Macmillan, 1935.

ROJAS, J.; NASH, J. *He agotado mi vida en la mina*: una historia de vida. Buenos Aires: Ediciónes Nueva Visión, 1976.

ROLL, E. *A History of Economic Theory*. Londres: Faber and Faber, 1973.

ROTHLISBERGER, E. *El Dorado*. Bogotá: Publicaciónes del Banco de la Republica, 1963.

ROWE, J. The Incas under Spanish Colonial Institutions. *Hispanic American Historical Review 37*, n.2. s.l.: s.n., 1957.

ROWE, J. The Origins of Creator Worship amongst the Incas. In: DIAMOND, S. (Org.). *Culture and History*: Essays in Honour of Paul Radin. Nova York: Colombia University Press, 1960.

ROWE, J. Inca Culture at the Time of the Spanish Conquest. In: STEWARD, J. (Org.). *Handbook of Southern American Indians*. Nova York: Cooper Square Publishers, 1963, v.2.

RUDWIN, M. *The Devil in Legend and Literature*. La Salle, Ill.: Open Court, 1959.

RUSKIN, J. *The Stones of Venice*. 3v. Londres: George Allen and Unwin, 1925.

SAFFORD, F. Foreign and National Enterprise in Nineteenth Century Colombia. *Business History Review*, n.39. s.l.: s.n., 1965.

SAFFORD, F. Social Aspects of Politics in Nineteenth Century Spanish America: New Granada, 1825-1850. *Journal of Social History*, n.5. s.l.: s.n., 1972.

SAHLINS, M. *Stone Age Economics*. Chicago: Aldine Atherton, 1972.

SANDOVAL, A. *De Instauranda aethiopum salute: el mundo de la esclavitud negra en America*. Bogotá: Empresa nacional de Publicaciones, 1956 [1627].

SCHENCK, F. von. *Viajes por Antioquia en el año de 1880*. Bogotá: Archivo de la Economía Nacional, 1953.

SCHMIDT, A. *The Concept of Nature in Marx*. Londres: New Left Books, 1971.

SÉBILLOT, P. *Les traveaux publics et les mines dans les supertitions de tous les pays*. Paris: J. Rothschild, 1894.

SENDER, R. J. *Seven Red Sundays*. Nova York: Macmillan, Collier Books, 1961.

SENDOYA, M. *Toribio*: Puerto Tejada. Popayán, Colombia: Editorial del Departamento, s.d.

SHARON, D. The San Pedro Cactus in Peruvian Folk Healing. In: FURST, P. T. (Org.). *Flesh of the Gods*. Nova York: Praeger, 1972.

SHARP, W. F. *Slavery on the Spanish Frontier*: The Colombian Chocó, 1680-1810. Norman: University of Oklahoma Press, 1976 [1970].

SHAW JR., C. Church and State in Colombia as Observed by American Diplomats. 1834-1906. *Hispanic American Historical Review*, v.21. s.l.: s.n., 1941.

SIEGEL, M. Religion in Western Guatemala: A Product of Acculturation. *American Anthropologist*, v.43, n.1. s.l.: s.n., 1941.

SMITH, A. The History of Astronomy. In: LINDGREN, R. (Org.). *The Early Writings of Adam Smith*. Nova York: A.M. Kelley, 1967.

SPALDING, K. *Indian Rural Society in Colonial Peru*: The Example of Huarochirí. 1967. (Tese de Doutorado) University of California.

SPURR, G. B.; BARAC-NIETO, M.; MAKSUD, M. G. Energy Expenditure Cutting Sugar Cane. *Journal of Applied Physiology*, n.39. s.l.: s.n., 1975.

STEIN, W. *Hualcan*: Life in the Highlands of Peru. Ithaca: Cornell University Press, 1961.

STOCKING Jr., G. W. *Race, Culture and Evolution*: Essays in the History of Anthropology. Nova York: Free Press, 1968.

TAMBIAH, S. J. Form and Meaning of Magical Acts: A Point of View. In: HORTON, R.; FiNNEGAN, R. (Orgs.). *Modes of Thought*. Londres: Faber and Faber, 1973.

TAWNEY, R. H. Prefácio. In: WEBER, M. *The Protestant Ethic and the Spirit of Capitalism*. Nova York: Charles Scribner's Sons, 1958.

TEJADO FERNANDEZ, M. *Aspectos de la vida social en Cartagena de Indias durante el seiscientos*. Sevilha: Escuela de Etudios Hispano-Americanos de Sevilla, n.87, 1954.

THOMPSON, D. Maya Paganism and Christianity. *Nativism and Syncretism*, n.19. Middle American Research Institute. New Orleans: Tulane University, 1960.

THOMPSON, E. P. Time, Work-Discipline and Industrial Capitalism. *Past and Present*, n.38. s.l.: s.n., 1967.

THOMPSON, J. E. *Maya History and Religion*. Norman: University of Oklahoma Press, 1970.

THORNDIKE, L. Magic, Witchcraft, Astrology and Alchemy. In: BURY, J. B. (Org.). *The Cambridge Medieval History*. Nova York: Macmillan, v.8, 1936.

TRIMBORN, Herman South Central America and the Andean Civilizations. In: KRICKBERG, W. et al (Orgs.). *Pre-Colombian American Religions*. Nova York: Holt, Rinehart and Wiston, 1969.

TSCHOPIK Jr., H. *Magía en Chucuito*: los Aymara del Peru. Ediciónes Especial, n.50. México, D.F.: Instituto Indigenísta Interamericano, 1968.

TURNER, V. *The Forest of Symbols*. Ithaca: Cornell University Press, 1967.

VALCARCEL, L. E. *Etnohistoria del Peru antiguo*. Lima: Universidad Nacional Mayor de San Marcos, 1967.

VÁZQUEZ DE ESPINOSA, A. *Compendium and Description of the West Indies*. Washington, D.C.: Smithsonian Institute, 1948.

VICO, G. *The New Science of Giambattista Vico*. 3 ed. Ithaca: Cornell University Press, 1970. [*A nova ciência*. São Paulo: Record, 1999.]

VOGT, E. *Zinacantan*: A Maya Community in the Highlands of Chiapas. Cambridge: Harvard University Press, 1969.

VON TSCHUDI, J. J. *Travels in Peru during the Year 1838-1842*. Trad. por T. Ross. Nova York: George P. Putnam, 1852.
WACHTEL, N. *The Vision of the Vanquished*: The Spanish Conquest of Peru through Indian Eyes, 1530-1570. Nova York: Barnes and Noble, 1977.
WASSÉN, S. H. An Analogy between a South American and Oceanic Myth Motif, and Negro Influence in Darien. *Etnologiska Studier*, v.10. s.l., s.n., 1940.
WATTS, A. W. *Myth and Ritual in Christianity*. Boston: Beacon Press, 1968.
WEBER, M. *General Economic History*. Nova York: Greenberg, 1927.
WEBER, M. *The Protestant Ethic and the Spirit of Capitalism*. Nova York: Charles Scribner's Sons, 1958. [*A ética protestante e o espírito do capitalismo*. São Paulo: Companhia das Letras, 2004.]
WEBSTER, S. *The Social Organizations of a Native Andean Community*. 1972. (Tese de Doutorado) University of Washington, Seattle.
WEST, R. C. Colonial Placer Mining in Western Colombia. *Louisiana State University Social Sciences Series*, n.2. Louisiana: Louisiana State University Press, 1952.
WHITE, R. B. Notes on the Aboriginal Races of the Northwestern Provinces of South America. *Journal of the Anthropological Institute of Great Britain and Ireland*, n.13. s.l.: s.n., 1884.
WHITEHEAD, A. N. *Adventures of Ideas*. Nova York: The Free Press, 1967.
WILLIAMS, R. *The Country and the City*. Nova York: Oxford University Press, 1973.
WOLF, E. Types of Latin American Peasantry: A Preliminary Discussion. *American Anthropologist*, n.57. s.l., s.n., 1955.
WOLF, E. The Virgin of Guadalupe: A Mexican National Symbol. *American Journal of Folklore*, n.71. s.l.: s.n., 1958.
WOOD, G. P. *Supply and Demand of Cacao in Colombia*. Mimeo. Bogotá: Universidad Nacional de Colombia, Facultad de Agronomía, 1962.
WRAY, J.; AGUIRRE, A. Protein-Calorie Malnutrition in Candelaria: Prevalence, Social and Demographic Casual Factors. *Journal of Tropical Pediatrics*, n.15. s.l., s.n.,1969.
ZUIDEMA, R. T. *The Ceque System of Cuzco*: The Social Organization of the Capital of the Inca. Leiden: E. J. Brill, 1964.
ZUIDEMA, R. T. A Visit to God. *Bidragen Tot De Tall, Land en Volkenkunde*, n.124. s.l.: s.n., 1968.

Referências bibliográficas do posfácio

BATAILLE, G. Nietzsche and the Fascists. In: STOEKL, A. (Org. e trad.). *Visions of Excess*: Selected Writtings, 1927-1939. Minneapolis: University of Minnesota Press, 1985a.

BATAILLE, G. The Notion of Expenditure. In: STOEKL, A. (Org. e trad.). *Visions of Excess*: Selected Writtings, 1927-1939. Minneapolis: University of Minnesota Press, 1985b. [The Notion of Expenditure. *La Critique Saddle*, n.7, jan. 1933.]

BATAILLE, G. *The Accursed Share*. v.1. [trad. Robert Hurley.] Nova York: Zone Books, 1988. [Paris: Minuit, 1967].

BATAILLE, G. *The Impossible*. [trad. Robert Hurley.] San Francisco: City Lights Books, 1991.

BATAILLE, G. *The Accursed Share*. v.2 e v.3. [trad. Robert Hurley.] Nova York: Zone Books, 1993.

BENJAMIN, W. Sobre alguns temas em Baudelaire. In: BENJAMIN, W. *Charles Baudelaire*: um lírico no auge do capitalismo. [trad. José Carlos Martins Barbosa e Hemerson Alves Baptista.] São Paulo: Brasiliense, 1989.

BENJAMIN, W. Notas e Materiais, N - Teoria do conhecimento, Teoria do Progresso. In: BENJAMIN, W. *Passagens*. [trad. Willi Bolle.] Belo Horizonte: Ed. UFMG, 2006.

BENJAMIN, W. Sobre o conceito da História. In: BENJAMIN, W. *Magia e técnica, arte e política: ensaios sobre literatura e história da cultura*. [trad. Sergio Paulo Rouanet.] São Paulo: Brasiliense, 1996.

BROWN, N. O. Dyonysius in 1990. In: BROWN, N. O. *Apocalypse and/or Metamorphoses*. Berkeley: University of California Press, 1990.

CAILLOIS, R. Mimicry and Legendary Psychaesthenia. 31 out. 1984. [Mimetisme et psychastenie legendaire. *Minotaure* 7, 1935.]

DERRIDA, J. *Counterfait Money*. Chicago: University of Chicago Press, 1992.

EDELMAN, M. Landlords and the Devil: Class, Ethnic, and Gender Dimensions of Central American Peasant Narratives. *Cultural Anthropology*, v.9, n.1, p.58-93, 1994.

HEGEL, G. W. F. *Fenomenologia do Espírito*. [trad. Paulo Menezes, com a colaboração de Karl-Heinz Efken e José Nogueira Machado.] Petrópolis: Vozes; Bragança Paulista: Editora Universitária São Francisco, 2007.

HORKHEIMER, M.; ADORNO, T. W. *A dialética do esclarecimento*. [trad. Guido Antonio de Almeida.] Rio de Janeiro: Jorge Zahar, 1985.

LÉVI-STRAUSS, C. *The Elementary Structures of Kinship*. Boston: Beacon, 1969.
MAUSS, M. *The Gift*: Forms and Functions of Exchange in Archaic Societies. Nova York: Norton, 1967. [*Essai Sur le Don, forme archaique de l'échange*. Paris, 1925.]
MAUSS, M. Ensaio sobre a dádiva. In: MAUSS, M. *Sociologia e antropologia*. [trad. Paulo Neves.] São Paulo: Cosac Naify, 2003.
MEHLMAN, J. *Walter Benjamin for children*: An Essay on His Radio Year. Chicago: University of Chicago Press, 1933.
NIETZSCHE, F. Incipit tragedia. In: NIETZSCHE, F. *A gaia ciência*. [trad. Paulo César de Souza.] São Paulo: Companhia das Letras, 2001a.
NIETZSCHE, F. O homem louco. In: NIETZSCHE, *A gaia ciência*. [trad. por Paulo César de Souza.] São Paulo: Companhia das Letras, 2001b.
NIETZSCHE, F. *Twilight of the Idols (or How to Philosophise with a Hammer)*. [trad. R. J. Hollingdale.] Harmondsworth: Penguin, 1990. [*O crepúsculo dos ídolos*. trad. Paulo César de Souza. São Paulo: Companhia das Letras, 2006.]
POLANYI, K. *A grande transformação*: as origens de nossa época. Rio de Janeiro: Campus, 1980.
SAHLINS, M. *Stone Age Economics*. Chicago: Aldine-Atherton, 1972.
TAUSSIG, M. The Genesis of Capitalism amongst a South American Peasantry: Devil's Labor and the Baptism of Money. *Comparative Studies in Society and History*, v.19, n.2, p.130-55, 1977.
TAUSSIG, M. Coming Home: Ritual and Labor Migration in a Colombian Town. Working Paper Series, v.30. Centro para Desenvolvimento de Estudos Internacionais, McGill University: Montreal, 1982.
TAUSSIG, M. *The Magic of the State*. Nova York: Routledge, 1992.
TAUSSIG, M. *Mimesis and Alterity*: A Particular History of the Senses. Nova York: Routledge, 1993.
TAUSSIG, M. *Xamanismo, colonialismo e o homem selvagem*: um estudo sobre o terror e a cura. São Paulo: Paz e Terra, 1993.

ÍNDICE REMISSIVO

A
Abolição
   e o problema do trabalho, 82-83
   e os arrendatários refratários, 88-93
   Ver também Reescravização
Achachilas, 230-231, 283, 284
Agência Norte-Americana para o Desenvolvimento Internacional, 134-135.
   Ver também Revolução Verde
Aimará, 221, 225, 226, 268-269
Analogia
   e o estruturalismo, 221
   na cosmologia andina, 222-224
   pensar por, 187-199
Anarquismo
   e a abolição, 80, 82, 83, 93-94, 102
   e a *violencia*, 126
   e o catolicismo radical, 80, 99
   e o controle sobre a produção, 94, 95
Animatismo
   na adoração à natureza nos Andes, 219-220

Antropologia
   a noção do autor sobre, 35
Arame farpado
   o primeiro uso de, no Vale do Cauca, 115-116
   Ver também Cercamentos
Araucanianos, nativos, 248
Arboleda, família
   arrendatários refratários da, 88-93
   haciendas e os escravos da, 80-88
   na liderança do Partido Conservador, 101-103
Aristóteles
   e os escolásticos, 58
   em relação ao marxismo, 58
   sobre a troca injusta, 33
   sobre "crescimento zero", 42
   sobre valor de uso e valor de troca, 53
Arroz, 89, 93, 116-117
Ashanti, 76
Asturias, Miguel
   Vento forte e o valor de uso, 47-48

Atomismo
  e a ideologia materialista, 35
  relacionado à mercantilização, 59-67
Auki, 230-231
  Ver também Senhor das montanhas; Espíritos proprietários da natureza
Autoridade inca
  burocracia, 266
  dádivas de ouro e prata para o rei, 253
  economia centralizada, 266
  economia redistributiva, 267
  e o Deus supremo, 228
  exploração e opressão, 270
  ideologia da reciprocidade, 270
Ayllu, 227, 231-235, 278, 301-303

B
Bakweri (de West Cameroon), 45-46
Bananais, 46, 92, 94-95, 123
  Ver também Cultivos comerciais; Cacau
Banco Mundial
  a apropriação das terras camponesas pelo agronegócio, 127
Barões do estanho
  e a hegemonia cultural, 205-206, 213
Benjamin, Walter, 178-179, 216-217
Bíblia
  e o último rei Inca, 214-215
  monopólio da, pelos padres, 108-109
Blake, William, 65, 166
Brujos (feiticeiros), 74-75, 239
Bruxaria
  e o desenvolvimento capitalista, 46
  Ver também Magia; Feitiçaria

C
Cabala
  e os índios Putumayo da Colômbia, 161
  e vagabundos, 119
Cabildos (conselhos)
  de negros, 77
Cacau
  como principal cultivo comercial, 121-123
  e os cercamentos, 116-7
  papel logo após o período pós-abolição, 90, 93-94
  técnica de plantio, 131-134
  Ver também Revolução Verde; Bananeiras
Café. Ver Cacau
Campos abertos
  novo sistema agrícola camponês, 134-135
Cana-de-Açúcar
  como o Poderoso Deus e o Monstro Verde, 71
  difusão durante a *violencia*, 126
  lucros com a, 135-136
  no contrato com o diabo, 37-38
  oposição camponesa à, 141-142
  relação entre a, e a má nutrição, 135-138
Canal do Panamá, 111
Cartagena, 74, 77
Cenecio Mina, 104, 118, 119
Cercamentos
  de terra no Vale do Cauca, 113-121
Ch'alla (ritual)
  contra o infortúnio, 303
  de solidariedade camponesa, 312
  e a produção camponesa, 297-303

Chondur, 161
Ciências Sociais
 e o paradigma das ciências naturais, 27
Clubes Democráticos, meados do século XIX na Colômbia, 102
Cofradías, 71
Comerciantes
 compradores de cacau e café, Vale do Cauca, 121-125
Comuneros
 no Vale do Cauca, 113, 116
Comunidades corporativas fechadas, 255, 262
Concertados
 melhoramentos após a abolição, 82-83
 sistema de trabalho de, 95
Confissão, rito de
 dos índios andinos, 247-248
 para escravos, 81
Costa do Pacífico (Colômbia)
 crenças sobre o diabo na, 75-76, 146-148
 mão de obra assalariada imigrante da, 131, 141-143
Criptopaganismo, 224-226
"Crescimento zero", 41-42
Crias do diabo, 238
Cristianismo
 categorias estáticas do, 166
 catolicismo radical, 79, 80, 104-105
 e a saúde dos escravos, 78
 e o batismo dos escravos, 77-78
 na abolição da escravatura, 87
 na ideologia das guerras civis colombianas do século XIX, 101
 no catolicismo popular, 86
 no criptopaganismo andino, 224
 nos mitos de origem andinos, 260
 padres de Nova Granada, 78
 teorias de Sergio Arboleda acerca do, 85-86, 103-104
 William Blake sobre o paraíso e o inferno, 166
Cultivos comerciais
 aumento de, no Vale do Cauca, 121-125
 e a subsistência, 121-125
 e relações sociais camponesas, 87
 e técnica de plantio, 131-135
 Ver também Cacau; Revolução Verde
Cultivos perenes, 89
Cultura da conquista, 220
 e a atribuição do mal, 244-249
 em relação à cultura da oposição, 272-273
 ética e, 246-252
 sua estrutura e tensão intrínseca, 243
Curacas
 lugar dos, na história social
 dos sistemas de reciprocidade andinos, 266-273
 relação dos, com o Senhor das montanhas, 266-273
Cura da casa, 157-161
 Ver também Magia; Ritual
Cuzco, 228-229, 270-271

D

Darwinismo
 e o fetichismo da mercadoria, 64
 relação com a reificação, 64
Diabo
 aliança atribuída aos africanos e indígenas, 75

como irmão de Jesus, 242
e a religião dos colonizados,
239-240
e divindades andinas anteriores à
conquista, 237-238
e idolatria indígena, 238
e o fetichismo da mercadoria, 12,
43, 68-69
interpretação do contrato com o,
39-43, 142-144, 146, 167, 181
na ideologia liberal dos partidos
Liberal e Conservador da
Colômbia, 98-109
nas minas bolivianas, 203
na teoria de Jules Michelet, 244,
292-293
nenhum similar nas religiões
indígenas anteriores à conquista,
246-252
produto das oposições de casta e
classe, 237-238
relação do, com a Virgem católica
e a Mãe Terra pagã, 288-291
sua relação com a concepção de
pecado, 246-250
um *trickster*, 76
Ver também Supay
Desfiles
da conquista, 214-215
Destilação de conhaque
e a resposta à abolição, 84
e as ameaças de trabalhadores
anônimos, 90-91
Dias festivos
da Igreja, 78
Dinheiro
batismo do, 183-190
conversão do, em capital, 183-190
do pacto com o diabo, 262-263

equivalente universal, 268
menosprezo comunitário do, 262
ponto de vista jesuíta sobre o, 283
Doença
causada pela desconstrução da
metáfora da montanha, 303
causada pela ira de divindades
indígenas frente à conquista
europeia, 240
cura através dos espíritos naturais,
304
cura de mestiços por nativos que
utilizam os poderes dos espíritos
das montanhas, 258
Ver também Taqui Onqoy
Dualismo sexual
na cosmologia, 250

E
Economia política
crítica marxista da, 315-316
Eder, Phanor, 115, 122
Eder, Santiago, 98, 111
Eficiência agrícola
camponesa em comparação à
capitalista em grande escala,
136-140
Epistemologia capitalista
e a ética, 246-252
e a filosofia cartesiana, 65-66, 197,
222
e o atomismo newtoniano, 59-60
e o utilitarismo, 40-41
imanente à *economia política*, 315
Ver também Atomismo;
Fetichismo da mercadoria
Epistemologia cartesiana, 65-66,
197, 222

Era de Ouro
  e a nostalgia alienada de uma,
    27-28
  relação da, com a feitiçaria,
    171-172
  relação da, com os cercamentos de
    terra no Vale do Cauca, 116, 118
Errantes
  leis contra a, no Vale do Cauca, 97
Escavadores, 48
Escolásticos, 33, 148
Escravidão
  a religião dos seus mestres, 79
  cofradías, 77
  comércio com o Peru, 82
  como crias do diabo, 74-77
  dependência da mineração
    aurífera à, 82-83
  e a abolição, 80-88
  e a cristianização, 74
  e a Inquisição, 74-75
  e a produção contemporânea de
    cana-de-açúcar, 176
  feitiçaria da, 73
  liberdade e anarquia, 84
  memórias da, atualmente, 82
  nas *haciendas* dos Arboleda e as
    minas de ouro, 80-81
  padres e, 78-79
  poder místico da, 74
  saúde, 78
  suas roças, 87
Espírito maligno, 237, 238, 239-240,
  244, 247, 248, 250
  Espíritos proprietários da
    natureza, 204, 216, 254, 255,
    258-259, 250, 301, 304, 307-312
Esterilidade
  e o contrato com o diabo, 38

Estruturalismo
  animado, 226-230
  e a ética, 246-250
  e a lógica dialética, 251-252
  e a metafísica da mineração, 283
Exorcismo
  do espírito da dádiva, 57
  dos espíritos malignos, 156-161
  realizado por comerciantes,
    171-172
  relação entre o, e a cosmogonia,
    156-161

F
Fanatismo religioso, 102
Fanon, Frantz
  sobre a magia e a consciência
    política, 316-317
"Fator subjetivo", 216
Feitiçaria
  e a cura da casa, 157-161
  e a extirpação da idolatria,
    238-239
  e o igualitarismo, 172
  e o *maleficium*, 86
  nas revoltas escravas, 75
  mudança do modo de produção
    para o capitalismo, 166
  na costa colombiana do Pacífico,
    146
  na magia amorosa, 149-151
  uso de símbolos dos colonos, 239
Fenomenologia
  do mercado, 54
Ferrovias
  no transporte de cultivos
    comerciais, 123
  Vale do Cauca para o mercado
    mundial, 111

Fetichismo da mercadoria
  a magia e o positivismo, 178
  conjunção do fetichismo capitalista com o fetichismo pré--capitalista, 47-48, 67-69, 185
  crítica à cultura capitalista, 30
  e a reificação, 63
  e a semiótica, 54
  e as metáforas do folclore capitalista, 60-61
  enquanto paradigma perceptivo, 54
  mineração e ética, 252
  relação entre, com o animatismo pré-capitalista, 45
  significado do, 49-54
  Ver também Epistemologia capitalista; Reificação
Ficção da mercadoria (segundo Karl Polanyi)
  o conceito de, 30-31
  na definição da realidade social, 59-60
Foras da lei
  e as lutas camponesas por terra, 118-121
Funcionalismo
  na interpretação do diabo e do contrato com o diabo, 40-41

G

Gaitán, Jorge Eliécer, 126
García Márquez, Gabriel
  e a ficção dos fetiches, 48
Gómez, Laureano
  e a *violência*, 108
Guerra Civil Espanhola, 56-57
Guerra dos Mil Dias, 104, 111, 114, 116
Guerras Civis, Vale do Cauca, 88-107

motivações de classe nas, 98-107
papel dos negros liberto nas, 84
sentimentos religiosos nas, 98-107
Guiné, 77

H

Haciendas, Vale do Cauca
  capela das, 86
  controle social nas, 87
  escassez de trabalho e indisciplina nas, 88-93
  funções dos padres nas, 87
Hahuari, 286, 291-292, 308, 311
  Ver também Diabo; Supay
Hamilton, Coronel J. P., 81
Huacas
  e a conquista espanhola, 271
  e mitos de origem, 232-233
  e o diabo, 242
  e o movimento dos, de Taqui Onqoy, 240-242
  e o retorno do rei Inca, 243
  nas montanhas andinas, 230-231
Humanidade
  e o reino das coisas, 177

I

Idolatria
  extirpação da, 254
Igualitarismo
  após a abolição, 80, 94
  como uma força nos ritos de feitiçaria e cura, 172
  na interpretação do contrato com o diabo, 39-40
  Ver também Anarquismo
Imagem de bem limitado
  George Foster sobre o, 40
Indigenismo, 224

Índios tarascan (do México), 249
Indivisos, 115
Inquisição, 73, 74, 75, 76

L
Livre comércio, 85
Lutero, Martinho
   e o diabo, 58

M
Machays, 231-232
Magia
   dos líderes guerrilheiros e na Guerra dos Mil Dias, 104
   e a consciência política, 315-319
   e a imagem do bem limitado, 40
   e ansiedade, 39
   e as analogias com a reprodução biológica e capitalista, 189
   e a religião colonial clandestina, 239
   e o fetichismo pré-capitalista, 180
   e o positivismo, 178
   explicações funcionalistas da, 40-41
   na medicina colonial e hegemonia colonial, 73-74
   na mineração, 280-281
   relação da, com o diabo no período colonial, 240
Mais-valia
   relação entre, e a articulação dos modos de produção camponês e do agronegócio, 137-140
   relação entre, e reificação, 63
   relação entre, valor de troca e valor de uso, 53-54
   Ver também Mão de obra
Manumissão. *Ver* Abolição

Mão de obra
   ausência de disciplina, 83-93
   base da mais-valia, 55
   contratantes de, 88-89, 129-131
   e a mineração colonial, 277-280
   escassez e cercamento de terra, 111
   mercantilização do tempo de trabalho, 24-25
   mineração no Peru durante o século XIX, 285
   mita andina, 270
   primeiras reações ao trabalho assalariado, 43
   trabalho enquanto valor de uso e valor de troca, 55
   temporária, 128-130
   Ver também Mulheres
Mejoras (melhoramentos da terra)
   no Vale do Cauca, 115
Mercado, Ramón (governador)
   sobre a natureza social da crise, 79
Mercantilização
   e a cultura de resistência, 43, 48, 199, 311.
   Ver também Fetichismo da mercadoria; Diabo, interpretação do contrato com o
Messianismo
   na sociedade andina, 224
   nas lutas de classe do Vale do Cauca no século XIX, 98-107
   no cortejo suntuoso da conquista em Oruro, 214-215
   no mito sobre o retorno do rei Inca, 243, 259-262.
   no movimento Taqui Onqoy, 240-242
   relação do, com os aspectos maniqueístas do catolicismo, 238
   Ver também Anarquismo,

Cristianismo; Guerras Civis
Microcosmo-macrocosmo, 228, 283
   Ver também Estruturalismo
Militância política
   dos mineradores bolivianos, 38
   dos trabalhadores nos canaviais do
   Vale do Cauca, 38
Minas
   andinas coloniais, 277-280
   contraste analítico com a produção
   camponesa, 307-310
   em Cerro de Pasco, século XIX,
   283-284
   encantadas, 209
   incas, 276
   metafísica europeia da mineração,
   282
   nacionalização das, bolivianas,
   203-206
   na Colômbia, 75, 78, 83
   organização do trabalho nas, 206
   ritos nas, 207, 215-216
   solidariedade dos mineradores, 206
Mineradores
   contraste com os camponeses
   andino, 237
   memória dos, 217
Minga (trabalho coletivo), 113
Missão Chardon, 125
Mita (corveia), 271-272, 279
Mitologia do renascimento social
   e a Virgem da mina, 288
   e os cortejos de consquista de
   Oruro, 214
   dos camponeses andinos, 259-262
Modo de produção camponês
   a arte do, 131-135
   articulação com o agronegócio,
   135-140

contraste analítico entre o, e o
agronegócio, 166-170
contraste analítico entre, e a
mineração capitalista, 307-309
e o valor de uso, 52
fenomenologia do, 167-178
relação do, com o contrato com o
diabo, 148-149
ritos andinos do, 295-305
   Ver também Oeconomia, Valor de
   Uso
Modo de produção doméstica, 47
   Ver também Oeconomia
Montanhas dos Andes
   como metáfora da sociedade,
   221-224, 234-235
   e a origem da sociedade andina,
   233-234.
   e as minas, 204-205
   e os ancestrais, 232-233
   simbolismo, 226-228, 230
   Ver também Achachilas, Huacas;
   Senhor das montanhas; Wamanis
Movimentos revolucionários
   e a ideologia marxista, 34
   Ver também Revoltas andinas;
   Revoltas colombianas
Mulheres
   atitude oposta à dos homens,
   134-135, 173-174
   como pequenas proprietárias,
   133-134
   e a estrutura de gênero da
   cosmologia, 229
   e a Virgem e a Mãe Terra, 287
   e as divisões de gênero nos ritos de
   salvação, 287-291
   e o contrato com o diabo, 149-151
   trabalho das, 130-131

N
Needham, Joseph
  conceito taoista de natureza e ordem política, 228
  e a definição do diabo, 44
  epistemologia estrutural de, 221
Neruda, Pablo, 319
Newton, Isaac
  e Adam Smith, 66-67
  e a filosofia das "relações externas", 197
  ontologia newtoniana e o capitalismo, 60-61, 64-67
Nostalgia
  e alienação, 28-29
  em confronto com os valores de uso e de troca, 193-194
  e Walter Benjamin, 179
  Ver também Era de Ouro
Nuer
  concepção de tempo entre os, 25-26
Nutrição, Vale do Cauca
  como sinal da intensidade de trabalho, 168
  economia política da fome, 135
  Ver também Revolução verde; Parasitas intestinais

O
Obando, José María ("Protetor do Cristo Crucificado"), 81
Objetificação
  e estruturalismo, 175-176
Objetividade
  e fetichismo da mercadoria, 26
  Ver também Positivismo
Oculto
  Frantz Fanon sobre o, 316
  na cultura escrava, 73

Oeconomia
  conceito aristotélico da, 149, 151, 173
Opressão
  e o simbolismo sobre o diabo, 237-238
  religião da, 317-318
  rituais de, 219
Originários, 279
Oruro (Bolívia), 203, 208-209, 214, 291
Ouro
  importância do, na sociedade e economia inca, 276
  Ver também Minas

P
Pachamama (Mãe Terra), 209-210
  Ver também Virgem
Padrão de vida
  e a Revolução verde, 134
  Ver também Nutrição
Palanques
  ao redor de Cartagena, 74-75
  e seu papel na formação da consciência política, 97
  no Vale do Cauca, 81
Parasitas intestinais
  economia política e os, 135
  incidência entre trabalhadores do agronegócio, 135-136
  Ver também Nutrição
Parentesco
  e a estrutura de classes camponesa, 134-135
  e casamento, 130-131
  mudanças na estrutura doméstica no Vale do Cauca, 130-131
  mudanças nas áreas de mineração espanholas, 277

Parole (termo utilizado por
    Ferdinand de Saussure), 223
Partido Conservador (Colômbia).
    Ver Partido Liberal
Partido Liberal (Colômbia)
    base religiosa da lealdade negra ao
        partido, 87
    guerras com o partido
        Conservador, 98-109
    papel dos negros libertos no, 84
    Ver também violencia
Patiño, Simon, 205-206, 213
Paz
    de mercado, 269
Pecado, conceito de
    dos andinos, 246
    dos espanhóis, 246
Peña, David
    e os levantes quiliásticos, Cali, 102
Pequenos proprietários
    negros libertos no Vale do Cauca, 84
Percepção
    e o modo de produção, 177
Percepção da classe trabalhadora, 48
Pobreza
    defesa da, 262-263
Positivismo, 27
Pessimismo do intelecto
    (expressão utilizada por Antonio
    Gramsci), 179
    Ver também Epistemologia
    capitalista
Posse de terra, Vale do Cauca, 128
Potência
    do homem na magia das mulheres,
        150-151
Potosí, 279, 280, 281, 282
Primicias, 87
Princesa Inca, 213, 214

Progresso
    conceito burguês de, 51
Proletarização, rural
    cosmogênese da, 154-155
    liminaridade da, 154-155
    no Vale do Cauca, 112, 128-131
    nos Andes, 216
    semiproletarização, 139
    simbolismo da, 154
    Ver também Cercamentos; Minas;
    Cana-de-açúcar
Propriedade
    das mercadorias, 57
    dos espíritos da montanha
        andinos, 254-257
    e as cercas, 111
    Ver também Senhor das
    montanhas; Espíritos
    proprietários da natureza
Protomarxismo, 48
Putumayo (Colômbia), 161

R

Racionalização
    e a "racionalidade formal", 154
Reciprocidade
    e a reificação, 312
    e Marcel Mauss, 57, 68, 180
    em estruturas de contradição, 175
    e o dualismo na cosmologia
        andina, 229fertilidade e, 57
    e o estruturalismo, 230
    e o trabalho, 295
    na incorporação do produtor no
        produto, 57, 67, 68
    na mineração aurífera inca
        anterior à conquista, 253-254
    na relação com o *curaca* e a
        ambiguidade dos espíritos
        proprietários da natureza, 266-273

no choque de fetichismo, 181
os ritos camponeses de produção,
   298-303
Reescravização
   e a *violência*, 108
   medo da, 93, 104, 108
   relação entre, e catolicismo, 87, 88
Reificação
   conceito de, 63-67
   e a arte, 217
   e o fetichismo da mercadoria, 65,
   66-67
   mascara a exploração, 154
   resistência à, 312, 316
Rei inca, 243
Relações patrono-cliente, 99
Reprodução
   comparada à produção, 147
   e a magia das mulheres, 149
Resistência
   cultura da, 240, 312
   Ver também Cultura da conquista
Revoltas andinas
   ao final do século XVIII, 271
   de Tupac Amaru, 280
   e a cultura da resistência, 223-224
   e a invasão de terras, 223
   movimento de Taqui Onqoy (a
   enfermidade da dança), 240, 273
Revoltas colombianas
   a Guerra dos Mil Dias, 104, 111,
   114, 116
   as revoltas de Obando, 81
   Cartagena, 74-75
   e o medo do Estado Negro, 95
   e os cercamentos, 117-120
   guerra dos *Comuneros*, 81-82
   guerras civis e lutas de classe, 98-109

Minas de Zaragoza, 75
posteriores à abolição no Vale do
   Cauca, 85
revolta quiliástica em Cali, 102
Revolução Verde
   no Vale do Cauca, 134
Reyes, Rafael
   presidente da Colômbia, 97-98, 111
   relação com Santigo Eder, 111
Riego (ritual de irrigação), 158, 159
Ritual
   associado à produção camponesa
   dos Andes, 295-303
   ch'alla dos mineradores, 210-212
   continuidade dos ritos anteriores à
   conquista atualmente, 212-213
   contra o roubo, 149-150
   cura da casa contra feitiçaria,
   157-161
   de infortúnio, 303
   de solidariedade proletária, 313
   motivado pela troca, não pela
   utilidade, 222
   proibição dos ritos realizados por
   mineradores, 207
   ritos de mineração e arte, 217
   rito da Nova Terra entre os
   camponeses andinos comparado
   ao rito dos mineradores, 212-217
Roça dos escravos, 87
Rockfeller, Fundação
   e o desenvolvimento do
   agronegócio na Colômbia, 125
   políticas malthusianas, 127-8
   Ver também Revolução verde
Romantismo
   nas críticas ao capitalismo de John
   Ruskin, 50-51
   no socialismo utópico, 51

Ruskin, John
 crítica romântica ao capitalismo, 50-51
 sobre a divisão do trabalho, 56
 uso do contraste medieval, 51-52

S
Sabedoria Popular, 27
Sacrifício
 no *ch'alla* dos mineradores, 211
 ritos da Terra nova e, 212-213
Sal
 nos ritos mágicos e nos ritos da Igreja, 157-158
Senhor das montanhas
 características essenciais do, 254-259
 como espíritos de visionários e curandeiros, 304
 como "proprietário" dos recursos naturais, 234-235
 como reflexo dos modos contraditórios de troca e controle, 254-255
 estrutura das montanhas isomórfica ao social, 232
 nos ritos camponeses de produção, 299-303
 papel do, na mitologia messiânica, 259-262
 relação do, com o *curaca*, 266-273
Símbolos
 ao enfeitiçar conquistadores e europeus, 242
 do cristianismo mediando a opressão, 312
 do dinheiro e da produção, 148
 do nascimento e da morte, 154-155
 do processo de proletarização, 154
 dos metais preciosos, 198, 216
 e a "antropologia simbólica", 31
 e a estrutura social capitalista, 31-32
 e o dinheiro, 32
 na consagração de uma catedral, 157
 na cura de uma casa enfeitiçada, 157-161
 na magia feminina, 149
Simulacro
 órgãos do corpo como signos de relações sociais, 68
Sindicato proletário
 em relação aos sistemas de trabalho camponês, 113
Smith, Adam
 e a epistemologia capitalista, 64-65
 e Newton, 64-65
Soca
 de cana-de-açúcar, 34
Sucesso
 e feitiçaria, 146
 reação ao, 146
Súcubo, 204
Supay, 247, 248, 249, 291-293, 311-312
 Ver também Hahuari

T
Tabaco
 e a reclamação dos comerciantes contra indisciplina no trabalho, 97
 e o cultivo ilegal, 81
 e os escravos fugidos, 81
Taqui Onqoy (a Enfermidade da Dança), movimento, 240-242
Taxas de matrimônio
 e a comercialização da agricultura no Vale do Cauca, 130
 Ver também Parentesco
Teoria dos sistemas
 relação, com a reificação e o fetichismo da mercadoria, 66

Terço, 75
Terrajes
 no Vale do Cauca durante o século XX, 113-114
 pré-abolição, 84
Terrazgueros, 114
"Textos", 178-181
Tio (ou o diabo), 203, 206, 209-217, 308, 309, 310, 311-312
Trabalho infantil, 130-131
Tradicionalismo primitivo (expressão cunhada por Max Weber), 45
 Ver também Valor de uso
Tratores, 142

U

União sexual
 base da reciprocidade, 229
 e os símbolos do sol e da lua, 229-230
 na estrutura cosmológica, 229

V

Valor de troca. *Ver* Valor de uso
Valor de uso
 choque com as tendências do valor de troca, 47, 190
 e as crenças no diabo, 43
 e o "tradicionalismo primitivo", 45
 na economia doméstica, 188-189
 na magia e na arte do Terceiro Mundo, 33-34
 nas analogias com a reprodução biológica, 147-148
 no contrato com o diabo e o anticristo, 145
 no fetichismo da mercadoria, 53-54
 no modo de produção camponês, 53-54
 nos paradigmas da igualdade, 172
Verbena, 160
Vico, Giambattista
 A Nova Ciência, 152
Violencia, 98-109
Virgem
 da mina, 214, 286-288
 de Guadalupe, 291
 e a água e a fertilidade, 208-209
 entre os índios chorti na Guatemala, 250-251
 no mito de origem andino, 260-261
 relação da, com o diabo, 288-291
 Ver também Pachamama
Volume de produção
 efeito sobre os salários, 129-130
 relação entre, e a doença, 168
 relação entre, e reação frente ao trabalho assalariado, 167-168
 solidariedade e, 129-130
 Ver também Mão de obra temporária

W

Wamanis, 257, 260
 e os ritos camponeses de produção, 301
 relação dos, com o *curaca,* 266-273
 Ver também Senhor das montanhas

X

Xamãs
 de Cuna e as sociedades Xocó, 147
 e Jesus, 157-158
 no *ch'alla* dos mineradores, 210

Z

Zinacantan, 256, 265

SOBRE O LIVRO
Formato: 14 x 21 cm
Mancha: 23,7 x 42,5 paicas
Tipologia: Horley Old Style 10,5/14
Papel: Offset 75 g/m² (miolo)
Cartão Supremo 250 g/m² (capa)
1ª edição: 2010

EQUIPE DE REALIZAÇÃO
Edição de Texto
Alexandra Fonseca (Preparação de original)
Frederico Ventura e Íris Morais Araújo (Revisão)

Capa
Estúdio Bogari

Editoração Eletrônica
Eduardo Seiji Seki